Reiseberichte in der Reihe DuMont Dokumente

In der vorderen Umschlagklappe: Belzonis Reisen den Nil entlang

Giovanni Battista Belzoni nach einem Stich von 1824

Giovanni Belzoni

Entdeckungsreisen in Ägypten 1815–1819

In den Pyramiden, Tempeln und Gräbern am Nil

Mit einer Geschichte der Ägyptenreisen
seit dem 16. Jahrhundert von Ingrid Nowel

DuMont Buchverlag Köln

HERAUSGEGEBEN VON INGRID NOWEL

Abb. Umschlag-Vorderseite: Außenansicht der zwei Tempel von Abu Simbel
Abb. Umschlag-Rückseite: Blick auf die Ruinen von Kom Ombo und Umgebung
Abb. Umschlag-Innenklappe: Aus den Königsgräbern in Theben

Aus dem Englischen übersetzt von Ingrid Nowel

3. Auflage 1990

Satz und Druck: Rasch, Bramsche
Buchbinderische Verarbeitung: Boss-Druck, Kleve

Printed in Germany ISBN 3-7701-1326-8

Inhalt

Schilderung der Unternehmungen und jüngsten Entdeckungen in den Pyramiden, Tempeln, Gräbern und Ausgrabungsstätten in Ägypten und Nubien

Englische Maße

1 Fuß	= 30,4 cm	1 Meile	= 1,6 km
1 Yard	= 0,91 m	1 engl. Pfund	= 0,45 kg
1 Inch	= 2,54 cm	1 Guinee	= (Goldmünze) 1 Pfund 1 Schilling

Temperaturen

Celsius	40°	30°	20°	10°	0°
Fahrenheit	104°	86°	68°	50°	32°

Vorbemerkung des Herausgebers

Zwischen 1815 und 1819 reiste Belzoni mehrfach von Kairo nilaufwärts bis zum 2. Katarakt; es gelang ihm, Denkmäler, Tempel, Grabanlagen und unzählige Kunstschätze an den Ufern des Nils aufzuspüren, auszugraben und einen Großteil davon nach England schiffen zu lassen. Als Belzoni im Jahr 1820 seine *Narrative Of The Operations And Recent Discoveries Within The Pyramids, Temples, Tombs And Excavations In Egypt And Nubia* in London veröffentlichte, war das Interesse so groß, daß unmittelbar darauf Übersetzungen ins Französische, Italienische und Deutsche folgten.

Die erste deutsche Übersetzung, die für das Ethnographische Archiv in Jena im Jahr 1821 herausgegeben wurde, erwies sich für die Neuausgabe als unbrauchbar – sie war so gewaltsam gekürzt und einer ausschließlich sachbezogenen Betrachtungsweise verpflichtet, daß die persönliche Sichtweise Belzonis, der mit Kommentaren, philosophischen Betrachtungen, subjektiven Einschätzungen und auch wiederholten Fehlurteilen nicht sparte, aus dem Text herausgefiltert worden war.

Um die hektische Reisetätigkeit Belzonis, das komplizierte Netz seiner Grabungsstätten für den heutigen Leser zu entwirren und nachvollziehbar zu machen, ist die hier vorliegende neue deutsche Übersetzung gestrafft worden. Sie entspricht in der Schwerpunktsetzung Belzonis bedeutendsten Leistungen: der Sicherstellung des »Memnonkopfes«, der Büste Ramses' II., der Öffnung des Grabes Sethos' I. im Tal der Könige sowie der Chephren-Pyramide in Gizeh, der Freilegung des Felsentempels in Abu Simbel und der Sicherstellung des Obelisken von Philae.

Die Reise ans Rote Meer und in die »Oase Jupiter Ammons« sowie die Aufzeichnungen seiner Frau Serah konnten aus Platzgründen leider nicht berücksichtigt werden. Einige Detailschilderungen von Altertümern, Ortschaften und Landstrichen, die heute zum Teil nicht mehr vorhanden sind, mußten ebenfalls – wenn auch schweren Herzens – dem Rotstift weichen.

Größere Auslassungen sind durch eine Leerzeile gekennzeichnet; um die Kontinuität des Reise- und Erzählvorgangs zu wahren, sind nicht übersetzte Textpassagen zusammengefaßt kursiv in Klammern wiedergegeben. Die Anordnung des Textes entspricht dem chronologischen Ablauf von Belzonis Reisen und Tätigkeiten, und bei der Kapitelgliederung habe ich um der Klarheit willen einzelne Erzählabschnitte thematisch zusammengefaßt und von

Belzonis Original abweichende Überschriften eingesetzt. Es war mir wichtig, in der Übersetzung Belzonis Stil – die zugrundeliegenden, schwankenden Stimmungslagen, verhaltene Ironie, trockenen Humor, mühsam gezügelte Bitterkeit oder Momente überschwänglichen Glücksgefühls – beizubehalten. Die Darstellungen und detaillierten Beschreibungen seiner Funde sind dagegen eher nüchtern und spröde – ihre Funktionsgebundenheit vermag dem Leser aber den damaligen Wissensstand und die haarsträubende Arbeitsmethodik zu verdeutlichen. Maßangaben, Gewichte, und unserem heutigen Empfinden nach, ungelenkte Redewendungen, Begrifflichkeiten, mit denen er Gegenstände beschrieb, die für ihn vollkommen neu waren, sind der Authentizität wegen beibehalten worden. Auch die hin und wieder eingeschobenen theoretischen Erörterungen und Hypothesen über Entstehung, Alter und Zweck bestimmter Bauten und Kunstwerke sind heute noch hochinteressant, verdeutlichen sie doch über persönlich vermittelte Gedankengänge die Historizität der Erkenntnisfähigkeit und die nur langsam fortschreitende Akkumulation des Wissens.

Die Orthographie ist dem heutigen Sprachgebrauch angeglichen; die Namen der Ortschaften, Tempel, Gräber, etc. entsprechen der allgemein üblichen Regelung. Zur besseren Verständlichkeit wurde der Originaltext mit Anmerkungen von Dr. Schüssler versehen. Die von Belzoni und seinem Zeichner Ricci angefertigten Illustrationen bildeten den 2. Band der Originalausgabe; über die Abbildungen Belzonis hinaus habe ich der Übersetzung weiteres zeitgenössisches Bildmaterial hinzugefügt.

Um die Bedeutung und Leistung Belzonis in einem weitergespannten historischen Rahmen vor Augen zu führen, ist seinen Schilderungen neben der knappen Biographie ein Nachwort über die Geschichte der Ägyptenreisen bis zum Ausgang des 19. Jahrhunderts beigefügt. Textauszüge aus früheren und Belzoni nachfolgenden Reisebeschreibungen sollen den gedanklichen Nachvollzug der chronologischen und geographischen Entschleierung und Eroberung der Kunstschätze, Denkmäler, Tempel und Grabanlagen an den Ufern des Nils erleichtern und erläutern – so hoffe ich –, dem interessierten Laien und Reisenden die Anfangsphase der Archäologie, »als sie noch in den Kinderschuhen steckte«.

Den Mitarbeitern des Britischen Museums und der British Library in London sowie der Staatsbibliothek und dem Fotoarchiv Stiftung Preußischer Kulturbesitz in Berlin danke ich für ihr Entgegenkommen. Für sachspezifische Hinweise bin ich Frau Dr. Eva Eggebrecht vom Römer Pelizäus Museum in Hildesheim zu Dank verpflichtet; und nicht zuletzt danke ich Herrn Dr. Karlheinz Schüssler, Ratingen, für seine unentbehrliche Hilfestellung bezüglich der Hinweise, Anmerkungen sowie der kritischen Durchsicht des Manuskripts.

Ingrid Nowel

Das Leben Giovanni Battista Belzonis

Giovanni Battista Belzoni (1778–1823) gilt als einer der großen Pioniere der Archäologie. C. W. Ceram bezeichnete ihn als den »größten aller Sammler«, dem dann später Lepsius »der Ordner«, Mariette »der Bewahrer« und Petrie »der Messer und Deuter« folgten. Wird Belzoni an anderer Stelle der »größte aller Plünderer« genannt, so markiert das zwar eine Verschiebung der Perspektive, schmälert aber dennoch nicht Belzonis Bedeutung – er bestimmte ganz wesentlich die Entwicklung der Wissenschaft von den ägyptischen Altertümern und rückte die kostbaren Funde und wundervollen Kunstschätze an den Ufern des Nils in den Mittelpunkt des europäischen Kunstinteresses.

Belzoni stammte aus Padua, hatte aber seine Heimatstadt früh verlassen und schlug sich als Hausierer und fliegender Händler durchs Leben. Als der Fünfundzwanzigjährige im Jahr 1803 in London eintraf, versuchte er sein Glück als Akrobat und Gewichtheber. Seine Erscheinung ist beeindruckend: er sieht blendend aus, ist fast zwei Meter groß und verfügt über ungewöhnliche Körperkräfte, die durch seine geschmeidigen Bewegungen äußerst vorteilhaft zum Ausdruck kommen.

In London ging es zu der Zeit zum Teil sehr lebhaft und derb zu. Theater, Varietés und Jahrmärkte boten unterhaltsame Programme, in denen Clowns, Akrobaten, Feuerschlucker und Seiltänzer um die Gunst des Publikums warben. In den Theatern spielte man zu Herzen gehende Melodramen, Burlesken, seriöse Pantomimen und deftige Harlequinaden. Das Sadler's Wells Theatre im Stadtteil Islington konnte sich bald einer besonders gelungenen Kraftaktnummer rühmen, die großen Gefallen auslöste und das Publikum in Scharen anzog: Der »Samson aus Patagonien« vermochte durch seine einmalige, gewaltige Körperkraft ein 60 Kilo schweres Eisengestänge zu halten, auf dem eine aus zwölf Leibern bestehende Menschenpyramide thronte – wie Tortenstücke auf einem rotierenden Kuchenteller. Und Samson, ein sehr gutaussehender Samson, spazierte, phantasievoll gewandet, mit leichtfüßiger Grazie über die Bühne, wobei er den Turmaufbau noch nicht einmal mit den Händen stabilisieren konnte, denn die benötigte er, um zusätzlich zwei lustige Fähnchen zu schwenken. Dieser Samson war niemand anders als Belzoni. Sein Hebeakt war sehr beliebt, so daß er schnell zu anderen Bühnen wechselte.

In den nächsten Jahren reist Belzoni mit seinen Akrobaten-Schaustücken durch ganz England; ab und zu wird er auf den Bühnen auch als Schauspieler eingesetzt. Zu seinem

Belzoni, wie ihn sein Zeitgenosse, der renommierte Karikaturist und Zeichner George Cruikshank darstellte

Programm gehören später auch »mechanische Kunststücke«, d.h., er integriert Hebelwerkzeuge, Winden und komplizierte Balanceakte. Er hat inzwischen geheiratet, und seine Frau Sarah und sein Diener, der Ire James Curtain, begleiten ihn auf allen Reisen. Sie ziehen durch Spanien, Gibraltar und Portugal.

Im Sommer des Jahres 1814 machen sich die Drei auf den Weg nach Konstantinopel, einer Metropole für Schausteller und Artisten. Auf Malta lernt Belzoni einen Agenten Mohammed Alis kennen. Mohammed Ali herrschte seit knapp einem Jahrzehnt in Ägypten. Er war vor allem an technischen Verbesserungen in der Landwirtschaft interessiert, die er mit brutalen Mitteln durchzusetzen versuchte. Um sich der Hilfe westlicher Fachleute zu vergewissern, lockerte er die strengen Bestimmungen für ausländische Besucher und zeigte sich Fremden gegenüber aufgeschlossen. Auf der Suche nach europäischen Technikern und Wissenschaftlern, die Mohammed für die »Umgestaltung« Ägyptens einstellen wollte, zeigt sich der Agent an Belzoni sehr interessiert. Unser schöner Samson muß sich in der Zwischenzeit auch noch andere Fähigkeiten angeeignet haben, denn er weiß dem Agenten so sachkundig und überzeugend von der Konstruktion einer arbeitsparenden Wasserpumpe zu berichten, daß er aufgefordert wird, mit nach Ägypten zu kommen, um den Bau eines Probemodells für Mohammed Ali zu bewerkstelligen. Am 19. Mai 1815 brechen Belzoni, seine Frau Sarah und James Curtain nach Alexandria auf, um hoffnungsfroh eine neue Phase des technischen Zeitalters in Ägypten einzuläuten. Bevor nun Belzoni als Hauptakteur in dieser Tragikomödie selbst zu Wort kommt, die den Ausverkauf der ägyptischen Altertümer zum Thema hat, soll die Szenerie gesetzt werden für den »größten aller Plünderer« – oder in neutraler Umschreibung – den »größten aller Sammler«.

Ort: Von Alexandria am Nildelta über Kairo dem Flußlauf folgend, an den Pyramidenfeldern vorbei nilaufwärts, Theben, Luxor, Karnak streifend bis Assuan. Über den 1. Nilkatarakt hinaus nach Abu Simbel. Landesgrenze und Wendepunkt ist der 2. Katarakt.

Zeit: Juni 1815 bis September 1819, also vier Jahre, in denen Belzoni mehrfach die ca. 1000 km von Kairo bis Abu Simbel zurücklegt. Er bewegt sich vorwärts und rückwärts, delegiert unterschiedliche Grabungskolonnen an verschiedenen Orten zu gleicher Zeit und findet zwischendurch noch Muße und Lust, zwei Exkursionen zu unternehmen: einmal zum Roten Meer, nach Ras Benas, in dessen Nähe Belzoni die Überreste der alten Stadt Berenike entdeckt. Zum zweiten macht er eine Wüstentour ins Faijum, um Spuren des alten Arsinoe und des legendären Labyrinths, dessen sich schon Pococke angenommen hatte, zu finden. Er war erfolglos; erst der englische Archäologe Flinders Petrie hatte Glück – siebzig Jahre später. Belzoni dringt weiter bis zur Oase Bahrija vor und meint dort auf den berühmten Sonnentempel Jupiter Ammons gestoßen zu sein – er irrte.

Handlung: Belzonis Konstruktion eines hydraulischen Pumpe ist dem Aberglauben der Einheimischen und dem Mißtrauen des Paschas Mohammed Ali nicht gewachsen: Die Vorführung des Modells endet als kläglicher Fehlschlag.

Belzoni lernt den großen Arabien-Kenner Johann Ludwig Burckhardt kennen, der ihn sowohl auf den Memnonskopf als auch auf die vom Sand verschütteten Tempelanlagen in Abu Simbel hinweist. Der englische Konsul Salt stellt Belzoni ein, damit er ihm bei der Jagd nach Altertümern und Antiquitäten behilflich sein soll.

Dramatis personae: Die wichtigsten Personen auf der ägyptischen Bühne sind demgemäß die Repräsentanten Englands und Frankreichs, denn Mohammed Ali, Herrscher über Ägypten, unterstützt das wilde Treiben noch, indem er die Erlaubnis zum Graben, Buddeln und Kaufen freizügig und willkürlich austeilt.

Der gebürtige Italiener und naturalisierte Franzose Bernardino Drovetti hatte als Oberst in Napoleons Diensten gestanden und wurde als Anerkennung für seine Leistungen als erster Konsul nach Napoleons Feldzug in Kairo akkreditiert. Drovetti, der selbst an Kunstschätzen und Altertümern zum Zweck der Bereicherung sehr interessiert war, gelang es, eine umfangreiche Privatsammlung anlegen, die ein Vermögen wert war. Seine diplomatischen Fähigkeiten zeichneten sich nicht durch feine Taktik, sondern durch eine harte Linie aus; er war zielsicher, rücksichtslos und wurde von Mohammed Ali sehr geschätzt.

Auch Henry Salt durfte sich des Wohlwollens von Mohammed Ali rühmen. Im Gegensatz aber zu Drovetti war der englische Generalkonsul eleganter, zurückhaltender und von zarterer Gesundheit. Henry Salt ist fünfunddreißig Jahre alt, als er im März 1816 das Konsulat in Kairo übernimmt. Seine diplomatischen Aufgaben lassen ihm viel Zeit, so daß er sich dem Vergnügen des Sammelns ägyptischer Kunstschätze ausgiebig widmen kann. Zudem hatte er einen offiziellen Auftrag vom Außenministerium, sich nach Altertümern und Antiquitäten umzusehen. Belzoni kommt ihm da wie gerufen.

Gleich zu Beginn seines Aufenthalts in Kairo lernt Belzoni »Scheich Ibrahim« kennen, einen hochgebildeten, warmherzigen Mann, der einer der größten Kenner islamischer Geschichte und Kultur ist und ausgedehnte Reisen in Arabien unternommen hat. Es ist Johann Ludwig Burckhardt, ein gebürtiger Schweizer, der in England studiert hatte, ein brillanter Gelehrter war und sein Leben in den Dienst der Erforschung Afrikas gestellt hatte. In London war er eines der Gründungsmitglieder der »African Society«, einer Gesellschaft »zur Beförderung der Entdeckung des Inneren Afrikas«.

Im Sommer 1815 macht Belzoni in Kairo die Bekanntschaft Burckhardts, Burckhardt trifft Salt, Salt wendet sich an Belzoni, und damit beginnen die *Operations And Recent*

Discoveries Within The Pyramids, Temples, Tombs, And Excavations In Egypt And Nubia konkrete Gestalt anzunehmen.

Die Strapazen, Hindernisse und unheilvollen Unterbrechungen bei seinen Einkaufstouren sind beträchtlich – Belzonis List, Zähigkeit, Erfindungsgabe und Körperkraft ebenfalls. Er schlägt sich mit arbeitsunlustigen Einheimischen herum; muß im Dickicht der Intrigen, Mutmaßungen und Fallen eine eigene Taktik entwickeln und dabei das Gleichgewicht aus Schmeichelei, Dickköpfigkeit, gespielter Unschuld und autoritärem Durchgreifen auszubalancieren suchen; er wird in Meutereien, Schlägereien, versteckte und offene Drohungen verstrickt; er entgeht einem Mordanschlag und hat nicht zuletzt die Oberhand über die Tücke des Objektes zu behalten, indem er mit primitivsten Mitteln, unzureichenden Arbeitsgeräten und oftmals allein mit blanker Muskelkraft Sandberge abträgt, Grabeingänge freilegt, riesige Gesteinsblöcke transportiert und einen gewaltigen Obelisken aus dem Wasser des Nils herausfischt.

Er entpuppt sich als der Schnellste und Schlauste; dabei ist er noch nicht einmal der Skrupelloseste, denn der französische Konsul Drovetti wird von ausgeprägter Ruhmsucht getrieben, hat mehr Pech als Belzoni, und zudem plagen ihn starke Neidgefühle.

Nach vier Jahren hat Belzoni genug. Auf seiner letzten Reise war er schwer gestürzt; er hat ständig Schmerzen, und die Mißliebigkeiten, Intrigen und Boshaftigkeiten seiner Gegner

»Egyptian Hall«, erbaut 1812 von G. F. Robinson

und Neider sowie verworrene Rechtsstreitigkeiten nehmen kein Ende. Nach längerem Aufenthalt in Rosette und Alexandria reisen Belzoni und seine Frau im September 1819 aus Ägypten ab.

Schon während seiner Aktivitäten in Ägypten wurden mehrere »Lageberichte« in der englischen Presse veröffentlicht. Das Lesepublikum war sehr gut informiert und nahm regen Anteil an Belzonis kühnen Machenschaften, die dem rabiaten Geschäftsgebaren fliegender Händler glichen. Als Belzoni im März 1820 in London eintrifft, ist er eine Berühmtheit, und in den Salons der eleganten Welt reißt man sich um seine Gesellschaft; er lernt einflußreiche Leute kennen, und Walter Scott bemerkt in einem Brief über den Vielbegehrten: »Der große Löwe – in mehrfacher Hinsicht groß – war der gigantische Belzoni. Er ist der bestaussehende Riese, den ich je getroffen habe. Man behauptet, er habe selbst den Arabern durch seine Körperkraft, seinen hohen Wuchs und seine Energie größten Respekt eingeflößt.«

Als erstes sucht Belzoni den Verleger John Murray in der Albemarle Street auf, um mit ihm die Bedingungen für sein noch zu schreibendes Buch auszuhandeln. Murray war der Besitzer eines angesehenen Verlagshauses, das sich auf Reiseberichte spezialisiert hatte und später den unentbehrlichen Reiseführer *Murray's Handbook For Egypt* herausbrachte. Belzoni war für Murray kein Unbekannter mehr, und sie wurden sich schnell handelseinig. Noch kurz vor Jahresende werden dem kunstbegeisterten Publikum zwei schöne Bände der »Schilderung der Unternehmungen und jüngsten Entdeckungen in den Pyramiden, Tempeln, Gräbern und Ausgrabungsstätten in Ägypten und Nubien« vorgelegt. Bei einer Erstauflage von 1000 Stück hatte die Drucklegung über 2000 Pfund gekostet; der Textband war für zwei Guineen erhältlich, der zweite Band mit vierundzwanzig farbigen Stichen von Belzoni und seinem Zeichner Ricci kostete sechs Guineen.

Belzonis Hauptaugenmerk galt nun der Vorbereitung einer Ausstellung in der »Egyptian Hall« am Picadilly Circus, die ein spektakuläres Ereignis werden und seinen Leistungen sowie den vorher nie gesehenen Kunstschätzen Ägyptens einen würdigen Rahmen bieten sollte. Die intensiven Vorarbeiten zur Ausstellung wurden größtenteils von Belzoni selbst durchgeführt. Einige Tage vor der offiziellen Eröffnung, die am 1. Mai 1821 stattfand, arrangierte Belzoni eine sehr wirkungsvolle »Pressekampagne«; er lud renommierte Ärzte und Wissenschaftler ein, der fachgerechten »Entkleidung«, dem Auswickeln einer gut erhaltenen Mumie beizuwohnen. Die Times schrieb nach der Pressevorschau am 30. April 1821: »Unserer Meinung nach wird jeder Besucher von der einzigartigen Kombination und dem kunstvollen Arrangement neuer und ins Auge fallender Objekte höchst befriedigt sein. Die Erfindungsgabe und nie erlahmende Sorgfalt, mit der es Mr. Belzoni gelungen ist, die im eigentlichen Sinne unbeweglichen Grabungsfunde aus Ägypten in die Arena der europäischen Metropole zu transportieren, bezeugen nicht nur seine Fähigkeiten als Künstler, sondern reflektieren auch seine Urteilsfähigkeit und den Erfolg bei der Entdeckung der Anschauungsobjekte. Das zeichnet ihn vor allen anderen europäischen Reisenden der modernen Zeit aus.«

Die Besucher betraten zwei Kammern der Grabanlagen von Sethos I., die von Belzoni wegen ihrer wunderbaren Schmuckelemente nachgebildet worden waren. In ihnen befanden

Ausstellungsraum in der Egyptian Hall, 1821

sich Statuen von Isis, Osiris, Hathor und Horus. Über zweihundert Exponate waren vorhanden, und die Räume selbst waren in leuchtenden Farben dem Original so getreu wie möglich nachempfunden. Die Kammern wurden schwach beleuchtet und versetzten den Betrachter gleichsam an die Stelle des Entdeckers, der sie zum ersten Mal betrat. Zudem riefen sie ein Gefühl der – angenehmen – Beklemmung hervor.

Dahinter befand sich die sogenannte Eingangshalle – die Halle, die Belzoni im Grabinnern zuerst betreten hatte. Sie war in Originalgröße nachgebaut worden. Die farbigen Gipsabgüsse und Wachsmodelle, die Belzoni von den Statuen und Reliefs hatte machen lassen, ließen die Kunstschätze des Pharaonengrabes in strahlender Pracht erstehen.

Dann konnte man die Chephren-Pyramide im Querschnitt sehen, und zwischendurch mußten sich die Besucher an schauerlichen Gestalten aus der Unterwelt vorbeidrücken. Daneben gab es eine Unzahl von Schmuckbeigaben, Papyrus-Rollen, Fragmente eines Terrakotte-Sarges und natürlich Mumien.

Die Ausstellung, die, mit kurzer Unterbrechung im Sommer, ein Jahr lang geöffnet blieb, war ein ungeheurer Erfolg. Das großartigste Stück allerdings, das Belzoni nur zu gern gezeigt hätte, war nicht dabei: der Alabaster-Sarkophag des Pharao.

Zwar hatte Salt ständig neue Lieferungen »seiner« Funde nach London schaffen lassen, aber der Sarkophag traf erst im August im Londoner Hafen ein. Er wurde zum Zankapfel, ein bitterböser und für Belzoni enttäuschender Streit zwischen ihm, Henry Salt und den Kuratoren des Britischen Museums entbrannte.

Dem Britischen Museum bietet Salt die Kostbarkeiten, die er hatte zusammenraffen lassen, geschlossen an: Verhandlungsbasis 8000 Pfund. Dieser Vorschlag wird rundweg abgelehnt, denn die erst kürzlich erworbenen »Elgin Marbles«, die griechische Sammlung Lord Elgins, hatten das Britische Museum die enorme Summe von 13000 Pfund gekostet. Für Belzoni war es besonders schmerzlich zu erfahren, daß der kostbare Sarkophag aus Alabaster ebenfalls monatelang in den Lagerhallen des Britischen Museums festgehalten werden würde – über Verbleib, Verkauf oder Freigabe war noch nicht endgültig entschieden worden.

In Ägypten war es Belzoni nach mehrfachen Anläufen gelungen, einen Vertrag mit Salt abzuschließen, der ihn zumindest am Erlös des Sarkophages zur Hälfte beteiligen würde, wenn er für mehr als 2000 Pfund verkauft werden konnte. Außerdem hatte Belzoni durchsetzen können, daß die möglichen Funde innerhalb eines festgelegten Gebietes an den Ufern des Nils ihm allein gehören sollten – aber die unglücklichen Umstände ließen ihn, abgesehen von den 600 Pfund, die Salt ihm für die dreijährige Arbeit auszahlte, leer ausgehen.

Nach endlosem Hin und Her und mehreren Absprachen hinter den Kulissen, lehnte das Britische Museum den Ankauf des Alabaster-Sarges dankend ab. Erst im Mai des Jahres 1824, Belzoni war schon tot, kaufte ihn John Soane, ein bedeutender Kunstsammler und Architekt, für 2000 Pfund.

Selbst Belzonis Bitte, den Sarkophag für die Dauer der Ausstellung zur Verfügung zu stellen, wird abgelehnt. Belzoni reist ins Ausland; er verhandelt in Paris und St. Petersburg über seine Ausstellungsobjekte und kümmert sich in Italien um seine Familie. Der Querelen und des eleganten Salongeplauders müde und überdrüssig, schmiedet er im Herbst 1822 neue Pläne – das derzeit grassierende »Afrika-Fieber« hat auch ihn gepackt.

Die »African Society«, die schon mehrere Forscher in Afrika verloren hatte, zeigt sich interessiert, aber mittellos. Belzoni läßt sich aber nicht mehr aufhalten, er reist ab. Ziel: die Westküste Afrikas. Seine Frau Sarah begleitet ihn bis nach Fez in Marokko. Er dringt bis nach Benin vor, erkrankt dort schwer an der Ruhr und stirbt am 3. Dezember 1823. Als Richard Burton, berühmter Afrika-Kenner und großer Arabist, im Jahr 1862 Benin besuchte, erinnerte nur noch ein Baum an die Stelle, wo Belzoni begraben worden war.

Schilderung der Unternehmungen
und jüngsten Entdeckungen
in den Pyramiden, Tempeln,
Gräbern und Ausgrabungsstätten
in Ägypten und Nubien

Giovanni Battista Belzoni, Frontispiz der ersten Ausgabe seines Werkes

Vorwort

Da ich meine Entdeckungen allein gemacht habe, war es mir wichtig, auch mein Buch allein zu schreiben – der Leser kann mich, nicht zu Unrecht, der Anmaßung bezichtigen; aber in der Öffentlichkeit mag die Glaubwürdigkeit meines Berichtes um so deutlicher hervortreten, je mehr er an erzählerischer Eleganz vermissen läßt.

Ich bin kein Engländer, aber mir ist es lieber, meinem Leser selbst, so gut ich kann, von meinen Unternehmungen in Ägypten, Nubien, an der Küste des Roten Meeres und in der Oase[1] zu berichten, als daß ich dem Risiko freien Lauf ließe, meine Ausführungen anderweitig mißgedeutet zu wissen. Gelingt es mir, verstanden zu werden, so ist das alles, was ich zu erwarten hoffe. Ich werde nichts anderes als die schlichten Fakten vortragen – so, wie sie sich mir in jenen Ländern in den Jahren 1815-16-17-18 und 19 dargestellt haben. Eine genaue Beschreibung meiner Forschungen, der Schwierigkeiten, denen ich mich ausgesetzt sah sowie deren Überwindung wird gleichzeitig einen korrekten Eindruck der Sitten und Gebräuche jener Leute vermitteln, mit denen ich zu tun hatte. Es mag sein, daß ich mich zu schwelgerisch über die Hindernisse geäußert habe, die es zu meistern galt, über das eifersüchtige, neidische und intrigante Gebaren meiner Opponenten, ohne in Betracht gezogen zu haben, daß die Öffentlichkeit sicher wenig an meinen privaten Querelen interessiert ist, auch wenn sie für mich – natürlich – von größter Bedeutung waren. Ich darf nur hoffen, daß es mir gestattet sei, mich ein wenig meinen geschundenen Gefühlen hinzugeben, besonders wenn ich bedenke, daß ich durch die Machenschaften der anderen Partei gezwungen war, Ägypten zu verlassen, ohne alle meine Pläne durchgeführt zu haben.

Ich bitte ebenfalls um Nachsicht, wenn ich hier meine bescheidenen Überlegungen zu einigen historischen Fragestellungen dargelegt habe; mir wurde jedoch der Umgang mit Tempeln, Grabanlagen und Pyramiden derart vertraut, daß ich gar nicht anders konnte, als einige Betrachtungen über Ursprung und Bauweise anzustellen. Sowohl der gebildete Reisende als auch der Fachgelehrte mag über meine Annahmen und Urteile lächeln; aber stimmen denn alle bei bestimmten Problemen und Fragen überein? Es ist von den Reisenden

1 Flußoase Faijum mit dem großen Karum-See sowie Oase Siwa

im letzten Jahrhundert viel über Ägypten und Nubien geschrieben worden, von Denon[2] und anderen französischen Gelehrten, deren umfassende Schilderungen nichts ausgelassen haben; und von Mr. Hamilton[3], dessen Akkuratesse ich vollauf bestätigen kann. Und was soll ich über den jüngst verstorbenen Scheich Burckhardt[4] sagen, der mit der Sprache und den Gebräuchen jener Völker so vertraut war, daß ihn niemand für einen Europäer gehalten hat. Sein Bericht über die verschiedenen Stämme in jenen Ländern ist derart wahrhaftig und genau, daß es kaum noch etwas gibt, was über Ägypten und Nubien zu erkunden wäre.

Mir sei jedoch noch eine Bemerkung erlaubt, um derentwillen mich der Leser zu Recht wird eitel schimpfen wollen: Kein anderer Reisender hat jemals dergleichen Gelegenheit gehabt, die Sitten der Einheimischen so genau zu studieren wie ich, denn niemand hat je mit ihnen auf so eigentümliche Weise zu tun gehabt. Meine ständige Beschäftigung bestand darin, nach Antiquitäten und Altertümern zu suchen, und bei meinen verschiedenen geschäftlichen Transaktionen vermochte ich den wahren Charakter der Türken, Araber, Nubier, Beduinen und Ababde[5] zu beobachten. Daher waren meine Umstände mit denen eines gewöhnlichen Reisenden nicht zu vergleichen, der nur seine Anmerkungen zum Land und den Altertümern macht, wohingegen ich ungebildete und abergläubische Leute überreden mußte, ungewohnt harte Arbeit zu verrichten, und zwar eine Art Arbeit, die ihnen vollkommen unbekannt war.

Meine Heimatstadt ist Padua; ich stamme aus einer römischen Familie, die dort seit langen Jahren ansässig ist. Die Unruhen und der allgemeine Zustand in Italien veranlaßten mich, mein Heimatland im Jahre 1800 zu verlassen. Seither habe ich mich in den verschiedensten Ländern Europas aufgehalten und unterlag vielen Wechselfällen des Lebens. Den größten Teil meiner jungen Jahre verbrachte ich in Rom, wo ich mich darauf vorbereitete, Mönch zu werden; der unverhoffte Einfall der französischen Armee in Rom jedoch wendete den Gang meiner Fortbildung: Zum Reisen bestimmt, führe ich seitdem ein Wanderleben. Meine Familie unterstützte mich gelegentlich; da sie aber nicht wohlhabend zu nennen war, wollte ich ihr nicht zur Last fallen. Ich beschloß, auf meinen eigenen Fleiß und die geringen Kenntnisse zu bauen, die ich auf unterschiedlichste Art erworben hatte. Ich begann mich mit der Hydraulik zu beschäftigen, einer Wissenschaft, mit der ich mich in Rom bekannt gemacht hatte und die mir insofern zum Vorteil gereichte, als sie mich schließlich veranlaßte,

2 Dominique Vivant Denon (1747–1825), Teilnehmer am napoleonischen Feldzug nach Ägypten, verfertigte Hunderte von Zeichnungen und Skizzen. Sein Buch »Voyages dans la Basse et la Haute Egypte«, 1801 erschienen, war sehr erfolgreich und erlebte mehrere Auflagen und Übersetzungen (s. a. S. 240ff.)

3 Sir William Hamilton, englischer Diplomat, veröffentlichte 1809 seine »Aegyptiaca« über ägyptische Archäologie

4 Im Auftrag der 1788 in London gegründeten »British Association for Promoting the Discovery of the Interior Parts of Africa« (kurz »African Society« genannt) reiste der 1784 in Basel geborene Johann Ludwig Burckhardt Anfang des Jahres 1809 nach Syrien und Palästina, ab 1813 durchquerte er Ägypten und gelangte bis tief in den Sudan hinein (s. a. S. 13)

5 Nomadisierender hamitischer Volksstamm. Im 19. Jh. haben die Ababde sich in Lebensgewohnheit und Sprache weitgehend den arabischen Fellachen angepaßt. Noch heute leben sie in Zelten und wechseln je nach der Jahreszeit ihren Standort

nach Ägypten zu gehen. Mir war bekannt, daß jenem Land hydraulische Maschinen gut anstehen würden, um die Felder zu bewässern und dadurch mehrere Ernten pro Jahr zu erzielen. Aber hier nehme ich spätere Ereignisse vorweg.

Im Jahr 1803 gelangte ich nach England, kurz darauf heiratete ich, und nach einem Aufenthalt von neun Jahren faßte ich den Entschluß, mich nach dem Süden Europas aufzumachen. Gemeinsam mit Mrs. Belzoni besuchte ich Portugal, Spanien und Malta. Von dort aus segelten wir nach Ägypten, wo wir uns von 1815 bis 1819 aufhielten.

Ich war in der glücklichen Lage, viele Altertümer jener einfachen Nation zu entdecken. Es gelang mir, eine der beiden berühmten Pyramiden von Gizeh zu öffnen, sowie einige Grabanlagen der Könige von Theben, darunter ein Grab, das von den renommiertesten Gelehrten unserer Zeit als das des Psammetich[6] ausgemacht worden ist. Es ist das wichtigste, schönste und vollkommenste Monument, das man zur Zeit in jenem Land sehen kann. Die vielgerühmte Büste des Jungen Memnon[7], die ich von Theben wegschaffte, befindet sich jetzt im Britischen Museum, und der in den Gräbern der Könige gefundene Alabaster-Sarkophag, ist auf dem Weg nach England.

In der Nähe des zweiten Nilkataraktes öffnete ich den Tempel von Abu Simbel; im Anschluß daran reiste ich an die Küste des Roten Meeres zur Stadt Berenike[8], und später unternahm ich eine Forschungsreise in die westliche Oase[9]. Dann schiffte ich mich nach Europa ein, und nach einer Abwesenheit von zwanzig Jahren kehrte ich in mein Heimatland und zu meiner Familie zurück. Von dort aus begab ich mich dann nach England.

In Europa mußte ich feststellen, daß es so viele fehlerhafte und falsche Darstellungen meiner Unternehmungen und Entdeckungen gegeben hatte, daß ich es als meine Pflicht ansah, einen schlichten, sachlichen Bericht zu veröffentlichen; und sollte irgend jemand die Korrektheit meiner Schilderung in Frage stellen, so wird dies hoffentlich in der Öffentlichkeit sich zutragen: Denn dann wäre ich in der Lage, jeden Wahrheitsbeweis anzutreten.

6 Am 17. Oktober 1817 öffnete Belzoni dieses größte und schönste Grab im Tal der Könige, das noch heute als »Belzonis Grab« bekannt ist. Die Hieroglyphenschrift an den Grabwänden konnte er damals nicht lesen. Erst am 29. September 1822 verkündete Jean François Champollion die Entzifferung des hieroglyphischen Schriftsystems mit Hilfe des wenige Jahre zuvor in Rosette gefundenen Dreisprachensteines (mit griechischer, demotischer und hieroglyphischer Schrift). Zwar hatte schon Dr. Thomas Young – insbesondere angeregt durch eine ihm 1814 vorgelegte Kopie des Rosette-Steines – sich intensiv an der Entzifferung der Hieroglyphen versucht und u.a. herausgefunden, daß in den Kartuschen die Namen der Könige und Königinnen stehen, aber wie diese Namen zu lesen waren, blieb noch unbekannt. Anhand einiger Zeichnungen, die Belzoni vom Grabe Sethos' I. angefertigt und an Young geschickt hatte, teilte letzterer mit, er lese die Namen der Könige Psammetich und Necho. Heute wissen wir, daß Young damit fälschlich den jeweils in der Kartusche eingeschlossenen Vornamen und Geburtsnamen Sethos' I. bezeichnete

7 Gemeint ist der fast 8 Tonnen schwere Kolossalkopf Ramses' II. aus Rosengranit, der im Ramesseum, dem Totentempel Ramses' II., lag.

8 Dieses alte ägyptische Städtchen hatte Ptolemaios II. Philadelphos im Jahre 275 v. Chr. gegründet und nach seiner Mutter benannt. Von hier aus pflegte man den Seehandel mit Arabien; Indien und Persien. Berenike liegt am Kap Banas auf der Höhe von Assuan

9 Von der Flußoase Faijum aus reiste Belzoni mit einer Karawane in die Oase Siwa

Die Kolossalbüste des »jungen Memnon« (Ramses II.), 2,67 m hoch, heute im Britischen Museum

Erste Reise

Der Memnonskopf

Am 19. Mai 1815 gingen wir in Malta unter Segel und kamen am 9. Juni in Alexandria an; wir, das waren meine Frau, ich und James Curtain, ein junger Bursche, den ich aus Irland mitgebracht hatte. Der eigentliche Grund meiner Reise nach Ägypten bestand in dem Projekt, hydraulische Maschinen zur Bewässerung der Felder zu konstruieren, die einfacher und wirtschaftlicher als die dort gebräuchlichen sein sollten. Bei der Einfahrt in den Hafen von Alexandria erfuhren wir von dem Lotsen, daß die Pest in der Stadt wüte. Für einen Europäer, der noch nie in diesem Land gewesen war, eine wahrlich beunruhigende Nachricht. Da ich einige Informationen über den Stand der Seuche haben wollte, blieben wir bis zum nächsten Tag an Bord und warteten. Zwei Europäer, die sich uns mit einem Boot seitwärts näherten, ließen uns wissen, daß die Pest im Rückgang begriffen sei. Daraufhin begaben wir uns an Land, wenn auch mit großer Vorsicht, da wir auf dem Weg zur französischen Niederlassung, wo wir in Quarantäne bleiben sollten, die Stadt durchqueren mußten. Glücklicherweise nahte der Johannistag, der 24. Juni, an dem die Pest aufhören sollte. Abergläubige Menschen schreiben dies dem Heiligen selbst zu; aber es ist auch bekannt, daß extreme Hitze die Seuche ebenso hemmt wie die kalte Jahreszeit. Ich selbst habe beobachtet, daß die Pest bei gemäßigter Sommerhitze länger anhielt, wohingegen sie bei lang anhaltender Kälte später einsetzte.

Die Notwendigkeit, sich in eine Art freiwilliges Gefängnis zu begeben; die Vorsicht, die wir walten ließen, weder irgendeine Person anzufassen noch Berührungen jedweder Art zu dulden; die strikte Order, alles, was wir von außerhalb erhielten, kontrollieren zu lassen; die starken Duftstoffe, mit denen wir permanent beschenkt wurden, um, wie man sagte, der Pest vorzubeugen – all diese Sitten waren äußerst befremdlich für einen Neuling. Wir mußten in unserem Zimmer bleiben, und für drei bis vier Tage näherte sich uns keine Menschenseele. Wir waren in der Tat krank; aber ich war vorsichtig genug, das niemanden wissen zu lassen, denn die Pest ist eine derart furchtbare Geißel, die so mächtig auf die Ängste und Vorurteile der Menschen einwirkt, daß bei jeder beliebigen Erkrankung mit Selbstverständlichkeit davon ausgegangen wird, man leide an der Pest. Und wenn die betreffende Person stirbt, muß sie an der Pest gestorben sein. Es wird nicht nachgefragt, und Untersuchungen gibt es keine. Hätten die Bewohner der Siedlung also Kenntnis von unserem Unwohlsein erhalten, wären sie unweigerlich zu dem Schluß gekommen, daß wir uns beim Durchqueren der Stadt die Pest zugezogen haben mußten. Das ganze Viertel wäre entsetzt gewesen, den grausamen Feind innerhalb der Tore zu wissen.

Diese Siedlung ist eine aus mehreren Häusern bestehende Anlage in quadratischer Form. Als Eingang gibt es nur ein großes Tor, das zu einer von allen benutzten Treppe führt, von der aus eine Galerie die einzelnen Häuser miteinander verbindet. In Pestzeiten sind die Bewohner der Häuser gezwungen, sich ohne jede Berührung miteinander in Verbindung zu setzen: Keine Vorräte kommen hinein, ohne nicht vorher in Wasser getaucht zu werden; Brot darf auch nicht angefaßt werden, solange es noch warm ist. Man steckt sich sehr leicht an; ein vom Wind herangetragenes Staubkorn reicht aus, um das ganze Land zu infizieren. Wäre es bekannt geworden, daß wir krank waren, hätte sich uns niemand zu nähern gewagt, mit Ausnahme der Araber, die in Krankheitsfällen unterschiedslos zu jedem gehen und auf diese Weise die Krankheit verbreiten helfen. Viele sterben als Opfer der Nachlässigkeit, weil jede Krankheit für die Pest gehalten wird. Andere sind Opfer der scheußlichen, eigennützigen Absichten von Verwandten, die sich nicht scheuen, selbst Gift anzuwenden, um durch einen Todesfall zu profitieren. Da keinerlei Untersuchungen durchgeführt werden, lautet die allgemeine Schlußfolgerung, was immer die Krankheit gewesen sein mag: »Er starb an der Pest.«

Nach dem 24. Juni, dem Johannistag, war die Seuche fast vollständig abgeklungen. Da es meine erklärte Absicht war, nach Kairo zu gelangen, mieteten wir zusammen mit Mr. Turner, einem Engländer, der auch nilaufwärts reisen wollte, ein Boot. Wir segelten am 1. Juli ab und kehrten am selben Abend auf Grund der ungünstigen Windverhältnisse wieder zurück. Am nächsten Tag gingen wir wieder unter Segel – aber in Abukir[10] mußten wir wegen des starken Windes an Land gehen. Wir besichtigten den Ort, wo so mancher brave Kerl als Opfer des Krieges für den Ruhm seines Vaterlandes gefallen ist. Menschenknochen lagen hier und da verstreut.

Noch am selben Tag setzten wir unsere Reise fort, segelten in die Mündung des Nils und legten bei Rosette[11] an. Nach weiteren vier Tagen erreichten wir Bulak, eine Meile von Kairo entfernt. Obwohl sich unsere Augen schon in Alexandria mit dem Anblick der Araber vertraut gemacht hatten, war das geschäftige Treiben hier doch noch weitaus beeindruckender. Die majestätische Erscheinung der türkischen Soldaten in den unterschiedlichsten Uniformen, die weder Ordnung noch Disziplin erkennen ließen; die vielen Araber verschiedenster Stämme, Boote, Canjas[12], Kamele, Pferde und Esel – alles in ständiger Bewegung begriffen – boten ein erstaunliches Bild. Ich ging an Land und machte mich unverzüglich nach Kairo auf. Da die heiligen Väter des Klosters Terra Santa keine Frauen

10 Abukir liegt 12 Seemeilen nordöstlich von Alexandria

11 Das heutige Rashid, 20 Seemeilen nordöstlich von Abukir, wo im August 1799 französische Soldaten den berühmten Dreisprachenstein aus schwarzem Granit ausgruben (s. a. S. 246 f.)

12 Canja = Nilboot

Canja, Nilboot (nach Bruce)

innerhalb ihrer Mauern beherbergen durften, wurden wir in einem alten Haus in Bulak untergebracht, das einem Mr. Baghos gehörte, an den ich verwiesen worden war. Er war Erster Dolmetscher bei Mohammed Ali[13] und Minister für alle auswärtigen Angelegenheiten. Er war ein Mann von großem Scharfsinn, schneller Auffassungsgabe und in seiner Einstellung Fremden – besonders Europäern – gegenüber so wohlwollend, daß der Tag, da ich seiner Hoheit dem Pascha vorgestellt werden sollte, schnell festgelegt war.

Das Haus, das wir bewohnten, war so alt und baufällig, daß es jeden Moment über unseren Köpfen zusammenzufallen drohte. Die Fenster waren allesamt mit zerbrochenen, hölzernen Riegeln verschlossen. Die Treppe war in einem solch elenden Zustand, daß auch nicht eine Stufe heil war. Die Tür wurde ganz schlicht durch eine dagegengestemmte Stange zusammengehalten. Es gab auch kein Schloß, um den Eingang zu sichern. Das Haus hatte zwar viele Räume, aber überall waren die Zimmerdecken in einem erschreckenden Zustand. Unser Mobiliar bestand aus einer einzigen Matte in einem der besser erhaltenen Räume, welchen wir als unseren ›Salon‹ betrachteten. Da wir unsere eigenen Matratzen und Bettwäsche mitgebracht hatten, brauchten wir die arabische Art des Schlafens nicht zu übernehmen. Stühle sind in diesem Land nicht üblich – also saßen wir auf dem Boden. Koffer und Kiste dienten uns als Tisch. Für den Aufenthalt an Bord hatten wir glücklicherweise einige Teller, Messer und Gabeln mitgenommen, die uns jetzt zugute kamen. James, unser irischer Bediensteter, kaufte einen Satz Küchenutensilien und Töpferwaren. Soviel zu unserer Unterkunft.

Obwohl zu diesem Zeitpunkt mein eigentliches Interesse nicht den Altertümern galt, konnte ich mich nicht zurückhalten, sofort eines der Weltwunder anzusehen: die Pyramiden. Ich nahm die Gelegenheit wahr, mich Mr. Turner anzuschließen, der sich vom Pascha eine Soldaten-Eskorte hatte geben lassen. Wir übernachteten dort, um in aller Frühe die erste

13 Mohammed Ali wurde 1805 mit der Würde eines Paschas als türkischer Statthalter in Ägypten eingesetzt. Mit Unterstützung der Mamluken besiegte er 1807 die englischen Truppen und zwang sie zum Verlassen des Landes. So erschien er seinem Volk als Erlöser und Befreier und wurde als absoluter Herrscher anerkannt. Als er am 2. August 1849 starb, hinterließ er ein modernisiertes und selbständiges Ägypten.

Pyramide[14] besteigen und den Sonnenaufgang erleben zu können. Schon lange vor Anbruch des Tages gelangten wir oben auf der Spitze an. Die Szenerie war majestätisch und in ihrer Großartigkeit kaum zu beschreiben: Der Nebel lag wie ein Schleier über der ägyptischen Ebene, der sich mit Aufgang der Sonne langsam hob und den Blick freigab auf eine wundervolle Landschaft, in der einst Memphis[15] lag. Der Ausblick bis zu den weit entfernten, kleineren Pyramiden[16] im Süden markierte die Ausdehnung der einstigen großen Hauptstadt. Die erhabene und endlose Weite der Wüste im Westen mahnte uns zur Ehrfurcht vor dem allgewaltigen Schöpfer. Das fruchtbare Land im Norden, die Schlangenlinie des Nils, abwärts sich zum Meer hin windend, die üppige Erscheinung Kairos mit seinen unzähligen Minaretten am Fuße des Mokattam-Gebirges[17] im Osten, die wunderschöne Ebene, die sich von den Pyramiden zur Stadt hin erstreckt, die stolze Pracht des Nils, der durch die Mitte des heiligen Tals fließt und die dichten Palmenhaine vor unseren Augen: All dies bildet eine Szenerie, die selbst durch die sorgfältigste Beschreibung nur ungenügend wiedergegeben werden kann. Wir stiegen ab, um diese kolossale Felsmasse, diese Ansammlung gewaltiger Steinblöcke aus einiger Entfernung zu bewundern. Ich war sehr beeindruckt und vollkommen unfähig, mir vorzustellen, wie man sie jemals hatte zusammenfügen können. Alsbald begaben wir uns in das Innere der Pyramide, jedoch werde ich die genauere Beschreibung dieses Wunderwerkes zu einem späteren Zeitpunkt liefern. Wir gingen um die zweite Pyramide herum, untersuchten verschiedene Mausoleen und kehrten mit dem befriedigenden Gefühl nach Kairo zurück, ein Weltwunder gesehen zu haben, das ich schon seit langem hatte kennenlernen wollen – wobei ich doch niemals angenommen hatte, diesen köstlichen Augenblick tatsächlich einmal erleben zu dürfen.

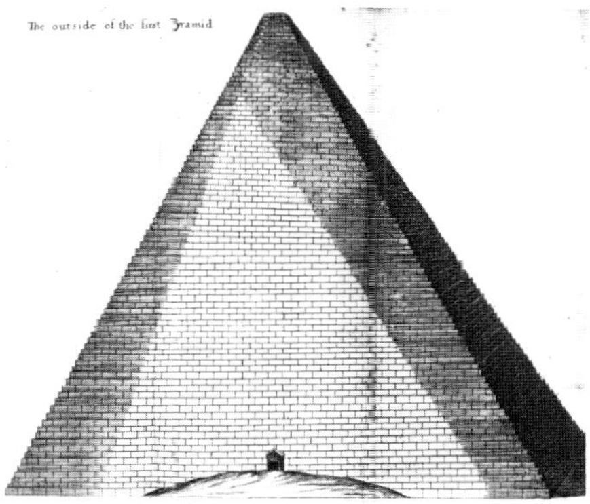

Die erste Pyramide (nach John Greaves)

14 Die erste (nördliche) der 3 Pyramiden von Gizeh war ursprünglich 146 m hoch (heute noch 137 m) und damit zugleich die höchste im ganzen Land. Pharao Cheops ließ sie erbauen. Die zweite mit ursprünglich 143,5 m mißt heute noch 136,5 m. Sie ist die zweitgrößte und gehört dem Chephren. Die dritte Pyramide mit ihren 66,5 m Höhe gehört dem Mykerinos

15 Hauptstadt des Alten Reiches, bereits in der 1. Dynastie von dem sagenumwobenen König Menes um 2955 v. Chr. gegründet. Über dem Boden des alten Memphis steht heute das kleine Dorf Mit-Rahine inmitten eines Palmenhaines

16 Gen Süden erblickt man von hier aus die Pyramidengruppe von Abusir, dahinter die Pyramiden von Sakkara mit der Stufenmastaba des Djoser und schließlich in weiter Ferne die Pyramiden von Dahschur

17 Hier sieht man noch heute die gewaltigen Steinbrüche, aus denen damals das Material zum Bau der Pyramiden von Gizeh herausgeschlagen wurde

Einige Tage später reisten wir zusammen mit anderen Europäern auf dem Wasserweg bis in die Höhe von Sakkara[18]. Nachdem wir dort die Pyramiden besichtigt hatten, kehrte die Gruppe nach Kairo zurück, mit Ausnahme von Mr. Turner und mir: Wir wollten uns noch die Pyramiden von Dahschur[19] ansehen. Sie sind beträchtlich kleiner als die anderen; meines Erachtens ist ihr Verhältnis eins zu sechs. Eine von ihnen hat eine völlig andere Form. In halber Höhe hat sie einen Knick, so daß sie zum Erdboden hin fast senkrecht abfällt. Diese, sowie die Pyramiden von Sakkara, die aussehen wie aufeinandergesetzte Galerien, unterscheiden sich in der Form von den übrigen, die beiden Pyramiden in Dahschur sind am besten erhalten. In der Nähe von Sakkara und Mit-Rahine, dem meiner Meinung nach zentralen Teil des einstigen Memphis, bemerkte ich Überreste anderer Pyramiden, welche mich auf Grund ihres verfallenen Zustands zu der Annahme verleiteten, sie seien die ältesten Bauten überhaupt. Zu diesem Zeitpunkt hatte ich keine Gelegenheit, die Schächte mit den einbalsamierten Vogelkörpern aufzusuchen, aber ein Fellache brachte uns eines jener Tongefäße, die einen Vogel enthalten[20]. Der Form der Knochen nach zu urteilen, mußte es sich um einen Falken gehandelt haben. Die Vase war so vollkommen, daß wir den Araber mit seinem simplen Versuch der Täuschung auslachten. Als er sah, daß er uns seinen 'echten Fund' nicht verkaufen konnte und obendrein noch ausgelacht wurde, zerschlug er das Gefäß vor unseren Augen – damit hatte er uns und unseren vermeintlichen Kunstverstand bloßgestellt. Diesmal waren wir über das Ziel hinausgeschossen: Die uns immer wieder ans Herz gelegte Vorsichtsmaßnahme, den Aussagen eines Arabers niemals Glauben zu schenken, hatte uns blind gegenüber der Wahrheit gemacht. Auf unserem Rückweg zum Nilufer kamen wir an der zerfallenen Pyramide aus sonnengetrockneten Ziegeln[21] vorbei, und nach genauerer Betrachtung schien mir klar zu sein, daß sie nicht wie die anderen Pyramiden allmählich zerfallen war, sondern daß sich große Ziegelbrocken nach und nach von den übrigen abgelöst haben mußten.

Es war schon dunkel, als wir das Nilufer erreichten, und wir mußten verschiedene Dörfer durchqueren, ehe wir einen Landungssteg fanden, von dem aus wir uns nach Kairo zurückschiffen lassen konnten. Unser Weg führte uns durch einen Palmenhain, der im Mondlicht einen höchst feierlichen Eindruck machte. Einige Araber tanzten zu den üblichen Klängen der Tamburine, und die sklavischen Verhältnisse unter der türkischen Herrschaft vergessend, schienen sie für eine Weile glücklich zu sein. Wir nahmen ein kleines Boot und kamen noch vor Tagesanbruch in Alt-Kairo an. Zwei Tage später sollte ich wegen des

18 Der Friedhof des alten Memphis liegt westlich der einstigen Residenz auf der Hochfläche der Libyschen Wüste am Rande des Niltales und erhielt seinen Namen nach dem modernen Dorf Sakkara. Über zwei Dutzend Pharaonen mit ihrem Hofstaat liegen hier in Pyramiden und Mastabas bestattet

19 Die Knickpyramide und Steinpyramide von König Snofru (4. Dynastie). Die anderen Pyramiden in Dahschur (von Amenemhet II. und III. sowie von Sesostris III.) hat Belzoni offenbar nicht besichtigt

20 In der Tiernekropole von Sakkara fand man u.a. eine Ibisgalerie mit ca. 2 Millionen Ibismumien sowie eine Falkengalerie etwa aus dem 4.–1. Jh. v. Chr. Diese Tiere wurden in Spitzkrügen beigesetzt

21 Pyramide des Königs Amenemhet III. (12. Dynastie) in Dahschur

Tongefäß mit Vogelmumie (nach Norden)

Hydraulik-Projektes beim Pascha vorsprechen. Ich ging also in das Haus von Mr. Baghos, wo ich die Bekanntschaft des nunmehr verstorbenen Mr. Burckhardt machte. Diese Begegnung nahm für mich einen sehr glücklichen Ausgang, da ich von ihm eine Reihe sehr wichtiger Informationen erhielt, die sich in diesem Land als äußerst nützlich erweisen sollten. Ich werde mich seiner immer mit tiefster Dankbarkeit erinnern. Um zur Zitadelle[22], der Residenz des Paschas zu gelangen, mußten wir mehrere Hauptstraßen passieren, in denen ein ständiges Menschengewühl herrscht, so daß eben deshalb ein Fremder glaubt, daß diese Stadt sehr bevölkert sei. Das stimmt nicht, denn mit Ausnahme dieser Straßen und der Basare ist der übrige Teil der Stadt leblos und leer, und überall stößt man auf zerfallene Häuser und umherliegenden Unrat. Man half uns, auf die Esel aufzusitzen: die einzige und komfortabelste Art der Fortbewegung für Europäer in dieser Stadt. Ein Soldat zu Pferde kam uns entgegen. Als wir etwa auf gleicher Höhe waren, versetzte er mir mit seinem Steigbügel einen solchen Hieb, daß ich glaubte, er habe mein rechtes Bein vom Körper abgetrennt. Die Steigbügel der Türken erinnern an Schaufeln mit scharfen Kanten. Eine Kante schlug gegen die Wade meines Beines und riß ein Stück Fleisch in der Form eines

22 Sie wurde aus Steinen der Pyramiden von Gizeh sowie aus Blöcken der Ruinen von Memphis errichtet. Im Jahre 1166 n. Chr. begann Saladin mit dem Bau dieser Befestigungsanlage, die 1207 fertiggestellt wurde. Seit 1517 diente sie dem türkischen Pascha als Sitz. Bei einer gewaltigen Pulverexplosion im Jahre 1823 wurde ein Großteil der Anlage zerstört; an jener Stelle ließ Mohammed Ali die Alabastermoschee errichten

Dreiecks heraus – zwei Inches breit und reichlich tief. Danach stieß er noch zwei oder drei Flüche gegen mich aus und zog weiter als sei nichts geschehen. Das Blut floß in Strömen, und statt zur Audienz beim Pascha, wurde ich ins Kloster Terra Santa, dem nächstliegenden christlichen Ort gebracht. Es muß an dieser Stelle eingefügt werden, daß zu jener Zeit unter den Soldaten große Unzufriedenheit herrschte, da der Pascha die Anweisung gegeben hatte, den militärischen Drill nach europäischem Vorbild einzuführen, und da ich europäisch gekleidet war, wollte mir der Türke wahrscheinlich heimzahlen, was er an europäischen Sitten auszustehen hatte. Vom Kloster aus wurde ich zurück in mein Haus nach Bulak gebracht. Ich mußte mich dreißig Tage pflegen lassen, ehe ich wieder auf den Beinen war.

Während meines erzwungenen Aufenthaltes im Haus hatte ich, am Fenster sitzend, die Gelegenheit, die Gewohnheiten der Araber zu beobachten. Unser Haus stand recht günstig, so daß wir alle aus Alexandria und Rosette kommenden Boote beim Anlegen beobachten konnten. Alle Waren, die verschickt oder gebracht wurden, mußten vorbeitransportiert werden, und selbst die Karawanen aus Mekka hielten sich für einige Tage vor unserem Haus auf. Es war ein sonderbares Schauspiel für uns, diese Leute in ihren Zelten, nach Familien getrennt, zu beobachten. Ihre hauptsächliche Beschäftigung bestand darin, auf dem Boden zu sitzen, zu rauchen, zu singen und zu beten, was neben den zeremoniellen Gebeten mitunter drei oder vier Stunden in Anspruch nahm. Ich machte keine detaillierten Beobachtungen, denn – wie ich schon sagte – der Zweck meiner Reise war ein anderer, und ich dachte zu diesem Zeitpunkt noch nicht daran, daß ich als schlichter Reisender irgend etwas mit diesen Leuten würde zu tun haben.

Nachdem ich mich erholt hatte, wurde ich dem Pascha Mohammed Ali vorgestellt. Er empfing mich sehr freundlich. Als er mich hinken sah und ich ihm die Ursache mitgeteilt hatte, erklärte er, daß derlei Zwischenfälle an einem Ort mit viel Militär leider unvermeidbar seien. Sodann traf ich mit ihm die Abmachung, eine Maschine aufzustellen, die mit nur einem Ochsen dieselbe Menge Wassers heraufbefördern könne wie die hier im Lande üblichen Anlagen, für die man allerdings vier Ochsen benötigte. Er war äußerst zufrieden mit meinem Vorschlag, da ich Arbeit und Ausgaben für viele tausend Ochsen im Land einzusparen versprach. Für ihn war mein Angebot wichtig, da diese Tiere zu kaum einer anderen Arbeit taugen, und obwohl sie gut genährt und stark sind, werden sie selten geschlachtet, da sich die Türken von Hammelfleisch und die Araber vorzugsweise von Büffelfleisch ernähren. Der Pascha war erst vor kurzem aus Arabien zurückgekehrt. Er hatte dort die Wahhabiten[23]-Stämme unterworfen und die heiligen Städte Mekka und Medina von jenen Ungläubigen befreit. Er selbst hatte den Krieg geführt, während sein Sohn Ibrahim

23 Diese islamische Sekte wurde 1745 von Mohammed Abd el-Wahhab (1701–1791) gegründet. Die Wahhabiten eroberten 1804 Medina und nahmen zwei Jahre später auch Mekka und Djidda ein. Mohammed Ali zog 1811 gegen die Wahhabiten zu Felde und gewann Mekka und Medina zurück. Seinem Sohne Ibrahim Pascha gelang es, die Wahhabiten in der Schlacht bei Basra (1815) vernichtend zu schlagen und im Jahre 1818 die Geburtsstadt des Sektengründers, Derajeh, auszulöschen

Pascha einige einflußreiche und mächtige Stammesfürsten besiegt und als Gefangene nach Konstantinopel geschickt hatte, wo sie exekutiert worden waren. Dessen ungeachtet bin ich der Meinung, daß Mekka für die Türken sein wird, was Jerusalem für die Christen ist: Wenn dort nicht ständig eine starke Armee gehalten wird, werden die Kreuzzüge des Mohammed Ali keinen besseren Effekt erzielen, als die des Gottfried von Bouillon[24].

Zu der Zeit, da ich mit dem Aufbau meiner hydraulischen Maschine beschäftigt war, ging ich eines Morgens auf der Landstraße gen Kairo und fand zu meinem Erstaunen statt des üblichen Lärms und der regen Geschäftigkeit völlige Stille vor. Die Bootsmänner waren mit ihren Booten befaßt, als wollten sie augenblicklich ausfahren. Kamele, die normalerweise Wasser nach Kairo transportieren, waren nicht zu sehen; kein Eselstreiber ließ sich blicken, kein Geschäft war geöffnet, kein Mensch auf der Straße. Nach der Ursache dieser Sonderbarkeit konnte ich niemanden fragen; ich selbst war ratlos, aber da es Freitag war, vermutete ich einen Feiertag bei den Mohammedanern. Ich ging weiter und traf noch immer keine Menschenseele. Die Entfernung von Bulak nach Kairo beträgt etwa eine Meile. Auf halbem Weg befindet sich eine Brücke. Dort stand eine Gruppe von Soldaten. Ich setzte meinen Weg fort, ohne von ihnen Notiz zu nehmen; einer von ihnen jedoch zielte mit seinem Gewehr in meine Richtung, die anderen lachten und schienen an der Vorstellung Gefallen zu finden, einen Franken[25] zu erschrecken.

Ich kam schließlich in Kairo an, und als ich das europäische Viertel erreicht hatte, fand ich beide Tore verschlossen. Hinter der kleinen Tür jedoch bemerkte ich einen Franken, der mich ebenso verstohlen betrachtete wie ich ihn. Es war Mr. Bocty, der schwedische Generalkonsul, und er schien sehr überrascht, mich zu sehen. Ich konnte mir nicht vorstellen, was all das zu bedeuten hatte. Zunächst dachte ich, es sei eine entsetzliche Seuche ausgebrochen und jedermann befände sich zu Hause, aber die Mohammedaner ziehen sich bei derartigen Vorkommnissen nicht gern zurück. Ich war unfähig, die Lage einzuschätzen. Mr. Bocty fragte mich erregt, wie ich es denn möglich gemacht habe, nach Kairo zu gelangen, woher ich käme und was ich auf dem Weg gesehen hätte. Er war sehr erstaunt, als ich ihm erzählte, daß ich von Bulak zu Fuß gegangen sei und niemanden gesehen hätte. Wir hatten nicht lange an der Tür gestanden, als wir großen Lärm und lautes Geschrei sowie Gewehrsalven aus mehreren Straßen hörten. Eilig schob man mich ins Europäer-Viertel hinein. Die Tore wurden fest verschlossen. Ich erhielt die Information, daß unter den Soldaten eine Revolte gegen den Pascha ausgebrochen sei und einige Truppen ihm bis zur Zitadelle nachsetzten, in die er sich zurückgezogen hatte. So seltsam es erscheinen mag entsprach es doch der Tatsache, daß wir in Bulak nichts davon erfahren hatten, da wir dort niemanden kannten. Daher also war der Ort, an dem die Revolte begonnen hatte, die Moschee im Esbekija-Garten, menschenleer gewesen als ich vorüberging. Nachdem sich der

24 Führer des ersten Kreuzzuges, wurde 1099 König von Jerusalem und starb 1100
25 Damals im Orient gebräuchliche Umschreibung für Europäer

Mohammed Ali vor der Zitadelle in Kairo (nach Forbin)

Pascha in die Zitadelle begeben hatte, waren ihm alle Soldaten gefolgt, und die übrige Bevölkerung zog es vor, in ihren Häusern zu bleiben. Alle Franken waren alamiert worden und hielten sich bereit, die Tore zu ihrem Viertel zu verteidigen, falls dies nötig werden sollte. Ich ging zum Haus von Mr. Baghos, da ich mit ihm geschäftliche Angelegenheiten zu regeln hatte. Wohl wissend, wo ich wohnte, war er nicht wenig erstaunt, mich zu sehen.

Der Gedanke, Mrs. Belzoni mit James und einem Araber allein zu Hause gelassen zu haben, beunruhigte mich sehr. Obwohl Mr. Baghos mich zu überreden suchte, über Nacht bei ihm zu bleiben, bestand ich auf meinem sofortigen Aufbruch. Es gelang mir, das Haus unbeobachtet zu verlassen, aber an den Toren hatte ich große Schwierigkeiten durchgelassen zu werden. Kaum hatte man mich passieren lassen, wurden sie rasch hinter mir zugezogen. Ich nahm denselben Weg, den ich gekommen war, und nach einer kurzen Strecke sah ich eine Gruppe bewaffneter Soldaten, die in Richtung Stadtmitte marschierten. Im Weitergehen hörte ich Gewehrsalven in der Nähe. Als ich mich dem Esbekija-Garten näherte, liefen einige Soldaten zur Moschee, andere kamen mir entgegen. Sie umringten mich. Einer von ihnen ergriff die Zügel meines Esels, ein anderer packte mich am Kragen, während der Rest emsig meine Taschen durchwühlte. Ich hatte nur einige Dollar bei mir, meine Brieftasche enthielt Briefe und Ausweispapiere. Was sie damit angefangen haben, weiß ich nicht. Ihr größtes Interesse galt einer Brosche mit einem weißen Topaz, die an meiner Hemdkrause steckte und deren Stein sie offensichtlich für einen Brillanten hielten. Ich war weder furchtsam noch zeigte ich meinen Ärger, und als ich sah, daß ihre ungeteilte Aufmerksamkeit dem Topaz galt, begann ich langsam weiterzugehen. Aus der Befürchtung heraus, ich könne sie möglicherweise wiedererkennen und ihr Verhalten öffentlich bekanntmachen, hätte ich damit rechnen müssen, von ihnen zurückgerufen zu werden – ich ging jedoch davon, und nichts weiter passierte mir.

Wir blieben einige Tage im Haus, da uns ein freundlicher türkischer Nachbar geraten hatte, uns nicht sehen zu lassen. In dieser Zeit plünderten die Soldaten die Geschäfte in Kairo, und der Pascha sandte berittene Syrer gegen sie aus. Diese waren die einzigen Truppen, die ihm die Treue hielten; aber da sie zu Pferde waren, vermochten sie die Albanier nicht einzuholen, die sich auf die gepflügten Äcker zwischen Kairo und Bulak zurückgezogen hatten. Eines Tages rückte die Kavallerie vor, und die Albanier mußten sich in Richtung Bulak davonmachen. Vom oberen Geschoß unseres Hauses aus konnten wir sehen, wie die feuernden Truppen die Leute in Panik versetzten und sich in Hast an den Booten zu schaffen machten. Diese waren so schnell überbelegt, daß einige in die Fluten stürzten und ertranken. Es war zu erwarten, daß die Truppen plündern würden, falls sie die Stadt einnähmen. Sollte dies der Fall sein, vertraute ich dem sichtbar ruinösen Zustand unserer Behausung, der die Soldaten wohl eher vom Eindringen abhalten würde, statt zur Plünderung einzuladen. Außerdem besaßen wir keine wertvollen Gegenstände; es sei denn, sie würden an unserem Küchengeschirr und den irdenen Töpfen Gefallen finden. Es gab lautes Geschrei unter den Leuten, denn die Truppen waren in der Tat schon vor den Toren der Stadt, aber glücklicherweise wurden sie von der Kavallerie, die die Straße umzingelt hielt, am Vordringen gehindert. Die Wirren dauerten mehrere Tage an. Endlich, nachdem die Truppen Kairo nach Herzenslust geplündert und verwüstet hatten, zogen sie sich in ihre Lager zurück, und nach einiger Zeit war die ganze Angelegenheit vergessen. Ich habe Grund zu der Annahme, daß der Pascha die Anführer dieser Erhebung kannte – denn kurz danach sollen verschiedene Leute eines plötzlichen Todes gestorben sein. In der Tat verschwanden viele der Stammesfürsten und Beis. Die unzufriedenen Truppen wurden, weit entfernt von Kairo, in Richtung Mekka verlegt, und der europäische Drill – die eigentliche Ursache der Revolte – wurde ganz und gar abgeschafft und geriet in Vergessenheit. Die Türken wehren sich gegen jede Art von Kontrolle, ganz besonders dann, wenn sie nicht den mohammedanischen Sitten entspricht. Es hat mich köstlich amüsiert zu sehen, wie unsere militärischen Bräuche von Männern übernommen wurden, deren weite Hosen allein schon ausgesprochen unpassend für unsere Art der raschen Fortbewegung sind.

Als sich alles wieder beruhigt hatte, nahm ich die Arbeiten an meiner hydraulischen Maschine erneut auf. Ich wollte sie in Schubra[26], im Park des Paschas, am Nilufer aufbauen,

26 Damals Erholungsort für die betuchten Leute von Kairo, heute Armenviertel nördlich des Hauptbahnhofs

drei Meilen von Kairo entfernt. Wir zogen dort in ein kleines Haus innerhalb der Palastanlagen, deren Tore nachts verschlossen wurden. Ich hatte enervierende Schwierigkeiten zu überwinden, um mit den Leuten zurechtzukommen: Sie befürchteten, daß die Einführung derartiger Maschinen viele von ihnen brotlos machen würde. Demzufolge war meine Anwesenheit unerwünscht. Und eben die Leute, die mich mit den notwendigen Materialien versorgten, Holz, Eisen, etc., würden die ersten sein, die bei einem Erfolg meines Projektes zu leiden hätten. Man kann sich daher leicht vorstellen, gegen welche Hindernisse ich anzurennen hatte, ganz abgesehen von den Vorurteilen allen Fremden oder neumodischen Gebräuchen gegenüber. Als Beweis dafür mag die eiserne hydraulische Maschine gelten, die in Schubra steht. Sie soll zehntausend Pfund gekostet haben und war ein Geschenk Englands an den Pascha von Ägypten. Der Aufbau wurde aufs Sorgsamste durchgeführt, obwohl der verantwortliche Ingenieur vielen Schwierigkeiten ausgesetzt war. Schließlich wurde sie in Betrieb genommen. Da man aber erwartet hatte, daß eine englische Maschine innerhalb einer Stunde das ganze Land würde bewässern können, war die Enttäuschung groß, als die hochgetriebene Wassermenge keineswegs den Vorstellungen entsprach: Seither ist sie nie mehr benutzt worden. Jener Mißerfolg schien mir durchaus auf mein eigenes, mögliches Geschick hinzudeuten, und ich hatte damit nicht Unrecht.

Der Pascha ist sich der Vorteile bewußt, die die Förderung europäischer Fertigkeiten in seinem Land mit sich bringt, und seine Neigung, europäische Errungenschaften zu übernehmen, hat in der Tat schon günstige Auswirkungen gezeigt. Die Fabrikation von Schießpulver, die Zucker-Raffinerie, die Herstellung feinsten Indigos und die Verarbeitung von Rohseide wurden eingeführt – natürlich nicht ohne Gewinn für den Pascha. Er bemüht sich ständig um Neuerungen und ist entzückt über alles, was seiner Vorstellungskraft fremd ist. Nachdem er von der Elektrizität gehört hatte, ließ er zwei elektrische Generatoren aus England kommen; der eine überstand den Transport nicht, der andere wurde in seine Bestandteile zerlegt und nicht wieder zusammengebaut. Der Techniker des Paschas, ein Armenier, wußte nicht, wie man die Maschine hätte aufstellen und in Betrieb nehmen sollen. An dem Abend, da er sich damit abmühte, befand ich mich gerade im Park und wurde gebeten, die verschiedenen Teile zusammenzufügen. Damit fertig, bat ich einen der Soldaten, auf einen isolierten Stuhl zu steigen. Ich warf die Maschine an und versetzte dem Türken einen kräftigen Stromstoß. Dieser, nichts dergleichen erwartend, stieß einen lauten Schrei aus und sprang herab. Er war entsetzt, als ob er dem Teufel persönlich begegnet sei. Der Pascha lachte den Mann aus, hielt seinen Schock für einen Trick und brachte ihn nicht mit der Wirkung des Geräts in Verbindung. Als ich ihm sagte, daß dies der Effekt des Generators sei, stritt er heftig mit mir: Der Soldat sei so weit entfernt, und die dünne Schnur, die er in Händen halte, könne unmöglich derartige Kräfte entwickeln. Ich erfüllte mir einen persönlichen Wunsch, indem ich seiner Hoheit durch den Dolmetscher vorschlagen ließ, er möge den Stuhl doch selbst besteigen, um sich von der Wirkung des Geräts zu überzeugen. Er zögerte eine Weile, schien nicht zu wissen, ob er mir glauben solle, schließlich aber bestieg er den Stuhl. Ich lud erneut auf, legte ihm die Zuleitung in die Hand – und versetzte ihm einen kräftigen Schock. Genau wie der Soldat sprang auch er vom Stuhl, als er die Wirkung der Elektrizität zu spüren bekam. Dann warf er sich mit dröhnendem Gelächter auf ein Sofa: Er konnte das Prinzip der Maschine nicht begreifen.

Während meines Aufenthalts in Schubra geschah etwas, was ich mein Leben lang nicht vergessen werde und was ein deutliches Licht auf Land und Leute warf. Geschäftlicher Angelegenheiten wegen befand ich mich auf dem Weg nach Kairo. Auf meinem Esel hockend, trottete ich durch eine der engen Gassen. Ein schwer beladenes Kamel kam mir entgegen. Der Zwischenraum zwischen Kamel und Hauswand war so gering, daß ich mich kaum hindurchzuzwängen vermochte – in dem Moment stieß ich beinahe mit einem Bimbaschi zusammen, einem türkischen Unteroffizier, der seine Männer anführte. Ich stellte das einzige Hindernis dar, das seinen Vormarsch störte, und ich konnte, um ihm den Weg freizumachen, weder zurückweichen noch umdrehen. Als er sah, daß ihm ein Franke den Weg versperrte, versetzte er mir einen groben Schlag in den Magen. Da ich solcherart Begrüßung nicht gewohnt war, erwiderte ich sein Kompliment, indem ich meine Peitsche auf seine Schultern sausen ließ. Sofort zückte er seine Pistole: Ich sprang vom Esel. Er wich etwa zwei Yards zurück, entsicherte, zog den Hahn der Pistole und zielte auf meinen Kopf. Der Schuß streifte mein Haar über dem rechten Ohr und sengte es an – und tötete einen seiner eigenen Soldaten, der direkt hinter mir stand. Wohl bemerkend, daß er sein eigentliches Ziel verfehlt hatte, zog er eine zweite Pistole. Seine Soldaten jedoch umringten ihn und rissen ihm die Waffe weg.

In der Straße hatte sich derweil großer Lärm erhoben, und da wir uns in der Nähe der Moschee im Esbekija-Garten befanden, liefen uns einige Wachsoldaten entgegen, die nach einer raschen Einschätzung der Lage den Bimbaschi zur Ordnung riefen. Da meine Anwesenheit sicherlich nicht weiter erwünscht war, bestieg ich meinen Esel und machte mich davon. Ich berichtete Mr. Baghos von dem Vorfall, und wir begaben uns unverzüglich zur Zitadelle, sprachen beim Pascha vor und machten ihn mit dem Geschehen vertraut. Er zeigte sich sehr besorgt und fragte nach dem gegenwärtigen Aufenthaltsort des Offiziers; er setzte allerdings hinzu, daß es zu spät sei, um ihn sofort verhaften zu lassen. Er ist dann am nächsten Tag zur Verantwortung gezogen worden, und ich habe nie wieder von ihm gehört. Meine Lektion hatte ich gelernt: Ich war von nun an stets darauf bedacht, Leuten jenes Schlages, die einen Europäer mit der gleichen Indifferenz töten würden wie ein Insekt, keinerlei Anlaß zur Heftigkeit zu geben.

Etwa zur gleichen Zeit kam Mr. Bankes[27] in Ägypten an, reiste weiter zum Sinai und von dort nach Oberägypten; er kehrte nach drei Monaten zurück und begab sich dann nach Syrien. Mr. Burckhardt hatte sich schon seit längerem mit dem Gedanken befaßt, den

27 William John Bankes, ein Abenteurer und junger Altertumskenner, hatte zusammen mit dem romantischen Dichter George Gordon Noel Byron (1788–1824) in England studiert

Verschiedene Bewässerungsanlagen (nach Norden) ▷

gigantischen Kopf oder besser die Büste des sogenannten jungen Memnon nach England schaffen zu lassen, wobei er dem Pascha nahegelegt hatte, die Kolossalbüste dem Prinzregenten als Geschenk zu vermachen. Da einem türkischen Gemüt ein derartiges Präsent als zu nichtig erschienen sein mag, wurden keinerlei Schritte unternommen. Daraufhin wandte sich Mr. Burckhardt an Mr. Bankes – warum letzterer jedoch auf diesen Vorschlag nicht einging und die Büste entfernen ließ, ist mir nicht bekannt.

Schließlich war meine Bewässerungsanlage fertiggestellt, und wir warteten auf die Ankunft des Paschas aus Alexandria, der seine Meinung über das Projekt und die damit für sein Land verbundenen Vorteile kundtun sollte. Die Konstruktion bestand aus einem Kran mit einem horizontalen Rad, das, von einem einzigen Ochsen gedreht, dieselbe Wirkung hervorbringen sollte wie normalerweise vier Ochsen. Der Pascha war inzwischen nach Kairo zurückgekehrt, kam aber erst nach einiger Zeit nach Schubra.

Unterdessen war der britische Generalkonsul, Mr. Salt[28], in der Hauptstadt eingetroffen, um geschäftliche Angelegenheiten zu regeln. Mit Mr. Burckhardt sprach ich oft, und da ich über seinen Wunsch, die Kolossalbüste fortschaffen zu lassen, unterrichtet war, bot ich mich mehrfach an, deren Transport von Theben nach Alexandria zu übernehmen, um sie von dort aus nach England verschiffen zu können. Mr. Burckhardt nun unterbreitete diesen

28 Henry Salt wurde 1780 in Lichfield (England) geboren, studierte Porträt- und Landschaftsmalerei an der Royal Academy in London und unternahm zahlreiche Reisen, so nach Indien, in den Nahen Orient, an das Rote Meer, nach Äthiopien und Ägypten (s. a. S. 13)

A

Vorschlag Mr. Salt, und als ich selbst ihm vorgestellt wurde, wiederholte ich mein Angebot in Gegenwart von Mr. Burckhardt. Ich darf betonen, daß es mir dabei nicht um mögliche Gewinnanteile ging, denn ich wußte, daß die Büste dem Britischen Museum zukommen sollte. Der Konsul schien dem Vorhaben nicht abgeneigt zu sein, erbat sich aber noch Bedenkzeit. In den nächsten Tagen vermied er jeden Kontakt und hielt sich selbst in strenger Abgeschiedenheit, da sich ein neuerlicher Ausbruch der Pest in der Stadt bemerkbar machte.

Als der Pascha schließlich mit einigen Kennern in Sachen Hydraulik in Schubra erschien, wurde die Anlage in Betrieb genommen. Obwohl sie aus dürftigem Holz und zweitklassigem Eisen konstruiert und von arabischen Zimmerleuten und Maurern zusammengesetzt worden war, sollte sie sechs- oder siebenmal soviel Wasser heraufbefördern wie die bisher üblichen Einrichtungen. Nach langen Überlegungen gab der Pascha dann sein Urteil ab: Sie befördere nur die vierfache Wasserquantität. Man sollte aber nicht unerwähnt lassen, daß die von meiner Konstruktion hochgetriebene Wassermenge mit der Leistung von sechs ihrer eigenen Anlagen verglichen wurde. Und während des Messens trieben die Araber ihre Tiere so unbarmherzig an, daß sie diese Anstrengung nicht länger als eine Stunde hätten durchhalten können. Auf diese Weise gelang es ihnen, mehr als das Doppelte der sonst üblichen Wassermenge zu befördern. Allen Widrigkeiten zum Trotz konnte ich jedoch zufrieden sein, denn der Pascha hatte sich zu Gunsten meines Unternehmens entschieden. Die Vorurteile, die die Araber sowie einige der Türken hegten, die mit der Kultivierung des Landes befaßt waren, sind Mohammed Ali zwar nicht verborgen geblieben – aber dann gab es einen Zwischenfall, der den Befürchtungen der Einheimischen und meinen Hoffnungen ein jähes Ende setzte.

Der Pascha hatte den seinem Empfinden nach scherzhaften Einfall, die Ochsen aus dem Rad entfernen und sie durch fünfzehn Männer ersetzen zu lassen. James, mein irischer Bursche, war einer von ihnen. Als sich das Rad einmal gedreht hatte, sprangen alle heraus und ließen den armen James allein zurück. Das Rad, durch das Übergewicht der Wassermassen nicht ausbalanciert, schlug mit derartiger Wucht zurück, daß die Fangvorrichtung dem Aufprall nicht gewachsen war. James wurde herausgeschleudert und brach sich ein Bein. Ich versuchte das Rad anzuhalten, bevor es auf fatale Weise weiteres Unheil anrichten konnte. Die Türken hängen dem Aberglauben an, daß ein mißglückter Versuch bei einer neuartigen Maschinerie ein schlechtes Omen sei: Abgesehen von den Vorurteilen gegen meine Konstruktion selbst, ließ sich der Pascha daher überreden, die ganze Angelegenheit nicht weiter zu verfolgen. Man hatte ihn zudem wissen lassen, daß die Kosten das Vierfache einer gewöhnlichen Anlage betrügen. Nicht erwähnt wurden die Einsparungen bezüglich der Ochsen. Auf diese Weise endete mein Unternehmen; meine Forderungen dem Pascha gegenüber und die beiderseitig getroffenen Übereinkünfte fielen dem Vergessen anheim.

Mit schmerzlichen Gefühlen erwog ich die Abreise aus einem Land, das seit jeher die Forschungsbemühungen der Gelehrten stimuliert hatte. Der Ruhm der ägyptischen Altertümer rief in mir den Wunsch nach eigenen Untersuchungen wach, aber die vordem erwähnten Umstände ließen in finanzieller Hinsicht keine großartige Reisetätigkeit zu, und die Anwesenheit von Mrs. Belzoni erforderte sorgsame Überlegungen, bevor ich zu entscheiden vermochte, ob wir gen Norden oder Süden weiterreisen sollten. Als ich den Konsul aufsuchte, wurde die Kolossalbüste nicht erwähnt, und das Projekt, sie abtransportieren zu lassen, schien vergessen. All diese Dinge abwägend kam ich nach der Berechnung meiner Finanzen zu dem Schluß, eine Reise bis Assuan[29] in sparsamer Manier mir leisten zu können.

Anhand der Darstellung nachfolgender Umstände wird sich der Leser ein Bild von meinen Beweggründen machen können, die schließlich zum Abtransport der Memnonsbüste führten, die jetzt im Britischen Museum aufgestellt ist und auch darüber, warum ich Untersuchungen anstellte und die verschiedenen Antiquitäten sammelte, auf die ich später noch eingehen werde. Ich werde kaum Gelegenheit haben, Details zu schildern, die der Bestätigung durch andere Personen bedürften, so daß ich sicher bin, mit der schlichten Darstellung der Ereignisabfolge den Leser ausreichend über die Wahrheit zu unterrichten.

Irrtümlicherweise ist behauptet worden, ich sei von Mr. Salt zum Zweck des Abtransportes der Kolossalbüste von Theben nach Alexandria fest angestellt worden. Ich versichere hiermit ausdrücklich, niemals von ihm eingestellt worden zu sein; weder auf Grund mündlicher noch schriftlicher Vereinbarungen, und diese meine Aussage kann ich in der Tat belegen. Als ich nilaufwärts reiste, waren meine Gedanken, sowohl beim ersten als auch beim zweiten Mal, ausschließlich auf die Entdeckung von Altertümern gerichtet, die ihren Platz im Britischen Museum finden sollten. Es müßte doch jedermann einleuchten, daß ich meine Forschungen nicht unternommen hätte, wenn sie nur einem Gentleman zugute gekommen wären, der mir kurz vorher noch unbekannt gewesen war. Es ist allerdings sehr ärgerlich, daß während meiner Untersuchungen das genaue Gegenteil behauptet und verbreitet wurde – ich vermag, so leid es mir tut, darüber nicht zu schweigen, denn ich bin es mir selbst und der Öffentlichkeit schuldig, die Wahrheit ans Licht zu bringen. Ich bin in der glücklichen Lage, anmerken zu können, daß es mir gelungen ist, alle von mir entdeckten Altertümer und Kunstgegenstände dem Britischen Museum zugeführt zu haben – allerdings nicht immer auf die vorgesehene Art und Weise, wie es beim Memnonskopf der Fall war.

Meiner Unfähigkeit, bezüglich unseres Reiseweges zu einer Entscheidung zu gelangen, machte ich schließlich ein Ende. Ob es nun Neugierde oder die Begeisterung für Altertümer war, die ich schon während meiner jungen Jahre in Rom entwickelt hatte, ist letztlich unerheblich: Ich beschloß, nilaufwärts zu reisen.

Ich mietete also ein Boot zu einem äußerst günstigen Preis, mit vier Bootsleuten, einem jungen Burschen und dem Rais oder Kapitän. Ich traf alle Vorbereitungen und kaufte Vorräte ein. Man mag den Nil unbehelligt hinaufschiffen; jedoch ist es sinnvoller, sich eines Firmans[30] vom Pascha zu versichern, um gegebenenfalls die Protektion einer seiner Beis, Kaschefs oder Kaimakans[31] in Oberägypten beanspruchen zu können. Zudem war Moham-

29 Am 1. Katarakt des Nils, rund 1000 Flußkilometer südlich von Kairo
30 Schutz-, Begleit- oder Empfehlungsschreiben, auf das kein Reisender verzichten durfte
31 Bei, Kaschef und Kaimakan = Provinz-, Kreis- und Ortsvorsteher

Johann Ludwig Burckhardt

Henry Salt

med Ali jederzeit bereit, einen Firman auszustellen. Ich unterrichtete Mr. Burckhardt über meine Pläne. Als er hörte, daß sich bezüglich des Transportes der Kolossalbüste nichts getan hatte, schien er sehr enttäuscht. Gebürtig in einem Teil Italiens, der kürzlich unter österreichische Herrschaft gefallen war, hätte ich mich wegen des Firmans an den österreichischen Konsul wenden können; da ich jedoch die Protektion der Briten genoß, wandte ich mich an den englischen Konsul. Als ich ihn zu diesem Zweck aufsuchte, traf ich dort auf Mr. Burckhardt. Er schien dem Konsul geraten zu haben, die günstige Gelegenheit meiner bevorstehenden Reise zu nutzen und hatte ihm angeboten, die Hälfte meiner Reisekosten zu übernehmen. Ich berichtete dem Konsul von meiner Reise, und als ich ihn um den Firman ersuchte, rief er freudig aus: »Dies ist fürwahr ein glücklicher Umstand!« Er teilte mir mit, daß man sich entschlossen habe, den gewaltigen Kopf nilabwärts befördern zu lassen und ihn dem Britischen Museum anzubieten, wenn ich mich bereit erklärte, den Abtransport zu übernehmen. Daraufhin erwiderte ich, daß meine Fähigkeiten zwar gering seien, ich aber nichts unversucht lassen würde, um das Unternehmen erfolgreich durchzuführen. Ich fügte hinzu, daß ich mich glücklich schätzte, dem Britischen Museum dienen zu können. Der Konsul antwortete: »Und ich bin natürlich gern bereit, Sie nach Kräften zu unterstützen.« Mehr wurde nicht gesagt.

Da ich Oberägypten nicht kannte, erhielt ich Instruktionen bezüglich des Reiseverlaufs, der Informationsübermittlung und der nötigen Hilfsmittel, derer ich bedurfte. Das entsprechende Schreiben lautete folgendermaßen:

»Bulak, den 28. Juni 1816

Mr. Belzoni wird ersucht, in Bulak die notwendigen Vorbereitungen zwecks Aufrichtung des Kopfes der Statue des jungen Memnon und dessen Abtransportes nilabwärts zu treffen. Er wird den Umständen entsprechend so schnell wie möglich nach Assiut[32] reisen, um dort dem Pascha oder seinem Stellvertreter die entsprechenden Briefe zu übergeben. Dr. Scotto wird ihm dann weitere Hilfe zukommen lassen. Mr. Belzoni ist dafür zuständig, ein *geeignetes Schiff* für den Abtransport des Kopfes zu mieten. Mr. Scotto wird ihm einen Soldaten zur Seite stellen, der sich darum zu kümmern hat, Fellachen[33] einzustellen, die bei den Arbeiten behilflich sein sollen. Der Soldat ist notwendig, weil sonst Mr. Belzonis Anweisungen nicht befolgt werden würden. Auf keinen Fall sollte er aus Assiut ohne Dolmetscher abreisen.

Sind die Vollmachten zur Indienstnahme der Fellachen vorhanden, begibt sich Mr. Belzoni unverzüglich nach Theben. Der erwähnte Kopf befindet sich auf dem Westufer des Flusses gegenüber von Karnak, in der Nähe des Dorfes Kurna. Er liegt an der Südseite eines zerstörten Tempels, der von den Einheimischen Kossar el-Dekaki[34] genannt wird. Der Kopf ist noch mit einem Teil der Schulterpartie verbunden und weist folgende Merkmale auf: 1.) Er liegt auf dem Boden; das Antlitz ist himmelwärts gerichtet. 2.) Die Gesichtszüge sind vollkommen und sehr schön. 3.) In einer der Schultern befindet sich ein Loch, das die Franzosen hineingebohrt haben sollen, um den Kopf vom Rumpf zu trennen. 4.) Der Kopf ist aus rot-schwarzem Granit, und die Schulterpartie ist mit Hieroglyphen bedeckt. Er darf keinesfalls mit einem anderen verwechselt werden, der in der Nähe liegt[35] und *stark verstümmelt* ist.

Mr. Belzoni wird weder Kosten noch Mühen scheuen, um den Transport zum Flußufer so zügig wie möglich durchzuführen. Falls notwendig, muß der Kopf dort solange gelagert werden, bis die Wasser des Nils ausreichend angestiegen sind, um die Beförderung auf einem geeigneten Schiff zu gewährleisten. Sollte Mr. Belzoni jedoch zu dem Schluß kommen, daß der Kopf womöglich beschädigt, mit dem Antlitz im Sand begraben werden oder im Nil versinken könnte, wird er hiermit aufgefordert, die Bergung aufzugeben.

Falls sich seine Hilfsmittel und Gerätschaften als inadäquat erweisen oder die Beschaffenheit des Ufers oder andere Eventualitäten die Schwierigkeiten unüberwindbar erscheinen lassen, wird er das Unternehmen unverzüglich einstellen und diesbezüglich keine weiteren Kosten verursachen.

Mr. Belzoni wird die Kosten freundlicherweise separat aufführen, die, zusammen mit seinen anderen Ausgaben, selbstverständlich rückerstattet werden. Auf Grund der Kenntnis von Mr. Belzonis Charaktereigenschaften sind wir sicher, daß seine Ausgaben den angemessenen Rahmen nicht überschreiten werden.

32 Von hier aus sind es noch etwa 320 Flußkilometer bis Theben. Assiut war zur Zeit Belzonis die größte Stadt in Oberägypten, zugleich Provinzhauptstadt und Sitz des Mudirs

33 Rund 70% des heutigen ägyptischen Volkes sind Fellachen (arab. Bezeichnung für Bauer)

34 Im Ägyptischen »Hämmerer- oder Steinmetzburg« – Umschreibung für Steinbruch. Die ägyptischen Denkmäler wurden alle schon bald nach ihrer Fertigstellung als Steinbrüche verwandt

35 Das zerborstene Oberteil der einst fast 18 m hohen Sitzfigur Ramses' II. liegt heute noch dort

Das Schiff für den Transport des Kopfes sollte für einen Zeitraum gemietet werden, der es erlaubt, die Fracht *direkt* nach Alexandria zu schaffen; auf dem Weg dorthin wird Mr. Belzoni jedoch in Bulak Station machen und weitere Instruktionen entgegennehmen.

Kann Mr. Belzoni mit Gewißheit für den Erfolg des Unternehmens einstehen, wird er eine Eildepesche mit der erfreulichen Nachricht nach Kairo senden.

Henry Salt.«

Es sei darauf hingewiesen, daß diese Anweisungen kein Wort über die Bezahlung meiner Dienste enthalten. Hätte ich aber, wie behauptet wird, in Mr. Salts Diensten gestanden, wäre eine Erwähnung dessen gewiß nicht unterblieben.

Alles war zur Abreise aus Bulak vorbereitet. Die Gesamtheit der Werkzeuge, die ich für mein Unternehmen zusammenzubringen vermochte, bestand aus einigen Balken und Seilen aus Palmenblättern. Andere Gerätschaften waren nicht erhältlich gewesen. Da ich nichtsdestoweniger ruhig und heiter war, betraute mich der Konsul mit dem ehrenvollen Auftrag, jedwede Antiquität, derer ich auf meinen Wegen habhaft werden konnte, aufzukaufen. Ich versprach seinem Wunsch Genüge zu tun, und er gab mir Geld: Sowohl für den eben erwähnten Zweck als auch für den Abtransport der Kolossalbüste. Am 30. Juni verließen wir Bulak, und da sich Mrs. Belzoni entschlossen hatte, mich zu begleiten, nahmen wir unseren irischen Burschen und einen koptischen Dolmetscher mit, der in der französischen Armee gedient hatte.

Die ersten Ruinen, die wir besichtigten, waren die von Schech Abade, dem alten Antinoë[36] – den Pyramiden wende ich mich später zu. Zwar will ich die Werke des Hadrian nicht unterschätzen, aber die zerfallenen Überreste erstaunten mich nicht im geringsten. Nur einige wenige Säulen stehen noch aufrecht; viele sind umgestürzt, und die aus Granit stammen offensichtlich von älteren Gebäuden.[37] Am selben Tag noch setzten wir nach El-Aschmunein[38] über. Dort trifft der Reisende, sieht man von den Pyramiden ab, zum ersten Mal auf originäre ägyptische Architektur, und ich muß sagen, daß ich zutiefst beeindruckt war, obwohl es sich nur um eine Halle aus zwei Säulenreihen handelte. Der einsam gelegene

36 Der römische Kaiser Publius Aelius Hadrian (76–138 n. Chr.) besuchte auf seiner Inspektionsreise durch die Ostprovinzen des römischen Reiches im Jahre 130 auch Ägypten. Ein Orakel, das ihm eine schwere Niederlage voraussagte, veranlaßte seinen Liebling Antonius, sich in den Fluten des Nils zu ertränken (130 n. Chr.), um auf diese Weise das Orakel zu erfüllen und das Schlimmste von Hadrian fernzuhalten. Zu Ehren des Antonius gründete Hadrian an dieser Stelle auf dem Ostufer des Nils noch in demselben Jahr die »Antonius-Stadt« Antinoupolis oder Antinoë. Bei den Resten der versunkenen Stadt steht heute das Dorf Schech Abade (290 km südlich von Kairo)

37 In der Tat hatte Pharao Ramses II. hier einen Tempel errichten lassen, von dem heute noch die Säulen des Vorhofes erhalten sind

38 Bei dem heutigen Dorfe El-Aschmunein (5 km nördlich von Mellawi) liegen die Ruinen des einst berühmten Schmunu, dem Hermopolis der Griechen, wo schon im Alten Ägypten der Gott Thot verherrlicht wurde, jener Gott der Schreibkunst und Wissenschaft, den die Griechen als Hermes verehrten. Der Ort war Hauptstadt des oberägyptischen »Hasengaues«. Nahe dieser Stadt liegt am Rande der Wüste der alte Friedhof (bei dem heutigen Dorfe Tuna el-Gebel) mit zahlreichen Gräbern aus der Zeit des Alten Reiches bis hin zur Ptolemäerzeit

Bernardino Drovetti (nach einem Stich des Grafen de Forbin, über den sich Belzoni mit Hingabe beklagt)

Standort inmitten der Ruinen von Hermopolis und der majestätische Anblick der Säulenreihen – eine Bauform, die in Europa recht selten ist – riefen unweigerlich ein Gefühl höchster Ehrerbietung für die Erbauer hervor. Mir scheint, daß diese Ruinen älter als die von Theben sind; allerdings stimmt das nicht mit der Ansicht überein, daß die Tempel in der thebanischen Ebene älter seien als die in Oberägypten. Meine Untersuchungen der Grabstätten in diesen Bergen lassen den Schluß zu, daß Hermopolis von einem großartigen Volk bewohnt worden sein muß – denn nichts gibt wirksamere Auskunft über die alten Ägypter als die Qualität der Grabanlagen, in denen sie beigesetzt wurden.

Am Abend des 5. Juli kamen wir in Manfalut[39] an. Dort trafen wir Ibrahim, den Sohn Mohammed Alis, seines Zeichens Pascha von Oberägypten. Er befand sich auf dem Weg

39 Größere Stadt mit berühmtem Markt. Auf dem gegenüberliegenden Ufer findet man am Rande der Wüste 120 Felsgräber, die zum Großteil aus dem Alten Reich stammen (bei Deir el-Gebrawi)

nach Kairo. Nachdem ich ihm meine Briefe überreicht hatte, wies er mich freundlich darauf hin, daß ich sie dem Defterdar[40], seinem Stellvertreter in Assiut, aushändigen möge. Er war in Gesellschaft von Mr. Drovetti[41], dem Exkonsul Frankreichs. Er befand sich auf dem Rückweg von Theben und hatte während seines langjährigen Aufenthalts in Ägypten eine beträchtliche Kollektion ägyptischer Altertümer angelegt. Er wußte über mein Unternehmen bereits Bescheid und sagte mir, daß seiner Erfahrung nach die Araber von Theben nicht würden arbeiten wollen. Dann erwähnte er den Granitdeckel eines Sarkophags, den die Araber in einer der Grabanlagen entdeckt hatten. Er habe zahlreiche Fellachen mehrere Tage dort zur Arbeit angehalten, um jenes Schmuckstück für sich selbst abtransportieren zu lassen; sie seien jedoch erfolglos gewesen, und wenn ich den Deckel wegzuschaffen bereit und fähig sei, würde er ihn mir gerne als Geschenk überlassen. Ich dankte ihm für sein Präsent und reiste ab.

Am Nachmittag des 6. langten wir in Assiut an. Der Defterdar Bei war nicht anwesend, aber man erwartete ihn in zwei oder drei Tagen. Ich machte Mr. Scotto, dem Leibarzt von Ibrahim Pascha, meine Aufwartung, an den ich zwecks Informationen über Boote, Handwerker, etc. verwiesen worden war. Er hatte Mr. Salt, der mein Mittler war, niemals kennengelernt. Sein Betragen mir gegenüber war angenehm. Als ich jedoch behutsam auf den Gegenstand meines Besuchs zu sprechen kam, den Abtransport der Kolossalbüste nämlich, wurde er sehr unzugänglich: Zum einen betreffs der Erlaubnis, die notwendigen Arbeiter einzustellen, zum anderen sei die Büste nichts weiter als ein Steinhaufen, der den Umstand nicht lohne; überdies empfahl er mir deutlich, mich aus dieser Angelegenheit herauszuhalten, da ich auf unerfreuliche Dinge stoßen und vielerlei Hemmnissen begegnen würde. Mir war klar, daß ich von ihm wenig Hilfe erwarten konnte, so daß ich all meine Erfordernisse mit Hilfe meines Dolmetschers erledigte. Ich stellte einen griechischen Zimmermann ein, der sich bereiterklärte, uns nach Theben zu folgen. Und am sechsten Tag unseres Aufenthalts traf der Bei ein. Er empfing mich mit ausgesuchter Höflichkeit. Ich händigte ihm das Schreiben aus, das Mr. Salt von Mohammed Ali persönlich erhalten hatte, und er wiederum überreichte mir Anweisungen an den Kaschef der Provinz Armant[42], der die Fellachen von Theben angehörten.

Am 18. kamen wir nachts in Dendera[43] an. Dort konnten wir ein Phänomen betrachten, von dem ich bisher niemals gehört hatte. Ein Meteor erschien am Himmel und zog in südliche Richtung, aber so langsam, daß er für mindestens zwanzig Sekunden zu sehen war. Zuerst

40 Türkische Bezeichnung für die Finanzdirektoren in den ägyptischen Provinzen

41 Bernardino Drovetti, in Italien geboren, war der erste Generalkonsul, den Frankreich nach dem napoleonischen Feldzug nach Ägypten entsandte (s. a. S. 13).

42 Armant liegt 20 km südlich von Theben. In der Nähe befinden sich die Reste des alten Tuphium

43 Der Ort liegt 70 km nördlich von Luxor. Einst war Dendera Hauptstadt des 6. oberägyptischen Gaues. Heute noch zeigt es den ausgezeichnet erhaltenen Tempel für die Göttin Hathor

schimmerte er in bläulichen Farben, dann wurde er weiß und schließlich rot, und er soll auf seiner Bahn viele Funken versprüht haben.

Am Morgen des 19. schließlich vermochte ich keinen anderen Gedanken mehr zu fassen, als den berühmten Tempel von Dendera mit eigenen Augen zu sehen. Auf Eseln machten wir uns auf den Weg zu den Ruinen, die zwei Meilen vom Nil entfernt waren. Der Tempel selbst ist umgeben von hohen Geröll- und Schuttbergen des alten Dendera, so daß er erst in unmittelbarer Nähe zu sehen war. Für eine ganze Weile war ich unfähig zu entscheiden, wo ich meine Untersuchungen beginnen sollte. Die zahlreichen Objekte, alle gleichermaßen attraktiv, ließen mich vor Spannung und Erstaunen gleichsam erstarren. Die ungeheuren Steinmassen des Gebäudes sind aufs Schönste zusammengefügt, so daß das Auge des Betrachters überall die vollkommensten Proportionen entdeckt. Die majestätische Konstruktion, die Vielzahl der Ornamente und vor allen Dingen der einzigartig gute Zustand übten eine derartige Wirkung auf mich aus, daß ich mich auf den Erdboden setzte und für längere Zeit in höchste Bewunderung verfiel. Reist man nilaufwärts, ist dies der erste ägyptische Tempel, den man zu sehen bekommt, und er ist in der Tat der grandioseste. Er ist ein Prunkstück ägyptischen Kunsthandwerks, seit Jahrhunderten das Objekt zahlreicher Studien, und Denon wähnte sich an diesem Ort im Heiligtum der Wissenschaften.

Auf dem Dach des Tempels hatten die Araber ein Dorf errichtet, wahrscheinlich um die klarere Luft zu genießen. Es wird nicht mehr bewohnt, und man stößt nur auf verfallene Hütten. Vom Dach stieg ich in einige Räume auf der Ostseite des Tempels herab. Ich sah das berühmte Tierkreiszeichen[44] an der Decke. Die kreisrunde Form brachte mich auf den Gedanken, daß der Tempel in einer späteren Epoche errichtet worden sein muß, denn man findet dergleichen nirgendwo sonst.

Hinter dem Tempel befindet sich ein kleines Gebäude[45], das abseits der übrigen Anlage liegt. Seine Bauweise läßt vermuten, daß es einst die Behausung der Priester gewesen sein könnte. In einiger Entfernung vom großen Tempel stößt man auf die Grundmauern eines anderen kleineren Tempels. Mein Hauptanliegen der Reise erlaubte mir jedoch keinen längeren Aufenthalt: Ich habe niemals einen Ort mit schmerzlicherem Bedauern verlassen.

Wir reisten weiter, und am 22. Juli sahen wir zum ersten Mal die Ruinen von Theben[46]. Wir machten in Luxor fest. An dieser Stelle sei der verehrte Leser darauf hingewiesen, daß selbst

44 Diese einzige runde Himmelsdarstellung der Ägypter brachte man in den Louvre

45 Offenbar der Isistempel

46 Gegründet wurde das »hunderttorige« Theben, wie es Homer im IX. Buche der Ilias nennt, sicherlich im Alten Reich, wurde dann Hauptstadt von ganz Ägypten im Mittleren Reich. Mit Theben bezeichneten die Ägypter früher die Siedlungen auf dem Ost- und Westufer; heute gilt die Bezeichnung Theben nur für das Westufer, während wir auf dem Ostufer von Luxor und Karnak (3 km nördlich von Luxor) sprechen

Der Tempel von Armant (nach Belzoni)

die Berichte der gewandtesten und aufmerksamsten Reisenden nur eine unvollkommene Darstellung der weitläufigen Ruinenfelder von Theben zu liefern imstande sind. Es ist absolut unmöglich, sich die Szenerie vorzustellen, ohne sie direkt vor Augen gehabt zu haben. Selbst die erhabensten Ideen, die wir den herrlichsten Exemplaren unserer gegenwärtigen Architektur verdanken, lassen nur ein sehr diffuses Bild von diesen Ruinen erstehen; der Unterschied, nicht nur in den gewaltigen Ausmaßen, sondern auch in Form, Proportion und Bauweise ist so groß, daß selbst eine korrekte Skizze oder Zeichnung nicht mehr als eine schwache Andeutung der Wirklichkeit wiederzugeben vermag. Mir schien, als ob ich eine Stadt der Giganten beträte, die nach langen Kämpfen alle vernichtet worden waren und die die Überreste ihrer verschiedenen Tempel als einzigen Beweis ihrer vormaligen Existenz zurückgelassen hatten. Der Tempel von Luxor[47] präsentiert sich dem Reisenden sofort als eine der prachtvollsten Gruppierungen ägyptischer Größe. Die weitläufige Säulenhalle mit zwei Obelisken[48] und Kolossalstatuen auf der Vorderseite, die Reihen gewaltiger Säulen, die wunderbaren Ornamente, die jede Wand und jede Säule schmücken, die Darstellungen der Schlachten, wie sie Mr. Hamilton beschrieben hat – diese Dinge lassen den entzückten Reisenden alles vergessen, was er bisher gesehen haben mag. Wird seine Aufmerksamkeit von den im Norden Thebens befindlichen, gen Himmel strebenden Ruinen gefesselt, die über Palmenhaine weit hinausragen, begibt er sich in einen Wald von Tempelruinen, Säulen, Obelisken, Kolossen, Sphingen, Portalen und eine endlos scheinende Fülle von erstaunlichen Objekten, die ihn von der Unmöglichkeit überzeugen, dies alles korrekt wiederzugeben. Noch auf der Westseite des Nils wandert der Reisende zwischen Wunderwerken umher. Die Tempel von Kurna, Medinet Habu und das Memnonium sind Beweise für die Ausdehnung der ehemals großen Stadt. Die unvergleichlichen Kolossalstatuen in der thebanischen Ebene, die zahlreichen, in die Felsen gehauenen Grabanlagen, besonders im Tal der Könige, mit ihren Malereien, Skulpturen, Mumien, Sarkophagen, Figuren etc., sind Gegenstände der uneingeschränkten Bewunderung eines jeden Reisenden. Und er mag sich mit dem Gedanken beschäftigen, wie es möglich war, daß eine Nation, die einst diese herrlichen Bauten hervorgebracht hat, soweit in Vergessenheit geraten ist, daß uns ihre Sprache und Schrift vollkommen unbekannt sind.

Nachdem ich einen flüchtigen Blick auf Luxor und Karnak geworfen hatte, überquerte ich den Nil zur Westseite hin. Die Ebene, die ich auf dem Weg zum Memnonium durchquerte, wird von zwei gewaltigen Statuen[49] beherrscht: Sie sind zwar beschädigt, aber ihre enormen Ausmaße sind in der Tat ehrfurchtgebietend. Als nächstes zog das Memnonium meine Blicke auf sich. Es thront über der Ebene, die jährlich vom Nil überschwemmt wird. Die

47 Der Tempel Amenophis' III. in Luxor, den Ramses II. erweitert hatte

48 Der rechte (westliche) Obelisk steht seit 1836 auf der Place de la Concorde zu Paris. Mohammed Ali hatte ihn dem französischen König Louis Philippe geschenkt und dafür als Gegenleistung den Glockenturm erhalten, den er in seine Alabaster-Moschee auf der Zitadelle von Kairo einbauen ließ

49 Die beiden je 18 m hohen Memnon-Kolosse vor dem einstigen Tempel Amomephis' III. (um 1403–1365 v. Chr.)

»Der obere Theil einer Bildsäule Osymanduas bey Theben« (nach Pococke)

Der Weg zum Memnonium in Theben wird von zwei gewaltigen Statuen beherrscht (aus der Description de l'Egypt)

Fluten reichen bis an den Hof heran. Die Tatsache, daß er unterhalb des Tempels liegt, sehe ich als Beweis dafür an, daß der Nil seit dem Bau des Memnoniums angestiegen ist. Denn man sollte doch nicht annehmen, daß die Ägypter einen Hof, der den Eingang zum Tempel darstellte, so tiefliegend bauten, daß er bei erhöhtem Wasserstand nicht zu betreten gewesen wäre. Die Säulenreihen des Tempels und der Anblick der zahlreichen in die dahinter liegenden Felsen gehauenen Gräber bilden eine eigenartige und faszinierende Szenerie. Bei der Annäherung an diese Ruinen fiel mir als erstes die Kolossalstatue des Memnon oder Sesostris oder Osymandias oder Phamenoph oder eines anderen ägyptischen Königs ins Auge – die Meinungen über deren Ursprung gehen weit auseinander, und sie wurde so verschiedenartig benannt, daß sie schließlich gar keinen Namen mehr hat.[50] Mir bleibt nur zu sagen, daß es sich um eine der großartigsten Statuen handelt, die die Ägypter jemals hervorgebracht haben, und der Transport derartig riesiger Granitblöcke von Assuan nach Theben war gewiß mehr Arbeit gewesen als der Transport des Obelisken nach Alexandria, den man gemeinhin Pompejus-Säule[51] nennt.

Mein erster Gedanke galt der Kolossalbüste, die wegzuschaffen ich mir vorgenommen hatte. Sowohl Rumpf als auch der Thron lagen dicht neben dem Kopf; das Antlitz war himmelwärts gerichtet und schien mich anzulächeln, wie in Vorfreude darauf, nach England gebracht zu werden. Nicht die gewaltigen Ausmaße, sondern die Schönheit des Kopfes übertraf alle meine Erwartungen. Mir fiel ein, daß es sich in Nordens[52] Beschreibung um dieselbe Statue gehandelt haben mußte – sie hatte zu seiner Zeit mit dem Gesicht im Sand gelegen und befindet sich daher wohl in so gutem Zustand. Es wäre müßig, Spekulationen darüber anzustellen, wer die Büste vom übrigen Körper abgetrennt und das Gesicht nach oben gewendet haben mochte und ob dies mit Hilfe einer Sprengung bewerkstelligt worden war. Sie lag nahezu parallel zum Haupteingang des Tempels, und da sich ein weiterer gigantischer Kopf in der Nähe befindet, nehme ich an, daß sie an den Seiten des Eingangs gestanden haben, ähnlich wie man es in Luxor und Karnak sehen kann.

50 Diese gewaltige Sitzfigur wurde auf Geheiß Ramses' II. um 1270 v. Chr. aus einem einzigen Block aus Rosengranit gefertigt, ruhte auf einem monolithischen Sockel und war rund 18 m hoch. Allein der von Belzoni fortgeschaffte Kopf mit dem Brustoberteil hat eine Höhe von 2,67 m. Die Griechen und auch die nachfolgenden Römer hielten diese Figur für eine Darstellung des Memnon, Sohn des Thiton und der Göttin Eos, der von Achilles im Trojanischen Krieg erschlagen wurde. Andere wollten in dem Koloß den ägyptischen Pharao Sesostris (Mittleres Reich) wiedererkennen, wieder andere bezeichneten ihn mit dem Vornamen Ramses' II., nannten ihn aber statt Usermaatre auf Grund der Wiedergabe durch den Historiker Diodor nunmehr Osymandias. Schließlich benannte man die Sitzfigur auch nach dem ägyptischen Pharao Amenophis (18. Dynastie), dessen Name sich in Phamenoph erhalten hat

Wenige Meter neben dieser Figur stand eine zweite; beide zusammen flankierten einst den Zugang zum Innern des Totentempels Ramses' II. Das Oberteil dieser zweiten Figur liegt noch heute zerborsten an Ort und Stelle

51 Diese 27 m hohe Säule aus dem Rosengranit von Assuan wurde offenbar zu Ehren Diokletians in Alexandria errichtet. Seit der Zeit der Kreuzzüge nannte man sie »Pompejus-Säule«, da man an dieser Stelle das Grab des Pompejus vermutete

52 Frederick Lewis Norden (1708–1742) leitete im Auftrage des Königs Christian VI. von Dänemark eine Expedition nach Ägypten und gelangte bis nach Derr in Nubien (s. a. S. 232)

Die gesamte Gerätschaft, die ich aus Kairo mitgebracht hatte, bestand aus vierzehn Balken. Wir benutzten acht von ihnen, um eine Art Gestell zum Transport des Kopfes zu bauen. Dann hatten wir noch vier Seile aus Palmenblättern und vier Rollen, allerdings ohne Zugvorrichtung. Unser Boot lag zu weit weg, als daß wir uns jede Nacht dorthin hätten zurückbegeben können; ich suchte also eine geeignete Stelle in der Säulenhalle aus, brachte unsere Habseligkeiten an Land und richtete unsere Behausung im Memnonium[53] ein. Wir bauten eine kleine Hütte aus Steinen, die genau unseren Bedürfnissen entsprach. Mrs. Belzoni hatte sich derweil an das Reisen gewöhnt und nahm, genauso gelassen wie ich, mit dem jeweils Vorhandenen vorlieb. Ich inspizierte den Pfad, den wir zum Abtransport nehmen mußten. Die jährliche Überflutung des Nils würde bald einsetzen; innerhalb des nächsten Monats würde das gesamte Land vom Memnonium bis zum Nilufer unter Wasser stehen. Der Pfad am Fuß der Berge war sehr uneben und würde streckenweise ebenfalls überflutet werden. Das brachte Probleme: Wenn wir die Büste nicht vor der Überschwemmung durch das betreffende Gebiet schaffen könnten, müßten wir mit dem Abtransport bis zum nächsten Sommer warten. Ein unliebsamer Aufschub, der möglicherweise noch mehr Schwierigkeiten nach sich ziehen würde. Schon jetzt waren die Hindernisse beträchtlich, denn ich hatte Grund zu der Annahme, daß man eine Intrige gesponnen hatte, um den Transport der Büste zu verhindern.

Am 24. Juli begab ich mich zum Kaschef von Armant. Ich wollte ihn um eine Order an die Kaimakane von Kurna und Agalta ersuchen, mir achtzig Araber für den Transport des jungen Memnon zur Verfügung zu stellen. Er empfing mich mit der üblichen Zuvorkommenheit, die allen Türken eigen ist und die sie selbst dann an den Tag legen, wenn sie keineswegs bereit sind, den jeweiligen Wünschen der Besucher zu entsprechen. Diese Verhaltensweise ist oftmals tückisch für einen Reisenden, der en passant seinen Kaffee nimmt, die Pfeife raucht und zufrieden wieder fortgeht. Auf solche Weise vermag man derartige Leute nicht kennenzulernen; es bedürfte vielmehr einer Gelegenheit, die es erlaubt, geschäftlich mit ihnen umzugehen und die Dinge betrifft, die ihre eigenen Interessen berühren. Natürlich gibt es, wie auch bei den Christen in Europa, Ausnahmen, und ich bin oftmals von denen hintergangen worden, die einen ehrlichen Eindruck auf mich machten. Die geschmeidigen Deklamationen der Freundschaft und persönlichen Anteilnahme, die einer Person gelten, der sie niemals vorher begegnet sind, sind so geläufig, daß man sie schließlich als gegeben voraussetzt und keinerlei Erwartungen damit verknüpft.

Ich übergab den Firman also dem Defterdar von Assiut. Er versprach, alles in seiner Macht Stehende zu tun, um die Araber zur Arbeit anzuhalten, fügte jedoch hinzu, daß sie zum gegenwärtigen Zeitpunkt leider alle beschäftigt seien und ich besser beraten wäre, das Unternehmen erst nach der Überschwemmung des Nils in Angriff zu nehmen. Daraufhin erwiderte ich, daß ich in den Dörfern zahlreiche Araber gesehen hätte, die ganz offensicht-

53 Damals übliche Bezeichnung für den Totentempel Ramses' II., das sog. Ramesseum

lich dem Müßiggang frönten und sicher erfreut wären, Arbeit zu finden. »Ihr irrt Euch«, gab er mir zur Antwort, »sie würden eher hungern, als derart schwierige Arbeit wie die Eure zu leisten: Um jenen Stein auch nur einen Fingerbreit vom Fleck zu bewegen, brauchen sie die Hilfe Mohammeds. Jetzt, da der Nil steigt, haben die Araber auf dieser Uferseite wenig Beschäftigung, und es wäre der günstigste Zeitpunkt, ihnen Arbeit anzubieten.« Der gerade einsetzende Ramadan bildete ein weiteres Hindernis, und zu guter Letzt führte er an, daß er keinen Araber entbehren könne, da alle für den Pascha auf den Feldern arbeiteten und nicht abgezogen werden dürften. Daß sich die Schwierigkeiten häufen würden, war mir schnell klar; ich blieb aber hartnäckig und sagte ihm, daß ich mit Hilfe meines Janitscharen[54] und des vom Pascha ausgestellten Schreibens alle arbeitswilligen Männer selber anwerben würde. »Morgen«, erwiderte er schließlich, »morgen will ich meinen Bruder schicken, um zu sehen, ob wir Männer finden können.« Ich machte ihm eindringlich klar, daß ich mich auf ihn verlassen würde und versprach ihm ein entsprechendes Präsent, wenn er sich den Anweisungen des Paschas gemäß verhielte. Ich ließ meinen Janitscharen zurück, damit er sich, falls die Männer am nächsten Morgen am Memnonium erschienen, um sie kümmern könne. Ich selbst kehrte nach Theben zurück.

Der nächste Morgen kam – aber keine Männer. Ich wartete geduldig bis neun Uhr, bestieg dann ein Kamel und machte mich erneut auf den Weg nach Armant. Ich gab meinem Dolmetscher Schießpulver und etwa zwei Pfund Kaffeebohnen mit, die er mir auf Verlangen aushändigen sollte. Der Kaschef beschäftigte sich emsig damit, Anweisungen für den Bau einer Grabstätte eines mohammedanischen Heiligen zu geben, und eine Beschwerde meinerseits wäre unsinnig gewesen. Daher sagte ich, ich sei zu ihm gekommen, um Kaffee zu trinken und eine Pfeife zu rauchen. Er schien erfreut darüber, und gemeinsam ließen wir uns auf dem Diwan nieder. Ich gab vor, bezüglich meines Vorhabens vollkommen unbeschwert zu sein, und im geeigneten Moment überreichte ich ihm das Schießpulver und den Kaffee. Er nahm die Geschenke mit Dank entgegen. Erst dann wiederholte ich, daß es zu seinem Nutzen wäre, wenn er mir Männer beschaffen würde, und entspräche er meinen Wünschen nicht, würde das zu seinem Nachteil gereichen. Er wiederum versprach mir nochmals, am nächsten Morgen die von mir benötigten Helfer bereitzuhalten, und er überreichte mir eine diesbezügliche Order. Ich kehrte nach Kurna zurück und schickte den Befehl zum Kaimakan, der für die Durchführung verantwortlich war. Dieser Mann war ein alter Bekannter eines gewissen Antiquitätensammlers aus Alexandria. Er hatte über lange Jahre hinweg eben dieser Person Altertümer aus Kurna beschafft, hatte geheiratet und sich dort niedergelassen. Auf Grund dessen hieß er mich keineswegs willkommen, und da er direkte Befehlsgewalt über die Fellachen ausübte, bereitete er mir viele Schwierigkeiten. Nun aber versprach er mir in schönster Übereinstimmung mit den Anweisungen seines Vorgesetzten, für die Arbeitswilligkeit der Männer Sorge zu tragen – aber auch am 26. erschien niemand.

54 Die Janitscharen bilden eine kleine türkische Elitetruppe, die im Jahre 1329 gegründet wurde und bis zum Jahre 1826 Bestand hatte

Ich ließ nach ihm senden. Mit unbeteiligter Miene sagte er mir, daß an diesem Tag niemand hatte zur Arbeit herangezogen werden können, er wolle es aber am nächsten oder übernächsten Tag noch einmal versuchen. Zur gleichen Zeit kamen die unbeschäftigten Fellachen in größeren Gruppen zu mir um nachzufragen, ob sie arbeiten könnten. Der Kaschef seinerseits schickte mir anstatt der versprochenen Hilfeleistungen nur einen Soldaten, der noch einmal nachfragen sollte, ob ich an den ursprünglichen Abmachungen weiterhin interessiert sei. Daraufhin ließ ich ihn wissen, daß ich in der Tat nach Kairo schreiben wolle, falls am nächsten Morgen niemand zur Arbeit erschiene. Ich wußte natürlich, daß eine Depesche nach Kairo wirkungslos sein würde – eine Antwort hätte erst nach einem Monat erfolgen können, und dann wäre es auf Grund der zu erwartenden Überflutung des Nils allemal zu spät gewesen. Ich suchte die unbeschäftigten Araber vergeblich zur Arbeit zu überreden: Ohne Erlaubnis des Kaimakans oder Kaschefs wagten sie nicht, auf meinen Vorschlag einzugehen, obwohl sie gerne Geld verdient hätten.

Erneut wandte ich mich an den Kaschef, und am 27. endlich schickte er mir einige Männer; es waren für mein Unternehmen aber keineswegs genug. Als die anderen dann diese rechtmäßig arbeitenden Fellachen sahen, waren sie ebenfalls unverzüglich zur Arbeitsaufnahme bereit. Ich ließ die Männer eine lange Reihe bilden, baute mich vor ihnen auf und versprach ihnen dreißig Paras pro Tag, ein Lohn, der in England viereinhalb Pennies entspricht. Sie waren sehr zufrieden damit, denn es war um die Hälfte mehr als das, was sie gewöhnlich bei der täglichen Feldarbeit verdienten. Der Zimmermann hatte das wagenartige Gefährt fertiggestellt, und als erstes sollte nun die Büste darauf plaziert werden. Die Fellachen von Kurna, die mit Kafan[55] – so wurde der Koloß genannt – vertraut waren, ließen sich von anderer Seite willig einreden, daß man ihn niemals würde von der Stelle bewegen können. Als sie schließlich vom Gegenteil überzeugt wurden, brachen sie in lautes Geschrei aus. Obwohl dies durch ihre eigene Arbeitskraft bewerkstelligt worden war, schrieben sie die Wundertat dem Teufel zu, und als sie mich Notizen machen sahen, kamen sie zu der Überzeugung, es sei die Wirkung eines Amulettes gewesen. Mein Verfahren, die Büste auf den Wagen zu schaffen, war ein sehr schlichtes, denn die Arbeitsmethoden, derer die Fellachen fähig waren, erschöpften sich darin, ein Seil zu ziehen oder als Gegengewicht auf dem Ende eines Hebels zu sitzen. Mit Hilfe von vier Hebestangen richtete ich die Büste auf, und zwar so, daß man den Wagen in den frei werdenden Zwischenraum schieben konnte. Wir hievten den Kopf sehr langsam und vorsichtig auf das Gestell. Dann ließ ich den vorderen Teil des Wagens anheben, um die Rollen darunter festzumachen. Das gleiche wiederholte sich mit dem hinteren Wagenteil, und dann konnte der Koloss in aufrechte Stellung gebracht werden. Ich ließ ihn ordentlich festbinden, wobei die Seile so geschnürt wurden, daß die Belastung gleichmäßig verteilt war. Entlang des Wagens plazierte ich Männer mit Hebestangen, die, falls notwendig, die schwankende Büste stabilisieren sollten.

55 Kafan = arab. Wort für Kopf

Dadurch verhinderte ich ein Abrutschen oder Herunterfallen. Als letztes teilte ich an der Vorderfront des Wagens vier Männern jeweils ein Seil zu, während sich die anderen bereithielten, die Rollen abwechselnd unterzuschieben und auszutauschen. Auf diese Weise gelang es mir, die Büste mehrere Yards fortzubewegen[56].

Den Abmachungen gemäß sandte ich einen Araber mit der Nachricht nach Kairo, daß die Büste nun ihren Weg nach England angetreten habe. Mir war nachts von der großen Hitze des Tages unwohl. Niemals in meinem Leben hatte ich die Sonne derart sengend erlebt. Es war die heißeste Jahreszeit, und die Luft schien wie mit Feuerflammen zu lodern. Unsere Behausung im Memnonium war unerträglich heiß: Die Steine hatten sich mit Sonnenhitze so vollgesogen, daß man sie mit bloßen Händen nicht anfassen konnte. Im Laufe der Zeit gewöhnte ich mich dann an Aufenthaltsorte und Klima; drei Jahre später bemerkte ich am selben Ort und zur selben Jahreszeit, daß ich keinerlei Unpäßlichkeit verspürte. Die Bezahlung, die sie für den Transport des Kopfes erhielten, ließ die Araber vermuten, daß er mit Gold gefüllt sein müsse, sehr kostbar sei und deshalb nicht weggeschafft werden dürfe.

Am 28. ging die Arbeit weiter. Die Fellachen erschienen sehr früh am Morgen, da sie von zwölf bis zwei Uhr mittags gewöhnlich ausruhen. An diesem Tag konnten wir die Büste etwa fünfzig Yards aus den Ruinen des Memnoniums herausschaffen. Um Platz für den Transportweg zu bahnen, mußten wir die Sockel zweier Säulen zerschmettern. Am Abend ging es mir schlecht. Ich legte mich hin, aber mein Magen revoltierte. Ich erkannte langsam, daß es ein großer Unterschied war, ob man vergnüglich und in Muße auf einem Boot reiste, oder ob man mit einem Unternehmen befaßt war, bei dem man eine Gruppe von Männern unter großen Schwierigkeiten anzuleiten sich bemühte, deren Fähigkeiten kaum mehr ausgebildet waren als der Instinkt bei Tieren, und gleichzeitig noch von morgens bis nachts der brennenden Sonne ausgesetzt war.

Am nächsten Tag, dem 29., vermochte ich mich nicht auf den Beinen zu halten und verschob die Arbeiten um einen Tag. Ich ließ meine Haushaltsutensilien, das Bettzeug, die Töpferwaren und Vorräte auf ein Kamel laden und begab mich auf das Boot, in der Hoffnung, dort eine frische Brise vorzufinden. Nichtsdestotrotz war ich den ganzen Tag über sehr krank, und mein Magen wollte keinerlei Nahrung aufnehmen.

Am 30. setzten wir die Arbeiten fort, und der Koloss wurde um einhundertfünfzig Yards weitertransportiert. Am Morgen ging es mir etwas besser, aber gegen Abend verschlechterte sich mein Zustand wieder.

Am 31. war ich wohlauf, aber wir konnten nicht weiterkommen, da der Pfad so sandig wurde, daß der Koloss in den Boden versank. Es wurde notwendig, einen Umweg von etwa dreihundert Yards zu machen und eine Strecke zu nehmen, die auf einen anderen Pfad zulief.

Am 1. August waren wir sehr erfolgreich: Wir legten dreihundert Yards zurück. Ich war gezwungen, einige Männer damit zu beschäftigen, vor uns einen jeweils neuen Streckenabschnitt anzulegen. Meinen irischen Burschen mußte ich nach Kairo zurückschicken, da seine

56 siehe Farbtafel 2

Widerstandskräfte im Kampf mit dem Klima zu erlahmen drohten. Ganz erstaunlich war, daß sich Mrs. Belzoni die ganze Zeit über guter Gesundheit erfreute. Sie hielt sich ständig bei den Frauen in den Grabanlagen auf; alle Fellachen von Kurna richten ihre Unterkünfte in den Grabstätten ein – darauf werde ich später noch zurückkommen.

Am 3. August konnten wir gute Fortschritte verzeichnen; obwohl die Wegstrecke sehr schlecht war, legten wir etwa vierhundert Yards zurück. Am 5. erreichten wir den Teil der Ebene, den ich so rasch wie möglich hinter mich bringen wollte, da ich die nahende Überflutung fürchtete, die unsere Anstrengungen hätte zum Stillstand kommen lassen. Passierten wir dieses flach liegende Teilstück am nächsten Tag, wären wir außer Gefahr. Früh am nächsten Morgen besichtigte ich die betreffende Stelle und stellte zu meinem großen Entsetzen fest, daß außer dem Zimmermann und den Wachleuten niemand gekommen war. Man teilte mir mit, daß der Kaimakan den Fellachen verboten habe, noch länger für die Christenhunde zu arbeiten. Ich schickte jemanden zu ihm, um den Grund für diese neue Entwicklung zu erfahren; er befand sich aber in Luxor. Es sei mir erlaubt zu betonen, daß die Stelle, an der sich der Kopf im Moment befand, in einigen Tagen unter Wasser stehen würde. Eine Verzögerung hätte das tiefere Einsinken der Büste zur Folge gehabt, die dann erst im darauffolgenden Jahr hätte geborgen werden können. Natürlich war zudem mit weiteren Schwierigkeiten zu rechnen, ganz abgesehen von den Tricks und Listigkeiten, die man sich gegen mich in der Zwischenzeit würde ausgedacht haben. Man kann sich vorstellen, daß ich mich unter diesen Umständen sehr unbehaglich fühlte und dringend eine Lösung herbeiführen mußte. Später fand ich heraus, daß der Schurke von einem Kaimakan dem Kaschef vorgeschlagen hatte, die Situation auszunutzen, um dem Unternehmen ein jähes Ende zu setzen. Ich nahm meinen Janitscharen mit, überquerte den Nil und begab mich nach Luxor. Dort fand ich den Kaimakan, der mir außer schnippischen Antworten keinerlei Erklärungen für sein Verhalten zu bieten hatte. Je mehr ich ihn mit guten Worten und Versprechungen zu hofieren suchte, desto ungebührlicher und ausfallender wurde er. Ich hatte jedoch viel Geduld und war entschlossen, meine Ruhe um keinen Preis zu verlieren – aber es gibt einen gewissen Punkt, der, will man von diesen Leuten verstanden werden, doch überschritten werden muß. In einem Land, wo nur dem Stärksten Respekt gezollt wird, ist der Schwächere immer der Verlierer. Folglich hält man einen Mann, der bei bestimmten Bedingungen den gewissen Punkt nicht überschreitet, für einen Feigling; er wird verachtet und stößt zunehmend auf Schwierigkeiten.

Um einen derartigen Fall handelte es sich jetzt. Meine Geduld wurde falsch beurteilt, und dieser Mann, der nur Schlechtes über meine Nation und Beschützer hatte verlauten lassen, fühlte sich durch meinen Langmut aufgefordert, Hand an mich zu legen. Ich wehrte ihn ab. Er wurde gewalttätig und zog sein Schwert, obwohl er mehrere Pistolen bei sich trug. Es gab keine Zeit zu verlieren, und da ich meine Lektion in Kairo bezüglich des Albaniers gut gelernt hatte, gab ich ihm keine Gelegenheit, seinem offensichtlich drängenden Wunsch nach Tätlichkeiten nachzukommen. In Windeseile ergriff und entwaffnete ich ihn, ließ meine Hände in seiner Magengegend nieder und ließ ihn meine Überlegenheit spüren –

zumindest was die Körperkräfte betraf –, indem ich ihn in eine Ecke des Raumes drängte und festhielt. Mein Janitschare kümmerte sich um die Pistolen und das Schwert. Nachdem ich den guten Mann kräftig durchgeschüttelt hatte, nahm ich seine Waffen an mich und erklärte ihm sehr bestimmt, daß ich sie nach Kairo zu senden gedächte, um dem Pascha zu demonstrieren, auf welche Weise seine Order respektiert würden. Er folgte mir zum Boot, und in dem Moment, da wir die Menschenmenge, die sich unseretwegen versammelt hatte, hinter uns gelassen hatten, redete er mit mir, als sei nichts geschehen. Er erklärte, daß er selbst das die Fellachen betreffende Arbeitsverbot vom Kaschef erhalten habe, und ich könne von ihm, einem kleinen Kaimakan, nicht erwarten, die Anweisungen seines Vorgesetzten zu mißachten. Ich ließ mich nicht beirren und ordnete an, man möge mich unverzüglich nach Armant zurückschiffen.

Meine Schilderungen mögen zu akribisch scheinen, aber ich bitte zu berücksichtigen, daß nur auf diese Weise der wahre Charakter dieser Leute zum Vorschein kommen und verdeutlicht werden kann. Wie ich schon anführte, hat er, trotz aller Angriffe auf mich, niemals etwas gegen meine Religion gesagt – normalerweise das erste, worüber sich Mohammedaner auslassen. Später fand ich heraus, daß sein Freund in Unterägypten, mit dem er einen regen Handel in Altertümern betrieb und der ihm Geld und Präsente zukommen ließ, ein Christ war. Und wäre es ihm gelungen, meinem Unternehmen ein Ende zu setzen, hätte er seinem betreffenden Freund einen großen Dienst erwiesen.

Ich eilte nach Armant und traf dort vor Sonnenuntergang ein. Es war die Zeit des Ramadan, und der Kaschef hatte viele seiner höheren Offiziere und zahlreiche Hadschis[57], also Pilger, zum Abendessen um sich versammelt. Es waren etwa dreißig Personen anwesend. Da im Haus selbst nicht genügend Platz vorhanden war, hatte man die Mahlzeit inmitten eines Feldes vor dem Hause zubereitet und ausgelegt. Ein alter, etwa zwanzig Fuß langer und drei Fuß breiter Teppich lag auf der Erde. Anstelle von Tellern gab es feine Weißbrotfladen, die speziell für diese Gelegenheit gebacken worden waren. Als ich eintraf, war man gerade dabei, mit dem Essen anzufangen – während des Ramadans nimmt man die Hauptmahlzeit kurz nach Sonnenuntergang ein, denn tagsüber darf nichts gegessen werden. Also konnte ich meine geschäftlichen Angelegenheiten vorerst nicht ansprechen. Im zeremoniellen Verhalten der Türken gibt es in der Tat ein gewisses Etwas, das auf eigenartige Weise herausfordernd wirkt. In dem Moment, da sie den Befehl geben, Dir die Kehle durchzuschneiden, versäumen sie gleichwohl nicht, Dich mit scheinbar größter Zuvorkommenheit zu grüßen. Der Kaschef empfing mich mit ausgesuchter Höflichkeit und lud mich zum Essen ein. Eine Ablehnung wäre der denkbar größte Affront gewesen. Wir ließen uns alle im Kreis auf dem Teppich nieder. Für den europäischen Gaumen ist die türkische Küche nicht immer zu genießen, aber es gibt eine Reihe von Gerichten, die den Franken ganz ausgezeichnet schmecken: besonders über offenem Feuer geröstete Hammelrippen. Die Soldaten und Hadschis schoben ihre weiten Ärmel hoch und stippten die Finger der rechten

57 Ehrentitel für den Pilger, der bereits die Pilgerfahrt nach Mekka hinter sich gebracht hat

Hand in die verschiedenen Gerichte. Die linke Hand wird zum Essen nicht benutzt, und sie halten sich auch nicht an nur ein Gericht, sondern kosten von allem, was sich in ihrer Reichweite befindet. Der Pilaff[58] bildet immer den Abschluß des Abendessens, und während der Mahlzeit wird ganz selten getrunken. Danach wäscht man sich umgehend die Hände, und während Kaffee und Pfeifen gereicht werden, beginnt die Unterhaltung, gewöhnlich über Pferde, Waffen, Sattel und Kleidung.

Nach einer angemessenen Wartefrist führte ich dann dem Kaschef die Notwendigkeit vor Augen, den Fellachen klare Befehle bezüglich der erneuten Arbeitsaufnahme geben zu können. Er gab mir gleichmütig zur Antwort, daß sie für den Pascha auf den Feldern arbeiten müßten und er sie nicht entbehren könne – wenn ich aber bis zum nächsten Jahr warten würde, könnte ich so viele Männer haben wie ich wollte. Daraufhin erwiderte ich, daß ich die Fellachen würde aus Luxor kommen lassen, und da ich ebendorthin zurück müsse, wäre es für mich nun an der Zeit aufzubrechen. Der Kaschef merkte an, daß ich auf dem Wege nichts zu befürchten hätte, da ich ja mit einem schönen Paar englischer Pistolen ausgerüstet sei. Ich antwortete darauf, daß sie in einem Land wie diesem in der Tat notwendig seien, er sich ihrer aber bedienen könne, falls er sie als Präsent entgegenzunehmen gewillt sei. Ich hatte vordem schon nach Kairo geschrieben und um zwei weitere Pistolen ersucht, die bald eintreffen müßten. Bei diesen Worten legte er seine Hände auf meine Knie und rief: »Wir wollen Freunde sein.« Er ließ unverzüglich einen Firman ausstellen und setzte sein Siegel darunter. Ich verabschiedete mich, kehrte zum Boot zurück und legte noch vor Tagesanbruch in Kurna an.

Sehr früh am Morgen des 7. ließ ich dem Scheich der Fellachen den Firman des Kaschefs übersenden. Nach einer Stunde waren die Männer zur Arbeit bereit, und wir konnten unser Unternehmen fortführen. An diesem Tag brachten wir die Büste um ein gutes Stück vorwärts, denn die Männer waren auf Grund der eintägigen Pause ausgeruht und frisch. Am 8. schließlich konnte ich erleichtert feststellen, daß wir den gefährlichen Bereich, in dem die Überflutung drohte, hinter uns gelassen hatten.

Am 9. August war mir so schwindlig, daß ich nicht zu stehen vermochte. Ich blutete heftig aus Nase und Mund und konnte nicht weiterarbeiten: Wir mußten bis zum nächsten Tag warten.

Am 10. und 11. näherten wir uns dem Flußufer, und am 12. – Gott sei Dank – erreichte der junge Memnon das Ufer des Nils. Zusätzlich zum vereinbarten Lohn gab ich jedem Araber ein Bakschisch von einem Piaster, sechs englischen Pennies. Sie waren hocherfreut. Diese Extrabelohnung hatten sie durchaus verdient, denn die Mühsal war mit keiner anderen Arbeit vergleichbar gewesen. Ein derartiges Monument zu schieben und zu ziehen, das Gewicht der Stangen, die sie als Hebel einsetzen mußten und das kontinuierliche Auswechseln der Rollen in extremer Hitze und trockenem Staub waren Anstrengungen, die kein

58 Ägyptisches Reisgericht

Europäer hätte aushalten können. Ganz besonders beeindruckend war die Tatsache, daß sie auf Grund des Ramadans den ganzen Tag über weder aßen noch tranken. Ich vermag mir wahrlich nicht vorzustellen, wie sie einen solchen Tagesablauf und eine für sie vollkommen fremde Arbeitsweise durchhalten konnten.

Am Morgen des nächsten Tages begleiteten mich einige Araber wunschgemäß zu dem Schacht, in dem sich der Sarkophag befand, an dessen Abtransport sich zuvor schon Mr. Drovetti vergeblich versucht und den er mir dann als Geschenk überlassen hatte. Man führte mich zu einer der zahlreichen in den Bergen Kurnas gelegenen Höhlen; sie waren berühmt für die zahllosen Mumien, die dort zu finden waren. Mein Janitschare blieb draußen, während ich mich mit zwei Arabern und einem Dolmetscher in die Höhle begab.

Noch vor unserem Eintritt entledigten wir uns eines Großteils unserer Kleidung. Ein jeder von uns hatte eine Kerze. Der Schacht führte tief in den Fels hinein; er war sehr ungleichmäßig gehauen – oftmals sehr hoch und dann wieder sehr eng und schmal. An einigen Stellen waren wir gezwungen, wie Krokodile auf dem Erdboden entlangzukriechen. Wir hatten uns schon sehr weit vom Eingang entfernt, und die Wegstrecke war so schwierig, daß ich mich bezüglich des Rückwegs vollkommen auf die zwei Araber verlassen mußte. Schließlich erreichten wir einen größeren Raum, von dem aus mehrere Gänge oder Höhlen abzweigten. Nach längeren Erwägungen und ernsthaften Untersuchungen seitens der Araber betraten wir einen Schacht, der sehr eng war und schräg nach unten verlief. Wir gelangten dann an eine Stelle, die sich in zwei horizontal verlaufende Abzweigungen gabelte. Einer der Araber sagte: »Dies ist die Stelle.« Ich vermochte mir nicht vorzustellen, wie man einen derart großen Sarkophag – denn als ein solcher war er mir geschildert worden – durch eine so kleine Öffnung hätte schaffen können. Zweifelsohne sind diese verborgenen Winkel Grabstätten gewesen, denn ununterbrochen stießen unsere Füße auf Schädel und Knochen; der Sarkophag aber konnte niemals hierher geschafft worden sein: Der Tunnel war so eng, daß es mir, trotz mehrerer Versuche, nicht gelang, mich hineinzuzwängen. Einer der Araber und mein Dolmetscher jedoch schafften es, und wir kamen überein, daß ich und der zweite Araber auf ihre Rückkehr warten sollten. Sie waren dann offensichtlich weit entfernt; der matte Lichtschein verschwand, und man konnte nur noch ihr Murmeln vernehmen. Nach einer Weile hörte ich ein lautes Geräusch und der Dolmetscher rief deutlich vernehmbar: »Oh, mein Gott, mein Gott, ich bin verloren!« Danach tiefes Schweigen. Ich fragte meinen Araber, ob er schon einmal hier gewesen sei, worauf er antwortete: »Niemals!« Mir war unklar, was mit den anderen geschehen war, und ich hielt es für das Vernünftigste, zurückzugehen und Hilfe zu holen. Demgemäß bat ich meinen Begleiter, mir den Rückweg zu bahnen – der jedoch starrte mich wie ein Stumpfsinniger an und gab zur Antwort, daß er den Weg nicht kenne. Ich rief wiederholt nach meinem Dolmetscher. Aber es kam keine Antwort. Ich wartete eine lange Zeit: Niemand kam zurück. Meine Situation war wenig angenehm. Ich begab mich auf den Rückweg und nahm den Tunnel, den wir gekommen waren. Schließlich gelangte ich an die Stelle, von der aus die anderen Gänge abzweigten. Ich fühlte mich wie in einem Labyrinth, denn alle Gänge sahen gleich aus. Ich betrat einen Gang, der mir der richtige zu sein schien. Wir gingen eine lange Zeit. Inzwischen waren unsere

Belzonis Reisen (Illustration aus einem Kinderbuch aus dem frühen 19. Jahrhundert)

Kerzen nahezu abgebrannt, und ich fürchtete, daß wir uns im Dunkeln weiterbewegen müßten, wenn wir nicht bald auf den Ausgang stießen. Es war aber auch gefährlich, eine der Kerzen auszulöschen um zu sparen, denn die andere könnte durch widrige Umstände ausgehen. Wir glaubten uns schon dem Ziel unseres Irrwegs nahe, aber zu unserem Kummer gelangten wir an das Ende des Tunnels, ohne dort einen Ausgang vorzufinden. Um unseren Irrtum zu korrigieren, machten wir uns unverzüglich daran, zu der Stelle mit den verschiedenen Abzweigungen zurückzukehren. Dort angekommen waren wir verwirrt wie eh. Die zahlreichen Auf- und Abstiege hatten uns sehr erschöpft. Der Araber setzte sich nieder, aber jede Verzögerung war gefährlich. Der einzige Ausweg bestand darin, den von uns benutzten Gang zu kennzeichnen und dann nacheinander alle Gänge auszuprobieren und sie ebenfalls zu markieren. Unglücklicherweise würden unsere Kerzen nicht mehr solange brennen – das hielt uns jedoch nicht davon ab, unser Unterfangen zu starten.

Als ich an einem schmalen Einstieg vorübergehen wollte, vermeinte ich, ein Geräusch zu hören, das dem fernen Rauschen der See ähnlich war. Daher wandte ich mich diesem Tunnel zu; je weiter wir vordrangen, desto stärker wurde das Geräusch. Schließlich konnte ich ganz deutlich Stimmen vernehmen. Endlich, Gott sei gedankt, erreichten wir das Ende. Zu meinem großen Erstaunen sah ich als erstes meinen Dolmetscher. Ich konnte mir nicht vorstellen, wie er hierher gekommen sein mochte. Er berichtete mir dann, daß er zusammen mit dem Araber an einen Schacht gelangt sei, den keiner von ihnen wahrgenommen hatte. Der Araber sei heruntergefallen, wobei die Kerzen ausgelöscht worden seien. Bei dieser Gelegenheit habe er »Oh Gott, ich bin verloren« gerufen, da er befürchtete, selbst in den Schacht zu stürzen. Als er sich umblickte, habe er in einiger Entfernung einen matten Strahl Tageslicht erblickt, sich auf den Weg gemacht und eine schmale Öffnung gefunden. Er habe loses Geröll beiseite geschafft, um die Öffnung zu erweitern und sei dort schließlich ausgestiegen. Dann habe er die Araber zu Hilfe geholt, die sich am anderen Ausgang befanden. Ich hatte also die Stimmen der Araber gehört, die sich um den verschütteten Mann sorgten. Der Ausgang, den mein Dolmetscher gefunden hatte, wurde unverzüglich vergrößert. In der heillosen Verwirrung hatten die Araber versäumt, mich wissen zu lassen, daß sie mit der Lage des Eingangs vertraut waren und daß dieser in der letzten Zeit zugeschüttet worden war. Ich brauchte nicht lange, um ihren Plan zu durchschauen. Die Araber hatten vorgehabt, mir den Sarkophag zu zeigen, ohne mich auf einen möglichen Transportweg aufmerksam zu machen. Danach hätten sie dann gewiß versucht, mir einen Preis für ihr Geheimnis abzuverlangen. Ich hatte mich von ihnen in die Irre führen lassen.

Der Sarkophag selbst war in Wirklichkeit nicht weiter als einhundert Yards vom Haupteingang entfernt. Der Mann wurde kurz darauf aus dem Schacht befreit; er hatte sich jedoch eine so schwere Hüftverletzung zugezogen, daß er seither humpelte. Den Deckel des Sarkophags würde man wegschaffen können; ich ließ daher einige Männer zurück, die den Gang von den Geröllmassen freimachen sollten. Am dritten Tag, ich kam gerade von den Königsgräbern zurück, mußte ich feststellen, daß der Kaschef wieder seine alten Listen angewandt hatte. Er war von Armant nach Kurna gekommen, hatte die Männer bei der Arbeit gesehen, ließ sie alle wie Diebe gefesselt nach Kurna bringen und warf sie dort in den Kerker. Der Grund dafür war mir unbegreiflich, nach all den Versprechungen und Beteuerungen des guten Willens, die wir uns gegenseitig gemacht hatten. Meine Erkundigungen ergaben, daß einige Agenten von Mr. Drovetti kurz vorher aus Alexandria eingetroffen waren und ihm Präsente überreicht hatten. Ich weiß nicht, was zwischen ihnen ausgehandelt worden war – ich führe hier nur die Tatsachen auf. Ich wandte mich abermals an den Kaschef, und er sagte mir ins Gesicht, daß der Sarkophag an den französischen Konsul verkauft sei und niemand anders ihn haben dürfe. Ich gab vor, dem Ganzen wenig Interesse abzugewinnen und auch die von ihm ins Gefängnis beförderten Arbeiter vergessen zu haben; denn sah er mich aufgebracht und in besorgtem Zustand, würde er sie noch länger festhalten wollen: Seine Motivation war in allem auf puren Gewinn ausgerichtet. Ich erwähnte, daß ich bezüglich des Sarkophags nach Kairo Nachricht schicken wollte. Ich schrieb an Mr. Salt, er möge mir ein Boot herschicken lassen, um den Koloß nilabwärts schiffen zu können. In Oberägypten gab es zu der Zeit kein einziges Boot, da alle unterwegs waren, größtenteils für den Pascha.

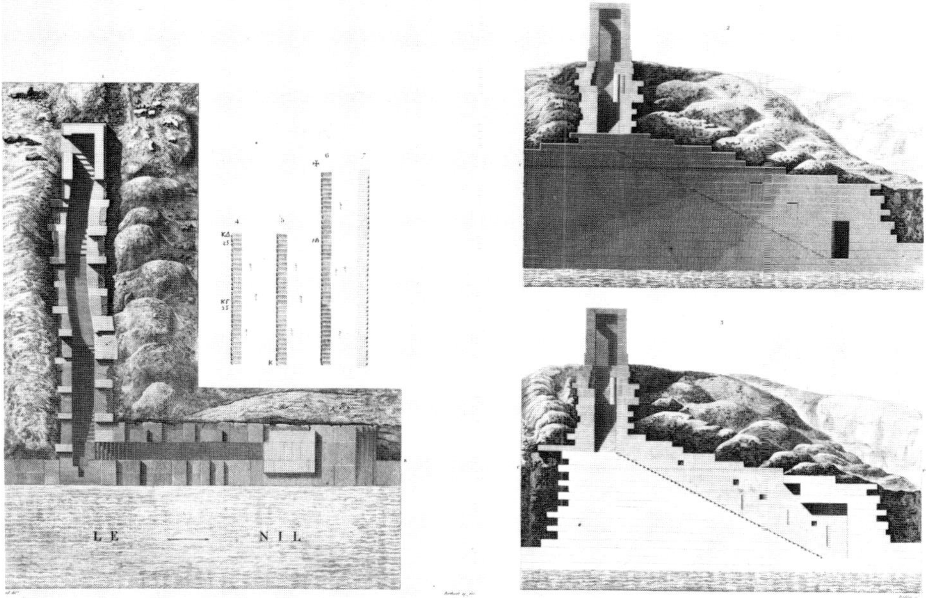

Skizzen für einen Nilmeter auf der Insel Elephantine (aus der Description de l'Egypt)

In der Zwischenzeit wollte ich nilaufwärts reisen, da keine Extrakosten damit verbunden waren. Wenn die Rückantwort aus Kairo einträfe, wäre ich wieder zurück. Ich ließ die Büste Tag und Nacht von zwei Männern bewachen, und nachdem ich festgestellt hatte, daß ich, um ein geeignetes Boot mieten zu können, erst nach Kairo schreiben mußte, errichtete ich einen Erdwall um die Büste. Am 18. August dann machten wir uns auf nach Esna.

(Über Esna weiter nach Edfu. Sie machen in kleinen Dörfern Halt, besuchen die Ortsvorsteher. Besichtigung von Kom Ombo und der Insel Elephantine. In Assuan, am 1. Nilkatarakt, mieten sie ein Boot, das sie bis zum 2. Katarakt befördern soll. Besuch der Insel Philae. Belzoni ist hingerissen und beschließt, auf dem Rückweg länger dort zu bleiben. Angriffe von feindlich gesinnten Einheimischen. Besichtigung des Tempels von Kalabscha. Erfolgreiche Abwehr verschiedener Erpressungsversuche durch die Einheimischen. Über Derr, Hauptstadt Unternubiens, weiter bis Abu Simbel.)

Am nächsten Morgen erreichten wir Faras am Ostufer und setzten von dort aus zur Westseite über, um uns die Tempel von Abu Simbel[59] anzusehen. Da wir den Tempeln direkt

59 Der südliche Tempel wurde für Ramses II. errichtet, der nördliche (kleinere) für seine Gemahlin Nefertari

gegenüber waren, hatten wir die Möglichkeit, sie in ihrer ganzen Schönheit aus der Entfernung zu betrachten.[60] An der Vorderseite des kleinen Tempels befanden sich sechs Kolossalstatuen, die von fern sehr viel mehr hermachten als von nahem. Sie sind dreißig Fuß hoch und direkt aus dem Felsen herausgehauen – genauso wie der große Tempel. Dort gibt es eine gigantische Statue; nur Kopf und Schultern ragen aus dem Sand empor. Und ungeachtet der Entfernung vermochte man zu erkennen, daß sie exquisit verfertigt war. Am oberen Teil, dem Fries des Tempels, sah man ein Hieroglyphenband, das über die gesamte Breite der Vorderfront verlief. Darüber eine Reihe unterschiedlicher Skulpturen in sitzender Haltung, lebensgroß. Die Sandmassen von der Nordseite, die vom Wind an den überhängenden Felsen geweht worden waren, blockierten den Eingang und begruben zwei Drittel des Tempels unter sich. Als ich mich dem Tempel näherte, gab ich die Hoffnung auf, den Eingang öffnen zu können. Die Sandmengen waren so ungeheuerlich, daß es ganz unmöglich schien, jemals die Tür zu erreichen. Wir stiegen den Sandberg zum oberen Teil des Tempels hinauf, und dort stieß ich auf einen Falkenkopf, der aus dem Sand hervorragte. Die Lage dieser Figur brachte mich zu der Überzeugung, daß sie sich über der Tür befinden müsse. Der Größe des Kopfes nach zu schließen, mußte ihre Höhe mehr als zwanzig Fuß betragen; unterhalb der Skulptur befand sich sicherlich ein Leerraum, so daß meiner Berechnung nach – Gesims über der Tür und Fries eingeschlossen – der Eingang mindestens fünfunddreißig Fuß unterhalb der Sandmassen liegen mußte. Die Entfernung würde mit den Proportionen der Tempelfront, die einhundertsiebzehn Fuß breit ist, übereinstimmen. Der Sand verlief in einer Schräge von einer Seite zur anderen. Der Versuch, eine Öffnung geradewegs durch den Sand hindurch anzustreben, wäre mit der Unmöglichkeit vergleichbar gewesen, ein Loch ins Wasser zu bohren. Es war daher notwendig, den Sand dergestalt wegzuräumen, daß er die Tür freigeben würde: Das wiederum bedeutete, daß der Sand von oben unweigerlich auf den geräumten Teil nachrutschen würde; ein Unternehmen ohne Anfang und Ende. Zudem waren die Einheimischen ungebärdige, wilde Burschen, nicht gewöhnt an derartige Arbeit, geschweige denn, dafür mit Geld entlohnt zu werden: Tatsächlich war ihnen der Umgang mit Geld vollkommen unbekannt. All diese Schwierigkeiten schienen mir solch unüberwindliche Hindernisse zu sein, daß sie mich beinahe davon abhielten, meine Pläne gedanklich fortzuführen. Doch durch Hoffnung stimulierte Hartnäckigkeit ließ mich Maßnahmen ersinnen, die mich letztendlich, nach vielen Mühen und zwei weiteren Reisen, mit der Öffnung des großen Tempels von Abu Simbel belohnten.

Nachdem ich die korrekten Maße an der Vorderseite des Tempels abgenommen hatte, ergaben meine Berechnungen, daß ich möglicherweise doch würde erfolgreich sein können – und zwar dann, wenn ich die Leute dazu brächte, mit Ausdauer und Geduld zu arbeiten. Den kleinen Tempel untersuchte ich vorerst nicht, denn ich wollte noch recht früh das Dorf Abu Simbel erreichen, um mit Kaschef Hussein zu sprechen. Die Felsen, aus denen der

60 siehe Farbtafel 7

Tempel herausgehauen ist, ziehen sich noch etwas über zweihundert Yards nach Süden hin und gehen dann über in flaches Land, das an den Ufern des Nils kultiviert worden ist. Dort stehen Palmenhaine. Wir bestiegen das Boot, und erreichten bald das Dorf. Die Menschengruppe, die sich unter einer Baumreihe versammelt hatte, schien überrascht durch die unvermutete Ankunft eines Fremden. Meine Frage nach Kaschef Hussein stieß auf Schweigen – nach einer Weile deutete man auf Kaschef Daud, seinen Sohn. Mein Blick fiel auf einen etwa fünfzigjährigen Mann in dünnem, blauem Gewand. Als Turban hatte er einen weißen Lappen um den Kopf geschlungen. Er saß auf einer Matte auf dem Erdboden, neben ihm lagen Schwert und Gewehr. Ungefähr zwanzig Männer, mit Schwertern, Speeren und Schilden ausgerüstet, umgaben ihn. Eine zerlumpte Schar mit wenig Vertrauen erweckendem Gebaren. Unter ihnen befand sich auch ein jüngerer Kaschef-Bruder, in untergeordneter Stellung und wenig würdevoll. Er behandelte mich sehr grob. Die einzige Beschäftigung dieser Leute besteht darin, von den noch ärmeren Einheimischen die Abgaben für ihren Herren einzutreiben. Dem Kaschef selbst bleibt nichts weiter zu tun, als von Ort zu Ort zu ziehen und Steuern zu kassieren. Überall besitzt er ein Haus nebst Frau. Er lebt nur für seine Wünsche und Vergnügungen – es gibt keinerlei Vorschriften oder Gesetze, an die er sich halten müßte: Das Leben eines Mannes wird hier weniger geachtet als bei uns das einer Katze. Was er will, nimmt er sich; stößt er auf Ablehnung, wendet er Gewalt an, und Widerspruch wird mit dem Tod abgegolten. So lebt der Kaschef.

Das Vertrauen anderen gegenüber ist so gering, daß ihnen Versprechungen wenig bedeuten: Was man nicht in der Hand hat, existiert nicht. Mit einem derartigen Volke hatte ich also zu tun; von ihm brauchte ich die Erlaubnis, das Gebiet zu betreten und Grabungen machen zu dürfen. Mein Anliegen würden sie gewiß für unsinnig halten. Es war noch schwieriger, sie mit dem Gedanken vertraut zu machen, Arbeit mit Geld bezahlt zu bekommen. Sie kennen nur den Tauschhandel von Durra[61] gegen Datteln und Datteln gegen Salz. Kaschef Daud verlangte schließlich, mein Anliegen zu hören. Ich berichtete ihm, daß ich ein Schreiben seines Onkels für seinen Vater hätte und daß ich auf der Suche nach alten Steinen sei. Er antwortete lachend, daß vor einigen Monaten ein anderer Mann aus Kairo bei ihm gewesen sei, um nach Schätzen zu suchen. Er habe eine Menge Gold auf sein Boot verladen – ich wolle doch sicher auch das Gold aus den Steinen hervorholen. Ich erwiderte, daß die Steine, die ich mitnehmen wolle, schon zerbrochen seien und den alten Pharaonen gehört hätten. Von ihnen erhofften wir Aufschluß über das mögliche Ursprungsland unserer Vorfahren. Dies schien mir auch eine gute Erklärung für die Tempelöffnung abzugeben. Wo ich denn nach diesen Steinen suchen wolle? Ich berichtete ihm von der Tür im Felsen. Sie müsse vom Sand befreit werden, da wir im Tempelinnern eine große Anzahl von Steinen vermuteten. Bei der Aussicht auf ein gutes Bakschisch stimmte er meinen Plänen zu. Sein Vater müsse aber benachrichtigt und Arbeitskräfte gefunden werden, die ein solch

61 Eine Hirseart, die bis zu 7 m hoch wachsen kann

teuflischer Ort nicht verschrecken könne. Ich sagte ihm, daß der Arbeitslohn in Geld ausgezahlt würde. »Welches Geld meinst Du, Geld von Mohammed Ali, Pascha in Kairo? Was sollen wir damit anfangen; wir können nichts dafür kaufen, weder hier noch in Dongola.« Ich schlug vor, das Geld nach Assuan zu schicken – dort könne Durra dafür erworben werden. Daud antwortete: »Aber dann behalten die das Geld, ohne uns Durra zu schicken.« Ich konnte kaum glauben, daß sie so wenig Vertrauen, so wenig Geschäftsgebaren besaßen. Es trifft leider zu, daß alle Produkte, die sie nach Kairo, Assiut oder Esna schicken, dort zwar getauscht und ins südliche Nubien weitertransportiert werden, aber sie erhalten niemals Geld dafür!

Ich holte einen Piaster hervor und zeigte ihn den Leuten, deren Anzahl sich in der Zwischenzeit vergrößert hatte. Sie alle hockten im Halbkreis um uns herum und starrten gebannt auf jede unserer Bewegungen. Ich bemühte mich, sie über die Vorzüge des Geldhandels aufzuklären. Den Kaschef vermochte ich nicht zu überzeugen: Das sei nicht gut, ließ er mich wissen, denn alle Unzufriedenen könnten dann Kühe und Ziegen verkaufen, Nubien verlassen und in Ägypten leben. In diesem Punkt hatte er wohl recht – allerdings war es doch recht unhöflich von ihm, eine solche Bemerkung vor seinen Untertanen zu machen. Einer von ihnen nahm den Piaster an sich, schaute ihn lange an und fragte mich, wer ihm für dies kleine Stück Metall etwas geben würde. »Jedermann wird Dir dafür ein Maß Durra geben, das für einen einzelnen Mann drei Tage ausreicht.« »In Deinem Land mag das so üblich sein«, antwortete er, »aber bei uns tauscht sicherlich niemand sechs Maß Durra gegen ein Stück Eisen.« Ich schlug ihm vor, sich zu unserem Boot zu begeben; dort würde man ihm Durra aushändigen für die von mir erwähnte Zeitspanne. Leichtfüßig lief er davon und kam nach wenigen Minuten zurück – um seine Taille hatte er ein Stück Stoff gebunden, das ein Maß Durra enthielt.

Zuvor hatte ich unserem Reis auf dem Boot erklärt, was er zu tun habe, falls ein Einheimischer Geld gegen Durra tauschen wollte. Gemäß meinen Anweisungen hatte er ihm gegen einen Piaster die festgelegte Menge Durra ausgehändigt. Dieses Experiment übte nicht nur auf die Einheimischen eine gute Wirkung aus, sondern beruhigte auch den Kaschef, der aber, als Barbar, der er war, noch nicht vollends zufriedengestellt war. Er wandte ein, daß ein Mann für einen ganzen Tag Arbeit vier Maß erhalten müsse – wenn ich bereit sei, ihnen vier Piaster pro Tag zu geben, würde er seine Männer zur Arbeit überreden. Nach langem Hin und Her handelte ich den Preis auf zwei Piaster pro Mann und Tag herunter. Daud erzählte mir dann, daß vor einigen Monaten ein Mann bei ihm gewesen sei und ihm dreihundert Piaster übergeben habe, um den Tempel öffnen zu lassen; seine Leute jedoch hätten sich nicht darauf eingelassen, da niemand etwas mit den Metallstücken habe anfangen können. Als der Reisende nach Wadi Halfa[62] zurückgekehrt sei, erwartete er den Tempel geöffnet vorzufinden. Er, Daud, habe ihm aber die Metallstücke wieder zurückgegeben, da

62 Kleine Station an der Grenze zum Sudan, etwa 60 km südlich von Abu Simbel

er sie nicht gebrauchen konnte. Später fand ich heraus, daß es sich bei dem weniger glücklichen Reisenden um den französischen Exkonsul, Mr. Drovetti, gehandelt hatte und daß er tatsächlich mit den Geldmünzen nichts auszurichten vermocht hatte.

Die nächste und größte Schwierigkeit bestand darin, von Kaschef Hussein die Erlaubnis für unser Projekt zu erhalten, denn ohne seine Zustimmung konnten wir nicht beginnen. Er lebte anderthalb Tagesreisen nilaufwärts. Jene Nacht verbrachten wir in Abu Simbel, um das Wohlwollen des Kaschefs zu bestärken. Ich ließ ihm etwa vier Pfund Reis, drei Unzen Kaffee, ein halbes Pfund Zucker senden, sowie einige Blätter einer besonderen Tabaksorte aus Syrien, für die die Barabrer[63] eine besondere Vorliebe hegen und die als Luxus gilt.

Am Abend erhielten wir an Bord etwas Sauermilch und warme Brotfladen aus Durra. Sie werden auf einem flachen Stein gebacken, der auf kleineren Steinen aufliegt, so daß man darunter ein Feuer entfachen kann. Ist eine bestimmte Temperatur erreicht, wird die weiche, fast flüssige Paste auf den Stein gestrichen. Nach einer Minute ist der Fladen fest genug, um gewendet zu werden, was große Geschicklichkeit erfordert, da er leicht zerbricht oder bröselt. Sobald ein Fladen gebacken ist, wird der nächste auf den Stein gelegt; solange sie heiß sind, schmecken sie gut; erkaltet sind sie säuerlich und dem Gaumen unangenehm. Man ißt sie gewöhnlich mit Sauermilch, und sind sie einmal erkaltet, bricht man sie in eine Schale und gießt gekochte Linsen darüber. Das ist das Grundnahrungsmittel des Landes.

(Belzoni reist zu Kaschef Hussein und stattet ihm einen Besuch ab.)

Seine Fragen bezüglich meiner Unternehmungen ließen auf nur geringfügiges Interesse schließen, aber als ich schließlich die mögliche Öffnung des Tempels erwähnte, war er nicht wenig erstaunt. Er sagte, daß ihm der Eingang bekannt sei; die runde Kugel über dem großen Kopf markiere die Tür, und räumt man sie beiseite, könne man den Tempel betreten. Mit dieser runden Kugel meinte er die von mir schon erwähnte Weltkugel über dem Haupt des falkenköpfigen Osiris oberhalb der Tür. Zuerst machte er mich auf die großen Schwierigkeiten, wenn nicht gar die Unmöglichkeit aufmerksam, den Tempel zu öffnen; schließlich, als er von meiner Hartnäckigkeit überzeugt schien, nahm er mir das Versprechen ab, ihm die Hälfte der Goldschätze zu überlassen, die er im Tempel vermutete. Ich stimmte ihm zu; falls ich aber nur Steine fände, sollten sie ausschließlich mir gehören dürfen. Er hatte keinerlei Einwände, denn Steine wollte er nicht. Dann überreichte er mir einen Brief an seinen Sohn in Abu Simbel. Zurück an Bord ließ ich ihm einige kleine Geschenke senden; er nahm sie mit Freude entgegen und beglückte uns mit einem Schaf.

Am nächsten Morgen setzten wir unsere Reise fort und kamen recht früh in Abu Simbel an. Ich besichtigte einen kleinen Tempel an der Südseite, gegenüber des Dorfes. Es gibt nichts

63 Bezeichnung für die nubische Bevölkerung zwischen dem ersten und vierten Katarakt des Nils die uns unter dem Namen »Berber« bekannt ist.

Bemerkenswertes über ihn zu berichten; es sollte vielleicht nur angemerkt sein, daß er der letzte Tempel diesseits des Katarakts ist. Die griechischen Christen hatten ihn als Kapelle benutzt, und die Abbildungen der Apostel sind an Decke und Wänden nahezu vollkommen erhalten.[64]

Wir überquerten den Fluß, und ich begab mich unverzüglich zu Kaschef Daud. Nachdem ich ihm den Brief seines Vaters übergeben hatte, ließ er nach den Männern schicken, die zur Arbeit herangezogen werden sollten. Die Männer waren tatsächlich Wilde, und jegliche Form der Arbeit war ihnen unbekannt. Sie hatten seit meinem letzten Erscheinen ihre Meinung geändert, und obwohl ich die Autorität des Kaschefs auf meiner Seite wußte, ließen sie sich nicht zur Arbeitsaufnahme bewegen. Meine Überredungskünste waren erfolglos. Schließlich gab ich vor, mein Vorhaben aufgeben und abreisen zu wollen. Als dem Kaschef klar wurde, daß eine Abreise meinerseits einen Verlust vieler Präsente nach sich ziehen würde, begann er mit ihnen zu reden, und nach vielen Schwierigkeiten endlich wurde die Bezahlung auf die Hälfte ihrer ursprünglichen Forderungen festgelegt. Als ich meine Zustimmung erteilte, bestanden sie sofort darauf, daß ich so viele Männer, wie es ihnen beliebte, einstellen solle. Vergeblich versuchte ich einzuwenden, daß dreißig Männer mehr als genug seien, aber sie wollten von nicht weniger als hundert Männern hören. Es war mir unmöglich, auf diesen Vorschlag einzugehen; ich erhob mich, ließ den Kaschef stehen und befahl dem Reis an Bord zu gehen, damit wir unverzüglich abreisen konnten. Dieses wiederum war den verschiedenen Gruppen nicht recht, sie redeten weiter, und zu guter Letzt kamen wir überein, daß vierzig Männer beschäftigt werden sollten. Sie sollten sich vor Sonnenaufgang am Schiff einfinden, denn die Entfernung vom Dorf bis zum Tempel betrug nahezu zwei Meilen. Ich begab mich an Bord und wünschte inbrünstig, mit diesen Leuten niemals zu tun gehabt zu haben.

17. – Bei Sonnenaufgang wurde meine Erwartung, die Wilden – und ich muß sie leider als solche bezeichnen – vorzufinden, enttäuscht. Die Sonne stand schon sehr hoch und niemand war erschienen. Ich ging zum Kaschef um zu fragen, ob die Männer die Arbeit als einen Scherz betrachteten. Ungewohnt, zu solch früher Stunde gestört zu werden, erhob er sich sehr langsam. Er ließ einige seiner Soldaten nach den Männern suchen. Einige wenige von ihnen hatten sich inzwischen eingefunden; andere gaben vor nicht kommen zu können. Ein sich über die Wüste nähernder Beduine lieferte ihnen den Vorwand: Sie alle müßten aufpassen und Wache halten. Am Vortage hatten nicht weniger als einhundert Männer eingestellt werden wollen; heute waren alle arbeitsunwillig. Schließlich fanden sich ein paar Männer zur Arbeit ein. Es war schon sehr spät, als wir zum Tempel aufbrachen. Ich verlor meine Geduld nicht und gab Anweisungen dergestalt, daß die Mitte der Tempelvorderseite, dort, wo sich die Tür befinden mußte, vom Sand befreit werden sollte. Sie hatten dazu lange Stangen mit einem kreuzförmigen Stück Holz am Ende. An beiden Seiten befand sich ein

64 Dieser kleine Felstempel bei dem Gebel Adda stammt von Pharao Haremhab (19. Dynastie). Später hatten ihn die Christen in eine Kirche umgewandelt

Tau. Ein Mann zog die Stange zurück, ein anderer schob sie vorwärts. Auf diese Weise wird der Ackerboden auf dem bebauten Land bewegt, und ich fand diese Instrumente sehr hilfreich, um damit Sand wegzuschaffen. Da es ihr erster Arbeitstag war, arbeiteten sie mehr, als ich erwartet hatte. Ihre Gedanken und Gespräche kreisten ununterbrochen um die Goldschätze, die Perlen und Juwelen, die wir im Innern des Tempels finden würden. Ich unternahm nichts, um ihre Vermutungen einer Korrektur zu unterziehen; sie bildeten den besten Stimulus um weiterzuarbeiten. Gegen Mittag gab es gekochte Linsen und Brotsuppe für sie, und die Fellachen waren sehr zufrieden damit. Der Kaschef, der die Arbeiten begutachtete, erhielt von meinem Essen. Am Abend entlohnte ich die Männer und empfahl ihnen, sich am frühen Morgen wieder einzufinden. Der Kaschef kam mit einem Teil seines ›Hofes‹ an Bord, und wir kehrten zur Nacht zum Dorf zurück.

18. – Am Morgen gingen wir zum Tempel; die Fellachen kamen später als wir, und die Arbeit ging sehr schleppend voran. Ich mußte sehr viel Überredung anwenden, denn die Wilden waren der Ansicht, am ersten Tag zuviel des Guten getan zu haben und waren sehr widerspenstig. Sie klagten über Müdigkeit, und ich versprach ihnen, daß sie am nächsten Tag nicht würden arbeiten brauchen, sondern ausruhen könnten. Noch vor Sonnenuntergang beendeten wir das Tagewerk und kehrten zum Dorf zurück. Meine Vorräte wurden knapp, und für ein Schaf bot ich mehr als gewöhnlich an, aber vergeblich. Ich mußte mich mit Reis und Wasser und einer geringen Menge Fett zufriedengeben, denn wir hatten nicht sehr viel an Bord. Unser Buttervorrat war nahezu aufgebraucht, und Milch war nur sehr selten zu bekommen.

19. – In der Früh suchte ich den Kaschef auf, um mit ihm über Palmenholz zu verhandeln. Sein Benehmen mir gegenüber hatte sich gewandelt ; er machte mir tausend Schwierigkeiten und berichtete, daß die Fellachen nicht mehr zur Arbeit kommen würden – es sei unsinnig für sie, sich wegen eines so geringen Geldbetrags zu verausgaben. Er fügte hinzu, daß Palmenholz unmöglich zu beschaffen sei – gleichzeitig waren wir umgeben von eben diesem. Ich gab ihm zur Antwort, daß dies gegen unsere Abmachungen verstieße; ich hätte mein Wort gehalten und den Fellachen den festgelegten Lohn gezahlt. Ich erwartete daher auch, daß sie ihren Teil der Vereinbarungen erfüllten. Nach langem Gerede kamen wir überein, daß ich die Fellachen des Nachts aufsuchen und selbst versuchen solle, mit ihnen einig zu werden; er könne nichts mehr für mich tun. Kurzum: Ich konnte nicht auf den Kaschef zählen. Sein Dolmetscher jedoch gab mir zu verstehen, daß die Unannehmlichkeiten von meinem Versäumnis herrührten, dem Kaschef ein ansehnliches Präsent überreicht zu haben, und der Soldat, den ich seit Assiut bei mir hatte, empfahl mir, ihm ein Paar Pistolen oder ähnliches zu schenken. Das leuchtete mir sofort ein; auf der anderen Seite wußte ich, daß sich solche Leute nach dem Erhalt eines Präsents niemals dankbar erweisen, sondern neue Methoden ersinnen, um, wenn möglich, noch mehr herausschlagen zu können. Es bleibt sich daher gleich, ob man Geschenke austeilt oder nicht. Nun ja, ich entschied mich für den Mittelweg und sagte dem Dolmetscher, daß ich sowohl ihm als auch seinem Herren und Meister ein gutes Bakschisch zukommen lassen würde, wenn sie in meinem Interesse handelten. Am Nachmittag waren alle Wilden versammelt und man ließ mich holen. Der

Bruder des Kaschefs, den ich bei meiner Ankunft in Abu Simbel zum ersten Mal gesehen hatte, war ebenfalls anwesend. Sein Verhalten hatte sich zum Guten gewandelt: Er, der anfänglich grob war, schien besänftigt – und die Sanftmütigen waren grob. Auf meine Frage nach dem Palmenholz sagte man mir, ich würde dies an einem zwei Meilen entfernten Ort vorfinden. Ein neues Hindernis, denn Holz gab es im Dorf genug. Bezüglich der Wilden wurde mir mitgeteilt, daß sie nicht bereit seien, so hart zu arbeiten – ich müsse ihre Zahl verdoppeln. Es wäre vergebliche Mühe gewesen, ihnen klar zu machen, daß ein Mann nicht mehr arbeitet, wenn er allein ist, als wenn er sich in einer Gruppe befindet. Gegen ihre Widerspenstigkeit vermochte ich nichts auszurichten; hätte ich mich bereit gefunden, einhundert Mann von ihnen einzustellen, hätten sie ihre Forderung auf zweihundert erhöht. Ich stellte dem Bruder des Kaschefs ein gutes Bakschisch in Aussicht, und er begann mit ihnen in ihrer eigenen Sprache zu reden. Zu meinem großen Erstaunen waren sie sofort bereit, mit nur vierzig Mann die Arbeit aufzunehmen, unter einer Bedingung jedoch: Ich müsse ihnen ein Sechstel Ardep[65] an Getreide geben, damit sie daraus Brot backen könnten. Der Kaschef schien über den Einfluß seines Bruders verärgert; er stand auf und ging fort. Ein Mann aus Derr[66], der hierher gekommen war, um ein Stück Land zu bebauen, hatte Holz gekauft, um ein Wasserrad zu errichten; da er mit den Wilden in Abu Simbel nicht einig werden konnte und wieder weggehen wollte, bot er mir das Holz zum Kauf an: Ich nahm diese Gelegenheit dankbar wahr und konnte auf diese Weise zumindest eine Schwierigkeit aus dem Wege räumen.

Am nächsten Tag, dem 20., kamen die Männer zwar nur zögernd zur Arbeit, aber im großen und ganzen machten wir Fortschritte. Ich hatte allerdings auch genug Mühe, ihnen meine Wünsche bezüglich des Vorgehens zu erklären. Der Kaschef kam mit seinen Bediensteten, um unser Unternehmen zu begutachten und ließ mich wissen, daß er zum Abendessen mein Gast sein werde. Ich freue mich zwar über seinen Besuch, gab ich zurück, könne ihm aber nichts anderes als gekochten Reis anbieten. Wenn er seine Leute dazu brächte, ein Schaf für uns zu schlachten, würde ich es selbstverständlich bezahlen. Sie berieten dann, wer es sich leisten könne, auf ein Schaf zu verzichten und dafür Piaster zu erhalten. Schließlich wurde ein alter Mann beauftragt, der fünf Schafe besaß – mehr als alle anderen. Als wir das Schaf erhielten, sahen wir uns vor eine schwierige Aufgabe gestellt: Es mußte ein Preis ausgehandelt werden. Da dies der erste Verkauf gegen Geld war, hätte ein guter Preis den Wert der Schafe ganz allgemein erhöht und wäre somit gegen das Interesse des Kaschefs gewesen, denn wenn er die Steuern in Naturalien, wie Schafen, eintreibt, pflegt er den Wert sehr niedrig anzusetzen, um eine höhere Stückzahl verlangen zu können. Einen geringen Wert anzusetzen wäre noch ungünstiger – es beträfe dann alle Einheimischen, wenn sie ihre Schafe in anderen Dörfern gegen Durra eintauschten. Ein gefährlicher Punkt

65 1 Ardep = 150 kg; hier also 25 kg

66 Derr (auch Ed-Derr genannt), ein kleiner Ort 205 km südlich von Assuan, der heute in den Fluten des Stausees versunken ist

also – und nach einer Weile einigten wir uns darauf, daß der Alte mir das Schaf zum Geschenk machen solle; die Gegenleistung wäre dann mir überlassen. Um einen festgesetzten, späterhin als gültig anzusehenden Standard zu verhindern, bezahlte ich ihn mit Seife, Tabak und Salz.

Zum Abendessen wurde das Schaffleisch zerlegt in zwei hölzernen Schalen gebracht. Der Kaschef und seine Bediensteten ließen sich in der Nähe des Tempels in einem Kreis auf dem blanken Erdboden nieder. Ihre schmutzstarrenden Hände waren durch die Flüssigkeit bald reingewaschen, und nach wenigen Sekunden war alles aufgegessen. Mit dieser Art der ungezwungenen Festlichkeit nicht vertraut, hatte ich kaum die Möglichkeit satt zu werden, aber zukünftig würde ich bei ähnlichen Gelegenheiten meinen Anteil zu sichern wissen, ohne mich an der Balgerei beteiligen zu müssen. Nach dem Essen brachte man Kaffee vom Schiff, und ich begab mich an Bord, um mit Mrs. Belzoni zu speisen. Sie hatte dem Schafsgemisch des Kaschefs gekochten Reis und Wasser vorgezogen. Kurz darauf trat der Kaschef an mich heran und bedeutete mir, daß er mich vertraulich zu sprechen wünsche. Wir zogen uns zurück, und er ließ seine Hauptdolmetscher rufen. Das große Geheimnis war folgendes: Am Vorabend, als er am Nilufer in der Nähe unseres Bootes stand, hatte er mich eine rote Flüssigkeit trinken sehen, die ich aus einer Flasche in meine Kaffeetasse goß; seine Erkundungen ergaben, daß es sich dabei um nabid, Wein, handelte. Er habe gehört, daß der Wein der Engländer sehr viel besser sei als der heimische, aus Datteln gebraute, und nun wolle er davon trinken. Das müsse aber verheimlicht werden. Zum Glück hatte ich noch einige Flaschen übrig, die wir für besondere Gelegenheiten aufbewahrten. Ich schickte meinen Dolmetscher nach einer Flasche. Ich goß Wein in eine Tasse und reichte sie dem Kaschef; er blickte den Dolmetscher fest an und befahl ihm, als erster davon zu trinken. Der Dolmetscher war Kopte und hatte einige Jahre in der französischen Armee gedient – er brauchte nicht lange überredet zu werden, um Bacchus Tribut zu zollen. Mit einem breiten Lächeln überzeugte er den Kaschef von der Reinheit des Getränks. Dieser zögerte nicht länger. Er leerte die Tasse. Anfänglich erschien ihm der Wein weniger stark als vermutet, schließlich jedoch war er so begeistert davon, daß mein kärglicher Vorrat nach drei Tagen nahezu erschöpft war. Ich bereute es aus vielerlei Gründen, den Janitscharen mitgenommen zu haben, denn anstatt mich bei meinen Verhandlungen und Geschäften mit den Einheimischen zu unterstützen, war er immer flink bei der Hand, ihnen Ideen einzureden, auf die sie selbst nie gekommen wären. Man sollte niemals davon ausgehen, daß ein Muselmane für einen Christenhund gegen einen Glaubensbruder Partei ergreift; es sei denn, er wäre für das Leben des Fremden verantwortlich. Selbst dann stehen seine eigenen Interessen im Vordergrund, und Treue oder Anhänglichkeit kennen sie nicht. Die Arbeiten gingen nur mühsam voran, aber insgesamt waren wir doch schon recht weit in die Sandmassen an der Vorderfront des Tempels vorgestoßen.

Am nächsten Morgen, dem 21., hatten es sich die Leute in den Kopf gesetzt, in solch großer Anzahl zu erscheinen, daß ich sie unmöglich alle einstellen konnte, denn die Arbeiten konzentrierten sich nunmehr auf eine bestimmte Stelle. Es gab heftige Debatten, aber da ich unter keinen Umständen bereit war, mehr als die vereinbarte Lohnsumme zu zahlen,

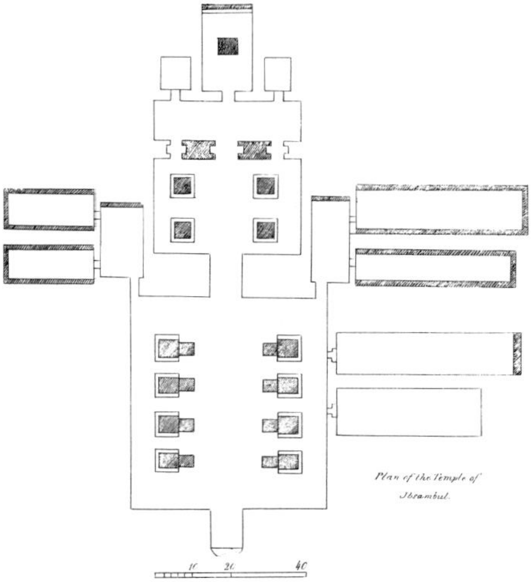

Skizze des Tempels von Abu Simbel (nach Belzoni)

einigten sie sich schließlich darauf, die festgelegte Summe auf alle Anwesenden zu verteilen. Für denselben Preis, weniger als sechs Pennies, hatte ich statt vierzig Männern plötzlich achtzig an der Zahl. Getrieben von dem Verlangen, das Tempelinnere zu sehen und alle Schätze sofort zu plündern, erschienen die zwei Brüder sehr früh am Morgen auf unserem Boot. Sie gaben unmißverständlich zum Ausdruck, daß sämtliche Funde, alle Kostbarkeiten ihnen selbst zustünden. Ich versicherte ihnen, daß ich nur Steine zu finden hoffte und auf andere Dinge keinen Wert legte. Sie beharrten darauf, daß die Steine gewiß mit Kostbarkeiten angefüllt seien, die ich nach dem Abtransport mein eigen nennen würde. Selbst wenn ich eine Zeichnung von den Steinen anfertigte, würde ich Macht über die Schätze besitzen, ohne daß sie dessen gewahr würden. Daraufhin wurde vorgeschlagen, alle Figuren oder Statuen, auf die man stoßen würde, zu zerschlagen, um ihr Inneres zu examinieren, bevor ich die Möglichkeit hätte, sie wegzuschaffen. Mir wurde klar, daß ich beim Betreten des Tempels weder Notizen noch Zeichnungen anfertigen, geschweige denn eine Statue oder andere Funde würde wegschaffen können. Wir arbeiteten jedoch weiter, und da ich eine Palisade aus Palmenholz verfertigt hatte, benötigte ich die Männer nur, um die Sandmassen zwischen der Holzwand und dem Tempel wegschaufeln zu lassen.

Im Laufe des Vormittags legten zwei Männer die Arbeit nieder und begaben sich zum Nilufer, wo unser Boot lag. Mrs. Belzoni gegenüber, die sich mit einem kleinen Mädchen aus dem Dorf allein an Bord befand, waren sie sehr impertinent; sie versuchten, trotz der Bemühungen meiner Frau, sie davon abzuhalten, an Bord zu gehen und das Boot zu plündern. Schließlich sah sich Mrs. Belzoni gezwungen, die Pistole zu ziehen. Die Männer traten sofort den Rückzug an und rannten den Hügel hinauf. Mrs. Belzoni verfolgte sie, aber da sie sich unter ihre Landsmänner mischten, war es unmöglich, sie herauszufinden: Alle sahen aus wie völlig gleiche Schokoladenbrocken, die im Sande wühlten, so daß man sie nicht voneinander unterscheiden konnte. Als ich am Abend die Männer auszahlen wollte, sagte mir der Bruder des Kaschefs, ich solle die Münzen aufhäufen, bevor sie den Männern ausgehändigt würden. Mein Dolmetscher, gleichzeitig als Schatzmeister fungierend, warf die abgezählten Münzen also auf ein Stück Tuch. Kaum war er damit fertig, schmiß sich der Bruder des Kaschefs mit Vehemenz darüber und riß alle Piaster an sich. Die Männer blickten sich an – niemand wagte etwas zu sagen, und er ging mit dem gesamten Geld ungerührt von dannen. Ich rief ihm die Bemerkung hinterher, daß seine Zauberkräfte, sich Geld zu verschaffen, eine wesentlich sicherere Methode darstellten als meine. Ich war jedoch zufrieden darüber, daß sie den Wert des Geldes inzwischen begriffen hatten.

Ich ging ganz selbstverständlich davon aus, daß sich am nächsten Morgen, dem 22., niemand würde zur Arbeit einfinden wollen, aber ich sah mich in meiner Annahme getäuscht. Es war so viel Sand beiseitegeschafft worden, daß die erste Palisade nutzlos geworden war. Ich verfertigte daher eine zweite und errichtete sie an der Stelle, wo ich den Eingang vermutete. Diese Maßnahme würde ein Zurückrutschen des Sandes verhindern. Mir wurde klar, daß meine Unternehmung sehr viel mehr Zeit in Anspruch nehmen würde als mir in diesem Land zur Verfügung stand. Der von mir festgelegte Zeitraum war schon überschritten – diese Tatsache hätte mich nicht von der Weiterführung abgehalten, und zweifelsohne hätte ich mein Vorhaben auch zu Ende führen können, wenn es nicht einen konkreten Grund gegeben hätte, der mich zur zeitweiligen Beendigung der Arbeiten zwang: Der Mangel an eben jenem Artikel, der in diesem Land noch vor wenigen Tagen unbekannt war und als verachtungswürdig galt. Jetzt konnte ich ohne ihn nichts mehr ausrichten. Es war das Geld, das selbst an diesem Ort seine Macht über die Menschheit gezeigt hatte und das von dem wilden Volk bald darauf hoch geschätzt wurde. Ich ließ Wasser aus dem Nil schöpfen und goß es an die Wand oberhalb der Tür. Dadurch wurde der Sand aufgehalten. Das auszugrabende Loch wurde immer größer, und auf Grund dessen konnte ich feststellen, daß es noch lange dauern würde, bis die Tür erreicht wäre. Es war so viel Sand beiseite geschafft worden, daß die Tempelvorderfront zwanzig Fuß aus dem Sand herausragte. Die Kolossalstatuen über der Tür waren vollständig freigelegt, und einer der großen Sitzkolosse an der Nordseite vor dem Tempel, der ebenfalls eingegraben gewesen war, ragte mit Kopf und Schultern aus den Sandmassen hervor, ähnlich wie sein Gefährte an der Südseite. Nachdem ich mich des Versprechens von seiten des Kaschefs versichert hatte, daß er während meiner mehrmonatigen Abwesenheit niemandem den Zutritt zur Grabungsstätte erlauben würde, gab ich mich damit zufrieden, die Stellen zu markieren, an denen sich ehemals der Sand befunden hatte. Ich fertigte noch eine Zeichnung der Außenansicht des Tempels an und verließ die Stätte mit dem festen Willen, zurückzukommen und die Öffnung vorzunehmen. Wir hielten noch einmal im Dorf an, sandten dem Kaschef einige kleine Präsente und reisten am selben Abend ab.

Die Strömung war stark, und wir kamen glücklicherweise sehr gut voran, denn unsere Vorräte neigten sich ganz eindeutig dem Ende zu. Zwei Stunden nachdem wir Abu Simbel verlassen hatten, winkte uns ein türkischer Soldat auf einem Dromedar zu. Er ritt die rechte Uferseite entlang; wir kümmerten uns nicht um ihn und setzten unsere Reise fort. Er folgte uns eine ganze Weile, und als uns die Strömung an eine Stelle brachte, die dicht am Ufer lag, feuerte er als Haltesignal einen Schuß aus seiner Pistole ab. Wir vermochten uns nicht zu erklären, wer das sein mochte: Man konnte davon ausgehen, daß kein türkischer Soldat allein in diesem Land herumziehen würde. Schließlich machten wir am Ufer fest, und er berichtete mir, daß er zwei Briefe vom Bei aus Esna für mich habe. Das war nicht die Wahrheit: Er holte zwei Briefe hervor, die, in arabischer Schrift, von zwei unterschiedlichen Personen signiert worden waren: Personen, die es gar nicht gab. In unschönem Kommando-

Ton wurde ich aufgefordert, von jeglicher Arbeit in Nubien abzulassen und nach Kairo zurückzukehren. Warum, von wem und zu welchem Zweck diese Briefe an mich übergeben wurden, ist eines der Rätsel, die vorerst besser verborgen bleiben.

Der Soldat kam an Bord und ließ sein Dromedar von einem Bediensteten zurückführen. Hier hat jeder Soldat einen Untergebenen, der für Kamel, Pferd oder Esel verantwortlich ist. Wenn also eine Truppe von fünftausend Soldaten dem Feind entgegenzieht, gibt es immer wenigstens sechstausend Leute, die sich dem Marsch anschließen, ihn behindern und die Vorräte wegessen; nicht nur hat jeder gemeine Soldat einen Bediensteten, sondern jeder Offizier hat zwei oder drei, und die hochrangigen Personen, wie Beis, Kaschefs oder dergleichen bringen zehn oder mehr Männer mit.

Da die Strömung, wie ich schon bemerkte, sehr stark war, erreichten wir Ibrim[67] am nächsten Abend (dem 23.) und Derr am 24. in der Frühe.

(Auf der Fahrt nach Luxor entdeckt Belzoni in Philae einen Obelisken und zwölf Steinblöcke, die er gerne nach England schaffen möchte. Der Abtransport gelingt vorerst nicht, Belzoni läßt die Funde aber als sein Eigentum bewachen.)

Am Morgen des 4. Oktober kamen wir zurück nach Luxor. Aus Kairo war kein Boot eingetroffen, aber der Konsul hatte mir Geld geschickt. Am nächsten Tag segelten wir nach Kena[68] ab. Nach unserer Ankunft begab ich mich unverzüglich zu Mr. Sokimer, den ich recht gut kannte. Wir gingen zum Kaschef. Auf Grund eines neuen Befehls aus Kairo, alle vorbeikommenden Boote einzubehalten, konnte auch er mir nicht weiterhelfen. Ich sah mich also gezwungen, einen Kurier nach Kairo zu schicken, um die dringend benötigte Zuweisung des Konsuls zu erhalten.

Der Kurier erschien gegen Mittag und sollte nach sechzehn Tagen zurück sein. Er befand sich gerade im Aufbruch, als wir ein großes, schweres Boot anlegen sahen. Ihm entstiegen die Herren Jacque und Cailliaud[69], Agenten des französischen Konsuls, die nach Assuan wollten. Meine Erkundigungen ergaben, daß das Schiff nach der Ankunft in Assuan frei und zu mieten wäre. Ich wurde mit dem Reis handelseinig, und der anwesende Aga nahm ihm das Versprechen ab, sein Wort zu halten. Da mir die Nutzung des Bootes eindeutig zugesichert wurde, war es nicht mehr nötig, den Kurier nach Kairo zu schicken.

67 Ibrim, 55 km nördlich von Abu Simbel gelegen, ist heute im großen Stausee versunken

68 Zugleich Hauptstadt der Provinz Kena; die Stadt liegt rund 60 km nördlich von Luxor. Schon im Alten Ägypten erlangte der Ort Bedeutung als Kreuzungsknoten der Karawanenwege

69 Frédéric Cailliaud (1787–1869) war kurz vor Belzoni in Ägypten angekommen. Er war ein erfahrener Mineraloge und guter Altertumskenner. Ihm verdanken wir u. a. die Entdeckung des alten Berenike am Roten Meer. Seine Reiseerlebnisse brachte er 1826/1827 in Paris mit reichhaltigen Zeichnungen und Plänen heraus: »Voyage à Méroé et au Fleuve Blanc«

In Theben machte das Boot an eben der Uferstelle fest, wo sich die Kolossalbüste befand. Es wäre pure Zeitverschwendung, alle Bemerkungen wiederzugeben, die die zwei Agenten von Mr. Drovetti machten, als sie des Kopfes angesichtig wurden; es sei nur soviel gesagt, daß beide, trotz des verräterischen Merkmales auf der Brust der Büste, mit Vehemenz erklärten, die französischen Eroberer hätten den Koloss nur deshalb nicht wegschaffen lassen, weil er ihnen wertlos erschienen sei! Als sie von meinen Erfolgen beim Zusammentragen von einigen recht kostbaren Altertümern hörten, flüsterte mir ihr Dragoman, ein desertierter französischer Soldat ins Ohr, daß mir die Kehle durchgeschnitten werden würde, falls ich meine Forschungen weiterführte. Ein diesbezüglicher Befehl würde von zwei Personen gern erteilt werden. Einer war gewiß der Kaschef von Armant, der andere soll im Moment von mir nicht erwähnt werden. Ich hielt ein derartiges Vorgehen für unmöglich; bedankte mich aber recht freundlich für seine interessante Information. Dann brachen sie auf, um die Soldaten zu besuchen, die zusammen mit den Einheimischen von Kurna in den Grabstätten hausten. Dort riefen die Agenten einige Araber herbei und erklärten ihnen in meinem Beisein, daß sie vom Kaschef von Armant kräftig durchgeprügelt werden würden, falls sie den Engländern Antiquitäten jeglicher Art verkauften. Mir war klar, daß ich auf heftigen Widerstand und Schwierigkeiten gefaßt sein mußte; da mein Aufenthalt aber nur kurzfristig war, ließ ich mich nicht beirren. Nachdem Mrs. Belzoni in Luxor im Haus eines Arabers zufriedenstellend untergebracht war, ging ich meinen weiteren Geschäften nach.

Am selben Tag noch begab ich mich nach Karnak und ließ zwanzig Mann an einer Stelle graben, die ich mit Hilfe einer einfachen Berechnung ausgewählt hatte, worüber ich später noch berichten werde. Im Anschluß daran mußte ich nach Esna zurück, um mit dem Reis den Vertrag für das Boot abzuschließen und ein Teil des geforderten Geldes zu zahlen. Der Wind war günstig, und wir kamen am nächsten Mittag in Esna an.

Ich begab mich zu dem Haus, in dem alle Bootsbesitzer versammelt waren. Zunächst einmal behaupteten alle übereinstimmend, daß der Transport des Kopfes unmöglich sei, da das Boot unter dem Gewicht der Gesteinsmasse zerbersten würde. Dann versuchten sie mich zu überreden, den Koloss liegenzulassen, da sie der Ansicht waren, es befände sich kein Gold darin; falls ich ihn doch mitnähme und sich später dann herausstellte, daß er wirklich keine Schätze berge, wäre alles vergeblich gewesen. Ich vermochte sie schließlich davon zu überzeugen, daß es kein Unglück geben würde, ich selbst für das ganze Unternehmen verantwortlich sei und alle Risiken auf mich nähme. Trotz ihrer Einfältigkeit versäumten sie es letztlich nicht, eine ungeheure Summe für die Anmietung des Bootes zu fordern. Ich war in einem Dilemma: Wenn ich dieses Boot nicht nähme und das jährliche Hochwasser nicht nutzte, wäre ich gezwungen, bis zum nächsten Jahr zu warten; und in einem Land wie diesem, das seine Regierung und Denkweise von einem zum anderen Tag wechselt, mußte man auf alles gefaßt sein. Ich kam zu dem Schluß, daß es am sinnvollsten wäre, jede zukünftige Erpressung zu umgehen und das Schiff für eine horrende Summe zu mieten. Der Preis betrug dreitausend Piaster, fünfundsiebzig Pfund Sterling, von Esna nach Kairo.

Nachdem der Handel schließlich besiegelt und die Hälfte des Geldes gezahlt worden war, sollte das Boot wie vereinbart nach Assuan segeln, dort seine Fracht abladen und unverzüglich zurückkehren.

(In Karnak beaufsichtigt er weitere Grabungen; er macht kostbare Funde. Die Franzosen werden neidisch, sie versuchen seine Arbeiten zu behindern. Abstecher ins Tal der Könige. Stößt dort auf eine Grabanlage (die des Aja) und beschließt, zu einem späteren Zeitpunkt länger dort zu graben.)

Zurück in Luxor stellte ich mit Genugtuung fest, daß das Schiff aus Assuan zurückgekommen war, um die Kolossalbüste an Bord zu nehmen; der Besitzer ließ mich aber umgehend wissen, daß er Datteln geladen habe und höchstpersönlich von Esna hergekommen sei, um mir mein Geld zurückzugeben – es sei absolut undenkbar, den Gesteinsbrocken an Bord zu schaffen, da sein Schiff unter der Last zerbersten würde. All meine Überredungskünste erwiesen sich als vergeblich, und obwohl ich eine schriftliche Abmachung in Händen hielt, führten sie mir die Nutzlosigkeit meiner Bemühungen vor Augen: Sie weigerten sich schlichtweg, den Gesteinsblock an Bord zu nehmen. Wie man sich vorstellen kann, redete

Dekoration der Außenwand des Tempels von Karnak in Theben (aus der Description de l'Egypt)

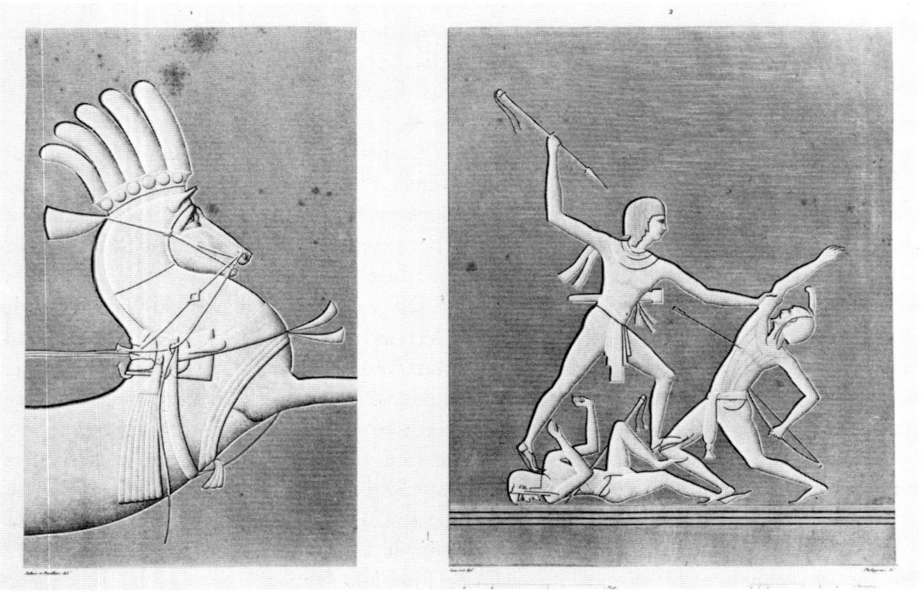

ich mit Engelszungen: Konnte ich die Büste jetzt nicht abtransportieren lassen, würde der Wasserspiegel des Nils in kürzester Zeit derart abgesunken sein, daß ein Wegschaffen erst im nächsten Jahr möglich wäre. Gleichzeitig informierte mich mein Janitschare, den ich auf demselben Schiff wie die zwei Agenten von Mr. Drovetti nach Assuan gesandt hatte, daß sich der Bootsbesitzer auf deren Eingreifen hin geweigert habe, meine kostbare Fracht aufzunehmen; sie hatten ihm eingeredet, daß er sein Boot verlieren und niemals eine Vergütung erhalten würde. Die Abmachungen, die er mit mir getroffen habe, seien in Kairo zudem völlig nichtig. In der Tat hatte ich es diesen Gentlemen zu verdanken, daß sich die Gemüter der Bootsleute in Aufruhr befanden und sie einhellig beschlossen, ihren Vertrag mit mir keinesfalls zu erfüllen.

Die zwölf Steinblöcke, die ich in Philae zurückgelassen hatte, und die im selben Boot hätten abtransportiert werden sollen, konnten ebenfalls nicht weggeschafft werden, da – wie der Reis behauptete – keine kleineren Boote vorhanden wären, um sie über den Katarakt hinwegzubringen; ich fand später heraus, daß diese Äußerungen auf die eben erwähnte Ursache zurückzuführen waren. Meine Situation war sehr unangenehm, und es blieb mir nichts weiter übrig, als den Reis nach Esna zu zitieren und den Fall dem Khalil Bei vorzutragen. Wie weit dieser allerdings daran interessiert sein würde, die Männer zu nötigen, ihren Vereinbarungen nachzukommen, wußte ich nicht; er selbst hatte meinen Plänen gegenüber starke Bedenken geäußert. Ich vermochte jedoch nichts anderes zu tun, als mich an ihn zu wenden.

Fortuna belastet die Menschen oftmals nur deshalb mit Unbillen, damit sie einen Eindruck von der Unbeständigkeit ihrer Natur und der Ungewißheit ihrer Gunstbezeugungen erhalten, die sie auszuteilen beliebt. Mein Verdruß war groß, wenn ich daran dachte, daß all die Mühen und Anstrengungen, die Büste an das Nilufer zu schaffen, vergeblich gewesen sein sollten und daß sie wohl niemals in England ankommen würde, da die versteckten Listen und Ranküle gegen mich so machtvoll wirkten. Im gleichen Moment jedoch traf ein Soldat aus Armant ein und meldete, daß der Kaschef aus Kairo zurückgekehrt sei. Er übergab mir ein Schreiben von ihm und ein Geschenk: zwei kleine Gläser Anchovis und Oliven. Zwar mag es seltsam erscheinen, aber diese wenigen gesalzenen Fische erwiesen sich schließlich als ausschlaggebend für den Abtransport der Büste, und ohne sie wäre der Koloß bis heute nicht ins Britische Museum gelangt. Der Brief enthielt eine freundschaftliche Einladung zu einem Fest, das der Kaschef auszurichten gedachte, und das Präsent war ein Zeichen seines Wohlwollens mir gegenüber. Der plötzliche Wechsel seines Verhaltens überraschte mich nicht wenig, und kurz darauf fand ich auch den Grund heraus. Der Kaschef sei, so berichtete mir der Soldat, über einen gewissen Freund von ihm, einen Franken, sehr zornig geworden, da jener über lange Zeit hinweg in ihm Hoffnungen auf ein kostbares Präsent geweckt hatte und ihm dann nur einige Gläser winziger Fische hatte schicken lassen, wie sie in Hülle und Fülle im Nil zu finden seien, nebst einiger Oliven, wertloser als eine Tabakspfeife. Ich achtete darauf, daß diese Geschichte den Bootsleuten nicht zu Ohren kam, und da wir vereinbart hatten, nach Esna zu fahren, um die richterliche Entscheidung zu hören, ging ich mit ihnen an Bord des kleinen Bootes, das ich gemietet

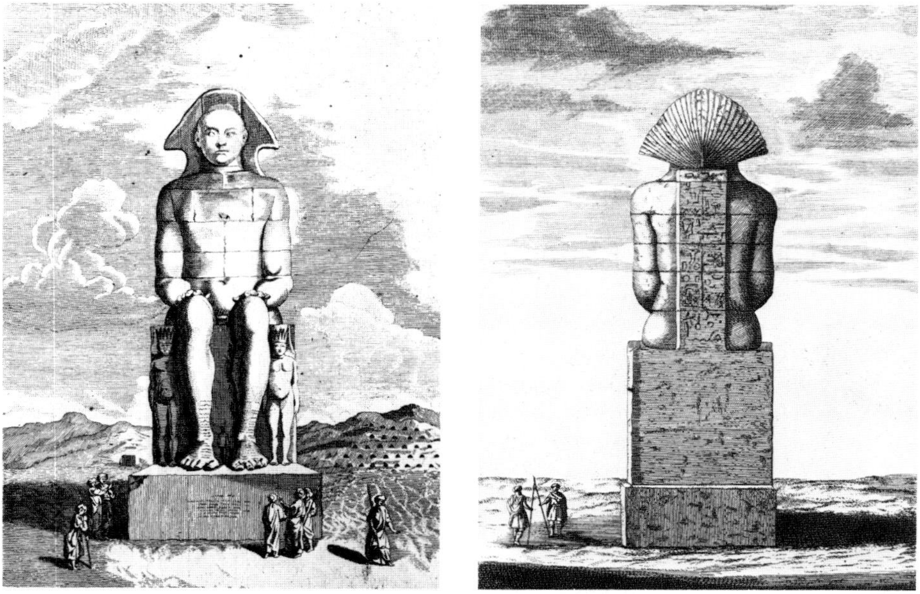

»Tommy und Dummy«, die beiden Kolossalstatuen von Theben (nach Pococke)

hatte. Das große Schiff ließen wir in Luxor liegen. Ich konnte mir ausmalen, in welch miserabler Laune der Kaschef sein mußte, und war entschlossen, die Situation für mich und meine Ziele auszunutzen.

Kurz vor Armant bat ich die beiden Bootsbesitzer, ein wenig zu warten, da ich Geschäftliches mit dem Kaschef des Dorfes abzumachen hätte. Es war schon eine Stunde nach Sonnenuntergang, und das Dorf lag etwa eine Meile vom Nil entfernt. Ich nahm den Janitscharen und meinen Dolmetscher mit und machte mich munteren Schrittes und heiteren Gemütes zu meinem Anchovis- und Oliven-Mann auf. Ich fand ihn auf einer Matte in der Mitte eines Feldes hockend vor; an einem in den Erdboden gesteckten Stab baumelte eine Laterne, und seine Dienerschaft umringte ihn. Als er mich sah, machte er viel Aufhebens und zollte mir artige Komplimente. Offensichtlich wollte er, nachdem ihn eine Partei hinsichtlich der Geschenke so schwer enttäuscht hatte, sein Glück bei der anderen probieren. Wie üblich wurden Kaffee und Pfeifen gebracht. Er erbot sich, mir so viele Arbeiter wie erforderlich zu schicken, um die Kolossalbüste am nächsten Morgen abtransportieren zu lassen. Zudem könne ich den Sarkophagdeckel sowie jedes andere Objekt meiner Wahl mitnehmen! Hätte ich ihn gebeten, die zwei Kolossalstatuen von Theben, Tommy und Dummy, wie sie von den Arabern genannt werden, auf unserem kleinen Boot wegschaffen lassen zu dürfen, wäre er an jenem Abend selbst damit einverstanden gewesen.

Anschließend berichtete ich die Angelegenheit mit dem Boot, zeigte ihm die schriftliche Vereinbarung, die ich in Esna mit den Bootsbesitzern getroffen hatte, und ließ auch die von mir geleistete Vorauszahlung nicht unerwähnt, die sich auf die Hälfte der vereinbarten Summe belief. Er warf sofort ein, daß ich keinesfalls nach Esna zu fahren brauchte, um eine endgültige Entscheidung zu erlangen; die Angelegenheit fiele in seinen Verantwortungsbereich, da das Schiff an einem Abschnitt des Nils beladen werden sollte, der ihm unterstehe. Er ließ die zwei Bootsmänner zu sich kommen, und als sie vernahmen, daß die delikate Angelegenheit an Ort und Stelle geregelt werden sollte, waren sie wie vom Donner gerührt. Sie lamentierten über den unvermeidlichen Verlust ihres Schiffes, und ich konnte nur wieder und wieder beteuern, daß ich für alle Verluste und Beschädigungen, die beim Transport auftreten könnten, voll einstehen würde. Der Kaschef bestand auf den mit mir getroffenen Abmachungen. Da sie nicht wußten, was mit der Ladung Datteln anzufangen sei, gab ihnen der Kaschef auch in dieser Angelegenheit hilfreiche Unterstützung und bot ihnen seine Canja an, um die Fracht umzuladen. Der Kaschef, darum bemüht, nicht zu offen und eindeutig für meine Belange einzutreten, schlug dann vor, die Schiffseigentümer am nächsten Morgen anzuhören und den Fall öffentlich zu entscheiden. Daraufhin verließen sie uns, um die Nacht an Bord zu verbringen. Die Beteuerungen der Freundschaft und Gastlichkeit wieder aufnehmend, begann mir der Kaschef sein vorausgegangenes Verhalten und besonders die Angelegenheit betreffs des Sarkophags zu erklären. Er hatte seinem Bruder einen Brief geschickt, bevor er Mr. Drovetti gesehen hatte; aber nun, da er selbst vermerken könne, wie die Dinge lägen, könne ich den Sarkophag oder jeden anderen Gegenstand meiner Wahl selbstverständlich haben; er selbst würde für Bewachung sorgen und achtgeben, daß mir niemand zuvorkomme.

Dieser außergewöhnliche Stimmungswechsel ließ vermuten, daß Mr. Salt ihm in Kairo einige ansehnliche Geschenke hatte zukommen lassen. Ich hatte mich jedoch geirrt, denn als ich ihn nach einer Weile fragte, was er vom Konsul halte, erwiderte er zu meinem Erstaunen, daß er ihn nicht getroffen habe. Der Konsul habe ihn zum Abendessen in sein Haus gebeten, er hätte der Einladung aber nicht Folge leisten können, da er am selben Tage Nachricht vom Tod des ältesten Sohnes von Mohammed Ali erhalten und man ihm dringend nahegelegt habe, sofort abzureisen. Auf Grund dieser Umstände sei ihm die Gesellschaft des Konsuls nicht vergönnt gewesen – eines Mannes, den er wie sein rechtes Auge zu schätzen wisse. Im Erfinden von Geschichten zeigte der Kaschef genausoviel Wendigkeit wie im Vortragen derselben, und mir war klar, daß ihn sein vorheriges Betragen mir gegenüber derart beschämt haben mußte, daß er dem Konsul nicht gegenüberzutreten vermochte. Er ließ das Abendessen bringen und überbot sich in diversen Höflichkeiten, so daß ich, einen diabolischen Trick befürchtend, eher alarmiert war. Als ich ihm für die Anchovis und Oliven dankte, erwiderte er, daß sie die Summe aller Präsente darstellten, die er vom französischen Konsul in Kairo erhalten habe. Ich ergriff die Gelegenheit, ihn sanft darauf hinzuweisen, daß es sicher zu seinem Vorteil gewesen wäre, wenn er dem englischen Konsul einen Besuch abgestattet hätte. Ihm sei berichtet worden, antwortete er, daß der Konsul ein Paar schöner Pistolen für ihn bereitgehalten habe, und er bedauerte sehr, ihn nicht aufgesucht zu haben. Ich wiederum gab zurück, daß er nach Eintreffen der Kolossalbüste in Kairo zweifelsohne ein Geschenk erwarten dürfe, worauf er einwarf, es gäbe nichts, was er nicht für mich oder den Konsul zu tun bereit sei, und ich dürfe keinesfalls annehmen, daß seine Hilfsbereitschaft auf zu erwartenden Gegenleistungen beruhe. Ich sagte, ich sei in dem Punkt eher vom Gegenteil überzeugt und bat ihn um eine Order an die Männer von Kurna, sich zur Arbeit bereitzuhalten. Er begann zu protestieren, versicherte mich nochmals seiner vollen Unterstützung und fügte mit einem Lächeln hinzu: »Was werdet Ihr tun, wenn bei der Anhörung gegen Euch entschieden wird?« In dem Fall, gab ich ihm zur Antwort, in dem Fall würde ich mich unverzüglich nach Esna begeben, wo die Vereinbarung im Beisein des Scheichs getroffen worden sei, um eindringlich auf mein Recht zu pochen. Er lachte, legte eine Hand auf meine Schulter und sagte: »Ihr könnt beruhigt schlafen; morgen früh werde ich persönlich darüber wachen, daß jede einzelne Dattel abgeladen wird und Ihr das Schiff ganz nach Belieben nutzen könnt.« Dann ließ ich ihn noch wissen, daß ich von seinem gerechten Handeln überzeugt sei, verabschiedete mich und kehrte zur Nachtruhe auf das Boot zurück.

13. November. – Am Morgen begab ich mich zum Kaschef; ich fand ihn in seinem Audienzraum vor, und die Scheiche des Dorfes hatten sich ebenfalls dort versammelt. Er bat mich, an seiner rechten Seite Platz zu nehmen und ließ Kaffee und Pfeifen bringen: Es gibt keine öffentliche Handlung ohne diese Köstlichkeiten. Den Gentlemen der Jury hatte er den Fall schon vorgetragen, und diese, ohne die Gegenpartei angehört zu haben, vertraten die Ansicht, daß die Intention des Kaschefs vollkommen verständlich sei und sie in jedem Fall zu demselben Schluß gekommen wären, egal, ob ich selbst recht oder unrecht hätte. Diese Mitglieder der Kommission sind so artig, daß sie dem Richter niemals widersprechen würden. Schließlich traf die Gegenpartei ein. Der Kaschef empfing sie nicht unhöflich; ein deutlich sichtbares Hochziehen seiner Braue jedoch kündigte meinen Opponenten nichts Gutes an. Er ließ sie nicht lange im Ungewissen: Ihnen wurde in schlichten, aber unmißverständlichen Worten mitgeteilt, daß das Schiff, mit Ausnahme der achtzig Ardep, die ich zu übersehen eingewilligt hatte, entladen werden müsse; eine andere Möglichkeit gäbe es nicht. Im Anschluß daran wandte er sich an die Herren der Jury und bat sie um ihre Meinung. Zu meiner Überraschung antworteten sie, daß die Gegenpartei nichts zu ihrer Verteidigung vorgebracht habe und sie daher ein Schuldbekenntnis abgelegt habe. Damit schien die Angelegenheit geregelt zu sein; alle erhoben sich und verließen den Raum. Meine Opponenten nahmen dann das wahrscheinlich unangenehmste Frühstück ihres Lebens zu sich. Sie erwogen die verschiedenen Möglichkeiten, ein Boot aufzutreiben. Sie waren jedoch gezwungen, sich eines vom Kaschef zu mieten. Ihnen war durchaus klar, daß er dabei den Löwenanteil des Geldes für sich einzutreiben gedachte. Kurz darauf wurde der Vertrag abgeschlossen; die Bootsmänner zahlten dem Kaschef zwei Drittel der Summe, die sie von mir erhalten würden. In der Tat waren sie über diese Regelung recht froh, denn sie mußten befürchten, daß, falls sich der Kaschef näher mit der Angelegenheit befassen würde, sie möglicherweise noch mehr Gewinn an ihn abtreten müßten, da die Ladung mehr als das Doppelte der in den Papieren erwähnten Fracht betrug. Ich verabschiedete mich unterdessen

vom Kaschef. Ich hatte es eilig, nach Kurna zurückzukehren, um dort alle weiteren Schritte vorzubereiten. Er hatte mir ein Schreiben für den Soldaten mitgegeben, in dem dieser ermächtigt wurde, meine Wünsche in die Tat umzusetzen und die Fellachen aufzufordern, meinen Befehlen zu gehorchen und den Sarkophag wegzuschaffen. Als ich mich an Bord begab, stellte ich fest, daß er mir zwei Schafe, ein Glas mit Käse sowie Brot hatte zusenden lassen. Wir legten sofort ab. Eines der Schafe verendete am gleichen Abend, das zweite starb am nächsten Tag, und der Käse war voller Würmer. Am Nachmittag kamen wir in Luxor an; einige Stunden später traf ich den Scheich von Kurna. Ich schickte meinen Janitscharen zu dem Soldaten, und es wurde vereinbart, daß sich die Fellachen am nächsten Morgen zur Arbeit einfinden sollten.

Am 14. in der Früh begab ich mich wiederum nach Kurna, um die Arbeiten in die Wege zu leiten. Ich war nicht wenig verblüfft, als ich feststellen mußte, daß kein einziger Fellache erschienen war. Schließlich fand ich einen von ihnen, der mir erzählte, daß sie sich gefürchtet hätten, da ihnen doch befohlen worden wäre, nicht für die Engländer zu arbeiten. Ich wandte mich nochmals an den Soldaten, der dann einen Mann ausschickte, um die Fellachen herbeizuholen. Es war jedoch zu spät; sie hatten sich schon in alle Winde zerstreut. Ich mußte mich an diesem Tag also damit zufriedengeben, nur die Apparatur, die ich zum Transport des Kopfes benötigte, aus Luxor herbeischaffen zu lassen. Das Boot des Kaschefs aus Armant traf ein, und das Schiff aus Luxor machte ebenfalls fest, um die Fracht abzuladen.

15. – Es gelang uns, wenn auch nicht ohne Schwierigkeiten, einhundertdreißig Männer herbeizuzitieren, und ich begann einen Damm zum Transport des Kopfes bis an den Wasserlauf anzulegen – die Uferböschung lag mehr als fünfzehn Fuß höher als der Wasserspiegel, da die Fluten des Nils stark zurückgegangen waren.

Am nächsten Morgen überbrachte mir ein Soldat des Kaschefs eine Nachricht. Ich solle den Fellachen nichts bezahlen, da sie auf seine Anordnung hin solange wie nötig unentgeltlich für mich arbeiteten – ihre Arbeitsleistung sei ein Geschenk an mich. Ich dankte ihm, bat aber den Soldaten inständig, dem Kaschef mitzuteilen, daß es nicht meine Art sei, Geschenke dieser Art anzunehmen; auch der Konsul von England würde unbezahlte Arbeitskraft nicht als Geschenk annehmen wollen. Ich stellte den Damm bis zum Ufer fertig und ließ den Kopf bis an das Ende der Böschung schaffen. Alles war zum Aufladen bereit.

Am 17. November wurden meine Pläne mit Erfolg gekrönt: Der Kopf des jungen Memnon konnte verladen werden. Man mag mir die Feststellung erlauben, daß es kein einfaches Unterfangen war, einen Granitblock derartigen Ausmaßes und Gewichtes an Deck eines Schiffes zu befördern – eines Schiffes, das sofort kentern würde, wenn man es ungleichmäßig belastete. Zudem mußten wir ohne die geringsten mechanischen Hilfen auskommen; wir hatten noch nicht einmal einen Flaschenzug zur Verfügung, sondern mußten uns mit vier Balken und Stricken begnügen. Und die Wasseroberfläche lag etwa achtzehn Fuß unterhalb der Uferböschung, von der aus der Kopf transportiert werden sollte. Der von mir errichtete Damm fiel zur Wasseroberfläche und dem Bootsdeck hin schräg ab, und mit Hilfe der vier Balken konstruierte ich eine Art Brücke, die vom Ufer bis hin zur Mitte des Schiffsdecks verlief, so daß das Gewicht bei voller Belastung der Brücke direkt auf dem Mittelpunkt an Deck ruhte. Die Brücke selbst ruhte zu gleichen Teilen auf dem Damm, einer Längsseite des Bootes und der Decksmitte. Auf der anderen Seite des Schiffes ließ ich prall mit Stroh gefüllte Säcke auftürmen. Einige Araber mußten sich entlang des Decks aufstellen mit je einem Hebeisen aus Palmenholz, da kein anderes Material vorhanden war. In die Mitte des Decks legte ich einen Sandsack, der, falls der Kopf zu schnell und unkontrolliert auf das Deck zurollen würde, den Aufprall mildern sollte. Hinter dem Kopf hatte ich einen Palmenstamm in den Erdboden gerammt, um den ein Seil gewickelt war, das ich an einem Ende am Wagengestell festgemacht hatte, damit dieses nicht unbotmäßig Geschwindigkeit entwickeln könnte. Auf jeder Seite stand ein Mann mit einem Hebeisen, und just, wenn die Männer im Boot zogen, gaben die anderen ein Stück Seil frei, und die dritte Gruppe wechselte die Rollen unter dem Wagengestell aus, so daß sich der Koloß ganz langsam vorwärts bewegte.

Auf diese Weise schob er sich Stück für Stück vom Ufer bis an den Damm heran. Wir konnten nicht verhindern, daß die Büste dort einsank, denn der Damm war aus frischer Erde errichtet. Diese Tatsache bedauerte ich keineswegs: Sonst wäre der Koloß womöglich zu schnell hinabgerollt. Wäre dies kostbare Stück Altertum im Wasser versunken, hätte ich, besonders von seiten der Altertumskenner und -krämer in Europa, mit einem nur schwachen Willkommensgruß zu rechnen gehabt. Ich habe zudem Grund zu der Annahme, daß es einige unter ihnen lieber gesehen hätten, wenn der Koloß tatsächlich im Nil versunken wäre anstatt, wie nun bekannt, öffentlich zur Schau zu stehen. Wir vermochten ihn jedoch ohne Zwischenfall an Bord zu schaffen. Die Araber, einhellig davon überzeugt, daß der Kopf auf den Boden des Nils sinken oder das Schiff zerschmettern würde, waren höchst aufmerksam und konzentriert bei der Sache – als ob sie den Ausgang des Unternehmens sehnlichst herbeiwünschten und über das eigentliche Verfahren etwas zu lernen bereit wären. Als der Besitzer des Schiffes, der seinen Ruin ständig vor Augen zu haben schien, den riesigen Steinblock, wie er es nannte, erfolgreich an Bord geschafft sah, kam er angelaufen und schüttelte mir lange die Hand. »Dem Himmel sei Dank!« rief ich, denn ich hatte Grund zur Dankbarkeit; ein jeder Ingenieur mag selbst abwägen, ob es nicht einfacher ist, eine zehnmal so sperrige Masse an Bord eines dafür geeigneten Frachters zu laden, wenn alle nur erdenklichen mechanischen Gerätschaften vorhanden sind, als jeglicher Hilfsmittel zu entbehren, wie es bei mir der Fall war.

Das Schiff überquerte dann den Nil nach Luxor, um dort noch weitere Fracht zu laden. Das dauerte drei Tage, und am 21. verließen wir Theben, um nach Kairo zurückzukehren.

Kaum waren meine Geschäfte beendet, hatte ich wieder so stark an einer Augenentzündung zu leiden, daß ich meine Kabine zwölf Tage lang nicht verließ und daher den Ablauf der Reise bis Assiut nicht zu beobachten vermochte. Dort konnte ich nur ins Licht blinzeln; wenn ich den Versuch unternahm, meine Augen zu öffnen, hatte ich große Schmerzen. In Assiut stattete ich dem Defterdar Bei einen Besuch ab, um ihm für den Firman, den er mir für meine Reise nilaufwärts ausgestellt hatte, zu danken. Ich traf ihn in seinem Zelt inmitten eines reifen Kleefeldes an; seine Pferde grasten um ihn herum. Er schien ehrlich erfreut, von meinem Erfolg zu hören und bat mich, ihn dem englischen Konsul zu empfehlen.

Am nächsten Morgen ging die Reise weiter, und am 15. Dezember, nach vierundzwanzig Tagen, kamen wir in Kairo an. Ich war fünfeinhalb Monate lang ununterbrochen tätig gewesen, und ich darf die ungerechtfertigte Bemerkung des stets ›wahrheitsliebenden‹ Grafen de Forbin[70] nicht unkorrigiert lassen, ich sei die sechs Monate allein mit dem Versuch befaßt gewesen, die Kolossalbüste von der Stelle zu bewegen. Gewiß, ich bin fünfeinhalb Monate nicht in Kairo gewesen, und sechs Monate waren vergangen, bevor ich in Alexandria eintraf: Diesen Zeitraum jedoch hatte ich keinesfalls ausschließlich für das Wegschaffen der Büste genutzt. Diese Tätigkeit hatte nur achtzehn Tage in Anspruch genommen, und das eigentliche Verladen geschah an einem einzigen Tag. Den größten Teil der Zeit verbrachte ich mit weitaus schwierigeren Forschungen, und die zahlreichen Sammlerstücke, die ich nilabwärts schiffen konnte, bilden ein unwiderlegbares Zeugnis meiner Mühen.

In Kairo erfuhr ich, daß sich der Konsul in Alexandria aufhielt. Anweisungen und einen Brief für mich hatte er bei seinem Sekretär, Mr. Beechey, hinterlegen lassen. Er äußerte darin seinen ausdrücklichen Wunsch, daß alles mit Ausnahme der Kolossalbüste im Konsulat untergebracht und aufgehoben werden möge. Mir waren seine diesbezüglichen Beweggründe nicht klar, denn ich nahm an, daß alle von mir gesammelten Objekte für das Britische Museum bestimmt seien. Ich ging der Sache jedoch nicht weiter nach, sondern ließ alles wie gewünscht erledigen. Unmittelbar nach meiner Ankunft hatte ich das Vergnügen, meinem teuren und viel beklagten Freund Burckhardt zu begegnen, dessen Tod noch immer ein großer Verlust für mich ist. Er war einer der uneigennützigsten, redlichsten und offensten Menschen, denen ich je begegnet bin. Er war vollkommen frei von jeglicher Boshaftigkeit und egoistischer Disposition, wie man sie so oft bei Reisenden findet, die am liebsten einen Teil der Welt ausschließlich für sich allein in Anspruch nähmen, um ihre Geschichten gemäß den Suggestionen ihrer Phantasie erzählen zu können. Burckhardt jedoch besaß nichts von dieser Kleinlichkeit des Geistes: Er war ein wahrer Entdecker und Forscher, verwegen, tapfer und ohne den Ehrgeiz, für mehr gehalten zu werden, als ihm seiner Meinung nach zukommen durfte. Wie aus seinen Werken hervorgeht, war es ihm unerträglich, den Reichtum seiner Kenntnisse offen zur Schau zu stellen.

Nach Alexandria aufbrechend, verließen wir Bulak am 3. Januar 1817 und kamen am 10. in Raschid oder Rosette an. Dort sollte der Koloß abgeladen und auf ein Djerm[71] umgeladen werden. Da ich sowohl über einige Flaschenzüge, die ich vordem so dringend gebraucht hätte, als auch über anstellige Arbeiter verfügte, erwies sich dies als ein recht müheloses Unternehmen. Zudem hatte ich Sorge getragen, den Kopf auf solche Weise zu bewegen, daß das Aufladen einfacher war. Nach Beendigung des Umladens ging ich an Bord desselben

70 Conte de Forbin war seinerzeit Generaldirektor der Königlich Französischen Sammlungen
71 Djerm = langer, flacher Lastkahn

Djerm. Wir erreichten Alexandria zwei Stunden nach Sonnenuntergang, insgesamt waren vier Tage seit unserer Ankunft in Rosette vergangen. Mrs. Belzoni hatte in Begleitung von James den Landweg genommen und stieß am darauffolgenden Tag zu uns. Nicht gesondert erwähnen will ich den warmen Empfang, den uns der Konsul und sein Vertreter, Mr. Lee, bereiteten; zudem hatte ich das Glück, die Bekanntschaft von Mr. Briggs zu machen, einem Gentleman, der mich aufs freundlichste in seinem Haus willkommen hieß und reges Interesse am Ausgang meiner Unternehmungen nahm. Eines der schönsten und kostbarsten Monumente ägyptischer Kunst in sein Heimatland transportiert zu wissen, bereitete ihm als wahrem Engländer höchsten Genuß.

Die nächste und letzte Verrichtung bezüglich der Büste bestand für mich darin, sie vom Boot sicher in das Magazin des Paschas schaffen zu lassen; dort sollte sie bis zur Überfahrt nach England gelagert werden. Da die Landungsbrücke viel höher gelegen war als der Djerm, gab es Schwierigkeiten, und der Wellengang des Nils machte die Anlage einer Brücke unmöglich. Glücklicherweise wurde ich von der Mannschaft eines zufällig anwesenden britischen Frachters unterstützt, und mit deren Hilfe, vernünftigen Flaschenzügen und einhundert weiteren Hilfskräften gelang es mir, den Koloß unbeschadet zu transportieren.

Meine Geschäfte bezüglich der Büste waren abgeschlossen, und ich schlug dem Konsul eine weitere Reise nach Oberägypten und Nubien vor, mit dem Ziel, denTempel von Abu Simbel zu öffnen. Seine Zustimmung hat mich sehr erfreut; es schien, als ob ich die Gelegenheit haben sollte, meine Vorstellungen, die ich entwickelt hatte, in die Tat umzusetzen – Vorstellungen, die bis zu einem gewissen Grad mit einer bestimmten Zielsetzung verbunden waren, obwohl sie, und der Konsul hat dies belegt, nicht meinen eigenen Interessen dienten. Ich stellte eine einzige Bedingung: Im Falle meines Erfolgs möge er mir, wenn ich nach England zurückkehrte, ein offizielles Empfehlungsschreiben an die Society of Antiquaries (Gesellschaft der Altertumsforscher) mitgeben. Meiner Bitte wurde entsprochen; er warnte mich jedoch, zuviel zu erwarten und zu große Hoffnungen zu hegen. Ich sagte ihm, daß ich nicht reich sei; da ich aber ausschließlich der Nation zu dienen bemüht wäre, sei es meine Absicht, den Mitgliedern dieser angesehenen Gesellschaft einige Vorschläge zu unterbreiten. Er versprach nochmals, ein derartiges Schreiben auszustellen, und nach einigen Tagen machten wir uns alle auf den Weg nach Kairo. Dort bestand der gute Burckhardt inständig darauf, daß mir ein Präsent gemacht werde; die Hälfte dessen erhielt er vom Konsul als Anerkennung für meinen Erfolg betreffs der Kolossalbüste, die andere Hälfte, zur Deckung der allgemeinen Ausgaben bestimmt, trug er selbst.

(Belzoni und Salt begeben sich zu den Pyramiden nach Gizeh. Dort untersucht der italienische Kapitän Caviglia die Große Pyramide. Er macht bedeutende Entdeckungen und wird von Mr. Salt unterstützt. Dieser schlägt Belzoni vor, sich an dem Unternehmen zu beteiligen. Belzoni lehnt ab. Er macht sich auf zur zweiten Reise nach Oberägypten. Begleitet wird er von Mr. Beechey, einem Botschaftsangestellten. Seine Frau Sarah und James Curtain bleiben zurück.)

Das Tal der Könige (nach Pococke) ▷

XXX. p. 158.
I
H
G
F
E
D
C
M
L
K
B
N
A
O

Zweite Reise

Der Tempel in Abu Simbel – Entdeckungen im Tal der Könige

Von Bulak aus brachen wir am 20. Februar des Jahres 1817 zu der zweiten Reise auf. Mr. Beechey hatte den hinteren Teil des Bootes mit Schilfmatten ausgekleidet. Der dichte Vorhang an der Tür, durch die wir Licht erhielten, wurde gelegentlich zugezogen, um Staub oder Wind abzuhalten. Eine zweite, schützende Lage bedeckte alles, um uns nicht nur gegen Staub und Wind, sondern auch gegen mögliche Regenfälle zu sichern. An Bord hatten wir einen griechischen Diener, einen Janitscharen des Paschas und einen Koch; alles Personen, die es nicht für notwendig befanden, sich über die Vorräte Gedanken zu machen und die demzufolge in Nubien genauso verschwenderisch wirtschafteten wie in Kairo. Als Folge davon begannen unsere Vorräte, die für sechs Monate ausreichen sollten, am Ende des ersten Monats merklich zu schwinden. Daher waren wir, selbst bei peinlich genauer Einteilung, gezwungen, von dem zu leben, was die Umgebung bereithielt. In der Tat hatten wir in Theben keinerlei Grund zur Klage – es gibt dort Fleisch, Geflügel und Täubchen in ausreichendem Maße, und nach der Überschwemmung Bamya[72], Molucheya[73], Bohnen etc.

Unser Reis und seine Mannschaft waren Barabrer, und es war abgemacht, daß sie überall anlegen würden, wo es uns gefiel. Wir hatten sie je für einen Monat angeheuert, und sie mußten sich selbst mit Nahrung versorgen. Was den Janitscharen des Paschas betrifft, so fanden wir ihn derart unnütz (er tat kaum etwas anderes, als die Christenhunde mit Unverschämtheit zu behandeln), daß wir ihn nach einigen Tagen zurückschickten.

Unsere Abreise aus Bulak war von Gegenwind begleitet, was, nilaufwärts reisend, äußerst selten vorkommt, da der Nordwind mindestens neun Monate im Jahr anhält. Wir glitten an Alt-Kairo und den Pyramiden vorbei, aber unser Fortkommen war so langsam, daß wir nach vier Tagen erst Tabeen[74] erreichten, ein Dorf auf der Ostseite, gegenüber von Dahschur. Wir

72 Bamya = Okraschoten. Dieses Gemüse sieht der Peperonifrucht ähnlich, ist im Geschmack aber nicht scharf. Bamya kommt in Ägypten und im Sudan vor

73 Spinatartiges Gemüse, eine Spezialität der ägyptischen Küche. Häufig kocht man damit die besonders delikate »Grüne Suppe«

74 Das heutige El-Tabbin liegt rund 45 km südlich von Kairo auf dem Ostufer des Nils

legten dort früh am Morgen an, da wir auf Grund des Windes nicht weiterkamen. Die natürliche Höhenlage des Dorfes vermittelte einen wunderbaren Blick auf Kairo, die Pyramiden von Gizeh, Sakkara und Dahschur. Ich nutzte die Gelegenheit, um eine Zeichnung anzufertigen.[75] Ein weiterer Tag brachte uns bis nach Lafachie[76], wo wir ein Beduinen-Lager aufsuchten. Als sie hörten, daß wir nur Reisende auf der Suche nach Altertümern waren, benahmen sie sich so höflich, wie sie eben konnten. Durch die Schiffsbesatzung und unseren Diener erhielten sie von unseren Absichten unverzüglich Nachricht – auf Grund der geschwätzigen Disposition der Bediensteten ist es in diesem Land unmöglich, ein Geheimnis gewahrt zu wissen. Die Beduinen berichteten uns, daß es im nächsten Dorf Borumbol[77] eine Statue gäbe, die, wie sie selbst gesehen hätten, halb im Sand vergraben sei. Am nächsten Tag erreichten wir dieses Dorf, und da die Windverhältnisse uns wiederum zu einer Rast zwangen, legten wir an und gingen zu der besagten Statue. Man zeigte uns einen Felsbrocken, der absolut formlos war – er hätte alles oder nichts darstellen können. Die Fellachen erzählten, daß er einst ein Kamel gewesen sei, das Gott zu Stein habe erstarren lassen. Die kleineren, ringsum verstreuten Steine seien Wassermelonen, die das Kamel als Last getragen habe, bevor auch sie in Steine verwandelt worden seien. Von dieser Erklärung hochbefriedigt, kehrten wir zum Boot zurück.

Die nächsten drei Tage bescherten uns einen kräftigen Südwind, so daß wir uns nur wenige Meilen vorwärtsbewegen konnten, und erst am 5. März erreichten wir El-Minia. Wir mußten dort an Land gehen, um bei Hamed Bei vorzusprechen, der alle Boote auf dem Nil kontrolliert. Er hält große Stücke auf sich als den Admiral des Nils und glaubt, er sei den großen britischen Marine-Admirälen durchaus ebenbürtig. Eines Tages kam auf einem christlichem Empfang in Kairo das Gespräch auf Sir Sidney Smith. »Ah«, sagte Hamed Bei, »Sir Sidney ist ein kluger Mann und hat den gleichen Rang inne wie ich.« Bei diesem großartigen Kommandeur mußten wir um die Protektion unseres Reis anhalten, um ihn, solange er in unseren Diensten war, gegen das Pressen seines Schiffes abzusichern. Wir fanden den Admiral auf einer hölzernen Bank sitzend vor, wobei ihn zwei oder drei seiner Seeleute umsorgten. Er kam unserem Anliegen nach und machte blumige Andeutungen über eine Flasche Rum. Wir ließen ihm zwei Flaschen zusenden, und wie wir erfahren, hat es ein sehr fröhliches Fest gegeben. Wir statteten auch Dr. Valsomaky einen Besuch ab. Er destilliert Aquavit und verkauft Arzneien *en gros* und *en detail.* Von den Fellachen aus der Umgebung läßt er sich zudem Kunstwerke zusammentragen, die er sammelt und dann jedem Besucher zum Kauf anbietet. Bei ihm trafen wir zwei Kopten, die wie Soldaten der französischen Armee gekleidet waren. Sie standen in den Diensten von Mr. Drovetti, dem

75 siehe Farbtafel 3
76 El-Atfieh, mit Resten des alten Aphroditopolis, liegt auf dem Ostufer des Nils
77 Heute El-Burumbul auf dem Ostufer des Nils, im Südosten von El-Wasta

Die Pyramiden von Dahschur und Sakkara (nach Pococke)

französischen Ex-Konsul aus Alexandria, der sie auf der Suche nach Altertümern den Nil heraufgeschickt hatte.

Da wir uns nicht in ihre Angelegenheiten einmischen wollten, machten wir uns unverzüglich auf den Weg und gelangten am nächsten Tag nach El-Rairaman nahe El-Aschmunein, dem alten Hermopolis. Dort besuchten wir Mr. Brine, einen Engländer, der das Land mit der Zuckerverarbeitung bekannt gemacht hatte. Nach zahlreichen Fehlschlägen war es ihm schließlich gelungen, den Zucker auf vollkommene Weise zu veredeln und zu raffinieren. In seinem Haus erfuhren wir, daß sich die zwei Agenten von Mr. Drovetti auf einem Gewaltmarsch nach Theben befanden. Der Grund dafür war mir durchaus geläufig. Sie waren bestrebt, vor uns dort anzukommen und all die Funde für sich zu beanspruchen, die die Araber während der vorhergegangenen Saison angesammelt hatten. Für uns sollte es dann nichts mehr zu erwerben geben. Es war weniger diese Nachricht, die mich sorgte und mir Unbehagen bereitete, als die Fundstelle selbst, wo ich die Sphingen und Statuen ausgegraben hatte: Sie schien mir so augenfällig trächtig mit wertvollen Objekten zu sein, daß die Agenten zweifelsohne bei ihrer vorzeitigen Ankunft in Theben von den Fundstellen Besitz ergreifen würden und wir keine Ausgrabungsrechte mehr geltend machen könnten.

Da die Fortbewegung vermittels Esel und Pferd sehr viel schneller als die Geschwindigkeit unseres Bootes war, hätten wir ganz gewiß keine Möglichkeit gehabt, den Flecken Land, auf dem ich die Statuen gefunden hatte, eher als die anderen zu erreichen. Ich brauchte daher nicht lange zu überlegen: Ich entschloß mich unverzüglich zum Aufbruch. Wenn ich Tag und Nacht reiste, konnte ich möglicherweise die Fundstelle vor ihnen erreichen. Ein Esel und ein Pferd wurden herbeigeschafft; ich nahm meinen griechischen Diener mit und überließ es Mr. Beechey, in aller Muße mit dem Boot nachzukommen. Es war Mitternacht, als wir uns in Bewegung setzten, und ununterbrochene Märsche brachten uns am nächsten Abend nach Manfalut[78]. Ohne Verzögerung eilten wir weiter, und noch vor Tagesanbruch erreichten wir Assiut[79]. Bei Sonnenaufgang sattelten wir wieder auf und kamen bei Anbruch der Nacht in Tahta[80] an. In einem Kloster rasteten wir vier Stunden und machten uns dann bei Mondlicht erneut auf den Weg. Girga[81] erreichten wir noch im Dunkel der Nacht. Wir

78 Rund 65 km südlich von El-Aschmunein auf dem Westufer des Nils gelegen
79 28 km südlich von Manfalut auf dem Westufer
80 Die Kreisstadt Tahta liegt 60 km südlich von Assiut auf dem Westufer
81 36 km südlich von Sohag auf dem Westufer

nahmen unsere hastige Reise um ein Uhr morgens wieder auf, erreichten Farshut[82] gegen Mittag, und nach einer Verzögerung von vier Stunden, die darauf zurückzuführen war, daß wir nicht schnell genug Ersatztiere finden konnten, kamen wir in der Nacht in einem Dorf an, das drei Meilen oberhalb von Bahgura[83] lag. Dort ruhten wir uns zwei Stunden aus, brachen dann bei Mondlicht auf und kamen um drei Uhr in Kena an. Nachdem wir gegessen hatten, machten wir uns erneut auf den Weg, ruhten uns nachts einige Stunden aus und erreichten Luxor endlich am folgenden Mittag. Der Marsch hatte fünfeinhalb Tage gedauert. Während der Zeit schlief ich elf Stunden, ansonsten hasteten wir auf Eseln, Pferden oder Kamelen so schnell es ging, weiter.

Wenn die Araber Mahlzeiten einnehmen, heißen sie dazu jeden Gast willkommen, und gewöhnlich machte ich von dieser freundlichen Sitte durchaus Gebrauch. Aber dieses Mal hätte es einen empfindlichen Zeitverlust bedeutet, den aufzuholen ich ja nach Kräften bemüht war. Gab es kein Kloster, pflegte ich das Haus des jeweiligen Dorfvorstehers aufzusuchen, bei dem sich Reisende unterschiedlichster Art einfanden. Ich war derart erschöpft und steif, daß mir jede Variation eines Ruhebettes recht war. Das heißt, ich schlief meistens auf dem nackten Erdboden, und wenn eine Matte vorhanden war, erschien mir dies äußerst luxuriös.

Auf dem Pfad zwischen Assiut und Tahta stieß ich auf eine Gruppe von Beduinen-Reitern[84]. Es war die beste Gelegenheit, diese Leute in für sie vorteilhaftem Licht zu betrachten, und ich muß sagen, daß ich niemals einer edleren Männergruppe in meinem Leben ansichtig wurde. Die Pferde waren sehr kraftvoll, aber noch nicht ausgewachsen. Die Reiter trugen aus selbstverfertigtem weißen Wolltuch eine Art Mantel, der den Kopf und Teile des Körpers einhüllte. Im Gegensatz zu den in diesem Land gebräuchlichen Sätteln waren die ihrigen sehr klein. Die Männer waren mit Gewehren, Pistolen und Schwertern bewaffnet. Sie befanden sich auf dem Weg nach Kairo, um in die Dienste des Paschas zu treten, der kein anderes Mittel zur Unterdrückung dieser Freibeuter fand, als ihnen gute Bezahlung, Pferde, Waffen und eine Pilgerreise nach Mekka anzubieten. Dieser Vorschlag hatte seine Wirkung wohl getan: Alle jungen Männer gingen darauf ein und ließen Greise und Frauen in ihren Wüstengebieten zurück. Auf diese Weise hofft der Pascha einen Großteil von ihnen, wenn nicht gar alle, unter Kontrolle halten zu können, denn die Beduinen sind in diesem Land verhaßt, und bei einem Aufstand sind immer sie die ersten, die mit dem Plündern beginnen. Ich passierte zu eben dem Zeitpunkt ihr Lager, als sie mit dem Pascha verhandelten, so daß ich nicht belästigt worden bin; möglicherweise blieb ich sogar vollkommen unbemerkt,

82 Rund 5 km vor Nag Hammadi
83 Bahgura liegt unmittelbar nordwestlich vor Nag Hammadi
84 siehe Farbtafel 5

denn ich trug einen weiten Burnus, der dem ihrigen glich, und mein Bart war schon recht lang und stattlich. Ihre Zelte bestehen aus vier in den Boden gerammten Stöcken, etwa vier Yards hoch, an denen zwei Tücher befestigt sind, die eine Art von Schutzschirm gegen Sonne, Wind oder Tau darstellen. Sie errichten ihre Lager meistens in der Nähe eines fruchtbaren Stück Landes, immer am Rand der Wüste, so daß sie im Notfall ihrem heimatlichen Boden nahe sind: ähnlich den Krokodilen, die zwar den Aufenthalt auf festem Boden genießen, sich aber unverzüglich bei der geringsten Störung oder beim Herannahen einer Person ins Wasser gleiten lassen, den Hort ihrer Sicherheit. Die Frauen waren unverschleiert und die Kinder vollkommen nackt. Ihre Ernährung ist sehr karg, und starken Alkohol trinken sie nie. Sie gelten zwar als Araber, aber ähneln den Arabern Ägyptens genausowenig wie ein freier Mann einem Sklaven. Die ägyptischen Araber sind gewohnt, Befehlen zu gehorchen, allerdings tun sie nie etwas, ohne ausdrücklich dazu angehalten zu werden. Sie sind kleinmütig, weil sie ständig unter der Knute gehalten werden; gleichgültig und träge, weil sie keinerlei eigene Interessen verfolgen. Die wilden Araber jedoch sind immer in Bewegung und damit beschäftigt, für sich selbst und ihr Vieh Nahrung zu beschaffen. Da sie sich untereinander fortwährend im Kriegszustand befinden, sind ihre Gedanken ohne Unterlaß darauf ausgerichtet, Verteidigungsmöglichkeiten zu verbessern oder aber zu plündern.

Ich muß an dieser Stelle einen Umstand erwähnen, der eine Reihe von unangenehmen Begebenheiten, so großen Zeitverlust und überflüssige Arbeit nach sich zog, daß ich die

Apis, der heilige Stier, aus einem der von Belzoni entdeckten Königsgräber (nach Belzoni)

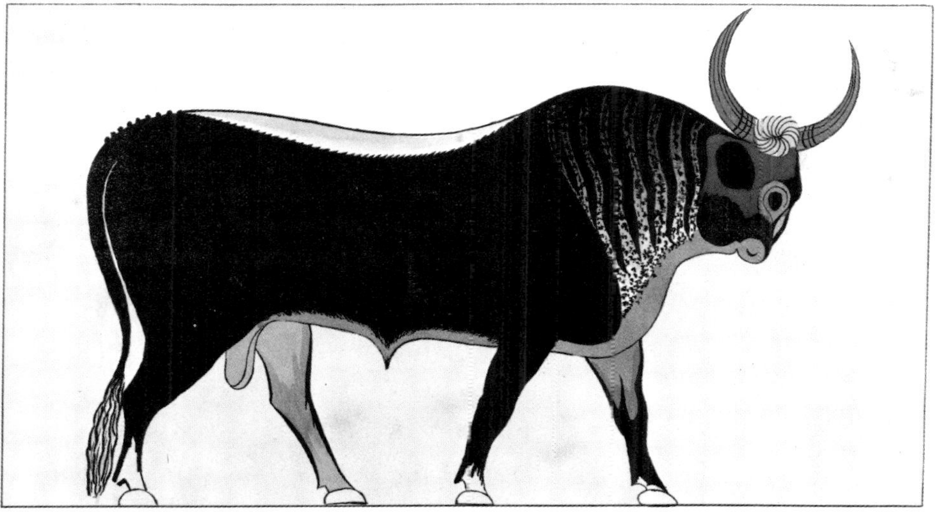

Mühen, die mit der Entdeckung eines Grabmales des Apis[85] verbunden sind, nicht noch einmal durchmachen würde wollen. Das Ganze beruhte auf der Unterlassungssünde eines Dolmetschers, der es nicht für nötig befunden hatte, einige Zeilen schriftlich niederzulegen. Man wird sich erinnern können, daß ich auf der Rückreise von Theben nach Kairo in Assiut Station gemacht hatte und daß der Defterdar Bei einen Brief für den Konsul an Bord hatte schicken lassen. Schon vor meiner Rückkehr nach Oberägypten hatte ich den Konsul auf die Notwendigkeit aufmerksam gemacht, dem Bei einige Geschenke und eine Antwort auf seinen Brief aus Assiut zukommen zu lassen. Der Konsul ersuchte dann seinen Dolmetscher, der sich seit langen Jahren schon in diesem Land aufhielt, um Rat. Verständlicherweise billigte er dem Dolmetscher eine intimere Kenntnis der hiesigen Sitten und Gebräuche zu als mir. Dieser Mann jedoch, um nicht tätig werden zu müssen, empfahl dem Konsul, die Sache auf sich beruhen zu lassen und nichts zu unternehmen. Da ich mich nun auf ihn verlassen hatte, zeigten meine Bemühungen demgemäß keinen Erfolg. Den Bei, dessen Stolz durch die unhöflichen Versäumnisse zutiefst verletzt worden war, erzürnte jede Geringfügigkeit, die mit unserer Gruppe zu tun hatte. Mir geht es gewiß nicht darum, dem Konsul Vernachlässigung seiner Pflichten vorzuwerfen, denn ich weiß, daß er dem Bei Geschenke hatte zusenden wollen, sondern ich möchte nur klarstellen, daß der Bei, habgierig wie er von Natur aus war, keinerlei Vertrauen in unsere zukünftigen Handlungen setzte, besonders nachdem auf seinen Brief keine Antwort erfolgt war, die ihm selbstverständlich hätte zukommen müssen. Auf der anderen Seite nutzten unsere Konkurrenten jede erdenkliche Gelegenheit, sich des guten Willens und des Wohlwollens von seiten des Paschas zu versichern. Sie ließen ihm ständig dieses oder jenes Präsent schicken, so daß er ganz offen deren Interessen unterstützte. Dieses, zusammen mit dem folgenden Bericht, stellt den wahren und unverfälschten Sachverhalt dar; soll doch der Graf de Forbin, um die Wahrheit zu verbergen, Geschichten erfinden, wie es ihm beliebt. Bei meiner Ankunft in Luxor war der Defterdar Bei gerade wieder fort und, mich nochmals des Standortes der von mir entdeckten Sphingen versichernd, hatte ich deren Ausgrabung angeordnet und war nach Assiut zurückgekehrt. Seinen Arzt, einen Landsmann von Mr. Drovetti, den Piemontesen Dr. Moroki, hatte ich zurückgelassen, damit er die Arbeiten überwache. Mit nicht geringem Erstaunen mußte ich nun das Ausmaß dieser Intrige und den Grad meiner Ausbeutung wahrnehmen. Der Doktor, der am Plot beteiligt und, wie ich vermute, beschämt über sein eigenes Verhalten war, teilte mir mit, daß alle Fundstücke für den Bei bestimmt seien, der es sich in den Kopf gesetzt hatte, gleichfalls als Kunstsammler hervorzutreten. Einige Sphingen waren schon ausgegraben und mehr noch sollten folgen, während ich als bloßer Zuschauer eben den Arbeiten zuschauen sollte, deren Fundstätte ich selbst entdeckt hatte. Und der Graf de Forbin war schamlos genug, darauf zu insistieren, daß die Funde von einem anderen

Die zwei Kolosse in Luxor (nach Norden) ▷

85 Bezeichnung für den heiligen Stier, der den Gott der Fruchtbarkeit verkörpert

Fig. 1

Fig. 2

Gentleman gemacht und wieder zugedeckt worden seien! Andere eitle Geschichten eigener Machart folgten. Während der Ausgrabungen des Doktors sind zahlreiche Sphingen gefunden worden, wobei aber nur vier Stück der Mühe wert waren. Nachdem er seine Unternehmung beendet hatte, ließ er einen Wächter zurück und begab sich, wie vorgesehen, nach Assiut. Bevor er aber abreiste, verbot er den Fellachen auf dem Westufer von Theben unter Androhung schwerer Strafen, auch nur die geringste Kleinigkeit an die Engländer zu verkaufen! Als er meiner schon kurz nach der Ankunft getätigten Ankäufe gewahr wurde, legte er mir gegenüber eine unerfreuliche Boshaftigkeit an den Tag. Sein Verhalten hat sich bis heute nicht geändert. Das Ergebnis dieser Charade mit dem Bei, dem Doktor, den Statuen und den Ausgrabungen war, daß, obwohl doch die Statuen angeblich für den Bei bestimmt waren, eben diese von Mr. Drovettis Agenten in Besitz genommen wurden. Kurze Zeit darauf schrieb mir der Doktor einen Brief, in dem er anfragte, ob die Agenten Drovettis die Statuen, die er in Karnak gefunden hatte, tatsächlich an sich gebracht hätten, wobei er vorgab, über deren Vorgehen schockiert zu sein. Mir war vollkommen klar, daß mich der Doktor weiterhin hinters Licht führen und mich glauben machen wollte, daß er mit diesen Machenschaften nichts zu tun habe. Was konnte er aber sagen, als er, wie wir alle auch, Mr. Drovetti nach Luxor kommen und jene Sphingen und Statuen mit kühler Selbstverständlichkeit für sich reklamieren sah, die doch dem Defterdar gehören sollten? Ich überlasse die Klärung dieser Farce dem wahrheitsliebenden Graf de Forbin, der noch ganz andere Windbeutel auftischen mag, um einen so offensichtlichen Trick zu decken.

Währenddessen war ich keineswegs müßig. An beiden Uferseiten Thebens ließ ich einige Männer arbeiten und begab mich nach Armant, um dem Kaschef einen Brief aus Kairo zu übermitteln. Er empfing mich mit ausgesuchter Höflichkeit, und nachdem wir die üblichen Freundschafts-Zeremonien hinter uns gebracht hatten, ergriff ich sofort die Gelegenheit, um ihm den Brief des Paschas zu präsentieren. Anfänglich war er recht besorgt und eifrig darauf bedacht, den Inhalt zu erfahren; als er dann hörte, daß ich keinerlei Beanstandungen bezüglich seines Betragens gehegt und sein Wohlverhalten kurz vor meiner Abreise gegen seine vordem begangenen Fehler aufgewogen hatte, zeigte er sich äußerst erleichtert. Dann erinnerte ich ihn an die mißgünstige Vorgehensweise des Kaimakans von Kurna. Er schwor auf Vergeltung und würde ihn, wenn es mir gefiele, auch umgehend verjagen. Ich ließ ihn wissen, daß beides nicht in meiner Absicht lag, sondern ich eher wünschte, mich in Zukunft meinen Geschäften unbelästigt widmen zu können. Wir beschlossen die Unterredung mit dem Plan, daß er am nächsten Morgen nach Kurna kommen und die leidliche Angelegenheit zu einem befriedigenden Ende bringen möge.

Ich verließ Armant und begab mich nach Luxor, und gemäß unserer Abmachung traf ich den Kaschef am nächsten Morgen in Kurna. Er erteilte dem Kaimakan die notwendigen Befehle: die Fellachen nicht zu bedrohen, falls sie mir Papyri etc. verkaufen wollten und mir Männer für Ausgrabungstätigkeiten an jedem beliebigen Orte zur Verfügung zu stellen. In Karnak gingen die Arbeiten voran, und ich hatte damit begonnen, einen der sitzenden Kolosse vor der Säulenhalle jenseits der gewaltigen Sphinxallee, die auf den großen Tempel zulief, freigraben zu lassen. Die Statue war rings umher vom Sand befreit worden. Vom unteren Ende des Sitzes maß ich neunundzwanzig Fuß in die Höhe; das kalkhaltige Gestein war weiß und sehr hart. Am Fuß des Sockels stieß ich auf eine sieben Fuß hohe sitzende Statue, die eine Frauengestalt darstellte; vielleicht Isis. Der enorm große Kopfschmuck unterschied sich stark von dem üblichen der ägyptischen Statuen, und die Machart ließ auf hohes Alter schließen. Der Oberkörper war in der Mitte des Rumpfes vom unteren Teil und dem Sitz abgetrennt. Ich entfernte die Büste und nahm mir vor, auch den Sitz abzulösen, sobald das Boot mit den Werkzeugen ankommen würde. Nachdem ich Leute auf andere Stellen, von denen ich mir ebenfalls Fundstücke erhoffte, verteilt und zur Arbeit angehalten hatte, nahm ich die Gelegenheit wahr, die wunderbaren Ruinen endlich einmal in Muße zu betrachten. Aus der Ferne sieht man nur den hohen Aufschwung der Säulenhallen, die himmelwärts ragenden Portale und Obelisken, die über die Wipfel der Palmengruppen hinausragen und selbst über beträchtliche Entfernung hinweg von ihrer gewaltigen Erhabenheit künden. Nähert man sich der Sphinxallee, die zum großen Tempel führt, ist der Besucher von Verehrung und Bewunderung beseelt; allein die gigantischen Ausmaße der Bauten flößen ihm Respekt und Ehrfurcht vor den Gottheiten ein, denen sie geweiht wurden. Sie stellen Löwen mit Widderköpfen dar; Symbole der Stärke und Unschuld, der Macht und Reinheit der Götter. Zur Mitte der Allee hin ragt die Säulenhalle empor, die zu den inneren Palasthöfen führt, wo die Eingänge von immensen, sitzenden Kolossen flankiert werden, die den Eintritt in die geheiligten Hallen zu bewachen scheinen. Noch weiter fortschreitend, stößt man auf einen herrlichen Tempel, der dem großen Gott der Schöpfung geweiht ist. Es war das erste Mal, daß ich mich ihm allein näherte, ohne durch den Lärm der Araber gestört zu werden, die den Reisenden keine Sekunde aus den Augen lassen und ihn ständig umringen. Die Sonne ging auf; die langgestreckten Schatten der Säulengruppen lagen über den Ruinen, und verquickt mit dem Sonnenlicht, das seine Strahlen über die Gesteinsmassen warf, erzeugten sie einen wunderbaren Anblick, der sich jeder Beschreibung entzieht. Ich verlor mich in Kontemplation, und ganz allein an einem solchen Ort, waren meine Gedanken von so feierlichem Ernst, daß es mir für eine Weile völlig unklar war, ob ich mich auf dem Erdengrund oder einem anderen Planeten befand.

Ich hatte den Tempel von Dendera gesehen und gestehe gern, daß dieser Bau bezüglich seiner Erhaltung, der Schönheit und Ausdruckskraft der Skulpturen sowie der baulichen Verfertigung unübertroffen ist; aber hier verlor ich mich in einer Masse kolossaler Objekte, von denen jedes einzelne schon vollkommen ausreichte, um meine ganze Aufmerksamkeit zu fesseln. Wie kann ich meine Gefühle in jenem Moment beschreiben! Ich schien mich gänzlich allein im Mittelpunkt all dessen zu befinden, was das Allerheiligste der Welt ist; ein Wald gigantischer Säulen, von oben bis unten mit wunderbaren Figuren und prachtvollen Ornamenten geziert; der anmutige Umriß der Lotusblüten, die, den Kapitellen entwachsen, der Säulenform so wunderbar angepaßt sind, daß damit eine höchst angenehme Wirkung verbunden ist; die Tore, die Wände, die Säulenfüße und die Architrave – ebenfalls in allen Teilen geschmückt mit symbolischen Figuren im Basrelief oder als Intarsienarbeit, Schlachten, Prozessionen, Triumphe, Feste, Dank- und Opfergaben darstellend; ohne jeden

Blick in das Innere des Tempels von Karnak (nach Belzoni)

Zweifel alle der uralten Geschichte des Landes entlehnt; das Tempelheiligtum, gänzlich aus feinstem roten Granit verfertigt mit zahlreichen Obelisken, die es umgeben und dem flüchtigen Betrachter verkünden: »Hier ist der Thron der Heiligkeit«; die aufragenden Portale, die man bei einigem Abstand an den Eingängen in das riesige Labyrinth der Gebäude sehen konnte; in Sichtweite die verschiedenen Ruinen anderer Tempelgruppen – dies alles hatte eine derart überwältigende Wirkung auf mein Gemüt, daß ich mich in meiner Vorstellungskraft von dem Rest der Sterblichen getrennt fühlte, hoch über alles erhaben und die Mühen und Eitelkeiten der Welt vergessend. Ich war glücklich einen ganzen Tag lang, der wie ein Blitzstrahl erlosch. Die Dunkelheit der Nacht ließ mich über einen massiven Gesteinsblock stolpern, und meine Nase brach an einer anderen, größeren – das löste mich aus dem Bann der Verzauberung und brachte mir meine Sinne zurück. Es war sehr spät, als ich nach Luxor in die Hütte eines Arabers zurückkehrte, der mir ein Eckchen seines Raumes und eine Matte überließ – eine exzellente Schlafstätte.

Der Wechsel von der Ruinenpracht zur arabischen Hütte war nicht geringer als der von den erhabenen Ideen, die die Gemäuer in mir inspiriert hatten, zum Gedanken an die profane Notwendigkeit, mir, wenn möglich, ein Abendessen zu beschaffen.

Inzwischen waren auch die beiden Agenten von Mr. Drovetti angekommen. Sie machten sich unverzüglich daran, die von dem Doktor entdeckten niedrigen Sphingen in großzügiger Manier auszugraben. Der Bei hatte dem Kaimakan und den Scheichs genaue Order hinterlassen, so daß wir kaum eines Fellachen habhaft werden konnten. Sie wurden alle von Mr. Drovettis Agenten in Anspruch genommen, und meine Einwände zeitigten kaum Erfolg. Seit dem Zeitpunkt, da diese Herrschaften in Theben anlegten, mußte ich gegen eine Vielzahl von unangenehmen Umständen ankämpfen, die ich, selbst wenn ich es versuchte, nicht alle darzustellen vermag. Es genügt, wenn ich darauf hinweise, daß der Bei, über das ganze Land herrschend, besonders darauf zu achten schien, unsere Unternehmungen behindern zu lassen. Demgemäß hatte er die Kaschefs und Kaimakane über seine Ansichten nicht im unklaren gelassen; diese wiederum konnten nichts anderes tun, als sich seinen Wünschen unterzuordnen. Die kleinlichen Vorteile, die sich für diese Personengruppe ergattern ließen, deuteten sehr schnell auf deren Charaktereigenschaften hin. Ich meine damit nicht nur die zwei Agenten, die in Theben eingetroffen waren, sondern diejenigen, denen sie ihre Instruktionen verdankten und andere, die ihnen nachgeschickt wurden: europäische Deserteure, Desperados, Exilanten, etc. Leute dieses Schlages waren es, die, durch keinerlei Richtlinien beeinträchtigt, beauftragt waren, meine Tätigkeiten zu behindern, und sie stießen auf die ungeteilte Zustimmung und Unterstützung des Beis und natürlich auch seiner Subalternen.

Wie ich schon sagte, hatten die beiden Agenten mit ihren Forschungstätigkeiten in großem Stil begonnen, und da ich am Ostufer des Nils nur einige wenige Arbeitskräfte bekommen konnte, versuchte ich mein Glück auf der Westseite, denn der Kaschef dort war mir wohlgesonnen. Unglücklicherweise war das Boot mit Mr. Beechey noch nicht eingetroffen, so daß ich aus Geldmangel mit meinen Arbeiten noch nicht anfangen konnte. Da ich auf dem Landweg angereist war, hatte ich aus wohlüberlegter Vorsicht kaum Geld mitgenommen. Ich ließ also meinen Übersetzer mit Instruktionen betreffs der Arbeiter zurück und nahm ein kleines Boot, um Mr. Beechey entgegenzusegeln. Der Wind kam meinem Wunsch zu Hilfe, und nach vierundzwanzig Stunden erreichte ich Kena, wo ich das Glück hatte, Mr. Beechey anzutreffen.

Wir brauchten drei Tage bis Theben. In Luxor legten wir an, und ich nahm meine Arbeiten mit allen Fellachen, derer ich habhaft werden konnte, wieder auf. Die Grabungen in Kurna gingen ebenfalls weiter voran, und sie nahmen, wie ich gestehen muß, meine Aufmerksamkeit in weitaus größerem Maße in Anspruch als die in Karnak. Alle von dort stammenden Sammlerobjekte würden sicher in höherem Maße geschätzt werden, wenn es umfänglich bekannt wäre, mit welch erbärmlichen Leuten es der Reisende in diesen Gegenden zu tun hat; mit ihrer raffgierigen und räuberischen Disposition und den zahllosen Widrigkeiten, die das Zusammentragen von Altertümern zu einem so schwierigen Geschäft machen.

Die Leute von Kurna übertreffen alle anderen Araber an Listenreichtum und Täuschungsmanövern, und sie stellen die unabhängigste Gruppe aller Ägypter dar. Sie rühmen sich der Tatsache, die letzten gewesen zu sein, die sich dem Joch der Franzosen unterworfen haben.

Nach ihrer Unterwerfung aber erzwangen sie für ihre Arbeitskraft die höchsten Forderungen – ein Tatbestand, der von Baron Denon bestätigt wurde. Sie wollten sich von niemandem Befehle erteilen lassen, weder von den Mamluken noch vom Pascha. Alle Regierungen Ägyptens haben ihnen die härtesten Strafen auferlegt, und man jagte sie wie wilde Tiere. Ihre Aufenthaltsorte und Schlupfwinkel waren nahezu unbekannt. Kurna besteht aus einer Abfolge von Felsen, ungefähr zwei Meilen lang, am Fuß der Libyschen Berge auf der Westseite von Theben gelegen. Der mächtigen Stadt der hundert Tore diente es zu alten Zeiten als Bestattungsort. In alle Felsen sind auf kunstvolle Weise große und kleine Kammern gehauen, deren jede über einen separaten Eingang verfügt. Obwohl sie dicht beieinander liegen, findet man in ihrem Innern nur selten Verbindungen untereinander. Es ist wirklich unmöglich, eine Beschreibung zu liefern, die eine wahrhaftige Vorstellung von diesen unterirdischen Behausungen und ihren Bewohnern vermittelt. Auf der ganzen Welt finden sich keine Grabstätten, die ihnen ähneln, und es gibt keine Ausgrabungen oder Schachtanlagen, die mit diesem erstaunlichen Ort verglichen werden könnten. Da es ungewöhnlich schwierig ist, diese verborgenen Kammern und Höhlen aufzusuchen, kann man das Innere nicht recht überzeugend darstellen. Mühsal und Beschwernisse bei dem Versuch, die Kammern zu betreten, sind so groß, daß sich nicht jedermann dieser Anstrengung zu unterziehen vermag.

Gewöhnlich ist der Reisende mit der Besichtigung der großen Halle, der Gänge und Treppen befriedigt, die er ohne Schwierigkeiten erreichen kann; hinzu kommt, daß seine Aufmerksamkeit von den ungewöhnlichen Werken, die an verschiedendsten Stellen in das Gestein gemeißelt oder auf die Seitenwände gemalt sind, gefesselt wird; wenn er dann auf einen engen, schwierigen Durchgang stößt oder auf den Boden eines Schachtes oder einer Felshöhlung hinuntersteigen müßte, enthält er sich dieser Beschwernis, davon ausgehend, daß er in den Schächten kaum je etwas so Großartiges wird finden können, wie das, was er oben gesehen hat. Viele Besucher vermögen die drückende, erstickende Luft, die oftmals zur Ohnmacht führt, nicht zu ertragen. Eine gewaltige Wolke aus Staub wirbelt auf, so fein, daß er in Mund und Nase dringt und die Atmung auf solche Weise würgt, daß diesem und der strengen Ausdünstung der Mumien nur die kraftvollsten Lungen widerstehen können. Das ist noch nicht alles: Der Eingang oder die Passage ist grob in den Felsen gehauen und wird durch den Sand oder Mörtel, der vom oberen Teil der Decke abbröckelt, nahezu ausgefüllt. An einigen Stellen gibt es nur einen Fußbreit Zwischenraum, durch den man sich in kriechender Haltung, einer Schlange gleich, hindurchzwängen muß; über spitze Steine hinweg, die scharfkantig wie Glassplitter sind. Hat man diese Tunnel hinter sich gebracht, einige sind zwei- bis dreihundert Yards lang, stößt man gewöhnlich auf eine bequemere Stelle, oftmals hoch genug, um darin in sitzender Stellung zu hocken. Was für eine Ruhestatt aber! Von allen Seiten umgeben von Leichen, Bergen von Mumien, ein Anblick, der mich, bevor ich mich daran gewöhnte, mit Schrecken erfüllte. Die Schwärze der Wände, der mangels Luftzufuhr nur schwache Schein der Kerzen oder Fackeln, die verschiedenen, mich umgebenden Gegenstände, die miteinander zu flüstern schienen; die Araber, nackt und vollkommen mit Staub bedeckt, die sich, Kerzen oder Fackeln tragend, wie zum Leben erweckte Mumien ausnahmen: eine Szene, die kaum zu beschreiben ist. Mehrmals befand ich mich in einer derartigen Situation, und es kam nicht selten vor, daß ich zutiefst erschöpft und einer Ohnmacht nahe, zurückkehrte, bis ich schließlich so abgehärtet war, daß mich die Mißlichkeiten nicht mehr berührten. Nur an den Staub konnte ich mich nicht gewöhnen; er machte mich immer würgen. Obwohl mir glücklicherweise der Geruchssinn fehlt, konnte ich doch gleichsam schmecken, daß die Mumien unangenehme Dünste ausströmten. Nachdem die Mühsal, einen Gang von fünfzig, hundert oder vielleicht sechshundert Yards Länge zurückzulegen, nahezu vollbracht war, fand ich einen Ruheplatz, um mich zu setzen. Als sich aber mein Gewicht auf den Körper eines, wie mir schien, steinernen Ägypters niedersenkte, wurde dieser wie eine Hutschachtel zerdrückt. Ich versuchte natürlich, mein Gleichgewicht mit den Händen zu regulieren; sie fanden aber kaum besseren Halt, so daß ich mit einem lärmenden Knirschen der Knochen, der Stoffetzen und hölzernen Gefäße zwischen den zerbröckelten Mumien einsank. Die auffahrende Staubwolke ließ mich eine Viertelstunde bewegungslos verharren, darauf wartend, daß sie langsam sich verminderte. Ich konnte mich nicht vom Fleck bewegen, ohne sie erneut aufzurühren, und mit jedem Schritt zertrat ich die eine oder andere umherliegende Mumie. Einmal geschah es, daß ich von einer solchen Örtlichkeit zu einer ähnlichen geführt wurde, durch einen Gang, der etwa zwanzig Fuß lang war und in der Breite gerade einen Körper in drangvoller Beengung durchließ. Die Passage war mit Mumien angefüllt, und ich konnte nicht weiterkommen, ohne mein Gesicht mit dem irgendeines verfallenen Ägypters in Berührung zu bringen. Als der Durchgang zum Ende hin schräg nach unten abfiel, half mir das Gewicht meines Körpers weiter; jedoch konnte ich nicht verhindern, mit Knochen, Armen, Beinen und Schädeln, die von der Schräge herunterrollten, bedeckt zu werden. Derart gelangte ich von einer Höhle zur anderen. Alle waren mit Mumien gefüllt, die aufeinandergestapelt waren oder an den Wänden lehnten, auf dem Boden lagen, ja sogar auf dem Kopf standen. Der Zweck meiner Forschungstätigkeit bestand darin, die Ägypter ihrer Papyri zu berauben. Unter zahllosen Lagen von Tuch, in die die Mumien eingewickelt sind, fand ich einige derselben: an verborgenen Stellen wie der Brust, unter den Achselhöhlen, in der Wölbung des Knies oder an den Beinen. Die Leute von Kurna, die mit Altertümern dieser Art einen blühenden Handel betreiben, sind gegenüber Fremden sehr neidisch und eifersüchtig darauf bedacht, solcherart Funde so geheim wie möglich zu halten. Sie täuschen die Reisenden unter dem Vorwand, das jeweilige Ende eines Durchganges schon erreicht zu haben, wenngleich man ihn kaum betreten hatte. Vormals vermochte ich sie nicht dazu zu bewegen, mich an diese Stellen zu führen, erst während meiner zweiten Reise konnte ich ihre Erlaubnis einholen, jede Höhle zu betreten, in der sich Mumien befanden.

Mein Erfolg ist meinem fortdauernden Aufenthalt in Theben zu verdanken. Die Araber sahen, daß ich der Lage der Höhleneingänge besondere Aufmerksamkeit widmete, und sie konnten nicht verhindern, beim Suchen nach einer neuen Grabstätte von mir bemerkt zu werden. Wenn ein Fremder in Kurna ist, lassen sie gleichwohl große Vorsicht walten. Da die Reisenden gewöhnlich nur einige Tage Halt machen, pflegen sie während der Zeit ihre Arbeit zu unterbrechen. Ist ein Besucher neugierig genug, das Innere einer Grabstätte sehen

Auf der Suche nach Mumien (nach Edwards)

zu wollen, erbieten sie sich eilfertig, ihn dorthin zu geleiten. Sie führen ihn zu einer der alten Grabstätten, in denen vormals Mumien gelegen hatten, oder sie zeigen ihm eine schon ausgeplünderte Höhle. Auf diese Weise kann sich der Besucher nur eine armselige Vorstellung von den richtigen Grabstätten machen, in die die Gebeine ursprünglich hineingelegt worden waren.

Die Leute von Kurna leben in den Eingängen der Höhlen, welche schon geöffnet worden sind. Durch Trennwände aus Erde und Lehm schaffen sie Wohnraum für sich selbst, ihre Kühe, Kamele, Büffel, Schafe, Ziegen, Hunde, etc. Ich weiß nicht, ob ihre geringfügige Anzahl der Grund dafür ist, daß sich die Regierung so wenig um ihre Machenschaften bekümmert; sicher ist, daß sie die widerspenstigsten Leute Ägyptens sind.

Die Fellachen von Kurna, die nach Altertümern graben, arbeiten oftmals in Gruppen mit jeweils einem Anführer. Der Erlös für ihre Funde wird unter die Mitglieder aufgeteilt. Man sagt, daß sie ein starkes Zusammengehörigkeitsgefühl besitzen, besonders wenn es Fremde zu überlisten gilt; je nach Gelegenheit sollen sie sich aber auch untereinander betrügen. Als ich eines Tages einige Antiquitäten kaufen und in Begleitung einer der Händler die Grabstätte aufsuchen wollte, erwähnte mein Führer in gespielter Beiläufigkeit, daß er mir einige Papyri anbieten könne, die er selbst gefunden habe, noch bevor er sich mit seinen Partnern zusammengetan habe; wir einigten uns darauf, daß ich ihn allein in seinem Haus aufsuchen würde. Ich nahm jedoch Mr. Beechey mit, und es stellte sich als recht schwierig heraus, unsere Beobachter davon abzuhalten, uns zu folgen, denn es ist bei diesen Leuten allgemein Sitte, sich gegenseitig zu besuchen und an allem was passiert teilzuhaben. Trotz seiner Vorsicht verdächtigten sie den alten Mann, eine erkleckliche Menge an Papyri zu horten, deren Erlös er vor ihnen geheimhalten wolle. Demgemäß paßten sie den Moment ab, da wir das Haus verließen, um zu sehen, was wir gekauft haben mochten – sie waren erstaunt und enttäuscht, als wir mit leeren Händen kamen. Einer der Anführer, der bei den Engländern wohlgelitten war, wollte vom Dolmetscher wissen, was sich im Haus ereignet habe. Als er hörte, daß ausschließlich eine Unterredung stattgefunden habe, sagte er, daß der alte Mann es nicht wagen würde, Papyri ohne die Zustimmung der Gruppe zu verkaufen; alles, was sie und er anzubieten hätten, müsse zusammen von uns erworben werden. Sie hatten also keine Ahnung davon, daß der Veteran sie überlistet hatte: Alter und Erfahrung hatten ihn sich der Kunst der Täuschung mit Kenntnisreichtum bedienen lassen. Als Mr. Beechey, ich und unser Dolmetscher seine Hütte betraten, ging seine Frau hinaus um zu beobachten, ob uns jemand gefolgt war. Der Eselstreiber, der uns hergebracht hatte, befand sich in einiger Erfernung von der Hütte, und kein menschliches Wesen war in der Nähe zu sehen. Seine Behausung war eine Höhle, wie alle anderen in den Fels gehauen, und sie war schwarz wie ein Schornstein. Wir wurden genötigt, uns auf eine Strohmatte – ein luxuriöser Gegenstand in Kurna – zu setzen, und nach einer kleinen Zeremonie legte er mir ein bronzenes Gefäß in die Hand, eines der schönsten und vollkommensten Stücke ägyptischen Kunsthandwerkes, das ich jemals gesehen habe. Es war mit Hieroglyphen bedeckt und wunderbar gearbeitet. Die Höhe betrug etwa achtzehn, der Durchmesser zehn Inches. Der Entwurf und die Ausführung waren von feinster Art. Ich war entzückt und konnte kaum glauben, daß ich ein derartiges Juwel in Händen hielt. Ich nehme an, daß es von den Ägyptern als Weihgefäß benutzt wurde. Es hat einen Griff, ähnlich wie unsere gewöhnlichen Körbe. Der alte Mann nahm das Stück wieder an sich und präsentierte uns ein zweites, identisches. Der Anblick dieser beiden Kunstwerke, ihr bewundernswert gut erhaltener Zustand und die Gelegenheit zum Kauf begeisterten uns so sehr, daß der Kaufabschluß mit dem alten Mann in wenigen Worten getätigt war. Die größte Schwierigkeit bestand darin, sie zu unserem Boot zu schaffen. Der alte Mann versprach uns, dies in der Nacht zu tun, wenn alle schliefen. Wir kehrten in Hochstimmung nach Luxor zurück, in dem Bewußtsein, zwei der vollkommensten Metallarbeiten zu besitzen, die man je in Ägypten finden konnte. Besorgnis regte sich in uns, als der Alte nachts nicht kam. Am nächsten Morgen tauchte er auf, um uns zu sagen, daß er die Gefäße nicht bringen könne, da seine Partner auf der Lauer lägen; wohl könne er des Nachts zu uns kommen, wobei er hinzufügte, daß er unterdessen sehr froh wäre, das Geld zu erhalten nebst dem Geschenk, das wir ihm versprochen hätten. Wir zahlten unverzüglich, damit er seinen Verkauf nicht rückgängig machte. Des Nachts jedoch war kein alter Mann zu sehen und auch am nächsten Tag ließ er sich nicht blicken. Ich hielt es für notwendig, ihn noch einmal zu Hause aufzusuchen. Er war dort und beteuerte wie vordem, daß er gewiß in dieser Nacht werde kommen können. Noch einmal verging die Nacht, ohne daß er zu uns kam. Am nächsten Morgen jedoch brachte er die Gefäße auf unser Boot. Einige Zeit später wollte einer seiner Gefährten von uns wissen, was der Alte für seine Kunstschätze von uns erhalten habe; wir wunderten uns über die Tatsache, daß er über unsere geheime Transaktion unterrichtet war, bis er berichtete, daß die Gefäße der ganzen Gruppe gehört hätten und daß der Vorwand der Geheimhaltung eine Taktik des alten Mannes gewesen sei, um von uns den versprochenen Tarbusch[86] als Geschenk zu erhalten. Er hatte Erfolg damit gehabt!

Nachdem ich nun die Grabanlagen, die Mumien, Felsen und Schurken von Kurna beschrieben habe, ist es an der Zeit, den Nil zu überqueren und nach Karnak zurückzukehren. Wie ich schon geschildert habe, gingen unsere Arbeiten hier weiter voran. Unsere Opponenten hatten die vier Sphingen abtransportiert, die der Doktor – im Namen des Defterdar Bei – freigelegt hatte; an der Stelle, die ich selbst ein Jahr zuvor entdeckt hatte. Ansonsten hatten sie nichts mehr gefunden, was recht eigenartig ist, bedenkt man die Zahl der Männer, die sie zu Ausgrabungen herangezogen hatten. Ich begann nun mit der Freilegung einer anderen Stelle, die in paralleler Linie zur Achse des Tempels lag. Ich hatte das Glück, auf eine weitere Reihe von Sphingen zu stoßen. Den Fragmenten nach zu urteilen waren es wahrscheinlich zwanzig Stück, von denen sich aber nur noch fünf in gutem Zustand befanden. Unter ihnen entdeckte ich die sitzende Gestalt eines jungen Mannes; sie hatte nahezu Lebensgröße und war aus grauem Granit. Obwohl das Antlitz, die Hände und Arme nahezu unversehrt waren, waren Brust, Rumpf und Sockelende stark verfallen. Die Büste war vom Rest der Statue abgetrennt. An derselben Stelle stieß ich auf zwei kleine sitzende Figuren aus Rosengranit, nahezu zwei Fuß hoch. Zudem fand ich dort einen irregulär geformten Stein mit glatter, ebener Oberfläche. Sie war mittels Linien in zahlreiche Vierecke von einem halben Inch aufgeteilt, in die jeweils eine Hieroglyphe unterschiedlicher Art eingemeißelt war. Dieser Stein könnte meiner Meinung nach für das Unterfangen von Dr. Young sehr hilfreich sein, das Alphabet der Ägypter zu entziffern, besonders in dem gegenwärtig fortgeschrittenen Zustand seiner Studien. Ich fand bei den Grabungen zwei weitere Gegenstände: eine Grabstele und eine eiserne Sichel, die der Aufmerksamkeit eines Kunstsammlers nicht entgehen sollte. Es ist sicher, daß die Bestattungsplätze der Ägypter auf der Westseite des Nils lagen, da auf der Ostseite nichts darauf hinweist, daß es dort jemals solche Stellen gegeben hat. Bei den Sphingen befand sich eine Grabstele, die denen in den Gräbern auf der anderen Nilseite ähnlich war. Daher ist anzunehmen, daß sie zur Grabanlage einer Familie auf die Westseite geschafft worden war. Die eiserne Sichel fanden wir beim Abtransport unter den Füßen von einem der Sphingen. Ich war anwesend; einer der Männer nahm sie hoch und gab sie mir. Sie war in drei Teile gesprungen und so brüchig, daß sich der Rost bis in die Mitte hineingefressen hatte. Das Blatt war dicker als das der

86 Der Tarbusch wird von den Europäern in der Regel »Fez« genannt. Diese rote Kopfbedeckung umwickelt man gewöhnlich noch mit einem weißen Turban

Sicheln unserer Zeit, war aber genauso geformt und von gleicher Größe wie die unsrigen. Sie befindet sich jetzt in Mr. Salts Besitz. Es stellt sich die Frage: Wann sind die Statuen hier aufgestellt worden? Nach der Zeit des Ptolemäus konnten sie nicht aufgerichtet worden sein, denn es scheint, daß seit der Zeit des Kambyses, der die Gottheiten Ägyptens zerstörte, das Land von niemandem erobert worden ist, was zur Folge gehabt hätte, daß die Leute ihre Idole und Götter hätten verstecken müssen. Die Unregelmäßigkeit und Verwirrung ihrer Standorte läßt eindeutig darauf schließen, daß man diese Statuen in großer Hast zu verbergen suchte. Da wir nun die Sichel unterhalb der erwähnten Statue gefunden haben, liegt meiner Meinung nach ein ausreichender Beweis dafür vor, daß es lange vor der Eroberung durch die Perser schon Eisen gegeben haben muß, und zwar in so ausreichendem Maße, daß davon landwirtschaftliche Gerätschaften angefertigt werden konnten. In den Grabstätten finden sich Sicheln derselben Form auf zahlreichen Abbildungen; daraus folgt aber nicht, daß sie unbedingt Sicheln aus Eisen zum Vorbild hatten. Mir liegt es fern, diese Frage mit Hilfe meiner eigenen Gedankengänge einer Lösung zuzuführen: Ich halte dem Leser nur die Fakten vor Augen, damit er sich eine eigene Meinung zu bilden vermag. Es kommen aber Umstände hinzu, die derartige Vermutungen wieder zerstören könnten. Ist es nicht eigenartig, daß die Ägypter, da sie genug Eisen zur Verfügung hatten, um Sicheln zu fertigen, keinerlei Kriegsgeräte oder Werkzeuge für den Alltagsgebrauch herstellten? Falls sie dies getan haben sollten, ist es seltsam, daß unter den verschiedensten Objekten ihrer Warenherstellung nichts dergleichen zu finden war.

Da ich ahnte, daß der Defterdar angesichts meiner Erfolge unsere Tätigkeit durch eine Intrige oder ähnliche Mittel würde zum Halt bringen wollen, führte ich mit den wenigen mir zur Verfügung stehenden Männern die Arbeiten so schnell wie irgend möglich weiter. Meine täglichen Beschäftigungen hielten mich in ständiger Bewegung. Des Morgens pflegte ich meine Anweisungen für die Arbeiten in Karnak zu geben. Die Araber begannen mit der Arbeit gewöhnlich bei Sonnenaufgang und unterbrachen sie von mittags zwölf bis zwei oder drei Uhr. Wenn ich viele beschäftigte, teilte ich sie in Gruppen ein mit jeweils einem Aufseher, der dafür zu sorgen hatte, daß sie die Stundenzahl einhielten und sich auf die Stellen beschränkten, die ich vorher markiert hatte. Gewöhnlich mußten aber einige unserer Leute bei ihnen bleiben, denn man kann den Arabern kein Vertrauen schenken, besonders dann nicht, wenn sie selbst einige kleinere Kunstgegenstände gefunden hatten. Am späten Vormittag überquerte ich dann den Fluß und inspizierte die Arbeiten in Kurna. Da ich schon im vergangenen Jahr mit den Leuten dort zu tun gehabt hatte, fühlte ich mich in Theben wie zu Hause; ich kannte jeden Winkel, jeden Araber und sie mich. Mr. Beechey hatte, ohne die Götter um ihre Zustimmung zu bitten, vom Tempel in Luxor Besitz ergriffen, und aus einer Halle machten wir einen Aufenthaltsraum für uns; ich glaube, es handelte sich dabei um das Allerheiligste. Mit Hilfe von Strohmatten gelang es uns, eine annehmbare Unterkunft zu schaffen; allerdings konnten wir nicht verhindern, daß sich der Staub in unseren Betten und Kleidungsstücken festsetzte – eine Mißlichkeit, der gegenüber ich mich schon seit längerem resistent fühlte. Im Boot konnten wir unmöglich länger nächtigen: Als Folge der Vorratshaltung an Bord begleitete uns auf der ganzen Reise bis nach Luxor eine gewaltige Schar Ratten, so daß wir bei Tag und Nacht keine Ruhe hatten und es ihnen schließlich gelang, uns zu vertreiben. Wir meinten es mit ihrer Dreistigkeit aufnehmen zu können, indem wir die Vorräte an Land bringen und das Boot in Luxor im Wasser untertauchen ließen. Da sie aber gute Schwimmer waren, retteten sie ihre Haut und verkrochen sich in den Mauerrissen des Piers, und nachdem wir die Vorräte wieder hatten an Bord schaffen lassen, kehrten sie fast alle ungebrochenen Mutes wieder, zweifelsohne froh darüber, durch uns zu einem erfrischenden Bad gezwungen und mit neuerlichem Appetit ausgestattet worden zu sein.

In Kurna gingen unsere Forschungen hinsichtlich der Mumien weiter. Was die Geheimnisse der Grabmäler betraf, waren die Araber mittlerweile gleichgültig geworden, da sie sahen, daß die Grabungen ihre Interessen insofern berührten, als sie für ihre Funde belohnt wurden. Nach erhaltenem Lohn machte es für sie keinen Unterschied, ob ein Grab von uns oder ihresgleichen entdeckt worden war. Die Männer waren in zwei Klassen aufgeteilt. Die, die am besten Bescheid wußten, machten Untersuchungen auf eigene Faust, wobei sie acht bis zehn Helfer beschäftigten. Sie suchten die Stellen aus, an denen sie fündig zu werden hofften, und oftmals hatten sie schon beim ersten Versuch das Glück, auf den Eingang einer Mumienhöhle zu stoßen. Andererseits passierte es nach zwei- oder dreitägiger Suche oft, daß sie einen Schacht entdeckten, der nur mit minderwertigen Mumien angefüllt war und wo sich nichts Wertvolles finden ließ: Selbst der geschickteste Entdecker mußte die Art seiner Funde dem Zufall überlassen. In einigen der ›besseren‹ Grabanlagen fanden sie zum Teil hervorragende Kunstgegenstände jeder Art. Anfänglich hatte ich große Schwierigkeiten, die Leute davon zu überzeugen, nach Grabanlagen zu suchen und dafür in Regelmäßigkeit täglich entlohnt zu werden; sie vermuteten, daß ich die Altertümer zu billig erwerben könnte und sie damit gegen ihre eigenen Interessen handeln würden. Als sie aber gewahr wurden, daß sie oftmals ihren Lohn erhielten, ohne etwas gefunden zu haben, fanden sie es von Vorteil, zwanzig Paras (drei Pennies) pro Tag zu sichern, ohne riskieren zu müssen, leer auszugehen, was denen, die auf eigene Rechnung arbeiteten, oftmals zustieß.

Durch diese Ausgrabungsarbeiten wurde ich besser vertraut mit der Art und Weise, in der die Ägypter ihre Bestattungsplätze einrichteten, und ich konnte ganz deutlich die unterschiedlichen Grade und Sitten der verschiedenen Klassen, vom Bauern bis zum König, wahrnehmen. Die Ägypter verfügten, wie schon Herodot berichtete, über drei unterschiedliche Methoden, die toten Körper zu mumifizieren, die der jeweiligen Höhe der Ausgaben für den Mumien-Macher entsprachen[87].

Nichts vermag die unterschiedliche Ranghöhe der Menschen mehr hervorzuheben als die Art der Toten-Konservierung. Ich werde im folgenden darlegen, wie ich die unberührten Mumien der oberen Klasse vorgefunden habe; daraus läßt sich schließen, auf welche Weise sie präpariert und zu den diversen Standorten geschafft worden sind. Es tut mir leid, daß ich mich gezwungen sehe, meinem alten Führer Herodot zu widersprechen, aber in diesen und

87 Herodot berichtet hierüber ausführlich im zweiten Buch seiner »Historien«, Kap. 84–89

anderen Punkten ist er von den Ägyptern nicht korrekt unterrichtet worden. Als erstes: er sagt von den Särgen, die die Mumien in sich bergen, daß sie aufrecht gestanden hätten. In keinem der vielen Schächte, die ich geöffnet habe, habe ich je eine Mumie aufrecht stehen sehen. Ich fand sie, im Gegenteil, liegend vor; in horizontalen Reihen, und einige waren in Mörtel gebettet, der nahezu flüssig gewesen sein muß, als die Mumien eingelassen wurden. Die Toten der niederen Klassen sind nicht in Särgen begraben worden; sie wurden, wie es scheint, gemäß der Bestimmungen siebzig Tage getrocknet. Wenn man die Vielzahl der Mumien beider Arten, die ich gesehen habe, zugrunde legt, kamen jeweils zehn Mumien der niederen Klasse auf eine der höheren. Mir schien, daß deren Körper, nach der Behandlung mit Natron durch den Mumien-Macher, in der Sonne getrocknet worden sind. Ich selbst bin von diesem Sachverhalt vollkommen überzeugt, da man bei ihnen nicht die geringste Menge an gummi arabicum oder dergleichen hat finden können. Die Menge der Leinenbahnen, in die sie gewickelt wurden, war geringer und das Material gröber; sie sind mit keinen nennenswerten Ornamenten verziert, und sie sind in mehreren Lagen aufeinandergeschichtet. Auf Grund dieser groben Vorgehensweise herrschte in einigen der von uns geöffneten Grabanlagen drangvolle Enge. Im allgemeinen befinden sich die Grabanlagen der niederen Klassen tiefer im Erdboden, am Fuß der Berge von Kurna, und einige reichen bis an die Überschwemmungsgrenze des Nils heran. Man betritt sie durch eine schmale, überwölbte Öffnung oder durch einen viereckigen Schacht von vier bis fünf Fuß Durchmesser. Am Ende finden sich Eingänge zu zahlreichen Kammern, die alle mit Mumien vollgestopft sind, und obwohl es kaum Fundstücke gab, sind viele dieser Grabhöhlen geplündert und in einem unordentlichen Zustand zurückgelassen worden.

Ich sollte hinzufügen, daß sich in einigen Grabanlagen, die wir gesehen haben, neben den Mumien der menschlichen Körper auch solche von Tieren befanden. Es gab Ochsen,

»Pyramides Omnium Superstitum Antiquitatum vetustissimae integrae et adhuc incorruptae a priscis Aegypti Regibus Chami posteris exstructae.«

Die Cheops-Pyramide (nach Kircher)

oben: Torbögen in Theben
unten: 1 Isis, 2 Affe, 3 Fuchs, 4 Katze, 5 Widder, 6 Krokodil, 7 Ochse (nach Belzoni) ▷

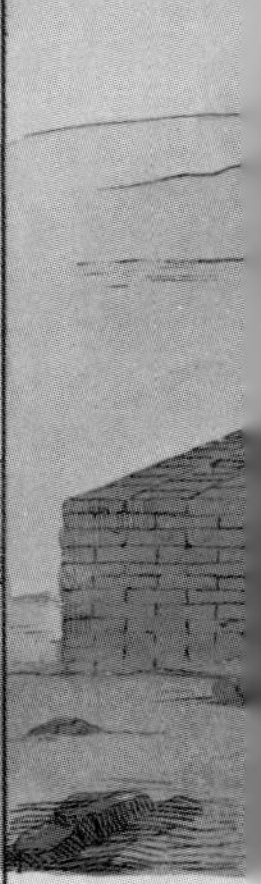

№ 1. Egyptian Arch in Thebes.

7

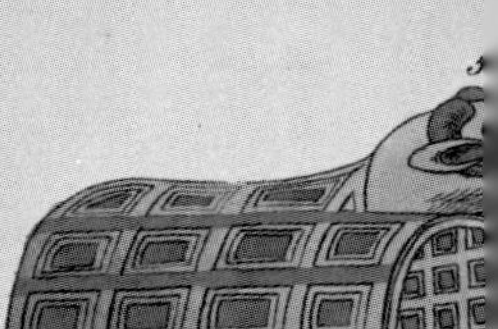

6

N.° 2. Egyptian Arch in Thebes.

Kühe, Schafe, Affen, Füchse, Katzen, Krokodile, Fische und Vögel; eine Grabkammer war ausschließlich mit Katzen angefüllt, sorgfältig eingehüllt in rotes und weißes Leintuch. Den Kopf bedeckte eine die Katze darstellende Maske, die aus dem gleichen Stoff verfertigt war. Ich habe die verschiedenartigsten Tiermumien seziert. Beim Ochsen, dem Kalb sowie dem Schaf sind nur Kopf und Knochen mit Tüchern umwickelt, und die Hörner ragen daraus hervor. Der übrige Körper wird durch zwei Holzstücke dargestellt, die, achtzehn Inches breit und drei Fuß lang, horizontal angeordnet waren; ein zweites Stück Holz, quer dazu angebracht, war zwei Fuß hoch und formte die Brust des Tieres. Der Affe, in seiner ursprünglichen Körpergestalt, befand sich in einer sitzenden Position. Der Fuchs war durch die Bandagen stark zusammengedrückt, die Konturen seines Kopfes jedoch waren nahezu vollkommen erhalten. Die einzelnen Körperteile des Krokodils waren ebenfalls vollständig erhalten; Augen und Maul hatte man auf die Leintücher aufgemalt. Die Vögel waren zusammengepreßt und in ihrer ursprünglichen Form nicht mehr zu erkennen.

Mir ist aufgefallen, daß sich derlei Tiere nicht in den Grabkammern der oberen Klassen finden ließen, während die niederen Klassen keine oder nur selten Papyri beigegeben haben: Wenn überhaupt, dann handelte es sich nur um kleine Stückchen, die mit gummi arabicum oder Pech auf die Brust geklebt wurden – das war alles, was sich ein armer Mann wahrscheinlich hat leisten können. Ich halte es für angebracht, die Art der Mumien nicht nur in drei, sondern in mehrere Klassen zu unterteilen: Mir geht es nicht darum, Herodot eines Irrtums zu bezichtigen, wenn er von den drei Arten der Mumifizierung berichtet, sondern ich möchte die Behauptung wagen, daß es innerhalb der hohen, mittleren und niederen Klassen jeweils noch weitere Unterscheidungen gegeben hat. In einem Schacht stieß ich auf Mumien, sowohl mit als auch ohne Sarg. Den eingesargten Mumien waren meiner Beobachtung nach niemals Papyri beigegeben. Im Gegensatz dazu schienen die Mumien ohne Sarg meistens Papyri bei sich zu haben. Ich bin der Ansicht, daß wohlhabende Leute in einem Sarg bestattet wurden, auf den ihre Lebensgeschichte gemalt wurde; die weniger Begüterten mögen sich damit zufrieden gegeben haben, ihren Lebenslauf auf Papyri schreiben, aufrollen, und auf ihre Knien plazieren zu lassen. Selbst das Aussehen der Särge ist sehr unterschiedlich; einige sind bar jeden Schmucks, manche geringfügig verziert, andere wiederum haben üppige Verzierungen aus kunstvoll gemalten Figuren. Die Särge bestehen größtenteils aus dem Holz der ägyptischen Sykomore[88], das sehr reichlich vorhanden war und daher auch für die Herstellung von Werkzeugen gebraucht wurde. Auf alle Särge wurde ein weibliches und ein männliches Antlitz gemalt. In einigen der großen Särge stecken kleinere aus bemaltem Holz oder Gips. Die Form der inneren Särge entspricht oftmals den Konturen der Mumie; andere wieder bedecken nur den Körper, wobei die Mumie eines Mannes durch einen Bart, die einer Frau durch Brüste gekennzeichnet ist. Bei vielen Mumien sind Kopf und Brustpartie mit Blumengirlanden und Blättern der Akazie,

88 Immergrüner, bis zu 25 m hoher Baum

auch Sant genannt, geschmückt. Diesen Baum findet man an den Ufern des Nils, oberhalb Thebens und besonders in Nubien. Die frische Blüte ist gelb und erscheint wie künstlich, da sie aus einer sehr harten Substanz ist. Die Blätter sind ebenfalls sehr kräftig, und selbst wenn sie verwelkt oder getrocknet sind, behalten sie ihre Festigkeit. In den Körperhöhlen der Mumien stößt man auf Pechklumpen, die oftmals bis zwei Pfund schwer sind, und die Eingeweide sind meistens in Leinen und Pech eingewickelt. Der hölzerne Sarg wird als erstes mit ein oder zwei Lagen Mörtel bedeckt. Manchmal finden sich darauf noch Reliefs, für die man die Formen aus Stein schneidet. Der Sarg ist vollständig bemalt; der Untergrund ist meistens gelb, die Figuren und Hieroglyphen sind blau, grün, rot und schwarz, wobei letzteres selten benutzt wurde. Die Malereien sind mit einem schützenden Lack überzogen.

(Es folgen detaillierte Angaben zu den Grabstätten. Belzoni äußert sich bewundernd über Skulptur, Malerei und Architektur der alten Ägypter.)

Während meine Männer bei der Arbeit waren, hatte ich es mir zur Gewohnheit gemacht, die Grabanlagen zu durchstöbern, und wenn es irgend möglich war, versuchte ich mich durch alle Gänge und Höhlen hindurchzuzwängen. In den großen Grabkammern ließ ich eine Seitenwand oder den bloßen Felsen mit einem gewaltigen Vorschlaghammer bearbeiten, da der Klang auf mögliche Hohlräume schließen ließ. Eines Tages geschah es, daß der Hammerschlag nicht nur einen dumpfen Klang verursachte, sondern eine eineinhalb Fuß breite Öffnung herausschlug, die zu einem weiteren Grab führte. Nachdem wir das Loch soweit vergrößert hatten, daß wir hindurchschlüpfen konnten, fanden wir mehrere Mumien und eine beträchtliche Anzahl aufgebrochener Särge. Die Gesteinsbrocken, die sich von der Decke gelöst hatten, waren scharf wie ein Rasiermesser, und da mein Schuhwerk nicht sehr widerstandsfähig war, zerschnitt ich mir die Füße an mehreren Stellen. Diese Steine lösen sich in großen Brocken von selbst aus der Decke; sie sind also seit dem ursprünglichen Behauen noch härter geworden. In einer der inneren Kammern dieser Grabanlage stießen wir auf eine viereckige Öffnung. Wir stiegen hinunter und fanden am Boden des Schachtes an jeder Seite jeweils eine schmale Kammer. In einer von ihnen stand ein Granit-Sarkophag mit einem nahezu vollkommen erhaltenen Deckel. Seine Lage war derart ungünstig, daß es ein mühseliges Unterfangen gewesen wäre, ihn ans Tageslicht zu schaffen. Zwischen den Mumien fand ich einen ungewöhnlich großen Papyrus und mehrere kleine Papyri.

Wenn ich des Abends den Fluß nicht überqueren wollte, um zu unserer Unterkunft im Tempel von Luxor zurückzukehren, suchte ich mir mein Nachtquartier bei den Höhlenbewohnern, im Eingang einer beliebigen Grabanlage. Nichts hätte mich mehr amüsieren können. Ihre Behausungen liegen gewöhnlich zwischen der ersten und zweiten Öffnung des Grabes. Wände und Decke sind schwarz wie ein Schornstein. Die innere Tür ist mit Lehm verschlossen, bis auf eine schmale Öffnung, breit genug, damit ein Mann hindurchkriechen kann. Zur Nacht werden auch die Schafe in dem Raum untergebracht und manchmal begleiten sie ihre Herren und Hüter beim abendlichen Gesang. Oberhalb der Eingangstür befinden sich immer einige halbzerbrochene ägyptische Figuren sowie zwei Füchse – die Wächter der Grabanlagen. In einer Wandnische steht eine kleine Lampe, deren trüber Schein durch Schafsfett oder ranziges Öl am Leben erhalten wird. Eine Strohmatte ist auf den blanken Boden gebreitet: Sie stellte den Luxus-Diwan dar, wo immer ich mich auch befinden mochte. Die Leute hockten sich um mich herum, und die Unterhaltung wandte sich bald ausschließlich dem Thema der Altertümer zu. Der eine hatte dies entdeckt, der andere war auf eine neue Grabstätte gestoßen. Man bot mir verschiedene Stücke zum Kauf an, und oft konnte ich mich glücklich schätzen, den Abend mit ihnen verbracht zu haben. Ich durfte jederzeit davon ausgehen, ein Abendessen, bestehend aus Milch und Brot in einer Holzschale serviert, vorgesetzt zu bekommen. Nahmen sie an, daß ich über Nacht bleiben würde, töteten sie ein Stück ihres Federviehs für mich. Es wurde in einem kleinen Ofen gebacken, der mit dem Holz der Särge befeuert wurde; manchmal auch mit Knochen und Stoffetzen der Mumien selbst. Es ist durchaus nicht ungewöhnlich, sich in der Nachbarschaft von Knochenteilen niederzusetzen; Hände, Füße oder Schädel liegen oftmals im Weg. Diese Leute sind daran gewöhnt, zwischen Mumien zu leben, und sie setzen sich vollkommen unbefangen auf eine Mumie, als ob es sich um die gegerbten Felle ihrer Haustiere handle. Mir selbst hat es nach einiger Zeit auch nichts mehr ausgemacht, und ich hätte mich ebenfalls, wenn nötig, in einem Mumienschacht zur Nachtruhe gelegt.

Jedes menschliche Wesen vermag auf die eine oder andere Weise glücklich zu sein, denn Glück hängt selbstverständich von uns selbst ab. Wenn ein Mann mit dem zufrieden ist, was er hat, ist er glücklich zu nennen, ganz besonders dann, wenn er meint, nicht mehr erreichen zu können oder zu wollen. Es mag befremdlich erscheinen, dann von Glück zu reden, wenn es sich um Leute handelt, die wie Tiere in Höhlen hausen oder vielmehr in Grabkammern zwischen den Skeletten und Stoffetzen einer zeitlich weit zurückliegenden Nation, von der sie kaum das Nötigste wissen. Dieser Tatbestand ist unbedeutend im Vergleich mit ihrem sklavenähnlichen Zustand: Sie sind den Launen eines tyrannischen Herrschers ausgeliefert, der ihnen nicht die geringste Chance gewährt, für geleistete Arbeit eine halbwegs angemessene Vergütung zu erhalten. Sie können auf keine Veränderung hoffen, zumindest auf keine angenehme. Die Gewohnheit versöhnt mit all dem. Der Mann kommt abends von der Arbeit nach Hause, setzt sich vor die Tür seiner Höhle, raucht seine Pfeife im Kreis seiner Freunde, schwatzt ein wenig über die letzte Überschwemmung des Nils, den Ackerbau und über das, was die nächste Jahreszeit bringen wird. Sein angetrautes Weib bringt ihm wie gewöhnlich die Schüssel mit Linsen und Brot, verdünnt mit Wasser und Salz; und wenn sie der Speise ein wenig Butter hinzugefügt hat, ist es wahrlich ein Festschmaus. Er kennt nichts anderes und ist glücklich dabei. Die Geschäfte und Tätigkeiten eines jungen Mannes gipfeln darin, die erstaunliche Summe von einhundert Piastern (zwei Pfund und zehn Schillinge) heranschaffen zu müssen, um sich eine Frau kaufen und ein großes Hochzeitsfest ausrichten zu können. Hat er dann Kinder, braucht er für Kleidung nicht zu sorgen; er überläßt sie sich selbst bis zu dem Zeitpunkt, da Mutter Natur gewillt ist, ihnen das Arbeiten nahezubringen und sie genug Geld verdient haben, ein Hemd oder ein anderes bescheidenes Kleidungsstück zu erwerben, um ihre Blöße zu bedecken. Als Kinder springen sie meistens nackt herum, oder sie sind mit einem Stoffrest ausgestattet, der ihren Körper spärlich verhüllt. Die Eltern sind gewitzte Schlitzohren, und die Kinder lernen durch deren Beispiel, so daß das Betrügen von Fremden zur selbstverständlichen Erziehung gehört. Würde man je glauben, daß bei dieser Lebensform auch Luxus und Ehrgeiz existieren? Eine Frau ist dann arm, wenn sie sehnlichst ein Stück Schmuck ihr eigen nennen möchte und keines besitzt. Mit Neid betrachtet sie diejenige, die besser dran ist als sie und vielleicht den Gegenwert von einer halben Krone an Zierat um den Hals trägt. Die Frau, die einige Glasperlenketten oder eine Art von ungeschliffener Koralle, zwei oder drei Silberbroschen oder Ringe an Armen und Beinen besitzt, gilt als reich und großartig. Einige der Frauen sind auf ihre Weise höchst kokett und stehen ihren Schwestern in den Hauptstädten Europas in dieser Kunst nicht nach. Mir ist oftmals aufgefallen, daß sich nur die häßlichen Frauen in die Zier der Bescheidenheit schicken. Sie sind nicht darauf bedacht, ihr Gesicht einem Fremden zu zeigen; da sie keinen Gewinn daraus ziehen können, scheint es ihnen günstiger, ihr Gesicht verborgen zu halten. Im Gegensatz dazu wird diejenige, die auf Bewunderung von seiten des Fremden hofft, dafür Sorge tragen, daß der Schleier oder das Stück Tuch, das ihr Gesicht bedeckt, durch Zufall entgleitet oder sich beiseite schiebt. Ist dieser Kunstgriff gelungen, gibt sie mit besorgter Miene vor, sich umgehend wieder verschleiern zu müssen. Jedoch ist sie hoch befriedigt, wenn der Fremde auch nur einen flüchtigen Blick auf ihr Gesicht werfen konnte. Sie schreitet weiter – stolz darüber, daß der Fremde weiß, wie schön sie ist.

Will ein junger Mann heiraten, geht er zum Vater der zukünftigen Braut und einigt sich mit ihm über den Preis für sie. Ist diese Hürde genommen, wird ein bestimmter Betrag für die Hochzeitsfeierlichkeiten festgelegt und ausgegeben. Zur Haushaltsgründung bedarf es nicht mehr als zweier oder dreier irdener Schüsseln, eines Mahlsteines und einer Strohmatte, die als Bett dient. Die Braut besitzt ein Hochzeitsgewand und Schmuck. Falls ihr der zukünftige Gatte ein paar Armreifen aus Silber, Elfenbein oder Glasperlen schenkt, ist sie wahrhaft glücklich und zufrieden. Das Haus steht bereit: ohne Mietzahlungen oder Steuerabgaben. Kein Regentropfen vermag durch das Dach zu dringen, und es gibt keine Tür; sie ist in der Tat überflüssig, da es nichts zu verlieren gibt. Sie fertigen eine Art Kiste aus Lehm und Stroh an, die zwei oder drei Tage an der Sonne getrocknet wird und dann recht stabil und hart ist. Sie wird auf einen Rahmen gesetzt und erhält eine Öffnung. Alle wertvollen Gegenstände werden dort hineingelegt. Ein Stück Holz von einem Sarg bildet die Tür. Gefällt ihnen ihr Haus nicht mehr, verlassen sie es und suchen sich ein anderes von den Hunderten, die ihnen zur Verfügung stehen. Es handelt sich sogar um mehrere Tausend, aber nicht alle sind bewohnbar.

Während ich dergestalt mit meinen Forschungen in Theben beschäftigt war, erhielten wir Nachricht von der bevorstehenden Ankunft des Defterdars. Zu dem Zeitpunkt hatte ich meine verschiedenen Tätigkeiten gut koordiniert, so daß alles aufs Beste bestellt war. In Karnak hatte ich am Morgen vor meiner Überfahrt nach Kurna mehrere Männer am Rand eines größeren Erdhügels eingesetzt, aus dem ein Teilstück eines gewaltigen Kolosses herausragte. Mr. Beechey, der die Ruinen und Tempelanlagen oftmals besuchte, war so freundlich, die Arbeiten an jenem Tag zu beaufsichtigen. Bei meiner Rückkehr aus Kurna konnte ich mit großer Freude feststellen, daß man einen gigantischen Kopf entdeckt hatte, größer als der, den ich nach England hatte schiffen lassen. Er war aus Rosengranit, wundervoll gearbeitet, und sein Zustand, mit Ausnahme eines Ohres und Teilen der Kinnpartie, die zusammen mit dem Bart abgebrochen waren, war außergewöhnlich gut. Der Kopf, auf dem die übliche Krone saß, war am unteren Teil des Halses von den Schultern abgetrennt. Obwohl größer als der Kopf des jungen Memnon, war er nicht so schwer und klobig, da die Schulterpartie nicht mehr dazugehörte. Ich ließ den Fund nach Luxor transportieren: Das Unterfangen dauerte acht Tage, obwohl die Entfernung weniger als eine Meile betrug.

In Luxor hatte ich inzwischen so viele Kunstobjekte zusammengetragen, daß sich damit ein Schiff derselben Größe wie das des Vorjahres füllen ließ. Neben dem Kopf, der von der Spitze der Krone bis zum Hals zehn Fuß maß, hatte ich einen Arm entdeckt, der zu derselben Statue gehörte und dessen Länge sich gleichfalls auf zehn Fuß belief. Auf Grund der enormen Ausmaße von Kopf und Armen vermochte man sich eine Vorstellung von der Gesamtgröße zu machen.

Ich hatte zudem noch den berühmten Altar mit dem Hochrelief der sechs Gottheiten heranschaffen lassen – das vollkommenste Kunstwerk, das ich in Ägypten gesehen habe. Der Altar war in einem kleinen Tempel im Nordostwinkel der Mauer, die den großen Tempel von Karnak umschließt, von seinem Piedestal heruntergestürzt. Der Sockel ist immer noch dort. Er ist aus einem weißlichen Marmorstein gefertigt. Hinzu kamen vier riesige Statuen mit Löwenhäuptern sowie der Deckel des Sarkophages, über den ich während meiner ersten Reise viel berichtet habe. Wie man sich denken kann, war es ungewöhnlich mühselig, einen schweren Granitblock aus der Tiefe der unterirdischen Kammern heraufzuholen, durch einen schmalen Hohlraum hindurch, der einem Mann kaum erlaubte, aufrecht zu sitzen, und einen felsigen und unebenen Schacht hinauf. Mir waren dabei Leute behilflich, die sich, jeglichen Ordnungsbegriffes abhold, mit dem Staub, der unter ihren Füßen aufwirbelte, der extremen Hitze und den Ausdünstungen ihrer Körper zufriedengeben mußten. Ich hatte das Stück nach Luxor befördern lassen; die Verschiffung stand unmittelbar bevor, und wie es sich herausstellen sollte, war das sehr gut so.

Bisher hatte ich großes Glück gehabt, denn kaum hatte ich diese Unternehmung beendet und die genannte Kollektion zusammengebracht, als aus Gamola[89], drei Meilen nördlich von Theben, ein Befehl des Defterdar Bei erging, der alle Kaschefs und Kaimakane betraf, die die Befehlsgewalt über beide Nilufer bei Theben hatten: Unter keinen Umständen dürfte den Engländern erlaubt werden, weitere Altertümer aufzukaufen, noch sei es den Arabern gestattet, für sie zu arbeiten oder ihnen etwas zu verkaufen.

Meinem Leser soll es nicht verborgen bleiben, daß sich die zwei Agenten unserer gegnerischen Partei nach der Ankunft des Beis ebenfalls nach Gamola begeben hatten und

89 Heute El-Qibli Qamula

ihm einen derartigen Befehl nahelegten, wobei sie den Vorwand benutzten, daß sie selbst keinerlei Kunstgegenstände und Altertümer finden noch kaufen konnten Schuld daran trügen die Engländer, die sich über alles hermachten. Es bedurfte keiner großen Überredungskunst: Der Bei ließ unverzüglich nach den Vorstehern von Kurna, Luxor und Karnak schicken und erteilte ihnen den eben erwähnten strikten Befehl.

Der Scheich von Kurna kam zu uns, um uns über die Anordnung des Bei zu berichten. Der arme Kerl, der uns recht zugetan war, bedauerte seine mißliche Lage, konnte aber nichts anderes tun als gehorchen. Da es schon zu spät war, um zum Bei aufzubrechen, wartete ich bis zum nächsten Morgen. Bei meiner Ankunft fand ich den glorreichen Potentaten auf seinem Diwan lagernd vor; er war von seinen Kaschefs und einigen Dienern umringt. Er empfing mich wesentlich kühler und zurückhaltender als bei meinem letzten Besuch. Er erkundigte sich, ob ich meine Sammlungstätigkeit noch nicht abgeschlossen hätte. Ich antwortete ihm, daß ich mit seiner Erlaubnis noch mehr zu finden hoffte.

Ich überreichte ihm den Brief des Paschas; die Wirkung wäre angenehmer gewesen, wenn ich ihm ein Geschenk mitgebracht hätte. Als er die Aufschrift auf dem Brief sah, lenkte er das Gespräch behend in andere Bahnen, und erst nach einer halben Stunde gelang es mir, auf das leidige Thema zurückzukommen, wobei er immer wieder auf Ablenkung sann. Ich vermochte mir sein Verhalten nicht zu erklären und begann, ihn nach den Gründen für seine ablehnende Haltung zu fragen. Er betrachtete den Brief ein zweites Mal und setzte die Kaschefs mit einem Lächeln über den Inhalt des Briefes in Kenntnis. Seine Ausdrucksweise vermittelte den Eindruck, als ob der alte Pascha den Verstand verloren habe und kindisch geworden sei und er, der Bei, nun tun könne, was ihm beliebe. Darauf legte er den Brief beiseite und redete von anderen Dingen. Ich bemerkte, daß er nach einer Begründung oder Rechtfertigung für sein Verhalten uns gegenüber suchte; er sagte uns, er habe Informationen erhalten, wonach sich die Fellachen über schlechte Behandlung durch uns beschwert hätten. Ihm sei zu Ohren gekommen, daß wir erbarmungslos unsere Schwerter zögen, um ihnen die Köpfe abzuschlagen und sie ständig auspeitschten. Ich erhob mich mit der Bemerkung, daß es mich sehr erstaune, daß ein vernünftiger Mann wie er solchen Märchen Glauben schenke und uns ohne jegliche Beweise für schuldig befände. Und falls er sich die Mühe mache, der Sache nachzugehen, würde er merken, daß all dies gelogen sei; außerdem sei es seine Pflicht, uns gerecht zu behandeln. Er antwortete, daß wir nahezu jedes Kunstobjekt in Kurna aufgekauft hätten und der anderen Partei daher nichts übrig bliebe – aus diesem Grund müsse er unseren Tätigkeiten ein Ende setzen. Daraufhin gab ich ihm zu bedenken, daß uns alle Gegenstände freiwillig zum Kauf angeboten worden seien. Ich bat ihn nochmals, dem Gerede unserer Opponenten nicht zu glauben, die mit List und Tücken arbeiteten, von denen wir nichts ahnen konnten. Der Bei fuhr fort, von anderen Dingen zu reden, bis ich ihn schließlich fragte, was er bezüglich des Befehls Karnak betreffend zu tun gedenke. Er gab keine Antwort, sondern fragte nur, wie weit es bis Kurna sei. Ich zeigte ihm den Ort vom Fenster aus; er war sechs Meilen entfernt. Daraufhin ließ er Pferde kommen, und wir machten uns auf den Weg dorthin. Nach zwei Stunden kamen wir an, und der Bei begab sich unverzüglich zum Memnonium. Er erkundigte sich dort angelegentlich nach den großen

›Moscheen‹, wie er sie nannte, und stellte eine Reihe von Fragen über die Gebäude und Großstatuen. Anschließend begab er sich zu den zwei Kolossalstatuen und von dort nach Medinet[90]. Ich folgte ihm, da ich erreichen wollte, daß er seinen Befehl an die Scheichs zurücknahm. Ich suchte und fand mehrmals die Gelegenheit, tête-à-tête mit ihm zu reden – aber ohne Erfolg. Jedesmal, wenn ich dieses Thema anzusprechen begann, lenkte er ab und fragte etwas anderes. Ich war jedoch fest entschlossen, die Geduld nicht zu verlieren, besonders nachdem mir klar geworden war, daß er eben dies beabsichtigte. Nicht einen Moment wollte ich ihn aus den Augen lassen, denn es liegt im Charakter der Türken, daß sie zur Zustimmung dessen gedrängt werden müssen, was nicht ihrem Vorteil zu entsprechen scheint. Nach einer allgemeinen Betrachtung der Ruinen setzte er sich vor das berühmte Schlachtengemälde an der Wand und ließ seine Meinung dazu vernehmen. Er bemerkte, daß die Farbgebung unmöglich aus derselben Zeit stammen könne wie die Figuren, da jene so frisch und leuchtend, das Gestein dagegen schon verfallen sei. Ich erzählte ihm, daß das Klima des Landes die Konservierung dieser Dinge begünstige – meine Erklärung ließ er nicht gelten. Er setzte sich dann unter den Bogen des ersten Eingangsportals und rief den Scheich von Kurna herbei, von dem er wußte, daß er unser Freund war und dem er seine Befehle während der letzten Nacht hatte zukommen lassen. Der arme Scheich, vollkommen verstört und am ganze Leibe zitternd, wurde befragt, wieviele Männer in Kurna auf der Suche nach Mumien mit Grabungen beschäftigt seien. Der Scheich antwortete sechs oder sieben. Mir wurde klar, daß der Bei nicht recht wußte, wie er seinen Spleen befriedigen sollte. Da es ihm unvermeidbar erschien, die Befehle zurückzunehmen, sollte der arme Scheich darunter zu leiden haben, und unsere Gruppe sollte ruiniert werden. Ihm kam ein diabolischer Gedanke: Er fragte den Scheich, ob er in Kurna eine Mumie finden könne, die noch nicht angetastet worden sei. Der Scheich gab ihm darauf zur Antwort, daß er dies sicher bewerkstelligen könne, wenn er genug Zeit zur Verfügung habe; denn die Leute, die die Mumien fänden, würden sie immer unverzüglich öffnen. Der Bei wurde sehr zornig und bestand darauf, daß man sofort eine Mumie herbeischaffen solle, und falls dies nicht möglich sei, würde er ihm Stockschläge verpassen. Dem armen Scheich wurde befohlen, an Ort und Stelle, direkt unter seinen Füßen, zu graben und eine Mumie zutage zu fördern. Dieser antwortete, daß sich alle Mumien in Kurna finden ließen, jedoch keine an diesem Ort. Es war äußerst günstig für ihn, daß seine Angaben von einem der Gehilfen und einem Kaschef bestätigt werden konnten. Der Bei schickte ihn daraufhin nach Kurna und befahl ihm, innerhalb einer Stunde eine Mumie im ungeöffneten Sarg zu finden. Vier oder fünf Soldaten hinderten ihn daran, seine verzweifelten Einwände vorzubringen.

Bald darauf verließen wir Medinet Habu und begaben uns nach Kurna. Unter einer Akazie sahen wir den Scheich mit einigen Janitscharen und einer Mumie auf die Inspektion durch Seine Hoheit warten. Noch bevor wir die Gruppe erreicht hatten, schrie der Bei, der Sarg sei

90 Medinet = Medinet Habu in Theben-West

sicherlich schon von einem Fellachen geöffnet worden. Vergeblich versuchten wir, ihn vom Gegenteil zu überzeugen. Ich hatte mir nicht vorstellen können, daß er die Dinge so weit treiben würde. Niemand konnte annehmen, daß der Sarg vordem schon geöffnet worden war, aber der Bei suchte eine Ausrede, um den Scheich wegen seiner Freundschaft zu uns zu strafen. Er befahl ihm, sich sofort flach auf den Boden zu legen. Es folgte eine solch üble Szene, daß sich selbst die Türken mit Bekundungen des Mißbehagens und Widerwillens nicht zurückhielten. Mir wurde deutlich, daß dies den Intrigen unserer Gegner zu verdanken war – die dem Bei mitgeteilt haben mußten, daß der Scheich unser Freund war. Da sie, um ihm zu schmeicheln, einige läppische Geschenke mitgebracht haben mochten, hörte er natürlich auf ihre Erzählungen. Ich habe versucht einzugreifen, um dem Bejammernswerten zu helfen, der sich die ganze Zeit unter den Stockschlägen krümmte – aber ich war erfolglos. Ich mußte mich schließlich davon überzeugen lassen, daß dem Grad meiner Überredungskünste entsprechend, die Strafe härter ausfallen würde. Der Dolmetscher, ohne zu wissen, was er tat, wollte im Namen von Mr. Salt, dem britischen Konsul, eingreifen: Der Bei schmetterte das mit einem Lachen ab. Dann versuchte er es im Namen seines Schwiegervaters, des Paschas, der Bei jedoch pochte auf das Recht der alleinige Herrscher zu sein und fügte hinzu, sich an den Mann wendend, der die Stockhiebe verteilte: »Mach schon, schlag härter zu!«

Der arme Kerl ähnelte derweil schon sehr der Mumie, die an seiner Seite lag, der Sinneswahrnehmung und jeglicher Gefühlserregung beraubt. Wenn er noch mehr geschlagen worden wäre, hätte er dort zweifelsohne für ewig gelegen und hätte an Ort und Stelle begraben werden müssen. Ich überlasse es dem Einfühlungsvermögen eines jeden Menschenfreundes, sich vorzustellen, wie mir das Blut zu Kopf stieg und meine Gefühle aufwallten. Ich versichere dem Leser, daß ich kaum mehr an mich halten konnte; aber mir kam deutlich zu Bewußtsein, daß es zu unser aller Nachteil gewesen wäre, wenn ich meine Geduld verloren hätte. Ich wäre den Schmähungen des Beis ausgeliefert gewesen, denn er suchte nach einer Gelegenheit, sein Verhalten uns gegenüber zu rechtfertigen. Die Vernunft vermochte zwar meinen Zorn nicht zu besänftigen, jedoch verhinderte sie mein direktes Eingreifen, und lange Zeit stand ich bewegungslos da. Der Bei lächelte, und ich fürchtete, daß er meinen Gefühlszustand erkennen und somit sein eigenes Vergnügen steigern könnte. Endlich befahl er, mit den Schlägen aufzuhören. Der erbarmungswürdige Scheich wurde in seine Höhle transportiert, als ob es sich dabei um sein Grab handelte. Der Bei ließ daraufhin die Mumie öffnen. Er fand nichts. Wenn man ihm nicht eine vollkommen ausgestattete Mumie brächte, rief er anschließend, würde er den Scheich eigenhändig in den Fluß werfen. Da er bemerkte, daß ich nicht mit ihm redete – mein Widerwille, seine Nähe ertragen zu müssen, war so stark –, rief er einen anderen Scheich zu sich und ordnete an, daß alle in Kurna gefundenen Kunstgegenstände ausschließlich an unsere Gegner verkauft werden sollten. Als ich ihm mitteilte, daß ich mich gezwungen sähe, noch an demselben Abend nach Kairo zu schreiben, bestieg er sein Pferd und trug meinem Dolmetscher auf, einen Mann nach Gamola zu schicken mit einem Befehl an die Fellachen, morgen mit der Arbeit zu beginnen! Ich ließ verlauten, daß ich trotz seiner unvermittelten Sinnesänderung nach Kairo würde senden lassen, da ich es für meine Pflicht hielte, den Pascha wissen zu lassen, auf welche Weise man mit seinen Anordnungen umging. Ich suchte den Scheich auf; er konnte seinen Mund nicht zum Sprechen öffnen, und ich tat alles für sein Wohlbefinden was in meiner Macht lag. Aber die Araber hatten inzwischen solche Furcht vor uns, daß sie Kontakte mit uns scheuten.

Am nächsten Morgen sahen wir das Schiff des Beis an Luxor vorbeigleiten. Der Kaschef aus Kena ließ uns durch einen Boten aus Gamola die Nachricht bringen, daß wir zwanzig Männer für einen Zeitraum von acht Tagen beschäftigen könnten. Da der Bei offensichtlich nicht an Land gehen wollte, versuchte ich, den Kaschef zu überreden, seinen Einfluß geltend zu machen, damit der Befehl eingehalten würde. Er schien dieser Aufgabe aus dem Weg gehen zu wollen und sagte uns ganz offen, daß unsere Opponenten uns beim Bei verleumdet hätten. Wäre es in seiner Macht gewesen, hätte er sich gern mit uns angefreundet. Schließlich ließ er sich von meinen Argumenten überzeugen: Er befahl den Männern, die Arbeit aufzunehmen, und nach wenigen Tagen hatte ich alle Fundstücke am Kai von Luxor zusammengebracht. Ich ließ eine Lehmmauer errichten, um die Altertümer zu schützen.

Wir hatten gerade einige Grabungen im Karnak und Luxor beendet, als am Morgen des 3. Mai der oben erwähnte Gentleman auf seinem Rückweg von Darau[91] in Luxor haltmachte. Er sah sich unsere nicht unerhebliche Kollektion an. Wir beschwerten uns über unsere Lage und machten ihm klar, daß auf Grund seines Verhaltens dem Scheich gegenüber die Fellachen nicht arbeiten wollten. Wir sagten ihm, daß wir respektiert werden und unsere Unternehmungen in Ruhe weiterführen wollten. Uns läge nicht daran, besser als unsere Konkurrenten behandelt zu werden, aber wir wünschten zum einen, daß die Leute aus Kurna von ihm die Aufforderung erhielten, auch an uns Altertümer verkaufen zu können; zum anderen, daß er den Kaschefs von Assuan und Ibrim[92] einen gleichartigen Befehl zukommen ließe, denn wir planten den Nil aufwärts zu reisen. Dies sicherte er uns zu und reiste ab.

Der starke Wind, der sich an diesem Tag erhob, bietet eine gute Gelegenheit, einige Details über verschiedene Phänomene zu erwähnen, die zur Eigenart Ägyptens gehören. Als erstes wäre da der *Wirbelwind* zu nennen, der zwar das ganze Jahr über auftaucht, ganz besonders aber zur Zeit des Chamsin-Windes, der im April anhebt und fünfzig Tage dauert. Der Name Chamsin bedeutet im Arabischen ›fünfzig‹. Der Wind kommt aus Südwest; er hält vier, fünf oder sechs Tage an und ist so stark, daß er den Sand bis in große Höhe aufwirbelt, eine alles einhüllende Wolke bildend, die so dicht ist, daß es unmöglich ist, die Augen offen zu halten, es sei denn unter einer Schutzumhüllung. Selbst für die Araber ist er beschwerlich und kaum zu ertragen. Der Sand wird durch die kleinsten Ritzen in die Häuser gedrückt und legt sich über alle Gegenstände. Die Wüstenkarawanen stocken, der Schiffsverkehr kommt zum Erliegen, und die Reisenden sehen sich gezwungen, die Mahlzeiten mit Sand angereichert zu

91 40 km nördlich von Assuan, Ortschaft mit bedeutendem Kamelmarkt
92 Das alte römische Primis, einer der wichtigsten, strategisch bedeutendsten Orte in Nubien, liegt rund 55 km nördlich von Abu Simbel

sich zu nehmen. Das Ganze ist ein Chaos. Oftmals ballen sich eine Menge Sandes und kleine Steine zusammen; sie bilden eine Art Säule von sechzig bis siebzig Fuß Durchmesser, so undurchdringlich, daß man das Gebilde, rührte es sich nicht von der Stelle, für eine solide Masse halten könnte. Diese Säule dreht sich nicht nur um ihre eigene Achse, sondern bewegt sich über weite Strecken kreisförmig über dem Erdboden – oftmals sich selbst länger als eine halbe Stunde in Bewegung haltend. An der Stelle, wo sich die Säule auflöst und in ihre Bestandteile zerfällt, entsteht ein kleiner Sandhügel. Gott schütze den armen Reisenden, der da hineingerät!

Das nächste Phänomen ist die *Fata Morgana*. Sie wurde vielfach schon von Reisenden beschrieben: Wie sie ihrem Trugbild verfallen sind, das ihnen von der Ferne die Vorstellung von Wasser vorgaukelt. Das entspricht tatsächlich der Wahrheit, und ich muß gestehen, daß auch ich mich von ihr habe täuschen lassen, obwohl ich mit dem Faktum schon vertraut war. Die vollkommene Ähnlichkeit mit dem nassen Element und das starke Bedürfnis nach eben diesem schien wahrhaftig der Natur zu entsprechen, obwohl ich auf der Hut war, mich keinerlei Sinnestrug hinzugeben. Im allgemeinen meint man, einen stillen See vor sich zu haben, der, unbewegt vom Wind, sein eigenes Spiegelbild wirft – was gleichzeitig die Ursache der Sinnestäuschung bildet. Bewegt der Wind die Bäume, die oberhalb der Fata Morgana am Horizont sichtbar werden, erkennt man aus einiger Entfernung deren sanftes Wiegen ganz deutlich. Steht der Reisende an einem erhöhten Punkt oberhalb der Fata Morgana, erscheint die Oberfläche des Wassers weniger zusammenhängend und tief; da die Augen darauf herunterblicken, ist die Dunstdecke auf dem Erdboden nicht verdichtet genug, und man kann die Erdoberfläche wahrnehmen. Befindet man sich jedoch auf gleicher Höhe mit dem schönen Schein, vermag man nicht hindurchzusehen, und das Trugbild erscheint wie klares Wasser. Dadurch, daß ich meinen Kopf auf den Boden legte und im Anschluß daran auf mein Kamel stieg – die Höhe mag etwa zehn Fuß betragen haben –, stellte sich mir die Fata Morgana jeweils anders dar. Wenn man näherkommt, wird sie transparenter und wie vom Wind bewegt, ähnlich einem Feld reifen Weizens. Je näher man kommt, desto verschwommener wird sie, und schließlich ist sie vollkommen verschwunden.

Die *Heuschrecken* bilden die dritte Absonderlichkeit dieses Landes. Ich habe die Tiere in großen Schwärmen gesehen. Die doppelte Anzahl, auf den gleichen Raum verteilt, würde eine schwarze Masse bilden, die die Strahlen der Sonne gänzlich verdeckte und eine totale Finsternis verursachte. Sie steigen aus Korn- oder Gemüsefeldern auf und haben nach einigen Minuten den gesamten Anbau aufgefressen und vernichtet. Die Einheimischen erzeugen soviel Lärm wie möglich, um sie fortzuscheuchen; aber vergeblich. Als Ausgleich oder Vergeltungsmaßnahme fangen sie sie und verzehren sie in gebratenem Zustand als leckeren Imbiß. Sie sehen wie Grashüpfer aus und sind etwa zwei Inches lang. Gewöhnlich sind sie von gold-gelber Farbe; es gibt aber auch rote und grüne.

Nachdem wir uns mit dem angenehmen Gedanken vertraut gemacht hatten, endlich allein zurückbleiben und unseren Forschungen ungestört nachgehen zu können, traf ich entsprechende Vorbereitungen zur Weiterführung der Arbeiten in Kurna. Ich vermochte die Scheichs und einheimischen Arbeiter bis zu einem gewissen Grad davon zu überzeugen, daß sie keine Unannehmlichkeiten von seiten des Beis zu befürchten hätten, da er ihnen – das Schreiben konnte ich vorweisen – gestattet hatte, für uns zu arbeiten und uns Altertümer zu verkaufen. Wir einigten uns darauf, daß sich die Scheichs am nächsten Morgen versammeln sollten, damit ihnen die entsprechende Anordnung des Beis vorgelesen würde. Demgemäß versammelten wir uns in der Höhle, die als Treffpunkt für Fremde und als Markt für An- und Verkauf von Altertümern fungierte. Eine große Anzahl von Fellachen war ebenfalls anwesend, um den Firman zu hören, den der große Mann eigenhändig verfaßt hatte. Eingedenk des Beispiels vom unglückseligen Scheich waren alle höchst aufmerksam. Unser Dolmetscher hatte den Firman sorgfältig in seiner Tasche aufbewahrt und sich mehrfach mit dem kostbaren Besitz gebrüstet. Das Schreiben wurde umständlich hervorgeholt und dem einzigen Scheich überreicht, der des Lesens kundig war. Zuerst las er es schweigend durch, gleichsam zur Einübung. Er war noch nicht weit gekommen, als er sich umwandte und mich verwundert anschaute; er las jedoch weiter und fragte mich dann, ob er es laut vortragen solle. Ich nickte zustimmend, und er begann, vor allen Anwesenden folgendes vorzulesen:

»Es ist Wille und Wunsch von Hamed, dem Defterdar Bei und gegenwärtigen Herrscher von Oberägypten, daß weder die Scheichs noch die Fellachen oder irgend jemand anderer von diesem Zeitpunkt an Altertumsgegenstände an die Engländer verkaufe oder für sie arbeite – im Gegenteil: Ich erteile hiermit den Befehl, daß alles, was möglicherweise gefunden wird, an die Gruppe von Mr. Drovetti verkauft werde. Wer immer sich diesem Befehl widersetzen sollte, muß mit dem Unwillen des Beis rechnen.«

Ich brauche den Leser nicht über meine Gefühle zu unterrichten, die in mir aufwallten, als ich diese Botschaft hörte – sie war das Gegenteil von dem, was ich zu erwarten berechtigten Anlaß gehabt hatte. Könnte ich mit Sicherheit sagen, daß ich nie wieder nach Ägypten kommen werde, könnte ich jetzt deutlicher werden und die Ursachen und Mittel der Beeinflussung des Beis von bestimmten Seiten her aufzeigen: Da ich aber nicht weiß, was das Schicksal mit mir und meinen Plänen noch vorhat, werde ich über diese mißliche Angelegenheit schweigen – und zwar solange, bis der geeignete Zeitpunkt kommt, da diese und andere Dinge, von denen die Welt nicht das Geringste ahnt, erklärt werden können. Die zahlreichen Intrigen, die von mehr als nur einer Person gegen mich geschmiedet worden sind, werden dann ans Licht kommen.

Die oben geschilderten Umstände jedoch ließen es ratsam erscheinen, unsere Arbeiten vorerst abzubrechen. Wir bescheideten uns damit, nach Kairo zu schreiben und unsere geplante Reise zur Insel Philae anzutreten. Ich hatte Mr. Salt einmal vorgeschlagen, die Freilegung des Tempels von Abu Simbel in Angriff zu nehmen, falls er sich imstande sähe, uns mit einer entsprechenden Menge Geldes zu versorgen. Das Projekt der Tempelöffnung erschien aber wie ein Luftschloß in den Wolken, da niemand dort wirklich einen Tempel vermutete. Nachdem wir unsere Fundstücke an einer Stelle zusammengetragen, eine Schutzmauer aus Lehm errichtet und alles mit Erde bedeckt hatten, ließen wir einen arabischen Scheich als Wächter zurück, und am 23. Mai brachen wir nach Assuan auf.

Da wir erst auf der Rückreise alles genauer besichtigen wollten, hielten wir uns nirgends länger auf. Von Assuan aus konnte man Elephantine und die anderen Inseln wunderbar erkennen. Wir reisten bis zur Insel Philae weiter, die wir als unseren Stützpunkt ausgewählt hatten, um dort die Antwort auf unsere Briefe zu erwarten, die wir von Luxor aus an Mr. Salt geschickt hatten. Auf dem Weg dorthin war der Nilkatarakt sehr gut zu sehen. Einer der gewaltigsten Wasserfälle ist in dieser Jahreszeit etwa dreißig Fuß hoch und bildet einen Winkel von fünfzehn Grad. Kleinere Schiffe und Canjas können während des ganzen Jahres über die Stromschnellen gezogen werden.

Während unseres Aufenthaltes auf Philae stellte ich ein Wachsmodell der Säulenhalle des großen Tempels her. Die exquisiten Kapitelle und Ornamente der Säulen inspirierten mich dazu. Es war im Monat Mai, und die Hitze war so groß, daß die Mischung aus Wachs und Harz butterweich war und deren Konsistenz kaum ausreichende Festigkeit besaß, um als formbare Masse benutzt zu werden. Das Thermometer zeigte bis zu 124 Grad Fahrenheit im Schatten an, und die Quecksilbersäule war bis an den Rand des Glases gestiegen. Bis zu welcher Höhe sie bei größerem Glasvolumen hätte steigen wollen, wage ich kaum zu schätzen.

Ein Araber aus Kairo brachte uns einen Brief von Mr. Salt. Der Bote hatte die Strecke in achtzehntägiger Überlandreise hinter sich gebracht. Der Brief enthielt einen größeren Geldbetrag, und zu meiner schönsten Befriedigung hatte sich Mr. Salt mit meinem Wunsch einverstanden erklärt, den Tempel von Abu Simbel freizulegen. Ich hatte ihm dies Unternehmen mehrfach ans Herz gelegt, und ich rechne es ihm hoch an, daß er die Ausgaben für ein derartiges Vorhaben nicht scheute – ein Vorhaben, dessen zweifelhafter Ausgang die meisten Leute davon abgehalten hätte. Er selbst war von der Existenz eines Tempels dort keineswegs überzeugt: In demselben Brief vertrat er die Ansicht, daß wir sicherlich keinen Eingang würden finden können, sondern er vermutete, daß das Ganze wahrscheinlich einer der Grabanlagen bei den Pyramiden ähneln könnte.

Einige Tage vorher waren Mr. Irby und Mangles[93], beide im Range eines Hauptmanns, auf der Insel angekommen. Sie befanden sich auf dem Weg zum 2. Katarakt, und da wir auf Schwierigkeiten stießen, zwei Boote zu mieten, beschlossen wir, gemeinsam weiterzureisen und uns mit einem Boot zu begnügen. Wir mußten unseren Dolmetscher nach Esna schicken, um Vorräte zu erstehen, denn in Assuan gab es nichts zu kaufen. Am 4. Juni schlugen unsere heiteren Begleiter, die Hauptmänner Irby und Mangles vor, den Geburtstag seiner Majestät George III. zu zelebrieren. Wir hatten im Boot eine alte Flagge mitgeführt, die wir auf dem höchstgelegenen Tempel der Insel aufzogen. Um 12 Uhr mittags holten wir unsere Waffen hervor und feuerten die erforderlichen einundzwanzig Schuß Salut ab. Da wir nur fünf Gewehre besaßen, mußten wir sie in großer Geschwindigkeit mehrmals nachladen; die Gewehrläufe wurden von der Hitze der Sonne und den Schüssen derart heiß, daß wir sie

93 Captain Charles Irby und Captain James Mangles waren zwei abenteuerlustige englische Seeoffiziere, die den Orient bereisten

Schiffsverkehr auf dem Nil im 19. Jahrhundert (nach Trémaux)

nicht berühren konnten. Am Abend wiederholten wir unseren Freudensalut und verschreckten damit die Einheimischen, die sich nicht vorzustellen vermochten, warum wir so viel Schießpulver vergeudeten, ohne jemanden töten zu wollen. Ich glaube aber, daß wir sie zumindest von unserer potentiellen Verteidigungskraft überzeugt haben.

(Mrs. Belzoni und James Curtain treffen auf der Insel ein und bleiben dort bis zur Rückkehr Belzonis.)

Am 16. Juni verließen wir die Insel Philae. Unsere Gruppe bestand aus den Hauptmännern Irby und Mangles, Mr. Beechey und mir, zwei Dienern und dem Soldaten Mohammed, den uns Mr. Salt geschickt hatte. Auf unserer Reise hatten wir viele Unannehmlichkeiten mit unserer Schiffsbesatzung, fünf Männern und drei Knaben, die alle aus einer Familie stammten. Bei unserer Ankunft in Abu Simbel mußten wir feststellen, daß sich die Kaschefs in Tumas[94], Derr gegenüber, befanden. Wir schickten einen Eilboten aus, um sie von unserem Vorhaben in Kenntnis zu setzen, den Tempel freizulegen.

94 Dorf bei Derr auf dem Westufer des Nils. Heute ist es in dem großen Stausee versunken

Wir warteten drei Tage; am vierten kam ein Bote auf einem Kamel angeritten. Er sagte, er wolle sich davon überzeugen, daß ich dieselbe Person sei, die, vom britischen Konsul geschickt, im vergangenen Jahr hier gewesen wäre und jetzt den Tempel freilegen wolle. Er erkannte mich sofort und kehrte unverzüglich wieder um.

Nach drei weiteren Tagen tauchten die beiden Kaschefs auf und schlugen ihr Lager in kleinen Strohhütten am sandigen Ufer des Flusses auf. Wir machten den Hoheiten unsere Aufwartung und wurden freundlich empfangen, da sie einiges von uns erwarteten. Wir überreichten dem Daud Kaschef ein schönes Gewehr, Schießpulver und Kugeln, einen Schal, Seife und Tabak. Unsere Freigiebigkeit hatte unglücklicherweise die Eifersucht seines Bruders entfacht. Khalil betrachtete sich seit der Abwesenheit des Vaters als seinem Bruder gleichrangig. Dieses war mir nicht bekannt, da er im vergangenen Jahr lediglich als Helfer seines Bruders Daud fungierte. In einem gewaltigen Anfall von Jähzorn klärte er uns über seine Bedeutsamkeit auf. Wir versprachen ihm eines unserer Gewehre, aber unsere Beschwichtigungsversuche blieben erfolglos. So blieben wir den ganzen Tag im Ungewissen über unser Schicksal. Daud bestand sehr freundlich darauf, daß wir bleiben und mit ihm essen sollten; ich lehnte sein Angebot ab, da sich sein Bruder in seine Hütte zurückgezogen hatte und somit nicht dabei gewesen wäre. Daud ging zu ihm, um ihm eigenhändig das Essen zu bringen – vergebliche Müh. Ich ging schließlich, um mit ihm zu reden, und nach langem Hin und Her gelang es mir, mit diesem großen Potentaten Frieden zu schließen. Er nahm eines unserer Gewehre, Schießpulver und Kugeln an. Wir kamen überein, am nächsten Morgen mit dreißig Männern die Arbeit zu beginnen.

Am Morgen erschienen die Männer recht spät. Dessen ungeachtet nahmen wir die Arbeiten am Tempel mit Enthusiasmus und großen Hoffnungen wieder auf. Mir wurde klar, daß man den Sand unbedingt von den Seiten her abtragen mußte, denn begänne man ihn von der Mitte her wegzuräumen, würde er von seitwärts unaufhaltsam nachrutschen und das Mittelteil wieder zuschütten. Der rührige Graf de Forbin, der sich dieser Lokalität nicht einmal bis auf fünfhundert Meilen genähert hat, hat die Ansicht vertreten, daß sich der Sand gewiß ohne Schwierigkeiten in den Fluß werfen ließe. Ich wünschte, er wäre zumindest einmal in seinem Leben hier gewesen: Er hätte dann sein Urteil weniger leichtfertig abgegeben. Die Sandmassen sind durch den Wind der Jahrhunderte angehäuft worden; sie von der Stelle zu schaffen und in den Fluß zu werfen, wäre ein Unterfangen, das selbst mit der gesamten Einwohnerschaft des angrenzenden Landes nicht einmal in zwölf Monaten hätte bewerkstelligt werden können. Ich beschränkte meine Wünsche und Hoffnungen darauf, das Portal zu erreichen, als die schnellste und sicherste Möglichkeit, in den Tempel einzudringen.

An jenem Tag teilte ich die Männer in zwei Gruppen auf und wies ihnen jeweils die Flanken der Kolossalstatue zu, die über dem Eingang stand. Sie arbeiteten zufriedenstellend, aber da nur wenige Männer anwesend waren, vermochte man kaum die von ihnen bewegte Sandmenge wahrzunehmen. Da dies ein äußerst zeitraubendes Unternehmen zu werden versprach, schlug ich dem Kaschef vor, insgesamt dreihundert Piaster für die Freilegung des Tempels zu zahlen. Sowohl der Kaschef als auch die Fellachen stimmten meinem Vorschlag zu. Während der folgenden drei Tage arbeiteten sie mit großem Elan. Sie hofften wohl, innerhalb dieses Zeitraums fertig zu werden, besonders da sich ihre Zahl auf Anordnung des Kaschefs auf achtzig erhöht hatte. Am Abend des dritten Tages jedoch bestand genausowenig Hoffnung, das Portal zu sehen wie am ersten Tag. Schließlich wurden sie der Mühen überdrüssig, und unter dem Vorwand, der Ramadan begänne am nächsten Tag, kehrten sie uns, unserem Tempel, dem Sand und den zu erwartenden Schätzen den Rücken zu. Sie beschieden sich damit, die dreihundert Piaster zu behalten, die ihnen zur Hälfte vor Beginn der Arbeit und teilweise am dritten Tag gezahlt worden waren. In dieser Zeit speisten wir mit dem Kaschef; unsere Gruppe und seine Anhängerschar waren gemeinsam versammelt. Unser Festmahl bestand aus einem kleinen Stück Hammelfleisch, dem Wasser, in dem es gedünstet wurde, ein wenig Brot und etwas Butter oder Fett. In dem Moment, da das Essen auf den Boden gestellt wurde, begann das große Gerangel. Alles scharte sich um die hölzerne Schüssel; der Kaschef griff als erster mit der Hand hinein, und die anderen folgten seinem Beispiel in Windeseile. Uns vieren, Irby, Mangles, Mr. Beechey und mir, lag viel daran, zusammenzubleiben und möglichst von derselben Seite der Schüssel zu essen. Wir versprachen uns davon die Möglichkeit einer weniger unappetitlichen Mahlzeit. Die Leute des Kaschefs hielten sich nun nicht mehr zurück und streckten ihre Hände von allen Seiten in die Schüssel hinein. Aus wohlmeinender Rücksicht auf seine Gäste pickte der Kaschef die größten Fleischstücke heraus, drückte mit einer Bewegung des Daumens die Knochen vom Fleisch ab, legte sie auf den Ärmel seines Gewandes und widmete sich dann seiner Mahlzeit, bis die Schüssel nahezu leer war. Nachdem alle gespeist hatten, reichte er jedem von uns mit galanter Bewegung eines der zurückgehaltenen Fleischstücke. Wir nahmen dankbar an, da wir bis zum nächsten Morgen nichts Eßbares würden auftreiben können.

Da am nächsten Tag der Ramadan anfing, konnten die Fellachen nicht arbeiten, sondern mußten die Rituale ihrer heiligen Gesetze befolgen. Obwohl sie sehr wenig über Religion wissen, halten sie sich genauso korrekt und regelmäßig an die Vorschriften ihrer Religion wie es die Europäer bei uns tun. Am darauffolgenden Tag ließ sich ebenfalls niemand in unserer Nähe blicken, und die zwei Kaschefs Daud und Khalil gingen fort.

Da faßten wir den Entschluß, die Arbeit selber zu bewältigen. Wir waren nur sechs Leute, Dolmetscher und Janitschare eingeschlossen, aber unsere Schiffsmannschaft bekundete ihre Bereitschaft zur Mithilfe, so daß wir insgesamt vierzehn Personen waren. Wir stellten fest, daß einer von uns genauso viel schaffen konnte wie fünf Fellachen: Das befriedigte uns sehr, und wir waren einhellig der Meinung, die Unternehmung fortzuführen. Wir begannen jeden Morgen bei Sonnenaufgang und arbeiteten bis zweieinhalb Stunden nach Sonnenuntergang. Unsere Ausdauer und Unabhängigkeit schien auf einige der Fellachen Eindruck zu machen; sie boten ihre Dienste an und wurden von uns eingestellt. Da aber viele von ihnen vom gegenüberliegenden Ufer des Nils stammten, herrschte zwischen ihnen und denen aus Abu Simbel Uneinigkeit, was zu ständigen Querelen führte. Neben den Eifersüchteleien wurde zudem ihre Anzahl immer größer, so daß wir sie schließlich nicht mehr alle einstellen konnten – das wiederum führte zu erneuten Streitereien und endete damit, daß wir sie alle entließen und allein weiterarbeiteten.

Nach einigen Tagen stießen wir auf einen unebenen Wandvorsprung, der darauf hinzuweisen schien, daß die Arbeiten an dem Bau nicht beendet worden waren und sich demnach keine Tür würde finden lassen. Für einige aus unserer Gruppe begann die Hoffnung zu schwinden; wir ließen uns jedoch in unseren Anstrengungen nicht beirren. Nach drei weiteren Tagen entdeckten wir einen abgebrochenen Sims, am darauffolgenden Tag den Wulst und natürlich den darunterliegenden Fries. Diese Funde überzeugten uns davon, daß wir die Tür bald finden würden. Daher errichtete ich eine Palisade, um den Sand abzustützen. Zu meiner größten Befriedigung erblickte ich gegen Abend den oberen Teil der Tür. Wir schaufelten genug Sand beiseite, um noch am selben Abend den Eingang öffnen zu können. Da wir aber im Inneren stickige Luftverhältnisse befürchteten, warteten wir bis zum nächsten Morgen.

Sehr früh am Morgen des 1. August begaben wir uns frohgemut zum Tempel. Mit der Erweiterung der Öffnung mühten wir uns recht und schlecht ab, besonders da sich unsere Schiffsmannschaft nicht, wie gewöhnlich, zur Arbeit eingefunden hatte. Sie schienen im Gegenteil darauf bedacht zu sein, uns nach Kräften zu behindern. Als sie sahen, daß wir die Tür tatsächlich gefunden hatten, unternahmen sie mehrere, allerdings vergebliche, Versuche, uns davon abzubringen. Dann gaben sie vor, das Boot nicht mehr länger liegen lassen zu können und drohten uns an, allein abzufahren und uns zurückzulassen, wenn wir nicht unverzüglich an Bord kämen. Kaum hatten wir dies Ansinnen abgelehnt, knieten sie sich auf den Boden, warfen sich Sand ins Gesicht und schworen, damit nicht wieder aufzuhören. Geschehen war dies: Sie hatten den Kaschefs versprochen, unsere Arbeiter mit allen nur möglichen Listen zu behindern, falls wir auf den Eingang stoßen sollten. Aber all ihre Bemühungen waren vergeblich. Wir erweiterten den Durchgang und betraten kurz darauf die schönste und größte Tempelanlage in Nubien, die je ausgegraben wurde – eine Anlage, die sich mit jeder ägyptischen messen kann, mit Ausnahme vielleicht der neu entdeckten Grabanlagen im Biban el-Moluk[95].

Schon auf den ersten Blick wurde deutlich, daß es sich um eine weitläufige Anlage handelte; unser Erstaunen wuchs, als wir feststellten, daß hier einer der prächtigsten Tempel stand, üppig geschmückt mit wunderbaren Intarsien, Malereien, Kolossalstatuen, etc. Zuerst betraten wir eine große Vorhalle; siebenundfünfzig Fuß lang und zweiundfünfzig Fuß breit, die von zwei Reihen eckiger Pfeiler gestützt wurde, die vom Eingangsportal bis zum Eingang in das Allerheiligste eine gerade Linie bildeten. An jedem Pfeiler ist eine Figur, ähnlich denen von Medinet Habu, kunstvoll ausgeführt und gut erhalten. Ihre Kopfbedekkungen schließen mit der Gewölbedecke ab, die etwa dreißig Fuß hoch ist. Der Durchmesser der Pfeiler beträgt fünfeinhalb Fuß. Sie sind, ebenso wie die Wände, mit herrlichen Hieroglyphen bedeckt. Verglichen mit den ägyptischen sind sie kühner in der Ausführung und der Wahl der dargestellten Themen. Sie stellen Schlachten dar, die Eroberung von Palästen und Schlössern, Siege über die Äthiopier, etc. An einigen Stellen findet man

95 Tal der Könige in Theben-West

Blick in das Innere des Tempels von Abu Simbel (nach Belzoni)

denselben Helden wie in Medinet Habu, jedoch ist seine Körperhaltung eine andere. Einige der Farben sind stark verblaßt; wahrscheinlich ist das auf die stickige Luft zurückzuführen. Es war so heiß, daß das Thermometer auf über 130 Grad Fahrenheit anstieg. Die zweite Halle mißt zweiundzwanzig Fuß in der Höhe, siebenunddreißig in der Breite und fünfundzwanzigeinhalb Fuß in der Länge. Dort befinden sich vier Pfeiler mit einem Durchmesser von jeweils vier Fuß. Die Wände sind ebenfalls mit gut erhaltenen, fein gearbeiteten Hieroglyphen bedeckt. Dahinter liegt ein kleinerer Raum, siebenunddreißig Fuß breit mit einer Tür zum Heiligtum. An jedem Ende dieses Raumes führt eine Tür in eine kleinere Kammer, die in derselben Richtung liegt wie das Allerheiligste; jede Kammer mißt acht mal sieben Fuß. Das Allerheiligste selbst ist dreiundzwanzigeinhalb Fuß lang und zwölf Fuß breit. In der Mitte steht ein Podest, am Ende des Raumes befinden sich vier sitzende

Kolossalstatuen. Sie sind in hervorragendem Zustand, da hier niemals eingebrochen worden ist. Auf der rechten Seite der Halle liegen dicht nebeneinander zwei Türen, die jeweils in einen langen Raum führen: der erste ist achtunddreißig Fuß lang und elf Fuß fünf Inches breit, der andere achtundvierzig Fuß sieben Inches mal dreizehn Fuß und drei Inches. Am Stirnende des ersteren sieht man zahlreiche unvollendete Hieroglyphen, und ihre angedeuteten Konturen verdeutlichen die Zeichentechnik aufs schönste. Kommt man von der großen Halle aus in den zweiten Raum, befindet sich in jeder Wandseite nahe des Eingangs eine Tür, die jeweils in eine kleinere Kammer führt, zweiundzwanzig Fuß sechs Inches lang und zehn Fuß breit. In jedem dieser Räume wiederum gibt es zwei Türen, die in zwei weitere Kammern führen, dreiundvierzig Fuß lang und zehn Fuß elf Inches breit. Man stößt dort auf zwei Bänke, die wahrscheinlich zum Sitzen gedacht waren. Die außergewöhnlichsten Objekte im Tempel sind folgende: An der Westseite der großen Halle die Darstellung einer Gruppe äthiopischer Gefangener. Der Held tötet einen Mann mit seinem Speer, ein anderer liegt erschlagen zu seinen Füßen. Ebenfalls an der westlichen Seite vom Eingang her sieht man die Abbildung der Eroberung eines Palastes. Von außen ist der Tempel prachtvoll. Er ist einhundertsiebzehn Fuß breit und achtundsechzig Fuß hoch. Die Höhe vom Gesims bis zum oberen Türabschluß beträgt sechsundsechzig Fuß und sechs Inches; die Tür selbst hat eine Höhe von zwanzig Fuß. Die vier riesigen Sitzfiguren sind die größten in Ägypten und Nubien, mit Ausnahme des Sphinx, dessen Ausmaß sie zu zwei Dritteln erreichen. Der Abstand von den Schultern bis zu den Ellenbogen beträgt fünfzehn Fuß sechs Inches; die Ohren sind drei Fuß und sechs Inches groß; das Antlitz sieben Fuß, der Bart fünf Fuß und sechs Inches, die Schulterbreite umfaßt vierundzwanzig Fuß vier Inches. Die Gesamthöhe ohne die Kopfbedeckungen beläuft sich auf einundfünfzig Fuß; die Kopfbedeckungen messen vierzehn Fuß. Man kann nur zwei dieser Statuen sehen, eine ist noch unter den Sandbergen vergraben, die andere, die sich nahe der Tür befindet, ist zur Hälfte heruntergefallen und ebenfalls im Sand verborgen. Über der Tür befindet sich eine zwanzig Fuß hohe Gestalt des Osiris und an jeder Seite eine mit Hieroglyphen bedeckte Kolossalstatue, die zu Osiris gewandt ist. Die obere Begrenzung des Tempels besteht aus einem Gesims mit Hieroglyphen, einem Wulst und einem darunterliegenden Fries. Das Gesims ist sechs Fuß breit, der Fries vier Fuß. Darüber befindet sich eine Reihe sitzender Affen, acht Fuß hoch und an den Schultern sechs Fuß breit. Es sind insgesamt einundzwanzig Affen. Dieser Tempel war fast bis zu zwei Dritteln im Sand begraben. Wir mußten einundzwanzig Fuß Sand wegschaffen, ehe wir zu dem oberen Teil der Tür gelangen konnten. Es muß meiner Meinung nach einen wundervollen Treppenaufgang gegeben haben, der aber jetzt vollkommen verschüttet ist. Der Tempel ist der letzte und größte, der in den nubischen Felsen, zwischen dem 1. und 2. Katarakt sowie in Ägypten ausgegraben wurde – mit Ausnahme des neuen Grabmales. Wir brauchten zweiundzwanzig Tage, um ihn zu öffnen, und während des vergangenen Jahres hatten wir schon sechs Tage daran gearbeitet. Manchmal standen uns bis zu achtzig Mann zur Verfügung, aber meistens waren wir auf uns selbst angewiesen; unsere Gruppe bestand aus Mr. Beechey, den Hauptmännern Irby und Mangles, meiner Person, zwei Bediensteten und der Bootsbesatzung – insgesamt elf Männer und drei

Knaben. Der Tempel liegt unter einem Felsvorsprung etwa dreihundert Fuß über dem Nil; er weist in süd- bis südöstliche Richtung und ist etwa eine bis anderthalb Tagesreisen vom 2. Katarakt, bei Wadi Halfa, entfernt.

Im Innern des Tempels war die Hitze so groß, daß es uns kaum möglich war, Zeichnungen anzufertigen, da der Schweiß von unseren Händen das Papier durchweichte. Wir überlassen dies daher dem Unternehmungsgeist der nachfolgenden Reisenden, die sicherlich weniger Hinderlichkeiten zu befürchten haben, da sich das Tempelinnere in der Zwischenzeit etwas abkühlen wird. Während der letzten sechs Tage war unser Lebensmittelvorrat auf ein Minimum zusammengeschrumpft – er bestand ausschließlich aus in Wasser gekochter Durra. Wir hatten nicht einmal mehr Salz. Die Kaschefs, von der Hoffnung beseelt, daß uns der Hunger forttreiben möge, hatten den Leuten befohlen, keinerlei Nahrungsmittel an uns zu verkaufen. Im Dorf lebte aber ein Ababde, und da er einem anderen Stamm angehörte, hatte er weniger Angst, gegen die Anordnungen des Kaschefs zu verstoßen. Manchmal kam er des Nachts und brachte uns Milch, aber schließlich entdeckte man dies, und er wurde daran gehindert, uns weiterhin mit Nahrungsmitteln zu versorgen.

Bei der Unterstützung meiner Unternehmungen haben sich Mr. Beechey und die beiden Hauptmänner durch ihren unermüdlichen Einsatz große Verdienste erworben. Ich darf nicht vergessen zu erwähnen, daß wir im Tempel zwei Löwen mit Falkenköpfen gefunden haben, deren Körpergröße der der lebenden Tiere entsprach; zudem entdeckten wir eine kleinere Sitzfigur sowie einige Kupferarbeiten an den Türen.

Haus des Kaschefs in Derr (nach Vyse)

Wir verließen Abu Simbel am 4. August und fuhren ohne zu halten an Ibrim vorbei, weil wir vordem schon dort gewesen waren[96]. Als wir nach Tumas, einem Dorf an der Westseite des Nils kamen, wurde uns die Anwesenheit des Daud Kaschef mitgeteilt. Er war bereit, uns zu empfangen und kam selbst an Bord, um uns zum Landgang zu bewegen. Wir folgten ihm schließlich – wenn auch mit Zögern, da er uns nicht zufriedenstellend behandelt hatte. Er bemühte sich angestrengt, höflich zu sein und bat uns, über Nacht zu bleiben. Wir ließen ihn wissen, daß uns die Leute aus Abu Simbel wenig zuvorkommend behandelt hatten. Darauf erwiderte er hastig, daß er von diesen Dingen nichts wisse. Doch wie konnte er ahnungslos sein, da doch einer seiner Männer, der uns während der Arbeiten aufgesucht und sich angelegentlich nach unseren Geschäften erkundigt hatte, just in diesem Moment an seiner Seite stand? Zudem waren noch andere Männer anwesend, die wir als diejenigen wiedererkannten, die versucht hatten, unter uns Unruhe und Zank zu stiften. Als er bemerkte, daß wir seine Machenschaften durchschaut hatten, bemühte er sich ausgleichend zu wirken, indem er uns ein Schaf und einen Korb mit Brot übergab. Als wir aufbrachen, erhielt ich ein Geschenk von seiner Frau für Mrs. Belzoni: eine Milchziege, zwei kleine Körbe und einen aus Palmenblättern geflochtenen Teppich. Ich überreichte ihm zwei Paar türkischer Damenstiefeletten und zwei kleine Spiegel.

Als wir in Derr ankamen, trafen wir Khalil Kaschef, der gerade den Nil überquerte und uns zurief, daß er bald zu uns zurückkehren werde. Es war schon recht dunkel, und wir machten uns unverzüglich daran, den Tempel[97] zu besichtigen. Wir nahmen Kerzen mit und hofften, am nächsten Tag so früh wie möglich abreisen zu können, um unserem so aufrichtigen Freund zu entkommen. Außerdem versuchten wir Nahrungsmittel zu beschaffen; aber es war zu spät. Als Khalil gegen zehn Uhr zurückkam, schliefen wir schon. Am nächsten Morgen teilte man uns mit, daß er uns Aquavit und ein Lamm hatte schicken lassen. Im Grunde genommen bedauerten wir dies, da es unsere Abreise hinauszögern würde. Später kamen er und seine Begleiter an Bord. Wir dankten ihm für seine Präsente und beklagten, keine Gegengeschenke machen zu können, da unsere Lage trostlos sei. In Abu Simbel hätten wir mehrere Tage ausschließlich von gekochter Durra leben müssen, weil sich die Fellachen geweigert hätten, uns Nahrungsmittel zu verkaufen. Wir wußten, daß dies seinem Befehl entsprochen hatte; aber genau wie sein Bruder gab er vor, von alldem nichts zu wissen. Wir redeten so wenig wie möglich, da wir uns nicht lange aufhalten wollten und den Wunsch hatten, in Frieden von unserem lieben Freund zu scheiden. Nachdem er unser Boot und die eigenartige Figur, die wir im Tempel gefunden hatten, begutachtet hatte, fuhren wir zu seinem großen Bedauern und unendlichem Kummer ab. Es sollte an dieser Stelle nicht unerwähnt bleiben, daß seine Höflichkeit dem Widerstand gegen seinen Bruder Daud zu verdanken war. Er hoffte, von uns bei unserer Rückkehr Geschenke zu erhalten, und es war ihm deutlich anzumerken, daß sein angenehmes Gebaren erzwungen und aufgesetzt war.

96 siehe Farbtafel 1
97 Den Felsen-Tempel von Derr ließ Ramses II. zu Ehren des Sonnengottes Re-Harachte errichten

Nach weiteren vier Tagen kamen wir nach Kalabscha. Wir legten an, um den Tempel[98] zu besichtigen. Aber nachdem die Fellachen unser Boot aus der Ferne gesehen hatten, versammelten sie sich am Eingang des Tempels und bekundeten ihren festen Willen, uns nur dann durchzulassen, wenn wir dafür bezahlten. Man stellte sich uns also in den Weg und verlangte Geld. Wir verweigerten es ihnen, versprachen aber, nach Besichtigung des Tempels ein Trinkgeld auszuteilen. Damit waren sie nicht zufrieden, und ihr Betragen wurde so unverschämt, daß unser Soldat bei der Rückkehr zum Boot ihnen gegenüber andeutete, dieses ihr Betragen nicht vergessen zu wollen. Bei diesen Worten zückten sie ihre Dolche und er sein Gewehr. Es folgte eine Rauferei, in deren Verlauf wir damit beschäftigt waren, das Gewehr, das dem Soldaten entrissen worden war, demjenigen abzunehmen, der im Begriff war, damit auf und davon zu laufen. Als wir uns schließlich dem Boot näherten, erkannten einige von ihnen, daß wir der Besichtigung des Tempels gleichgültig gegenüberstanden, und sie boten an, uns dorthin zu führen und ihn für uns zu öffnen. Aber nicht alle teilten deren Meinung. Wir hatten den Tempel ja früher schon besichtigt und hielten es für unangemessen, uns um jeden Preis Eintritt zu verschaffen. Während sich diese Kalamitäten am Tempel selbst abspielten, wurde unser Boot von einer anderen Gruppe attackiert. Aber da unsere Leute mit Pistolen und Gewehren ausgerüstet waren, zogen sich die Angreifer bald zurück.

Am selben Tag erreichten wir die Insel Philae. Mrs. Belzoni reiste auf dem Landweg nach Assuan, und wir beschlossen, mit dem Boot, das wir bis hierher benutzt hatten, auch den Katarakt zu durchqueren. Die Einheimischen hatten Einwände, nutzten die Situation so weit wie möglich aus – und für Geld tun sie alles. Wir verließen also die Insel und steuerten zwischen den Stromschnellen und den Felsen von Schellal hindurch. Die ganze Zeit über erwarteten wir, auf den großen Wasserfall zu stoßen; nachdem wir mehrere Stromschnellen passiert hatten, besonders eine Stelle, wo der Sog kräftiger war als gewöhnlich, waren wir schließlich sehr erfreut, nach weniger als einer Stunde allen Gefahren entronnen zu sein. Ich habe den großen Katarakt von der Ostseite her gesehen, als der Wasserstand niedrig war: Die Fallhöhe mag etwa sechshundert Yards betragen haben. Der Katarakt bildete einen Winkel von dreißig bis fünfunddreißig Grad, und wegen der dazwischenliegenden Felsen teilte er sich in mehrere Arme auf. Sofort nach der Ankunft in Assuan trafen wir Vorbereitungen zur Weiterfahrt. In der Zwischenzeit besuchten wir noch einmal die Insel Elephantine, und am Abend besichtigten wir die Säule mit der lateinischen Inschrift, die ich auf einer Anhöhe bei Assuan entdeckt hatte. Es war schwierig, sie zu finden, da der Führer eine andere Straße benutzte als die, die ich beim ersten Mal genommen hatte. Am nächsten Tag reisten wir ab; die Strömung des Nils war sehr kräftig (der Nil hatte annähernd seinen Höchststand erreicht), und nach drei Tagen erreichten wir Theben.

98 Dieser ptolemäische Tempel wurde von der Bundesrepublik Deutschland 38 km nördlich des einstigen Kalabscha am Hochdamm von Assuan wiederaufgebaut und am 4. März 1975 an die ägyptische Regierung übergeben

Auf unserer Fahrt machten wir noch einmal in Edfu und El-Kab halt. Dort warf ich einen flüchtigen Blick auf die Ruinen und Grotten. Eine hohe, breite Mauer aus ungebrannten Ziegeln umgibt die ganze Stadt. Die Anlage ist viereckig und mißt etwa sechshundert bis siebenhundert Yards. Wir bemerkten die Überreste von drei oder vier Tempeln. Einer muß einmal sehr weitläufig gewesen sein, aber nur sechs Säulen der großen Halle sind erhalten sowie ein Teil des Allerheiligsten eines anderen Tempels. Den Ruinen nach zu urteilen muß die Stadt in früheren Zeiten viel größer gewesen sein als sie heute ist. In einiger Entfernung von der großen Mauer habe ich Reste alter Gebäude gesehen. Zwischen den Überresten des größten Tempels entdeckte ich Teile eines gewaltigen Sphinx aus weißem Mamor. Er hatte den Kopf einer Frau und den Körper eines Löwen. Dort befanden sich auch Fragmente verschiedener Statuen und anderer Tempelornamente, die unter ihren eigenen Mauerresten begraben waren. Östlich des Tempels lag ein kleiner See oder eine Art Wasserbehälter, der möglicherweise eine öffentliche Badestätte, wie sie auch bei dem Tempel in Karnak zu finden ist, gewesen war. Das Becken war ohne Wasser. Im Westen der Stadt steht ein Gebäude jüngeren Datums, das sich vom Wall bis zum Flußufer erstreckt. Bei niedrigem Wasserstand kann man die Überreste eines Landungsstegs ausmachen, und mir schien, als ob es dort früher einmal einen Damm von den Stufen am Nilufer bis zum Tempel gegeben hätte.

Das umliegende Land ist sehr flach und erstreckt sich eine Meile vom Nil bis zu den Bergrücken. Es muß fruchtbar und landwirtschaftlich voll genutzt gewesen sein, da die wenigen, derzeitig kultivierten Streifen überaus ertragreich sind. Die Weintrauben sind ausgezeichnet, und wie die Abbildungen in den Höhlen und Grabkammern der Berge zeigen, war der Weinanbau offensichtlich die Haupteinnahmequelle der Bewohner. Es gibt unzählige Grabanlagen in den Felsen, und viele von ihnen sind denen in Kurna sehr ähnlich. In manchen finden sich landwirtschaftliche Darstellungen, die einen genaueren Eindruck der Lebensweise vermitteln als vieles, was ich anderswo gesehen habe. Die Figuren und Farben sind in gutem Zustand. Es wäre jedoch vermessen, behaupten zu wollen, daß sich ihre Skulpturen durch einen hohen Grad künstlerischer Perfektion auszeichneten.

In Luxor ließen wir uns in unserer alten Behausung nieder – im Allerheiligsten des Tempels – und fühlten uns gleich heimisch, denn Theben kannte ich inzwischen sehr gut. Wir erhielten einige Briefe von Mr. Salt, in denen er uns mitteilte, daß er im Begriff war, nilaufwärts zu reisen. Die Hauptmänner Irby und Mangles machten sich auf den Weg nach Kairo, Mr. Beechey widmete sich dem Zeichnen, und ich nahm meine Forschungen wieder auf.

In Kurna fielen mir zwei weitere Agenten von Mr. Drovetti auf. Sie waren emsig damit beschäftigt, den Boden an den unterschiedlichsten Stellen aufzugraben. Bei der Suche nach Mumien waren sie recht erfolgreich gewesen Diese beiden Agenten waren von anderem Kaliber als die zwei Kopten, die ich vordem hier angetroffen hatte. Beide stammten aus Piemont; einer von ihnen war während des Ägypten-Feldzuges der französischen Armee desertiert und trat darauf in die Dienste des Paschas; der andere hatte Piemont nach dem Sturz der letzten Regierung verlassen. Während ihrer Anwesenheit wollte ich nicht mit meiner Arbeit beginnen und gab daher die Idee auf, in Kurna weiterzumachen. Mein

Entschluß ist richtig gewesen: Ich suchte mir Biban el-Moluk für meine Forschungen aus. Das Tal ist von Kurna durch eine Bergkette getrennt, die es auch gegen Theben abgrenzt. Ich ging allein dorthin und stellte den ganzen Tag lang Beobachtungen an, deren Resultat meine Auffassung bestätigte, daß die Aussichten auf erfolgreiche Grabungen recht günstig standen.

Man wird sich erinnern, daß wir Theben verlassen und uns zur Insel Philae begeben hatten, weil wir auf Grund der Anordnungen des Beis keine Arbeiter bekommen konnten. Um eine derartige Wiederholung zu vermeiden, suchte ich den Kaschef von Armant auf, um von ihm die Erlaubnis zu erhalten, Männer einstellen zu dürfen. Ich stellte fest, daß der alte Kaschef beim Defterdar Bei in Ungnade gefallen, durch jemanden anderen ersetzt worden war und sich nicht mehr dort aufhielt. Daher brachte ich mein Anliegen dem Kaschef von Kus[99] vor, der zum Herrscher über die Stadt der Hundert Tore aufgestiegen war. Er war sich durchaus der Tatsache bewußt, daß eine Zusage von ihm dem Defterdar Bei mißfallen würde, aber eingedenk unseres, vom Pascha persönlich ausgestellten Firmans und der eindeutigen Bevorzugung unserer Konkurrenten, denen viele Männer zum Graben zur Verfügung standen, konnte er uns eine, wenn auch geringe, Anzahl von Arabern nicht verweigern. Ich erhielt von ihm einen Firman, der an die Scheichs von Kurna gerichtet war und sie aufforderte, mir zwanzig Mann zur Verfügung zu stellen. Mit ihnen begann ich nun meine Unternehmungen in dem oben erwähnten Tal. Mein Vorhaben erschien recht anmaßend, wenn man bedenkt, daß eine große Anzahl von Reisenden dort gewesen war und versucht hatte, andere als die schon seit Herodot und Strabo bekannten Grabstätten zu entdecken. Der Erstere berichtete von vierzig Gräbern. Zu Strabos Zeiten waren weniger als die Hälfte bekannt. Erfahrung hat mich gelehrt, daß man sich auf die alten Schriftsteller nicht immer verlassen kann, besonders wenn sie sich auf bloßes Hörensagen berufen. Daher zog ich ihre Berichte nicht mehr in Betracht, sondern ging bei der Suche nach den Grabstätten der Könige von Theben nach eigenem Gutdünken vor.

Ich begann im Tal westlich des Biban el-Moluk, an der Stelle, wo ich im Vorjahr eine Grabanlage[100] entdeckt hatte. Ich will dem Leser nicht verheimlichen, daß ich als Richtschnur und Anleitung ausschließlich auf meine eigenen Erfahrungen zurückgriff, die ich während der lang anhaltenden Forschungsarbeiten in Kurna gesammelt hatte. Ich hatte dabei herausgefunden, daß die Ägypter die Eingänge zu den Grabstätten auf ganz besondere Weise anlegten, und dieser Beobachtung verdanke ich mehrere Entdeckungen. Wie Mr. Hamilton ganz richtig bemerkte, gibt es verschiedene Anhaltspunkte, die auf die Lage der Eingänge schließen lassen: zum einen die Annahme, daß viele Grabanlagen unter den Stein- und Schuttmassen verborgen sind, die sich ständig von den Bergkuppen lösen; zum anderen

◁ *Die Säulen der großen Halle des Tempels von El-Kab (nach Belzoni)*

99 Kus liegt 31 km nördlich von Luxor auf dem Ostufer des Nils
100 Das Grab des Aja

die große Menge der aus dem Grabinneren stammenden Materialien, die an den verschiedensten Stellen im Tal zu gewaltigen Halden aufgeschüttet worden sind. Aber all diese auffallenden Merkmale konnten offensichtlich keinen Reisenden zu gesteigertem Tatendrang verleiten; in der Tat träfe das auch auf mich zu, wenn mir nicht glücklicherweise eine erfolgversprechendere Vorgehensweise bekannt gewesen wäre.
Nach einer eingehenden Untersuchung des West-Tales konnte ich schließlich nur eine Stelle ausmachen, die dem Aussehen nach auf eine verborgene Grabstätte schließen ließ. Demgemäß gab ich den Männern Order, etwa hundert Yards von der im letzten Jahr gefundenen Grabanlage entfernt mit der Arbeit zu beginnen. Etwas unterhalb der Erdoberfläche stießen sie auf einige große Gesteinsbrocken, die offensichtlich nach der Schließung des Grabes dorthin gerollt worden waren. Nachdem die Steine beiseite geschafft waren, sah ich, daß die Felswand aufgemeißelt worden war. Ich fand schließlich eine Passage, die ins Innere des Felsens führte. Da die Männer erschöpft waren und der Rückweg nach Theben mehr als vier Meilen Weges betrug, beendeten wir die Arbeit. Am nächsten Tag ging es weiter, und nach mehreren Stunden stießen wir auf einen solide gebauten Wall, der aus unterschiedlich großen Steinen zusammengesetzt war. Am darauffolgenden Tag ließ ich einen langen Pfahl heranschaffen, und unter Zuhilfenahme einer kleineren Stange aus Palmenholz, die quer über die Eingangswand gelegt wurde, konstruierte ich eine Art Rammbock. Eine Weile hielten die Wände den Stößen der Araber stand. Zum einen waren sie keine Römer, zum anderen ließ der Rammbock ein Kopfstück aus Bronze vermissen.

Es gelang ihnen jedoch, die Wand an einer Stelle einzubrechen, und auf diese Weise konnten wir das Eingangsloch erweitern. Wir traten unverzüglich ein und befanden uns auf einer Treppe, die acht Fuß breit und zehn Fuß hoch war. Am unteren Treppenabsatz lagen vier Mumien in ihren Behältern flach auf dem Erdboden. Ihre Köpfe waren zur Außenseite hin gerichtet. Ein Stück weiter befanden sich noch einmal vier Mumien, ebenfalls in eine Richtung blickend. Die Särge waren alle bemalt; einer wurde von einer Umhüllung bedeckt, wie sie auch heute bei unseren Särgen benutzt wird.

Ich untersuchte die Mumien sorgfältig. Sie waren alle auf die gleiche Weise gewickelt, mit Ausnahme der Mumie, die von dem Tuch bedeckt war. Ich fand eine Mumie, die über den alten Bandagen neu gewickelt worden sein mußte – das beweist, daß sich die Ägypter selbst dann noch um ihre Toten kümmerten, wenn diese schon viele Jahre verstorben waren. Die Mumie, die sich von den anderen abhob, war in feineres Leinen und mit größerer Kunstfertigkeit gewickelt. Sie trug Blumen- und Blättergirlanden, und auf der Seite des Herzens fand ich ein Schild, das weich wie Graphit und von einer zweiten Schicht, ähnlich einem Silberblatt, bedeckt war. Die Augen einer Kuh waren darin eingraviert; oftmals repräsentieren sie Isis. Auf der Brustmitte lag ein zweites Schild mit einer geflügelten Weltkugel.[101] Beide Platten waren nahezu sechs Inches lang. Beim Aufrollen der Leinen-

101 Es handelt sich um die Darstellung der Sonnenscheibe. Die Ägypter dachten sich die Welt damals noch nicht als Kugel, sondern als flache Scheibe

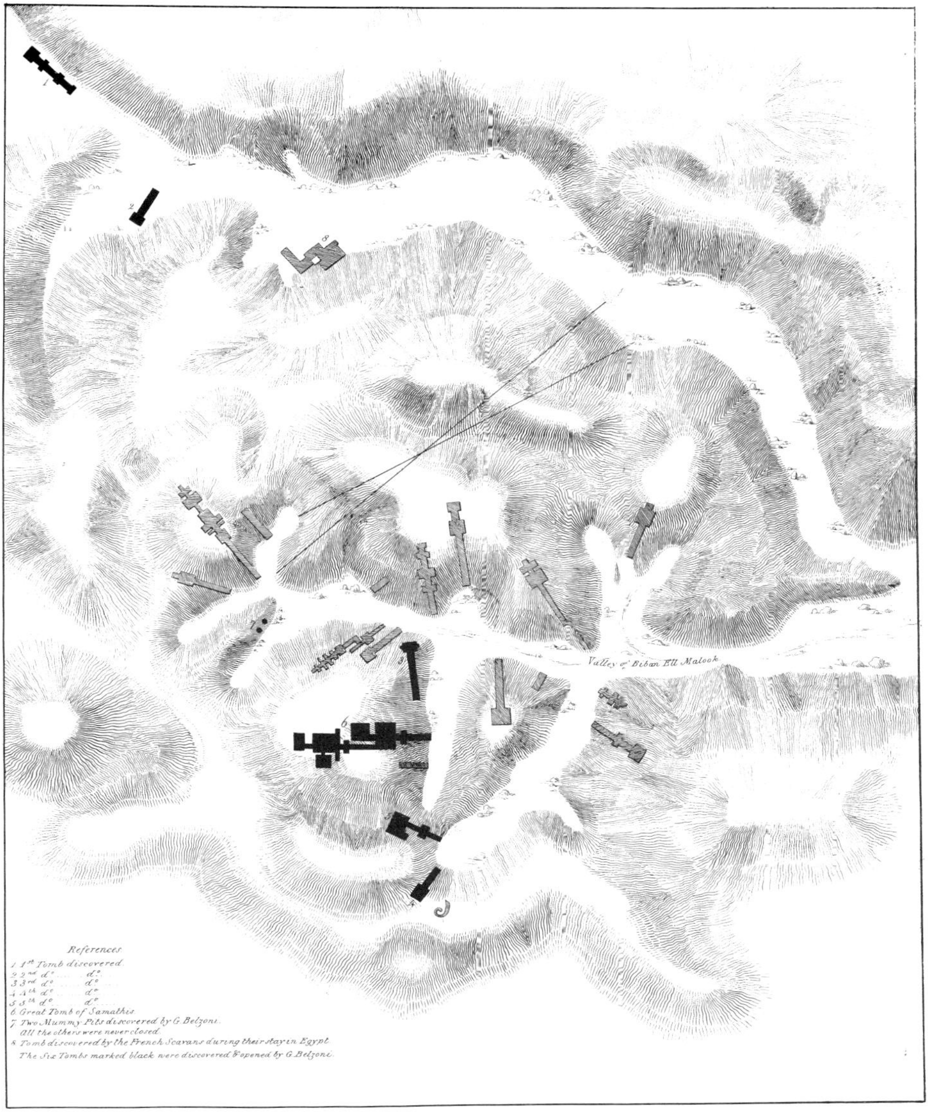

Das Tal der Könige (nach Belzoni)

bandagen kam immer die gleiche gute Qualität zum Vorschein, was bei den anderen Mumien nicht der Fall war; normalerweise hatte man nach drei oder vier Umwicklungen eine gröbere Leinenart benutzt. Endlich sahen wir den Körper vor uns – nur noch das Knochengerüst von gelblicher Farbe war geblieben. Der Sarg war teilweise bemalt, und das übergeworfene Tuch zerfiel schon bei der ersten Berührung in Fetzen. Ich nehme an, daß das auf die Zusammensetzung des Färbemittels zurückzuführen ist, das aus zahlreichen Ingredienzen und Blüten bestand. Die Särge waren vier Inches tief in den Mörtel eingelassen. Einige Malereien auf den Innenseiten derselben strahlten so frisch und kräftig, als ob ihre Ausführung erst vor kurzem vonstatten gegangen war. Sie waren mit einer transparenten Schutzschicht überzogen – ob diese schon den Farben beigemischt oder erst später hinzugefügt worden war, weiß ich nicht. Auch über den Zweck dieser Grabanlage vermag ich nichts zu sagen. Sie mag ursprünglich für ein Mitglied der königlichen Familie geplant gewesen sein. Die Ausmaße des Eingangs ließen die Anlage eines Königsgrabes vermuten; die Fertigstellung jedoch entsprach eher den Bedürfnissen einer schlichten Familie.

Das Ergebnis meiner Forschungen, das Auffinden unversehrter Mumien in ihrer ursprünglichen Lage, befriedigte mich sehr. Es entsprach aber nicht dem Ziel, das ich mir gesteckt hatte: Da ich den Begräbnisstätten der ägyptischen Könige so nahe war, hoffte ich, einige ihrer Grabbeigaben und Schmuckgegenstände zu finden.

Das heilige Tal namens Biban el-Moluk beginnt bei Kurna, erstreckt sich erst in Richtung Südwesten und dann nach Süden. Dort befinden sich die berühmten Grabanlagen der ägyptischen Könige. Das Tal gabelt sich in zwei Hauptteile; eines verläuft zwei Meilen nach Westen und dehnt sich vom Nil bis zum äußersten Ende über fünf Meilen aus. Das andere birgt die meisten Grabanlagen und ist von Kurna durch eine hohe Bergkette getrennt, die man von Theben aus in weniger als einer Stunde überqueren kann. Die gleiche Felskette umgibt den geweihten Boden. Man kann dorthin nur durch einen einzigen, natürlichen Eingang gelangen, der wie ein Tor geformt ist, wenn man nicht den felsigen Pfad nehmen will, der über die Bergkuppen führt. Die Grabanlagen sind alle in die Felsen hineingehauen. Das Gestein ist hart, kalkhaltig und sehr weiß. Die Grabstätten bestehen gewöhnlich aus einem langen, eckigen Schacht, der auf eine Treppe zuläuft, meistens einen Korridor an jeder Seite hat sowie davon abgehende Kammern. Weiter nach innen stößt man auf größere Räume, weitere Passagen und Treppen, bis man zuletzt in eine weitläufige Halle gelangt, in der der Sarkophag aufgestellt ist, der die sterblichen Reste des Königs birgt. Einige der Grabanlagen sind offen zugänglich; andere sind unter Stein- und Schutthalden verborgen. Sechs oder sieben sind weniger gewaltig; neun oder zehn von ihnen sind von größter Pracht und Magnifizenz. Strabo, der eine Zahl von achtzehn erwähnte (und dies ist auch heute noch üblich), hat die Grabanlagen der niederen Klassen miteingeschlossen, die allein auf Grund ihrer Lage in diesem Tal als Gräber der ägyptischen Könige angesehen werden können. Ich für meine Person kann nur zehn oder elf hervorheben, die der ägyptischen Könige würdig waren und ihnen damit zugerechnet werden dürften. Zudem glaube ich nicht, daß sich die dem Strabo von den ägyptischen Priestern genannte Zahl von siebenundvierzig Königsgräbern ausschließlich auf die Anlagen von Biban el-Moluk bezogen hat. Diese Annahme wird durch meine Beobachtung bestätigt, daß sich ähnliche Gräber, die vielleicht noch großartiger zu nennen sind, außerhalb dieses Tales befinden und offen zugänglich sind. Ich meine nicht die Grabanlagen im westlichen Tal, das das zweite Teilstück vom Biban el-Moluk bildet, sondern ich beziehe mich dabei auf die Gräber von Kurna, die kaum je von einem Reisenden übersehen worden sind. Dort gibt es zahlreiche Grabstätten, die ohne weiteres mit denen vom Biban el-Moluk verglichen werden können. Meiner Meinung nach gibt es in Kurna eine Anlage, die alle anderen im Tal übertrifft – sie ist sehr viel größer und den Überresten nach zu urteilen von grandioser Pracht. Aber auf Grund der Nachlässigkeit und Unachtsamkeit der Besucher befindet sich die Grabanlage von Kurna in einem Zustand traurigsten Verfalls. Die rußgeschwärzten und verunstalteten Wände geben Zeugnis von den häufigen Besuchen arabischer Meuten; ja sie mögen sich sogar dorthin geflüchtet haben, um den Fängen ihrer gewalttätigen Häscher zu entkommen. Zählte man die Grabanlagen im oben erwähnten Tal zu denen der Oberklasse in Kurna hinzu, hätten die ägyptischen Priester mit ihrer Zahlenangabe recht – auf der anderen Seite jedoch bin ich fest davon überzeugt, daß es, meine jüngsten Entdeckungen eingeschlossen, im Biban el-Moluk keine weiteren unbekannten Grabanlagen mehr gibt: Bevor ich das Tal verließ, bemühte ich mich mit allen mir zur Verfügung stehenden Kräften, weitere Grabstätten zu finden; aber ich war erfolglos. Und es kann als noch größerer Beweis gelten, daß sich Mr. Salt, unabhängig von meinen Forschungen und zu einem Zeitpunkt, da ich schon abgereist war, vier Monate ebendort aufhielt und ebenfalls ernsthaft bemüht war, ein weiteres Grab zu entdecken. Ich halte es daher für angebracht, davon auszugehen, daß sich alle vierzig oder siebenundvierzig Grabanlagen der ägyptischen Könige keineswegs ausschließlich in diesem Tal befunden haben können, sondern daß einige von ihnen an verschiedenen Stellen angelegt worden sein müssen.

Bezüglich dieses Gegenstandes habe ich noch ein weiteres Argument anzubieten. Wenn die Grabanlagen in Kurna denen im Biban el-Moluk in Größe, Vielzahl der Räume, in ihrer Anzahl und – den Überresten nach zu urteilen – in der Kunstfertigkeit der Skulpturen überlegen waren, welch andere Personengruppe in Ägypten hätte sich erlauben dürfen, diese höchsten Ehren anzustreben und dabei vorzugeben, Grabanlagen errichten zu lassen, die selbst die der Könige übertroffen hätten? Ich darf mir an dieser Stelle erlauben, meine eigene Meinung vorzubringen, die darauf hinausläuft, daß die Grabanlagen im Biban el-Moluk später als die von Kurna angelegt worden sind – in Kurna gab es kaum einen Fleck, der die Aushebung einer weiteren großen Grabstätte nahegelegt hätte, und man könnte vermuten, daß die ägyptischen Priester, nachdem die besten Lageplätze für die gewaltigsten Anlagen genutzt worden waren, über die Felskette hinausgingen, um im Rücken der Berge nach weiteren Lageplätzen für ihre Könige zu suchen. Es steht unzweifelhaft fest, daß sich die Grabanlagen im Biban el-Moluk in einem erheblich besseren Zustand befinden als die von Kurna.

Während ich also über den besten Weg, einige Königsgräber zu entdecken, nachdachte, bezog ich die oben erwähnten Umstände in meine Überlegungen ein und wies die wenigen Männer, die mir zur Verfügung standen, an, die Arbeiten in Angriff zu nehmen.

Die Pyramiden (nach Fischer v. Erlach)

Am 6. Oktober fing ich mit den Grabungen an; am 9. Oktober entdeckte ich die erste Grabstätte.[102] Die Position des Eingangs ließ auf eine weitläufige Anlage schließen. Es stellte sich heraus, daß nur noch der Schacht zu einer niemals fertiggestellten Grabstätte vorhanden war. Die alten Ägypter machten jedoch Gebrauch von dem Schacht und nutzten ihn als Grab. Obwohl die Passage recht schmal war, strichen sie die Wände weiß und bemalten sie mit exquisiten Szenerien. Der Durchgang mißt zehn Fuß fünf Inches in der Breite, und vom Eingang bis zum unvollständigen Teil am Ende sind es fünfundsiebzig Fuß. Alles deutet darauf hin, daß sie mit dem Bau fortzufahren gedachten und nur durch einen besonderen Umstand daran gehindert worden sind. Die Wandmalereien sind so vollkommen, daß sie im Vergleich mit allem, was ich bisher gesehen habe, den deutlichsten und genauesten Eindruck vom ägyptischen Geschmack vermitteln. Diese Grabstätte liegt südwestlich vom Mittelpunkt des Tales, am Fuß der gewaltigen Felsen, die Kurna überragen. Da ich verschiedene Gruppen von Fellachen an mehreren Stellen hatte arbeiten lassen, hoffte ich, weitere Funde machen zu können; dieser erste Erfolg ermutigte mich sehr, zeigte er mir doch, daß ich mit

102 Es handelt sich hierbei um die unvollendete Grabanlage des Prinzen Monthuherchopschef (Grab Nr. 19)

meinen Vorstellungen über die mögliche Lage der Königsgräber recht zu haben schien. Am selben Tag stießen wir auf Spuren einer anderen Grabanlage. Wir hatten mit den Grabungen drei Tage vorher begonnen, an einer Stelle, die kaum einhundert Yards von der vordem erwähnten Grabstätte entfernt lag und in dieselbe Richtung wies. Noch am 9. Oktober also konnte ich mit großer Befriedigung die zweite Grabanlage in Augenschein nehmen.[103] Sie war sehr groß, und es war nicht ein einziges Wandgemälde vorhanden. Schon die alten Ägypter hatten sie durchstöbert, denn am Ende der ersten Passage stießen wir auf eine Ziegelsteinwand, die den weiteren Zutritt versperren sollte, aber aufgebrochen worden war. Hinter dieser Mauer steigt man eine Treppe hinunter, tastet sich durch einen weiteren Schacht voran und findet am Ende desselben den Eingang zu einem recht großen Raum. Er ist vollkommen kahl, in der Mitte steht eine einzige Säule. In einer Ecke fanden wir zwei Mumien; sie waren nackt, ohne Umhüllungen oder Särge. Es waren Frauen, sie hatten langes Haar, das noch gut erhalten war. Wenn man ein wenig daran zog, löste es sich jedoch sehr leicht vom Kopf. An einer Wandseite führte eine niedrige Tür in einen weiteren, recht engen Raum. Dort stießen wir auf die Überreste verschiedener irdener Gefäße und auf Fragmente von Alabaster-Vasen. Leider waren sie so bröckelig, daß wir die Stücke nicht zusammenzusetzen vermochten. Auf dem oberen Treppenabsatz fanden wir einen nahezu unversehrten Tonkrug. Das mit Hieroglyphen verzierte Gefäß war groß genug, um zwei Eimer Wasser aufzunehmen. Diese Grabstätte mißt vom Eingang bis zum Ende des Raumes einhundert Fuß, ihre Höhe beträgt zwanzig Fuß, und sie ist dreiundzwanzig Fuß breit. Die Maße der kleineren Kammer betragen zehn Fuß im Quadrat.

Einige Tage vorher hatten wir Nachricht erhalten, daß sich drei englische Gentlemen von Kairo auf dem Weg zu uns befanden. Am frühen Morgen des 10. Oktober kamen sie im Biban el-Moluk an. Mr. Beechey, der mit ihnen gereist war, befand sich in Luxor, wo sie am Vorabend eingetroffen waren.

Am nächsten Morgen besichtigten wir Theben, die Grabstätten in Kurna und den kleinen Tempel im Tal hinter dem Memnonium. Gegen Mittag wurde mir mitgeteilt, daß eine gestern entdeckte Grabanlage[104] geöffnet worden sei, so daß wir sie besichtigen konnten. Wir machten uns unverzüglich auf den Weg, nahmen den Pfad über die Felsen und erreichten unser Ziel nach weniger als einer dreiviertel Stunde. Das Grab war in der Tat erst kurz vorher geöffnet worden, und ich ging hinein um zu sehen, wie weit man vordringen konnte. Die Passage war zweiunddreißig Fuß lang und acht Fuß breit. Ich stieg die Treppen hinunter und gelangte in eine große Kammer mit schönen Malereien. Ich gab den Besuchern oben ein Signal, woraufhin auch sie die Grabkammer, die siebzehn mal einundzwanzig Fuß maß, betraten. Die Decke befand sich zwar in gutem Zustand, zeugte aber nicht von Kunstfertigkeit. Wir fanden einen Sarkophag aus Granit, in dem zwei Mumien lagen. In einer Ecke stand eine Statue aus Sykomoren-Holz. Sie war wunderbar gearbeitet und bis auf

103 Grabstätte eines Unbekannten
104 Grabstätte von Ramses I.

die Nase vollkommen erhalten. Wir fanden außerdem noch einige sehr schöne Holzfiguren, die symbolische Bedeutung hatten. Einige trugen einen Löwenkopf, andere den eines Fuchses oder Affen. Eine hatte eine Schildkröte anstelle des Kopfes. Wir stießen auf ein Kalb mit dem Kopf eines Nilpferds. Von jeder Seite des Raumes geht eine weitere Kammer ab, die acht mal sieben Fuß mißt. Dahinter liegt jeweils noch eine Kammer, zehn mal sieben Fuß groß. In dem Raum zu unserer Rechten fanden wir eine Statue, ähnlich der erstgenannten, aber weniger kunstvoll. Zweifellos standen beide ursprünglich an je einer Seite des Sarkophages, eine Lampe oder Opfergabe in der ausgestreckten Hand haltend. Die andere Hand hängt seitwärts herunter. Der Sarkophag war mit aufgemalten Hieroglyphen bedeckt. Er zeigte in süd-südöstliche Richtung.

Am nächsten Tag, dem 12., mußte die Reisegruppe ihre Weiterfahrt unterbrechen, da der Wind sehr stark war. Am 13. ließ ich an einigen Stellen in Kurna graben, und noch am selben Tag gelang uns die Öffnung eines Mumienschachtes, so daß meine Besucher zu ihrer größten Befriedigung bei der Öffnung eines Schachtes unmittelbar anwesend sein und mit eigenen Augen verfolgen konnten, auf welche Art und Weise man an Mumien gelangt, obwohl sich nicht alle Grabanlagen ähneln. Diese Grabstätte war klein; sie bestand aus nur zwei, über und über mit annehmbaren Malereien bedeckten Kammern. Mir schien dies das Grab eines Kriegers gewesen zu sein, denn es waren Gruppen von Männern abgebildet, die sich zum Kriegsdienst meldeten oder sich in eine Liste einschrieben. Es gab auch andere Figuren. Im unteren Raum lagen die Mumien wahllos verstreut. Dem Augenschein nach ist dieser Schacht schon von den Griechen oder anderen Leuten aufgebrochen und geplündert worden.

Noch am selben Tag besichtigten wir einen weiteren Mumienschacht, den ich selbst vor sechs Monaten entdeckt und geöffnet hatte. Die Konstruktion desselben ähnelt dem eben von mir beschriebenen Grab. Die Grabanlage besteht aus einer Säulenhalle und unterirdischen Kammern, in denen sich die Mumien befinden. Die Malereien sind wundervoll; ihr Zustand ist ausgezeichnet, und die Gegenstände sind auf ungewöhnliche und neuartige Weise dargestellt. Zu sehen sind zwei Harfen, eine mit neun, die andere mit vierzehn Saiten. Bei den anderen, eigenartigen Abbildungen fielen besonders sechs Tänzerinnen auf, mit Querpfeifen, Tamburins, Rohrflöten, Gitarren, etc.

Am 16. Oktober gingen meine Grabungen im Biban el-Moluk weiter; ich nahm eine Stelle in Angriff, die mich für alle Mühsal, die mich meine bisherigen Forschungen gekostet hatten, entschädigen sollte. Ich gehe sogar so weit, diesen meinen Glückstag einen der schönsten Tage meines Lebens nennen zu wollen – ich will damit nicht ausdrücken, daß mich das gute Geschick zu einem reichen Mann gemacht hat. Ich halte nicht alle reichen Männer gleichzeitig auch für glücklich; Fortuna jedoch hat mir eine Befriedigung geschenkt, eine außerordentliche Freude, die nicht durch Reichtum zu erwerben ist; die Freude nämlich, eine Entdeckung gemacht zu haben, nach der man lange und vergeblich gesucht hat, sowie die Genugtuung, der Welt ein bisher unbekanntes, vollkommenes Monument ägyptischen Altertums präsentieren zu können. Ein Kunstwerk, dessen hinreißende Perfektion alles bisher Bekannte übertrifft, sowohl von der Ausführung als auch dem Grad der Erhaltung her. Es schien, als sei die Vollendung just am Tage unseres Fundes erfolgt, und die Gegenstände selbst zeugen von ihrer einzigartigen Bedeutung. Kaum mehr als fünfzehn Yards von dem von mir schon beschriebenen Grab entfernt ließ ich am Fuß eines steil aufragenden Hügels den Boden aufgraben. Heftiger Regen, der den Wüstensand vollständig aufwühlt, füllte sofort die von mir ausgehobenen Erdlöcher. Unter dem Eindruck und Einfluß der Wassermassen war es nur schwer vorstellbar, daß die alten Ägypter an dieser Stelle riesige und prächtige Anlagen errichtet haben könnten. Ich hatte jedoch wegen meiner vorhergehenden Untersuchungen guten Grund, eine Grabstätte an eben diesem Ort zu vermuten. Die an die Grabungsarbeiten gewöhnten Fellachen waren alle der Meinung, daß diese Stelle keine Funde bergen würde, da sich die Lage des Grabes von allen anderen unterschied. Ich ließ die Arbeiten jedoch weiterführen, und am Abend des nächsten Tages stießen wir auf den behauenen Teil des Felsens, der den Grabeingang bildete. Am frühen Morgen des 18. Oktober nahmen wir die Grabungen wieder auf, und gegen Mittag erreichten die Arbeiter den Eingang, der achtzehn Fuß unter der Erdoberfläche verborgen war. Dem Anschein nach handelte es sich um eine Grabstätte ersten Ranges; das, was dann zutage kommen sollte, hätte ich niemals zu erwarten gehofft.[105] Als die Fellachen bemerkten, daß sich vor ihnen eine immens große Grabungsstätte auftat, begannen sie zu protestieren; sie behaupteten, nicht weiter voran zu kommen, da der Eingangsschacht bis obenhin mit schweren Gesteinsquadern angefüllt und somit blockiert sei. Ich stieg hinab, erkundete die Lage und deutete auf die Stelle, an der man weitergraben konnte. Nach einer Stunde hatten sie soweit Raum geschaffen, daß ich durch einen Schacht zu kriechen vermochte, der oberhalb der Decke der ersten Passage im Erdreich lag. Seine Länge betrug sechsunddreißig Fuß und zwei Inches; er war acht Inches breit und ohne die Gesteinsbrokken acht Fuß neun Inches hoch. Anhand der Deckenmalereien und der Hieroglyphen in Basrelief, die an den von den Erdmassen befreiten Stellen zum Vorschein kamen, wurde mir klar, daß dies der Eingang zu einer gewaltigen und großartigen Grabstätte sein mußte. Die Passage endete in einer Treppe, die die gesamte Breite ausfüllte und dreiundzwanzig Fuß lang war. Die Höhe der Tür, die sich am Treppenfuß befand, betrug zwölf Fuß. Dort stieß ich auf einen weiteren Gang, der siebenunddreißig Fuß und drei Inches lang und genauso breit und hoch wie der letztere war. Über die gesamte Länge zogen sich beidseitig Hieroglyphen in Basrelief hin. Die Decke war aufs schönste bemalt, und sie befand sich in gutem Zustand. Je mehr ich sah, desto neugieriger wurde ich – das ist die Natur des Menschen. Meine Erregung wurde jedoch gedämpft, als ich am Ende des Ganges auf einen tiefen Schacht stieß, der mein weiteres Vorankommen behinderte. Dieser Schacht fiel dreißig Fuß in die Tiefe, sein Durchmesser betrug vierzehn mal zwölf Fuß. Der an den Schacht angrenzende Teil des Korridors ist bis zur Decke mit Figuren geschmückt. Die Gänge vom Eingang bis zu diesem Schacht neigen sich in einem Winkel von achtzehn Grad abwärts.

105 Es handelt sich um die schönste Grabanlage im Tal der Könige, nämlich um die des Pharaos Sethos I.

In der Wand hinter dem Schacht – dem Eingang gegenüber gelegen – entdeckte ich eine kleine, schmale Öffnung, zwei Fuß breit und zwei Fuß sechs Inches hoch. Direkt darunter lag eine Menge Schutt. Rechts und links der Wände vor dem Schacht lagen zwei Mauervorsprünge, die eine Art Tür bildeten. An diesen Vorsprüngen war quer über den Gang ein Seil mit einem Stück Holz befestigt, das die alten Ägypter anscheinend benützt haben, um sich in den Schacht hinabzuseilen. In der gegenüberliegenden Wandöffnung hing ein zweites Seil, das den Boden des Schachtes berührte – zweifellos, um wieder heraufzukommen. Wir konnten deutlich ausmachen, daß die Wassermassen bei schweren Regenfällen durch die Gänge in diesen Schacht geströmt sein müssen: Sowohl Holz als auch Seil waren so morsch, daß sie bei der ersten Berührung zu Staub zerfielen. Am Boden des Schachtes befanden sich verschiedene Holzstücke dergestalt gegen die Wand gelehnt, daß sie der Person, die das Seil zum Aufstieg benutzen wollte, als Unterstützung gedient haben müssen. Mir war klar, daß wir vorerst unmöglich würden weiterkommen können. Mr. Beechey, der an eben diesem Tag von Luxor herübergekommen war, stieg ebenfalls in die Grabstätte und vermochte auch nicht weiter vorzudringen.

Am nächsten Tag, dem 19., gelang es uns, unter Zuhilfenahme zweier Balken eine Art Brücke zu konstruieren, um den Schacht zu überqueren. Es stellte sich heraus, daß die Öffnung in eine Wand gehauen war, die den Eingang vollkommen verschlossen hielt; einen Eingang, der die gesamte Wandbreite einnahm. Die Ägypter hatten ihn dicht verschlossen, die Wand versiegelt und im gleichen Stil wie die umliegenden Wände bemalt. Wäre die schmale Öffnung nicht vorhanden gewesen, hätte man unmöglich auf den Gedanken kommen können, daß sich dahinter weitere Gänge oder Räume befinden. Jedermann wäre von der Annahme ausgegangen, daß mit dem Schacht auch die Grabanlage endete. Das Seil an der Wandinnenseite zerfiel nicht zu Staub, sondern war noch recht kräftig, denn das Wasser hatte es nicht erreicht und auch das Holzstück, an dem es befestigt war, zeigte keine Spuren von Zerfall. Dank der Methode, die Feuchtigkeit von den innersten Teilen der Grabstätte fernzuhalten, waren die Räumlichkeiten in gutem Zustand. Ich bemerkte einige Aushöhlungen auf dem Boden des Schachtes. Sie waren jedoch leer, und nichts deutete darauf hin, daß es von dort irgendwelche Verbindungen zu anderen Teilen der Grabanlage gab. Daraus ergab sich ohne Zweifel, daß die Höhlungen das Regenwasser auffangen sollten. Das Tal selbst ist durch die Abfallstoffe, die das Wasser talabwärts mit sich schwemmt, derart angehoben worden, daß die Eingänge in die Grabstätten tiefer liegen als die Sturzbäche. Das Wasser gelangt demzufolge in die Grabanlagen, und einige von ihnen sind vollkommen mit Erdreich angefüllt und verstopft.

Nachdem wir uns durch die Öffnung gezwängt hatten, fanden wir uns in einer wundervollen Halle wieder, deren Maße siebenundzwanzig Fuß sechs Inches mal fünfundzwanzig Fuß zehn Inches betrugen. Dort standen vier Pfeiler mit je drei Fuß Durchmesser. Die Malereien werde ich erst nach der Schilderung aller Räumlichkeiten beschreiben. Am Ende dieser Halle, ich will sie Eingangshalle nennen, gelangt man durch eine Tür hindurch und über drei Stufen hinweg in einen Raum mit zwei Pfeilern. Der Raum mißt achtundzwanzig Fuß zwei Inches mal fünfundzwanzig Fuß sechs Inches. Ich nannte ihn die Galerie, da er mit Malereien bedeckt war, die zwar nur in Umrissen angedeutet, aber derart fein und vollkommen waren und so frisch aussahen, als ob sie erst gestern gemalt worden wären. Kehrt man zur Eingangshalle zurück, befindet sich zur linken Seite der Öffnung eine breite Treppe, die in einen Gang ausläuft. Die Treppe hat eine Länge von dreizehn Fuß vier Inches, mißt siebeneinhalb Fuß in der Breite und besteht aus achtzehn Stufen. Von dort gelangten wir in einen wunderbaren Gang. Wir stellten fest, daß die Malereien um so schöner und vollkommener wurden, je weiter wir in das Innere der Grabstätte vordrangen. Die Schutzschicht über den Farben war noch vorhanden, so daß die Malereien in einem matten Glanz erstrahlten – ein wunderbarer Effekt. Die Figuren sind auf weißen Grund gemalt. Am Ende dieses Ganges stiegen wir zehn Stufen hinunter und gelangten in einen weiteren Gang, der siebzehn Fuß zwei Inches mal zehn Fuß fünf Inches maß. Er führte in einen kleinen Raum, den ich den Raum der Schönheiten getauft habe: Er ist mit den herrlichsten Basreliefs geschmückt und, wie auch alle anderen Räume, über und über bemalt. Steht man in der Mitte dieser Kammer, sieht sich der Betrachter von einer Versammlung ägyptischer Götter

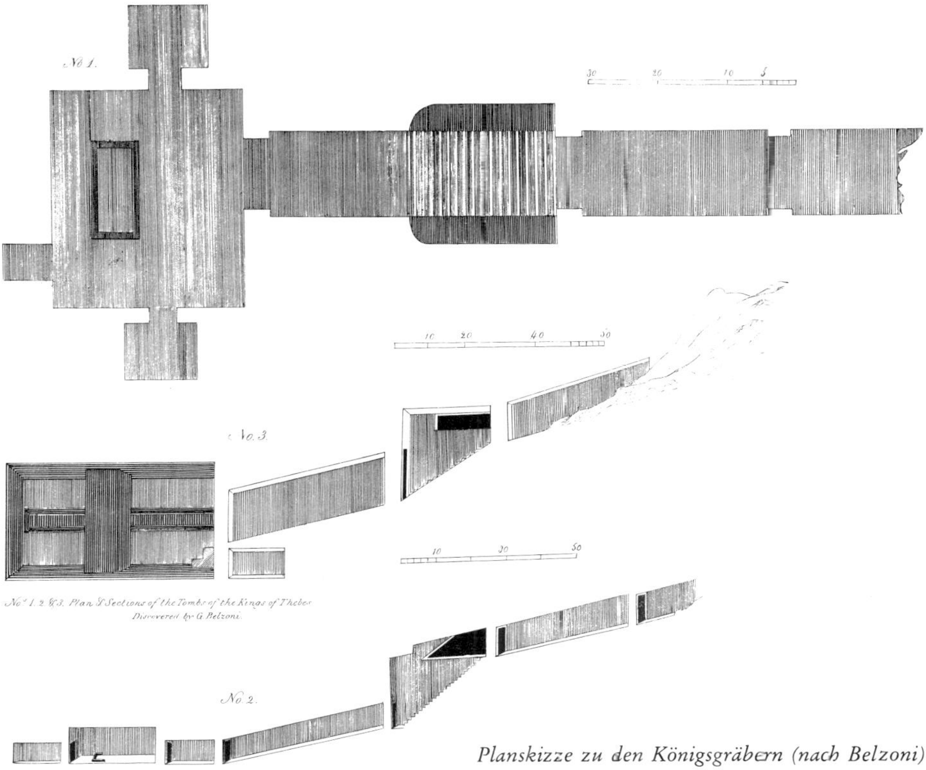

Planskizze zu den Königsgräbern (nach Belzoni)

und Göttinnen umgeben. Wir gingen weiter und betraten eine nahezu quadratisch angelegte Halle, deren Eingang an jeder Seite von drei eckigen Pfeilern flankiert war, die parallel zu den anderen Gängen lagen. Von den Seitenwänden geht je eine kleine Kammer ab. Ich gab diesem Raum den Namen Pfeilerhalle; den kleinen Raum an der rechten Seite bezeichnete ich als Isis-Raum, da sich dort das Bildnis einer gewaltigen Kuh befindet, deren genaue Beschreibung ich später liefern werde. Die linke Kammer möchte ich als den Raum der Geheimnisse bezeichnen: Die dargestellten Figuren sind rätselhaft und geheimnisvoll. Am Ende der Eingangshalle lag ein großer Raum, der eine bogenförmig gewölbte Decke aufwies. Nur eine Stufe trennt diesen Raum von der Pfeilerhalle, so daß man beide Räumlichkeiten als Teilstücke eines einzigen Saales ansehen kann. An der rechten Wand dieser Halle lag eine kleinere Kammer, die vollkommen leer war; sie sah aus, als ob sie nicht fertiggestellt worden war, und es gab auch keine Gemälde darin. Auf der linken Wandseite befand sich eine Kammer mit zwei Pfeilern. Ich taufte sie den Raum der Anrichte, da sich ein drei Fuß breiter Mauervorsprung in Form einer Anrichte um die Wände zog. Darin sind möglicherweise die zur Begräbnis-Zeremonie notwendigen Gegenstände untergebracht worden. Die Pfeiler haben einen Durchmesser von drei Fuß vier Inches, und der ganze Raum ist ebenfalls mit wunderbaren Malereien ausgestattet. Am Stirnende, gegenüber der Pfeilerhalle, führte eine wuchtige Tür in einen weiteren Raum mit vier Pfeilern, von denen einer umgestürzt war. Der Raum war vollkommen weiß vergipst und bar jeglicher Malerei. Ich gab ihm den Namen Apis-Raum, da wir dort den Kadaver eines Bullen fanden, der mit Teer einbalsamiert war. Außerdem lagen dort zahlreiche, sechs oder acht Inches lange Holzmumien, die ebenfalls geteert waren. Andere Figuren waren aus feinem Steingut gefertigt, leuchtend blau und mit einer Schutzschicht überzogen. In beiden Räumen standen an jeder Wandseite Holzstatuen, vier Fuß hoch. Sie besaßen ebenmäßige Aushöhlungen, in denen sich sicher einmal Papyrusrollen befunden haben. Wir fanden zudem noch Fragmente von anderen Statuen, zum Teil aus Holz, zum Teil aus Stein.

Die Beschreibung dessen schließlich, was wir in der Mitte der Bogenhalle vorfanden, habe ich bisher ausgelassen. Es verdient unsere höchste Aufmerksamkeit, da es nichts Gleichartiges in der Welt gibt und wir nicht ahnen konnten, welche Schätze wir vorfinden würden. Es steht dort ein Sarkophag aus kostbarstem orientalischen Alabaster, neun Fuß fünf Inches lang und drei Fuß sieben Inches breit. (Doktor Clark, Professor für Mineralogie in Cambridge, bestimmte das Material als Aragonit, eine Gesteinsart, die wesentlich seltener und kostbarer noch als Alabaster ist.) Die Stärke der Sargwände beträgt nur zwei Inches; stellt man eine Kerze in den Sarkophag, erscheinen die Wände durchsichtig. Innen und außen sind Hunderte von Figuren eingemeißelt. Sie sind sehr detailreich und genau, obwohl jede einzelne Figur nicht größer als zwei Inches ist. Ich nehme an, daß sie in ihrer Gesamtheit die Begräbnisprozession, Zeremonien und Lebensgewohnheiten darstellen und sich auf die Person des Verstorbenen beziehen, verbunden mit verschiedenen seiner Embleme etc. Es ist mir nicht möglich, diesen hinreißenden und unschätzbar wertvollen Fundgegenstand näher zu beschreiben: Ich kann nur sagen, daß bisher nichts Vergleichbares den Weg aus Ägypten nach Europa gefunden hat. Der Deckel des Sarkophages fehlte; er muß herausgeschafft worden und in Fragmente zerbrochen sein, denn beim Aufgraben des Einganges fanden wir verschiedene seiner Einzelteile. Der Sarkophag stand auf einem Podest mit Treppen in der Mitte des Raumes, der mit einem unterirdischen Gang verbunden war, der dreihundert Fuß in die Tiefe führte. Am Ende dieses Ganges stießen wir auf eine große Menge von Fledermausdung. Dieser verstopfte den Durchgang, so daß wir nur mit Hilfe weiterer Grabungen weiterkommen konnten. Der Gang wurde zudem durch eingestürzte Teile der Decke blockiert. Etwa einhundert Fuß davon entfernt, befindet sich eine gut erhaltene Treppe; die Substanz des darunterliegenden Gesteins hatte sich allerdings verändert: Aus einem wunderbar harten, kalkhaltigen Gestein war eine Art schwarzer, bröckeliger Schiefer geworden, der bei der geringsten Berührung zu Staub zerfiel. Dieser unterirdische Gang verläuft in südwestlicher Richtung durch die Berge. Ich habe die Entfernung sowohl vom Eingang als auch den darüberliegenden Felsen gemessen und fand heraus, daß der Tunnel die Hälfte der Bergkette bis zum oberen Teil des Tales durchläuft. Ich bin der Auffassung, daß dieser Gang eine weitere Möglichkeit zum Betreten der Grabstätte dargestellt hat. Sein Bau kann aber erst nach dem Begräbnis des Toten erfolgt sein, denn am Fußende der Treppe, direkt unterhalb des Sarkophages, hat man eine Wand errichtet, die die Verbindung zwischen Grabstätte und unterirdischem Tunnel vollkommen unterbrach. Horizontal unter dem Sarg lagen einige schwere Steinblöcke, die in gleicher Höhe mit der Galerie abschlossen, so daß niemand das Vorhandensein einer Treppe oder eines unterirdischen Ganges vermuten konnte. Der Durchgang zum Raum der Anrichte muß ebenfalls zugemauert gewesen und später aufgebrochen worden sein, da wir die Steinplatten zum Verschließen an anderer Stelle wiederfanden. In den Türpfosten befand sich noch der Mörtel. Die Treppe in der Eingangshalle war ebenfalls am Fußende verschlossen und mit Steinen angefüllt, und der Fußboden war mit großen Gesteinsblöcken bedeckt gewesen, damit der Eindruck erweckt würde, daß die Grabanlage nur aus der Eingangshalle und der Galerie bestünde. Ich vermute, daß diejenigen, die die Gänge aufbrachen, Spione bei sich gehabt haben müssen, die sich mit der Gesamtanlage gut auskannten. Die Sargkammer ist nach Nordosten ausgerichtet, die ganze Grabanlage aber verläuft in Richtung Südwesten.

Eine detaillierte Schilderung der verschiedenen Abbildungen in dieser Grabstätte zu liefern, liegt nicht im Rahmen meiner Fähigkeiten. Ich werde daher nur die herausragendsten Gegenstände zu schildern versuchen, anhand derer man sich zumindest eine Vorstellung von der Großartigkeit der Funde machen kann.

Ich bitte meine Leser ganz besonders im Gedächtnis zu behalten, daß alle Figuren und Hieroglyphen als Basreliefs gearbeitet und anschließend bemalt worden sind. Einzige Ausnahme ist der Raum, in dem nur die Umrisse fertiggestellt und für den Bildhauer vorbereitet worden waren. Dieser Raum gibt über die Entstehung eines ägyptischen Reliefs am besten Aufschluß. Zuerst wurde die Wand so sorgfältig wie möglich geglättet. Zeigte der Fels Unebenheiten, wurden die Risse, Löcher oder Krümmungen mit Mörtel ausgeglichen. In erhärtetem Zustand wurde er mit der Oberfläche zusammen geglättet und behauen. Sollte eine Figur oder ähnliches entstehen, zeichnete der Bildhauer auf die vorbereitete Wand die ersten Umrisse dessen, was später herausgemeißelt werden sollte. Nachdem der erste

Künstler die Umrisse in roter Farbe festgehalten hatte, korrigierte ein zweiter mögliche Ungenauigkeiten mit schwarzer Farbe. Die schwarzen Skizzen waren dann die maßgebenden. Auf solche Weise vorbereitet, begann der Bildhauer anschließend damit, das Gestein rings um die skizzierten Figuren abzuschlagen und herauszumeißeln, so daß ein Basrelief langsam Gestalt annahm. Eine lebensgroße Figur hob sich zum Beispiel einen halben Inch von der Wand ab; war die Figur jedoch nicht größer als sechs Inches, hob sie sich kaum mehr als die Dicke einer Dollar-Münze vom Hintergrund ab. Die Übergänge wurden sanft gerundet, so daß sie weniger erhaben schienen, als sie in Wirklichkeit waren. Die glatten Flächen um die Figur herum nahmen wenig Raum ein, denn die Wand wurde über und über mit Figuren und Hieroglyphen bedeckt; es gibt meiner Schätzung nach keine unbearbeitete Fläche, deren Größe mehr als einen Fuß im Quadrat betrug. Bekleidung und Gliedmaßen wurden durch eine schmale Linie markiert, deren Stärke etwa der einer ½-Kronen-Münze entsprach. Dies war so wirkungsvoll, daß der angestrebte Effekt aufs schönste erzielt wurde.

War die Arbeit an den Figuren beendet, wurden sie mit weißer Farbe übertüncht. Das Weiß ist so wunderbar klar und leuchtend, daß unser bestes weißes Papier im Vergleich dazu gelblich erscheint. Dann kam der Maler und schmückte die Figuren mit Farbe. Anscheinend war den Ägyptern eine Farbmischung, die der natürlichen Hautfarbe glich, unbekannt. Für alle Hautpartien benutzte man rote Farbe. Es gibt allerdings Ausnahmen: Zum Beispiel wurde bei der Darstellung einer hellhäutigen Frauengestalt, deren Hautfarbe sich von der der Männer unterscheiden sollte, gelbe Farbe genommen. Es wäre jedoch falsch davon auszugehen, daß ihnen die Abtönung von roter Farbe zur Schattierung der Haut nicht gelungen wäre: Es gibt einige Beispiele, da die rote Haut durch einen feinen Schleier hindurchscheinen soll und die Tönung einer natürlichen Hautfarbe sehr ähnlich ist, wenn man davon ausgeht, daß die Ägypter die gleiche Hautfarbe wie ihre Nachfolger, die Kopten, hatten, von denen einige fast so hellhäutig wie Europäer sind. Die Kleidungsstücke waren gewöhnlich weiß und ihre Ausschmückung muß der wohl schwierigste Teil der Malereien gewesen sein, denn die Künstler hatten Rot zwischen vier unterschiedlichen Farben gleichmäßig aufzuteilen. Ganz zum Schluß wurden die Arbeiten mit einem transparenten Schutzanstrich überzogen. Es ist unklar, ob diese Schutzschicht zusätzlich aufgetragen wurde oder Bestandteil der Farbe war. Diese Lackierung ist ausschließlich in dieser Grabanlage verwendet worden; nirgendwo sonst ist sie zu finden. Daher sind alle Reliefs in einem außergewöhnlich guten Zustand, und es gibt keine andere Grabstätte in Ägypten, in der die Sitten und Gebräuche so wahrhaftig und akkurat dargestellt worden sind.

Mit Hilfe von Mr. Ricci habe ich von allen Figuren, Hieroglyphen, Emblemen und Ornamenten, die in der Grabstätte zu sehen waren, Zeichnungen angefertigt, und mit der größten Ausdauer ist es mir gelungen, von ihnen Wachsabgüsse herzustellen; die Fertigstellung war eine mühselige Arbeit, die mehr als zwölf Monate in Anspruch genommen hat.

Aus meinen Zeichnungen geht der jeweilige Standort der Figuren hervor. Errichtete man ein Gebäude, den Vorgaben entsprechend und in der gleichen Größe, könnte man die Figuren an der dem Original entsprechenden Stelle plazieren. Auf diese Weise wäre es

Aus dem Grab Sethos' I. (nach Belzoni)

möglich, in Europa eine Grabstätte aufzubauen, die in allen Einzelheiten der ursprünglichen in Theben aufs genaueste folgt: Ich hoffe, daß ich diesen Plan in die Tat umsetzen kann.

Unmittelbar beim Betreten des ersten Ganges sieht man linkerhand zwei lebensgroße Figuren, von denen eine den Verstorbenen just in dem Moment darzustellen scheint, da er die Grabstätte betritt. Er wird von einer Gottheit mit einem Falkenkopf, auf dem sich Weltkugel und Schlange befinden, in Empfang genommen. Beide Gestalten sind von Hieroglyphen umgeben und in der Nähe des Bodens befindet sich eine sehr hübsche Skulptur eines Krokodils. Die Wände zu beiden Seiten der Passage sind mit Hieroglyphen bedeckt, die durch von der Decke bis zum Boden reichende vertikale Linien im Abstand von fünf bis sechs Inches voneinander getrennt werden. Innerhalb dieser Trennstriche stehen die Hieroglyphen und bilden einzelne Sätze; man kann deutlich sehen, daß die Ägypter von oben nach unten lasen. Die Decke dieses ersten Ganges ist mit Adlergestalten bemalt.[106] Am Ende desselben befindet sich eine Treppe mit je einer Nische an der Seite, die mit seltsamen Abbildungen menschlicher Körper und den Köpfen verschiedener Tiere geschmückt ist. Rechts und links von der Tür am Fußende der Treppe kniet eine weibliche Gestalt, deren Hände sich über eine Weltkugel legen. Oberhalb dieser Figuren ist je ein Fuchs abgebildet, der, den ägyptischen Gebräuchen entsprechend, immer an den Türen eines Grabes Wache hält. Oberhalb der Tür findet man die Namen des Toten und den seines Sohnes oder Vaters; sie sind eingerahmt von einer Gestalt, deren Flügel sich schützend über die Namenszüge breiten. Die Namen selbst sind durch eine ovale Einfassung hervorgehoben.

In der zweiten Passage sieht man entlang der rechten Wand eine Begräbnisprozession, wobei der Sarkophag gerade in die Grabanlage geschafft wird. Außerdem ist wie gewöhnlich ein Boot abgebildet, auf dem sich Männer und Frauen befinden und in der Mitte des Bootes eine Figur mit dem Kopf eines Widders. Das Boot wird von mehreren Männern gezogen.

Die Wand an der linken Seite ist mit ähnlichen Prozessionen bemalt. Ein Skarabäus wird von zwei Falken in die Lüfte gehoben, die von verschiedenen Figuren an Seilen festgehalten werden. Die Figuren an der Wand des Schachtes haben nahezu Lebensgröße. Sie scheinen Gottheiten darzustellen, und einige von ihnen empfangen Opfergaben.

Als nächstes kommt man in die erste Halle. In der Mitte stehen vier Pfeiler, die jeweils von zwei Gottheiten, gewöhnlich einer männlichen und einer weiblichen, flankiert sind. Über die rechte Wandseite erstrecken sich drei übereinanderliegende Friese. Dies ist innerhalb der gesamten Grabstätte zu beobachten. In der oberen Reihe sieht man eine Anzahl von Männern, die mit Hilfe einer Kette eine stehende Mumie von der Stelle zu bewegen suchen. Die beiden unteren Friese stellen Begräbnisprozessionen dar sowie eine Reihe von Mumien, die auf Rahmen horizontal auf dem Boden liegen. Auf der linken Seite sieht man eine militärische, geheimnisvoll wirkende Prozession: Alle Gestalten blicken starr auf einen Mann, der wesentlich größer ist als sie. Am Ende der Prozession befinden sich Angehörige unterschiedlicher Völker, scheinbar Juden, Äthiopier und Perser.[107] Dahinter gehen Ägypter, die keinerlei Schmuckgegenstände tragen; sie mögen Gefangene gewesen sein, die in ihre Heimat zurückgeschickt worden waren. Den Schluß bildet eine falkenköpfige Gestalt, offensichtlich ihr Schutzgott.

Mit größter Befriedigung darf ich den Leser auf die Tatsache aufmerksam machen, daß Dr. Young mit Hilfe meiner Zeichnungen, die ich von den Reliefs in der Grabstätte gemacht habe, bei seinen jüngsten Forschungen die Hieroglyphen betreffend, die Namen von Necho und dessen Sohn Psammetich entziffern konnte. Es ist dies das erste Mal, daß Hieroglyphen genau erklärt werden konnten. Mr. Young hat mit seinem System bewiesen, daß er den richtigen Schlüssel zur Entzifferung dieser ungekannten Sprache gefunden hat; und man kann nur hoffen, daß sein langwieriges und mühsames Unterfangen mit Erfolg gekrönt werden möge und er der Welt die Geschichte eines der ältesten Völker zu erklären vermag, von dem wir bisher nichts wußten. Necho hat Jerusalem und Babylon erobert, und sein

106 siehe Farbtafel 10
107 siehe Farbtafel 9 und Abbildungen S. 162

1 Blick auf Ibrim, Nubien

2 Auf diese Weise wurde der Kopf des jungen Memnon abtransportiert (er befindet sich jetzt im Britischen Museum) ▷

3 Ausblick auf die Pyramiden

5 Beduinen-Lager

◁ 4 Blick in das Innere des Tempels von Philae

6 Ausblick auf die Ruinen des Großen Tempels in Karnak

7 Außenansicht der zwei Tempel von Abu Simbel ▷

8 Der Nil tritt über die Ufer

9/10 Aus den Königsgräbern in Theben ▷

Sohn Psammetich führte Krieg gegen die Äthiopier. Was könnte diese Tatsache deutlicher erklären als die oben erwähnten Prozessionen? Die drei unterschiedlichen Völkergruppen sind deutlich zu erkennen – Perser, Juden und Äthiopier marschieren ein, gefolgt von ägyptischen Gefangenen, die offensichtlich in ihre Heimat zurückkehren und von einem Schutzgott behütet werden. Daß die Ägypter Gefangene sind, geht meiner Meinung nach daraus hervor, daß sie keinerlei Schmuck tragen, der doch gewöhnlich nicht nur Zierde, sondern auch ein Merkmal der Unterscheidung war. Die Juden sind deutlich an ihrer Physiognomie und Hautfarbe zu erkennen, die Äthiopier auf Grund ihrer Dunkelhäutigkeit und ihrer Schmuckgegenstände. Die Perser heben sich durch ihre prächtigen Kleidungsstücke hervor, die man von den ägyptischen Schlachtgemälden schon kennt.

Unmittelbar am Eingang in diese Halle stößt man auf eines der schönsten Kunstwerke, das je in Ägypten verfertigt worden ist und das auch innerhalb Ägyptens eine herausragende Stellung einnimmt. Es besteht aus vier lebensgroßen Figuren. Der Gott Osiris sitzt auf seinem Thron und nimmt die Ehrenbezeugungen einer hochstehenden Person, wahrscheinlich des Königs, entgegen.[108] Dieser wird von einer falkenköpfigen Gottheit begleitet. Hinter dem Thron steht eine weibliche Figur, die dem Großen Gott zu dienen sich bereitzuhalten scheint. Die Gruppe ist von Hieroglyphen umgeben und von einem Rahmen eingefaßt, der reich mit symbolischen Gestalten verziert ist. Darüber schwebt eine Weltkugel mit weit ausgebreiteten Flügeln. Das Ganze wird von zahlreichen Schlangen gekrönt. Die Malereien sind in allerbestem Zustand, so daß man die Ornamente und Dekorationen außerordentlich detailliert und klar erkennen kann.

Von der ersten Halle führt eine Treppe in einen tiefer liegenden Gang. Der Eingang ist zu beiden Seiten mit je einer lebensgroßen Figur geschmückt, die eine männlich, die andere weiblich. Die Frauengestalt scheint Isis zu repräsentieren, da sie wie üblich Hörner und eine Weltkugel auf dem Kopf trägt. Sie scheint den König empfangen zu wollen, der sich auf dem Weg in die Regionen der Unsterblichkeit befindet. Die Gestalt des Königs ist in einen Schleier oder transparentes Leintuch gehüllt, das an seiner Schulter gefaltet ist und den ganzen Körper bedeckt. Sein Aussehen ist anmutig und würdevoll. Isis wird von einem Netz umhüllt, das üppig mit Hieroglyphen geschmückt ist. Halskette, Armreifen, Gürtel und andere Schmuckstücke sind so geschmackvoll angeordnet, daß sie in wunderbarem Glanz erstrahlen, besonders wenn sie von einer künstlichen Lichtquelle beleuchtet werden.

An der linken Wand des Ganges befindet sich eine sitzende Figur in Lebensgröße: Es ist der König auf seinem Thron. In der rechten Hand trägt er das Szepter, die linke Hand hält er über einen Altar ausgestreckt. Um den Hals trägt er einen Anhänger, der wie ein ägyptischer Tempel geformt ist. Darauf abgebildet sind ein Obelisk und zwei Gottheiten, an jeder Seite eine. Anhänger dieser Art sind sehr begehrt, da sie Schmuck oder Brustplatte der ägyptischen Könige gewesen sind. Man hat bisher nur einige wenige auffinden können; ich selbst habe zwei Stück gesehen: Die eine befindet sich im Britischen Museum, die andere

108 siehe Abbildung S. 163

Osiris, aus dem Grab Sethos' I. (nach Belzoni)

◁ *Teile eines Wandfrieses aus dem Grab Sethos' I. (nach Belzoni)*

vermochte ich einem Araber abzukaufen, der sie in einem Königsgrab im Biban el-Moluk entdeckt hatte. Diese Platte ist aus schwarzem Basalt und viel größer und mit wesentlich mehr künstlerischem Geschick angefertigt als die anderen. Es gibt sie also in verschiedenen Größen und unterschiedlicher Ausführung. Abgebildet ist ein Skarabäus auf einem kleinen Boot, flankiert von je einer Gottheit. Das Ganze ist als Basrelief gearbeitet, und auf der Rückseite finden sich die üblichen Widmungen. Oberhalb des Kopfes jener Figur sieht man einen Adler, der mit schützender Gebärde seine Flügel über den König ausbreitet. Auf den oberen Wandpartien des Ganges ist die Geschichte des Königs abgebildet. Sie ist in einzelne Abteilungen oder Abschnitte gegliedert, die einen Durchmesser von zwei Fuß haben und in denen wieder verschiedene Personengruppen sichtbar sind. Der König ist in jedem Abschnitt vorhanden: Er steht inmitten hoch aufgetürmter Getreidehaufen und empfängt Gaben von seinen Soldaten oder Kriegsgefährten. Weiter hinten im Gang führt eine Treppe in eine weitere Passage, in der die Geschichtsdarstellungen fortgeführt werden. Unter anderem sieht man die Opferung eines Stieres. Die Wände beider Durchgänge sind mit exakt gegliederten Hieroglyphenreihen bedeckt. Im Raum der Schönheiten, wie wir ihn nannten, sind alle Skulpturen und Malereien in so hervorragendem Zustand, daß man an Kleidungsstücken und Schmuckgegenständen die winzigsten Details deutlich erkennen kann. Die Türrahmen sind mit herrlichen, von Hieroglyphenbändern eingerahmten Gottheiten

◁ *Aus dem Grab Sethos' I. (nach Belzoni)*

Opferung eines Stiers, aus dem Grab Sethos' I. (nach Belzoni)

geschmückt, und die Lotusblume ist sowohl als Knospe als auch in voll erblühter Form dargestellt. Darüber schwebt eine Schlange auf einer halbierten Weltkugel.[109] Dahinter befindet sich die große Halle mit sechs Pfeilern, an deren Seiten jeweils zwei lebensgroße Figuren stehen. Die Wände sind mit Darstellungen von Prozessionen und symbolischen Figuren verziert. Über der Tür sieht man eine Frauengestalt mit ausgebreiteten Flügeln. Von jeder Wand dieser Halle geht eine kleine Kammer ab; die zur Linken enthält verschiedene Mumien und andere Figuren; in der Kammer, die rechts vom Eingang liegt, fanden wir die Darstellung einer Kuh in halber Lebensgröße. Unter ihr standen zahlreiche Figuren: das alles ergab eine recht seltsame Gruppierung. Die Wände dort waren ebenfalls mit Hieroglyphen bedeckt. In der großen Halle nahe der Tür tragen einige Männer eine lange, dünne Stange, an deren Enden jeweils der Kopf einer Kuh aufgespießt ist. An der Stange hingen zwei Ochsen. Die Halle selbst geht in einen großzügigen, bogenförmig gewölbten Raum über. Es ist mir unmöglich, die Fülle der Malereien in ihren Einzelheiten zu beschreiben. In der Mitte des Raumes steht der wundervolle Sarkophag des Königs. Er ist innen und außen mit kleinen Intarsienarbeiten bedeckt, blau bemalt, und wenn man eine Kerze in den Sarkophag stellt, sind seine Wände fast durchsichtig. Die Decke des Raumes ist ebenfalls in Blau gehalten und mit einer Figuren-Prozession und anderen Gruppen geschmückt, die den Tierkreis behandeln.

Der nächste Raum sticht durch die, Anrichten ähnlichen, Wandvorsprünge ins Auge. Dort gibt es zwei quadratische Pfeiler, jeweils flankiert von zwei Figuren. Auch in diesem Raum waren die Wände mit symbolischen Gestalten aufs schönste verziert.[110] Es ist völlig sinnlos, mit der Beschreibung dieses himmlischen Ortes fortzufahren; ich versichere, daß meine bescheidenen Versuche, dem Leser diese Kostbarkeiten mit der Feder nahezubringen, der Wirklichkeit keineswegs gerecht werden können – sollte es mir jedoch vergönnt sein, in Europa ein genaues Modell dieser Grabanlage herzustellen, wird jedermann selbst feststellen können, daß eine schriftliche Darstellung den Kunstwerken nur kläglich gerecht zu werden sich bemüht.

Die Araber wußten über die Entdeckung der Grabanlage so unermüdlich zu berichten, daß die Nachrichten schließlich bis zu Hamed Aga von Kena vordrangen. Man erzählte ihm so viel von den prächtigen Schätzen, daß er sich unverzüglich mit einigen Soldaten auf den Weg nach Theben machte. Normalerweise dauert die Reise drei Tage. Seine Eile war jedoch so groß, daß er nach sechsunddreißig Stunden Biban el-Moluk erreichte. Noch vor seiner Ankunft bestürmten uns einige Araber mit der Nachricht, daß sie vom Gipfel der Berge aus eine türkische Reiterschar in das Tal hatten einreiten sehen, die sich stetig auf uns zu bewegte. Ich konnte mir nicht vorstellen, wer das sein mochte, denn Türken waren bisher noch niemals in diesem Tal aufgetaucht. Eine halbe Stunde später signalisierten sie mit mehreren Gewehrsalven ihre Ankunft. Ich nahm an, daß man eine bewaffnete Vorhut ausgesandt hatte, um die Grabanlagen und Felskammern stürmen zu lassen. Welch anderen

109 siehe Farbtafel in der Umschlag-Innenklappe
110 siehe Farbtafel 10 unten

Grund mochte es für die Türken geben, hierher zu kommen? Endlich, nachdem sich diese furchteinflößende Gruppe genähert hatte, machte ich unter ihnen den allseits bekannten Hamed Aga von Kena aus, der seit einiger Zeit über die Ostseite Thebens herrschte. Er kam mit seiner Gefolgschaft. Daher konnte ich beim besten Willen nicht begreifen, was er hier auf der Westseite wollte, die doch von jemandem anderen befehligt wurde. Ich nehme an, daß bei der Entdeckung eines Schatzes der erstbeste, der davon Nachricht erhält, die Beute aus Prestigegründen für sich beansprucht. Er lächelte und grüßte mich sehr freundlich – ja sogar wesentlich überschwenglicher als sonst üblich – wie ich vermutete, in freudiger Erwartung der von mir entdeckten, ungeahnten Reichtümer, derer er sich zu bedienen gedachte. Ich ließ alle greifbaren Kerzen und Fackeln herbeibringen, und gemeinsam begaben wir uns ins Innere der Grabstätte. Die Wandmalereien in diesem außergewöhnlichen Grab bedachte er mit keinem Blick, und die wunderbaren Reliefs und lebendig wirkenden Malereien interessierten ihn nicht im geringsten – seine Blicke suchten ausschließlich den Schatz. Seine zahlreiche Gefolgschaft schnüffelte wie Spürhunde in jeder Ecke und jeder Höhlung herum. Als sie schließlich nach einer langen und peinlich genauen Durchsuchung nichts gefunden hatten, was sie oder ihren Herrn hätte befriedigen können, ließ der Aga seine Männer zurücktreten. Er wandte sich an mich: »Sagt mir, wo habt Ihr den Schatz hingebracht?« »Welchen Schatz?« »Den Schatz, den Ihr hier an diesem Ort gefunden habt!« Bei dieser Frage vermochte ich ein Lächeln nicht zu unterdrücken – und dies bestätigte ihn in seinen dunklen Vermutungen. Ich berichtete ihm, daß wir hier keinen Schatz gefunden hätten. Er lachte ungläubig und bat mich nochmals darum, ihm den Fund nicht zu verheimlichen. Er fügte hinzu: »Von einer vertrauenswürdigen Person wurde mir berichtet, daß Ihr in diesem Grab einen großen, goldenen Hahn, gefüllt mit Diamanten und Perlen, gefunden habt. Ich muß ihn sehen. Wo ist er?« Ich konnte mein Gelächter nur mühsam zurückhalten und versicherte ihm, daß wir auf nichts Dergleichen gestoßen seien. Enttäuscht setzte er sich vor den Sarkophag. Ich befürchtete, daß er den Sarkophag als Beutestück betrachten und ihn in Stücke zerschmettern würde, um festzustellen, ob sich Gold in ihm befände: Die Vorstellung der Araber von einem Schatz beschränkt sich auf Gold und Juwelen. Schließlich schien er die Idee von verborgenen Reichtümern aufzugeben, und er trat den Rückweg an. Ich fragte ihn, was er von den herrlichen Wandmalereien halte. Er bedachte sie mit einem flüchtigen Blick und erwiderte: »Dies wäre ein guter Platz für einen Harem; die Frauen hätten dann viel zu betrachten.« Endlich verließ er uns. Er war aber durchaus nicht davon überzeugt, daß sich hier kein Schatz befand, und sein Gesichtsausdruck spiegelte Verdruß und Kummer wider.

Alles jedoch soll seine Ordnung haben und der Reihenfolge nach erzählt werden. Man wird sich erinnern können, daß ich während meiner ersten Reise nach Nubien auf der Insel Philae sechzehn gewaltige Steinblöcke in Besitz genommen hatte, eine eindrucksvolle Gruppe verschiedener Basrelieffiguren; ich hatte sie in Stücke zerschneiden lassen, um sie besser zum Nil schaffen zu können. Das Boot, das die Blöcke hatte transportieren sollen, war leer in Unterägypten angekommen, da sich der Reis geweigert hatte, den großen Kopf an Bord seines Schiffes bringen zu lassen. Als ich dann auf meiner zweiten Reise wieder nach

Philae kam, fanden wir die Steinblöcke grob verunstaltet und zerschlagen vor. Sie trugen folgende Aufschrift in französischer Sprache: *operation manquée.* Wir konnten nicht feststellen, zu wem die Handschrift gehören mochte, denn man hatte Holzkohle zum Schreiben benutzt. Uns war aber bekannt, daß sich nur drei französische Agenten auf der Insel aufgehalten hatten: Mr. Cailliaud, Mr. Jaques und der Deserteur Rossignana. Alle standen in den Diensten von Mr. Drovetti. Unfähig, den Übeltäter mit Gewißheit zu bestimmen, begnügten wir uns damit, den Konsul in Kairo von den Vorkommnissen zu unterrichten. Damit ließen wir die Angelegenheit vorerst ruhen. Zur gleichen Zeit hatte sich Mr. Jaques von den anderen getrennt. Er kam allein zu uns und wies jegliche Schuld von sich, indem er Cailliaud als den Mann hinstellte, der die Figuren mit seinem eigenen Hammer, den er ständig bei sich trug, beschädigt hätte. Mr. Cailliaud befand sich in Kairo, und Mr. Beechey sandte einen detaillierten Bericht über die Geschehnisse an Mr. Salt, den Konsul. Mr. Cailliaud jedoch, um seine Anstellung fürchtend, versicherte dem Konsul, daß er in Theben in Gegenwart von Mr. Jaques seine Unschuld würde nachweisen können. Ein Weilchen später tauchte Mr. Cailliaud tatsächlich in Theben auf. Aber anstatt nun Mr. Jaques, der ebenfalls dort weilte, mit der Angelegenheit zu konfrontieren, begnügte er sich mit Verunglimpfungen des englischen Konsuls, der es gewagt habe, ihn in Kairo auf die Sache anzusprechen. Einem Treffen mit uns oder Mr. Jaques ging er aus dem Weg. Er vermied damit jegliche Äußerungen, ob die Anschuldigung seiner Person der Wahrheit entsprach oder nicht. Nachdem er den fünfhundert Meilen entfernten Konsul reichlich beschimpft hatte, gelang es ihm, weiteres Unheil anzurichten. Er befreundete sich wieder mit Mr. Jaques, der nun dem Konsul schrieb, daß alles, was er von Mr. Beechey über Mr. Cailliaud gehört habe, nicht der Wahrheit entspräche und er uns niemals etwas Derartiges habe mitteilen lassen. Nach der Ankunft des Konsuls in Theben wurde Mr. Jaques in unserer Gegenwart gefragt, ob er es nicht gewesen sei, der uns erzählt habe, daß Cailliaud die Gesteinsblöcke auf der Insel Philae verunstaltet habe. Vor uns und dem Konsul wiederholte er, daß Cailliaud der Missetäter gewesen sei. Als ihn der Konsul fragte, warum er seine Aussage zu einem späteren Zeitpunkt widerrufen habe, erwiderte er mit größter Kaltblütigkeit, daß er nur dem Wunsch von Cailliaud nachgekommen sei. Der eine zerbrach die Blöcke; der andere schob ihm die Schuld zu, widerrief daraufhin die Anklage und bestätigte seine erste Aussage schließlich doch: So benehmen sich die ehrenwerten Messieurs, mit denen ich zu tun hatte.

Zwanzig Tage nach der Öffnung der Grabstätte hörten wir, daß sich drei große Schiffe mit Engländern an Bord näherten. Einige Tage später kamen Graf Belmore und Familie, Mr. Salt, Kapitän Cory, Dr. Richardson und seine Hochwürden Mr. Holt in Theben an.

In Kena hatten sie Hamed Aga einen Besuch abgestattet, und bei der Gelegenheit erfuhren sie von unserer Entdeckung eines neuen Grabes. Nach der Besichtigung waren sie begeistert, und da der Graf zu gern selbst eine Grabstätte finden und öffnen wollte, wies ich ihn auf zwei mögliche Stellen im Biban el-Moluk hin. Es stellte sich aber heraus, daß es sich dabei nur um zwei relativ kleine Mumienschächte handelte. Dies kann meiner Meinung nach als Beweis dafür gelten, daß es durchaus möglich war, kleinere Grabstätten in einem Tal auszugraben, von dem man angenommen hatte, nur Gräber von ägyptischen Königen zu finden. Meine Vermutung, dieses Tal sei nicht das einzige, in dem sich Königsgräber finden ließen, bestätigte sich ebenfalls. Während seines Aufenthaltes unternahm der Graf viele Nachforschungen und Untersuchungen, und es gelang ihm auch, zwei der löwenköpfigen Statuen, die ich in Karnak gefunden hatte, den Nil hinabzutransportieren. Hinzu kamen Ankäufe von arabischen Händlern. Er hatte eine stattliche Sammlung zusammenbringen können, die in Europa eine umfangreiche Kollektion ägyptischer Antiquitäten ergeben wird.

Der Konsul war von der Grabstätte und, wie ich vermute, auch von dem Sarkophag derart hingerissen, daß er im Biban el-Moluk ebenfalls mit Ausgrabungen begann, um eigenhändig auf Besitztümer der toten Könige zu stoßen. Seine Forschungen zogen sich über Monate hin, und seine Funde wird er selbst natürlich mit mehr Detailkenntnis darstellen können als ich. Lord Belford mit seiner Familie machte sich nach einigen Tagen Aufenthaltes auf die Weiterreise nach Nubien. Ich traf Vorbereitungen, um nach Kairo zurückzukehren, da mich dringende Geschäfte riefen. Die herrliche Grabstätte hatte sich jedoch derart tief in mein Gedächtnis eingenistet, daß ich fest entschlossen war, noch einmal nach Theben zu kommen, um ein vollständiges Modell der Grabanlage herzustellen.

Nachdem alle meine Funde verladen worden waren – sie bildeten eine weitere kostbare Fracht –, verließ ich Theben. Am 21. Dezember landeten wir nach zehnmonatiger Abwesenheit in Bulak. Meine Geschäfte hielten mich länger als vorgesehen in Kairo auf. Ich war darauf bedacht, so schnell wie möglich nach Theben zurückzukehren. Ich schickte also das Boot voraus und beschloß, über Land zu reisen. Ich hatte Signor Ricci in meine Dienste genommen, einen jungen Italiener, der hervorragend zu zeichnen verstand und nach kürzester Zeit imstande war, die Hieroglyphen nachzuzeichnen. Er sollte schon mit dem Kopieren und Abzeichnen der Malereien und Gegenstände in der Grabstätte beginnen. Mrs. Belzoni entschloß sich, dem Heiligen Land einen Besuch abzustatten und auf mich in Jerusalem zu warten, denn nach Beendigung der Arbeiten in der Grabstätte wollte ich mich ebenfalls dorthin begeben. Meine Geldvorräte hatten sich derweil nahezu erschöpft, und von der großzügigen Spende, die ich vom Konsul und von Mr. Burckhardt nach der ersten Reise mit dem Memnonskopf erhalten hatte, war fast nichts mehr geblieben. Mrs. Belzoni reiste nach Jerusalem ab; sie wurde begleitet von James, unserem irischen Bediensteten, und einem Janitscharen, der einen Reisenden in Syrien treffen wollte, um ihn von dort nach Ägypten zu geleiten.

Zu eben jener Zeit traf der gefeierte und ach so wahrheitsliebende Graf de Forbin in Kairo ein. Ich wohnte im Konsulat. Der Graf stattete dem Haus einen Besuch ab, um sich die Sammlungen anzusehen, die ich im letzten Jahr und während meiner jüngsten Reise zusammengetragen hatte. Der Graf war ob der zahllosen Kostbarkeiten nicht wenig erstaunt, und da er der Direktor des Französischen Museums war, zeigte er reges Interesse. Besonders der kolossale Kopf, der Altar mit den sechs Gottheiten, der gewaltige Arm sowie die verschiedenen Statuen fesselten seine Aufmerksamkeit.

In meinem Besitz befanden sich auch einige Statuen, die ich für mich selbst aus Theben hatte abtransportieren lassen, nachdem ich mit dem Konsul eine derartige Abmachung

Ausblick auf Theben (nach Belzoni)

getroffen hatte. Ich hatte mir vorgenommen, sie in meine Heimatstadt zu senden. Zu dem Zweck hatte ich für eine Verladung in Alexandria gesorgt. Der Graf machte ein Kaufangebot für meine Sammlung. Als er erfuhr, daß der Abtransport nach Europa unmittelbar bevorstand, versuchte er, mich inständig zu überreden, sie ihm zu überlassen. Er sei äußerst dankbar und stünde tief in meiner Schuld, wenn ich seinem Wunsch entsprechen könnte. Ich überlegte mir, daß ich wahrscheinlich noch mehr solcher Kostbarkeiten würde ausgraben können, und um ihm gefällig zu sein, stimmte ich endlich seinem Vorschlag zu. Die Summe, die er mir zahlte, deckte etwa ein Viertel des tatsächlichen Wertes; ich aber war vollauf befriedigt, da ich noch niemals ein Kunsthändler gewesen war und auch heute noch keiner bin.

Während ich mich in Kairo aufhielt, trafen einige Zeitschriften aus Europa ein. Zu meinem größten Erstaunen mußte ich feststellen, daß alle meine bisherigen Entdeckungen und die damit verbundene Mühsal im Namen anderer Personen bekannt gemacht und veröffentlicht worden waren, während meine Person nicht einmal erwähnt wurde. Ich gestehe gern, daß ich eitel genug war, verdrießlich und ärgerlich zu sein, denn nach derartigen Anstrengungen, wie ich sie in Oberägypten auf mich genommen hatte, die Früchte der Anerkennung von anderen in Anspruch genommen zu sehen – von Leuten, die mit dem Ganzen nicht mehr zu tun hatten als der Kaiser von Sibirien –, ist wahrlich nicht leicht zu verkraften. Davon ausgehend, daß nicht alles rechtens sei und die Fehlinformationen korrigiert werden sollten, verfaßte ich eine Niederschrift, die den tatsächlichen Gegebenheiten entsprach. Diese Darstellung meiner Unternehmungen in Ägypten händigte ich dem Grafen Forbin in Form eines Briefes aus. Er gab mir sein Versprechen, mein Schreiben in Frankreich veröffentlichen zu lassen. Es wäre allerdings besser gewesen, wenn ich ihm nicht vertraut hätte, denn er benutzte meine Darstellung zu einem Zweck, der meiner Intention vollkommen entgegengesetzt war. Die französischen Journale vermischten und verquickten alles miteinander, so daß der Öffentlichkeit die wahren Begebenheiten aus dieser Ecke wiederum vorenthalten wurden; einige andere europäische Zeitschriften, die Auszüge und Abschriften daraus brachten, wurden ebenfalls getäuscht. Ich hatte inzwischen jede Hoffnung aufgegeben, die Falschmeldungen berichtigen zu können; jedoch haben einige Reisende, die Ägypten später besuchten und unvoreingenommene Betrachter waren, ihre eigenen Darstellungen über das, was sie gesehen und erlebt hatten, veröffentlicht. Auf diese Weise wurde nach einiger Zeit der Wahrheit zur Ehre verholfen.

Währenddessen kam Major Moore mit Depeschen aus Indien in Kairo an. Da es ihm nicht möglich war, am selben Tag ein Boot anzuheuern, das ihn nach Alexandria hätte bringen können, begleitete er mich zu einer Besichtigung der Pyramiden. Während wir auf der Spitze der Großen Pyramide standen, verbreitete ich mich über die unterschiedlichen Auffassungen, die über die zweite Pyramide kursierten und äußerte zudem, wie schade es sei, daß sie in einem fortschrittlichen Zeitalter wie dem unsrigen noch nicht geöffnet worden wäre und das Innere derselben bisher nicht bekannt sei. Bei seiner Abreise nach England nahm Major Moore meine Darstellungen der Ausgrabungen in Ägypten sowie einige Pläne und Karten der neu aufgefundenen Stätten mit. Er händigte sie unserer Abmachung gemäß Lord

Aberdeen, dem Präsidenten der Society of Antiquaries aus, der sie einem breiteren Publikum bekannt machte.

Graf de Forbin stellte umfangreiche Erkundigungen über Oberägypten an und äußerte den Wunsch, jenes Land mit eigenen Augen zu sehen. Ob meine Versuche, ihn zu überzeugen oder seine eigene Neugierde schließlich den Ausschlag gaben, weiß ich nicht: Er entschloß sich zu der Reise, ist aber insgesamt, einschließlich Abfahrt und Rückkehr, nicht länger als einen Monat unterwegs gewesen. Später beschrieb er das Land, die Stadt Theben, die Monumente, Grabanlagen, Tempel, Kolossalstatuen, Skarabäen, die Europäer etc. Sein Unternehmungsgeist, weiter nach Afrika vorzudringen, habe ihn just in dem Moment verlassen, da er europäische Frauen in Luxor habe promenieren sehen! Welch reizende Ausrede für einen Reisenden! Zu Nordens Zeiten konnten europäische Frauen nicht einmal in Alexandria so herumspazieren, wie es ihnen heutzutage in Theben möglich ist – trotzdem schlug sich Norden bis nach Derr durch. Wenn sich der Graf wirklich als gestandener Reisender hätte bekannt machen wollen, hätte er es nicht als unter seiner Würde befinden dürfen, die ausgedehnten, sandigen Weiten Afrikas zu erforschen, nur weil eine europäische Familie freizügig durch Luxor in Ägypten promenierte. Würde der Graf eine Landkarte jenes unbekannten Landes zu Rate ziehen, wäre ihm klar, daß die Zivilisation Ägyptens seinem Ruhm, den er sich offensichtlich durch das Vordringen nach Afrika hatte sichern wollen, kaum vermindernd im Weg gestanden hätte.

Der Graf hat den Fund eines gewaltigen Armes in Theben erwähnt und daß ich ihn auf Anraten des britischen Konsuls hätte wegschaffen lassen, obwohl er ihm gehörte. Diesen Arm hat es niemals gegeben. Aber wenn der Graf de Forbin schon über die Tatsache beschämt gewesen sein mochte, daß er sich in Ägypten aufgehalten hatte, ohne einen einzigen antiken Kunstgegenstand gefunden zu haben und daher mit leeren Händen nach Frankreich zurückkehren mußte (wenn ich ihm nicht die Statuen verkauft hätte), hätte er zumindest so redlich sein sollen, offen zuzugeben, daß die Annehmlichkeiten seiner Lebensführung ihn davon abgehalten hatten, weiter nach Afrika vorzudringen. Der Graf weiß jeden auszunutzen, der ihm über den Weg läuft – aus dem einfachen Grund, weil er selbst keinen Erfolg aus seiner Ägyptenreise abzuleiten verstand. Ich hätte seine Person gar nicht erwähnt, wenn er nicht in seinem Journal meinen Namen mit falschen Tatsachen in Verbindung gebracht hätte. Und noch eine weitere Begebenheit darf nicht unerwähnt bleiben. Nach seiner Rückkehr aus Theben traf ich den Herrn in Kairo, im Haus des österreichischen Konsuls. Ich hatte zu dem Zeitpunkt mit der Öffnung der Pyramiden begonnen und war dabei schon auf den falschen Durchgang gestoßen. Der Graf bat mich in sarkastischer Manier um Zusendung der Lagepläne, da er sich am nächsten Morgen nach Alexandria begeben würde, um von dort nach Frankreich zurückzukehren. Sein Betragen machte ganz deutlich, daß er mit einem Mißerfolg meinerseits rechnete. Mir gefiel der Gedanke, ihm als Vergeltungsakt den gewünschten Plan zuzuschicken, und nachdem ich schließlich einige Tage nach seiner Abreise in die Pyramide eingedrungen war, ließ ich ihm tatsächlich einen Lageplan zukommen. Und was tat der noble Graf? Er gab in Frankreich bekannt, daß er mit Erfolg in die zweite Pyramide von Gizeh vorgestoßen sei. Als Beweis habe er die entsprechenden Lagepläne nach Paris mitgebracht! Der folgende Auszug stammt aus einer französischen Zeitung, die sich in meinem Besitz befindet:

»Am 24. April landete Graf de Forbin, Generaldirektor der königlichen Museen von Frankreich, in Marseille. Er war von Alexandria angereist und hatte eine stürmische Überfahrt. Er hat Griechenland, Syrien und Oberägypten besucht. Durch glückliche Umstände begünstigt, gelang es ihm einige Tage vor seiner Abreise aus Kairo, in die zweite Pyramide von Gizeh einzudringen. Als Beweis dieser wichtigen Entdeckung hat M. Forbin die Lagepläne mitgebracht sowie zahlreiche Nachrichten über die Arbeiten von M. Drovetti in Karnak und Ausgrabungen von M. Salt, dem englischen Konsul, der mit größtem Erfolg im Tal von Biban el-Moluk und in der Ebene von Medinet Habu tätig ist. Das Museum in Paris wird um einige Errungenschaften aus Theben bereichert werden, die M. Forbin auf seinen Reisen hat sammeln können.«

War dies von unbekannter Hand geschrieben, um den Grafen lächerlich zu machen, oder ist dies wiederum der Versuch, die Öffentlichkeit mit Falschmeldungen zu beeindrucken?

Die Chephren-Pyramide

Bevor ich nach Theben aufbrach, besuchte ich die Pyramiden in Begleitung zweier anderer Personen aus Europa. Während sie die erste Pyramide besichtigten, wanderte ich einmal um die zweite Pyramide herum. An der Ostseite setzte ich mich im Schatten einiger Steinblöcke nieder, die einmal den Tempel vor der Pyramide gebildet hatten. Ich starrte gebannt auf die gewaltige Gesteinsmasse, die über so viele Jahrhunderte hinweg zu den unterschiedlichsten Überlegungen, sowohl bei antiken, als auch modernen Schriftstellern Anlaß gegeben hatte. Herodot hatte sich von den ägyptischen Priestern und deren Behauptung täuschen lassen, daß es dort keine unterirdischen Kammern gäbe. In Ehrfurcht und Erstaunen betrachtete ich dies Werk, das sein Geheimnis über Ursprung, Innenansicht und Konstruktionsprinzip bis heute nicht preisgegeben hatte. In unserem gegenwärtigen Zeitalter des Fortschritts und der Vernunft liegt vor uns eines der größten Weltwunder, ohne daß wir wissen, ob es Höhlen in seinem Inneren gibt oder ob es eine solide Steinmasse ist. Die zahlreichen Versuche, die von wißbegierigen Reisenden, besonders den französischen Gelehrten unternommen worden sind, um den Eingang in diese Pyramide zu finden, boten genügend Beweise und hatten ausreichend Gewicht, um eine neuerliche Unternehmung als unsinnig und geradezu verrückt erscheinen zu lassen. In der Tat boten die Forschungen, die erst kürzlich von Mr. Salt und Kapitän Caviglia über vier Monate an den Pyramiden getätigt worden waren, genug Anlaß, von einem derartigen Plan abzusehen. Vor nicht allzu langer Zeit hatte die kleine Gruppe der in Ägypten lebenden Franzosen die Idee gehabt, eine Genehmigung von Mohammed Ali einzuholen und mit Hilfe einer Subskription, an der sich die verschiedensten Königshöfe Europas beteiligen sollten, die Summe von mindestens zwanzigtausend

Ägyptische Mumien (nach Pococke)

Eingang zur ersten Pyramide (nach Vyse)

Pfund zusammenzubringen, um sich dann mit Gewalt, d. h. durch Sprengungen, einen Eingang in die Pyramide zu bahnen. Nachdem die Querelen um die leitende Position bei diesem Unterfangen beigelegt worden waren, wurde schließlich Mr. Drovetti auserkoren, die Arbeiten zu beaufsichtigen. Wäre all dies nicht Grund genug gewesen, um die Gedanken, die mich nichtsdestotrotz beflügelten, als lächerlich abzutun? Zudem gab es noch ein anderes Hindernis. Nach meinen erfolgreichen Tätigkeiten in Oberägypten und unter Berücksichtigung der eben dargestellten Umstände mußte ich damit rechnen, daß mir eine Arbeitsgenehmigung verweigert werden könnte: Bestünde auch nur die geringste Chance, in die Pyramide einzudringen, würde die Leitung eines solchen Unternehmens mit Sicherheit jemandem übertragen werden, der mehr Einfluß besaß als ich.

Mit derlei Gedanken befaßt, erhob ich mich und ging, meinem natürlichen Impuls folgend, auf die Südseite der Pyramide zu. Ich untersuchte alles sehr genau, fast jeden einzelnen Stein. Die Westseite nahm ich mir ebenfalls vor, und schließlich gelangte ich zur Nordseite. Hier schien meiner Beobachtung nach alles anders zu sein. Meine fortwährenden Untersuchungen der Grabanlagen in Theben hatten möglicherweise mein Auge für das geschärft, was anderen Reisenden verborgen blieb: In der Tat mag dies als Beweis dafür gelten, daß die praktische Tätigkeit oftmals weiter führt als theoretische Erörterungen. Andere Reisende haben die gleichen Stellen aufgesucht wie ich, haben aber andere Beobachtungen gemacht. Ich möchte behaupten wollen, und dies mag mir verziehen sein, daß es meiner Erfahrung zufolge viele Reisende gibt, die, ihren eigenen Fähigkeiten und ihrer Beobachtungsgabe vertrauend, die Möglichkeit einer Prüfung ihrer Annahmen ausgeschlagen haben. Wenn ihnen jemand, der nicht den Vorzug hatte, über eine klassische Bildung zu verfügen, eine Beobachtung mitteilte, hielten sie es für unter ihrer Würde zuzuhören; antworteten, wenn nicht mit verächtlichem Lachen, mit suffisantem Lächeln, ohne nachzuprüfen, ob der an sie herangetragene Gedanke einen wahren Kern beinhalten könnte oder nicht. Ich selbst habe oft die Genugtuung erfahren dürfen, daß sich die Hypothesen derartiger Reisender als falsch herausstellen und sie sich auf Grund dessen arg gedemütigt fühlten. Ich will damit nicht sagen, daß sich ein klassisch gebildeter Mann demjenigen gegenüber benachteiligt fühlen sollte, der eine solche Ausbildung nicht genossen hat; jedoch kommt es oftmals vor, daß eine Person, die sich für gut informiert hält, weniger Sorgfalt walten läßt, als jemand, der weniger Selbstvertrauen hegt.

An der Nordseite der Pyramide bemerkte ich drei kleine Markierungen, die mir den Versuch gerechtfertigt erscheinen ließen, ebendort nach dem Eingang zu suchen. Es soll an dieser Stelle nicht unerwähnt bleiben, daß sich das Aufspüren dieser Markierungen nicht ausschließlich aus meinen Erfahrungen herleiten ließ, die ich anhand der ägyptischen Grabstätten in Theben hatte sammeln dürfen – ein jeder Reisende weiß, daß die Pyramiden gemeinhin sehr wenig mit Grabanlagen gemeinsam haben: weder in ihrer äußeren Erscheinung, noch in irgendeiner anderen Form. Es sind zwei vollkommen verschiedene Gegenstände: Eines ist ein Gebilde aus einer ungeheuren Ansammlung gewaltiger Gesteinsblöcke, das andere ist ausschließlich aus einer Felspartie herausgehauen. Meinen wichtigsten Anhaltspunkt bildete die Kalkulation, die ich von der ersten Pyramide erstellt hatte, und in diesem Punkt war ich mir meiner Sache so sicher, daß ich in dem Moment beinahe mit dem Versuch begonnen hätte. Ich war schon mehrmals bei der Pyramide gewesen, hatte aber niemals den Gedanken gehabt, dort möglicherweise nach dem Eingang zu suchen, da man eine derartige Erwägung für unmöglich hielt. Der Fall präsentierte sich jetzt aber in einem anderen Licht – ich nahm Einzelheiten wahr, die mir vordem nicht aufgefallen waren. So stellte ich fest, daß genau unterhalb der Mitte der Frontseite das Baumaterial, das von der Verkleidung heruntergefallen war, höher aufgehäuft lag als der vermutliche Standort des Eingangs, wenn man ihn, vom Boden aus gemessen, mit den Maßen der ersten Pyramide verglich. Da natürlich bisher niemand die Stelle entdeckt hatte, die den möglichen Eingang bezeichnen mochte, war mir schon klar, daß die Entdeckung des Einstiegs in die zweite Pyramide als hoffnungsloses Unterfangen galt. Ich stellte außerdem fest, daß das Baumaterial, das genau in der Mitte der Vorderseite heruntergefallen war, weniger bröckelig als das der Seitenteile war. Daraus ergab sich für mich, daß die Steine im Mittelteil weggeräumt worden sein mußten, nachdem die Schutzschicht schon abgebröckelt war. Demzufolge schien sich das Vorhandensein eines Eingangs an eben jener Stelle sinngemäß anzubieten. Durch meine Beobachtungen äußerst ermutigt, kehrte ich zu meinen Begleitern an der ersten Pyramide zurück. Wir besuchten den großen Sphinx und waren am Abend wieder in Kairo.

Am nächsten Tag beschloß ich, eine genauere Untersuchung vorzunehmen. Ich machte aber niemanden mit meinem Vorhaben bekannt, da dies die Franzosen in Kairo in helle Aufregung versetzt hätte und mir aller Wahrscheinlichkeit nach die Genehmigung zur Fortführung meiner Arbeit nicht erteilt worden wäre. Meine Nachforschungen am folgenden Tag gaben mir neuen Mut. Ich hätte die Erlaubnis niemals bekommen, wenn diejenigen Personen, die über beträchtlichen Einfluß am Hofe des Paschas verfügten, über meine Arbeit unterrichtet gewesen wären. Am darauffolgenden Tag überquerte ich den Nil bei Embabe.[111] Dort residierte der Kaschef, der die Provinz befehligte, zu der die Pyramiden

111 Das kleine Dorf lag 15 km von den Pyramiden entfernt

gehörten. Ich stellte mich ihm vor und berichtete ihm von meinen Plänen, die ich vorbehaltlich seiner Zustimmung auszuführen gedachte. Wie erwartet antwortete er, daß ich den Pascha oder den Kakia Bei um Erlaubnis zu fragen hätte. Ohne einen von ihnen ausgestellten Firman könne er Grabungen an den Pyramiden nicht gestatten. Auf meine Frage, ob er anderweitige Einwände hätte, erwiderte er: »Nicht im geringsten.« Danach begab ich mich zur Zitadelle. Da der Pascha abwesend war, machte ich dem Kakia Bei meine Aufwartung, der mich schon von Schubra her kannte. Er hatte keine Einwände gegen mein Vorhaben, schränkte seine Zustimmung aber dahingehend ein, daß er sich nicht sicher sei, ob es in der Umgebung der Pyramiden gepflügten Ackerboden gäbe. Er ließ den Kaschef von Embabe benachrichtigen, der ihm versicherte, daß die Umgebung der Pyramiden nur aus Felsen und Gesteinsbrocken bestünde.

Daraufhin erhielt ich meinen Firman mit der Aufforderung an den Kaschef, mich mit Fellachen auszustatten, um die Arbeiten an den Pyramiden beginnen zu können. Mein Vorhaben war durchaus keine Kleinigkeit: Es stellte den Versuch dar, in eine der großen Pyramiden vorzudringen und eines der großen Wunder der Welt zu enträtseln. Bei einem Mißerfolg würde ich dem Hohngelächter ganz Europas ausgesetzt sein. Gleichzeitig schien mir mein Plan entschuldbar, denn ohne Wagnis ist noch niemals etwas erreicht worden. Ich hielt es jedoch für angebracht, meine Expedition so geheim wie möglich zu halten. Nur Mr. Walmas, einem ehrenwerten levantinischen Geschäftsmann in Kairo, gab ich Bescheid. Ich hatte nicht die Absicht, mein Vorhaben in Bezug auf die Pyramiden vollständig zu verheimlichen, denn die Auswirkungen der Arbeiten würden naturgemäß deutlich sichtbar sein – aber so dicht an der Hauptstadt, in der viele Europäer residierten, hätte ich ständige Unterbrechungen nicht verhindern können. Und da ich über den Einflußbereich und die Intrigen meiner Gegner nur zu gut Bescheid wußte, fürchtete ich, meine Erlaubnis würde rückgängig gemacht werden, was mein Unternehmen zu einem Ende gebracht hätte.

Nachdem ich mich also mit einem kleinen Zelt und Nahrungsmittelvorräten ausgestattet hatte, um nicht auf eine Rückkehr nach Kairo angewiesen zu sein, machte ich mich zu den Pyramiden auf.

Als Grund für meine unvermittelte Abreise aus Kairo gab ich an, eine Expedition in das Mokattam-Gebirge durchführen zu wollen. Die arbeitswilligen Araber hatten sich schon bei den Pyramiden versammelt. Ich konnte sofort mit meinem Unterfangen beginnen.

Ich hatte nur wenig Geld zur Verfügung – die Summe, die mir Mr. Burckhardt und der Konsul zum Geschenk gemacht hatten, war nahezu aufgebraucht, und obwohl mir der Graf de Forbin kürzlich zwei Statuen abgekauft und mir einen Teil der Summe gleich ausgehändigt hatte, betrug meine gesamte Barschaft nicht mehr als zweihundert Pfund. Wenn dieser Betrag noch vor Öffnung der Pyramide dahingeschwunden wäre, hätte das fatale Folgen gezeitigt, insofern als ich alle Vorarbeiten geleistet, den Weg in die Pyramiden aber fremden Personen hätte überlassen müssen.

Besonders zwei Stellen fesselten meine Aufmerksamkeit: die eine lag auf der Nordseite, die andere auf der Ostseite der Pyramide. Die letztere bestand aus Überresten einer Pfeilerhalle, die zu dem Tempel gehört haben mußte, der einmal vor der Pyramide gestanden hatte. Von dort führte ein Damm direkt auf den Sphinx zu. Wenn ich also die Stelle zwischen Pfeilerhalle und Pyramide ausheben ließ, müßte ich notwendigerweise auf das Grundgemäuer des Tempels stoßen: und genauso war es. Mir standen achtzig Araber zur Verfügung. Vierzig ließ ich an der erwähnten Stelle graben; die anderen vierzig ließ ich in der Mitte der Nordseite zu Werke gehen – an der Stelle, da die Erde weniger fest als an der Nord- und Ostseite schien.

Grabungsarbeiten am Sphinx (nach Vyse)

Die Araber erhielten jeweils einen Piaster Lohn pro Tag, umgerechnet sechs Pennies. Ich beschäftigte zudem noch zahlreiche Knaben und Mädchen, die die Erde wegschafften. Sie erhielten zwanzig Paras, also drei Pennies täglich. Ich bemühte mich sehr, sie bei arbeitswilliger Laune zu halten, machte ihnen kleine Geschenke und hielt ihnen die Vorteile vor Augen, die eine Öffnung der Pyramide nach sich ziehen würde: Es würden zahllose Besucher kommen, und Trinkgelder würden reichlich verteilt werden. Nichts vermag einen Araber mehr zu beeinflussen, als ein Hinweis auf seine eigenen Vorteile. Alles andere scheint er nicht begreifen zu können. Ich muß im gleichen Atemzug aber auch einräumen, daß ich diese Verhaltensweise in Europa für ebenso wirksam halte.

Die Grabungen an beiden Seiten zogen sich über mehrere Tage hin, ohne daß wir auf die geringste Spur gestoßen wären. Das beiseite zu räumende Material an der Nordseite, das aus heruntergefallenen Überresten der Verkleidung bestand, war ungeachtet der Tatsache, daß es schon einmal von der Stelle bewegt worden war, so fest zementiert, daß die Männer kaum vorwärts kamen. Das einzig vorhandene Werkzeug war eine Art Spaten, der, mit einem dünnen Blatt ausgestattet und nur für weiche Böden geeignet, zwischen Steinen und Mörtelbrocken wenig ausrichten konnte. Meiner Meinung nach hatten sich Gestein und Mörtel von den Pyramiden abgelöst, sind dann später durch Tau-Einwirkung (im Frühjahr und Sommer setzen nachts starke Taufälle ein) befeuchtet worden und verbanden sich im Laufe der Zeit mit den Steinen zu einer harten, unauflöslichen Masse.

An der Ostseite der Pyramide stießen wir auf den unteren Teil eines großen Tempels, der mit der Pfeilerhalle verbunden war und der bis auf fünfzig Fuß an die Basis der Pyramide herangereicht haben mußte. Wie man derzeit sehen kann, bestanden die äußeren Wände aus riesigen Gesteinsblöcken. Einige Blöcke in der Säulenhalle sind vierundzwanzig Fuß lang. Der innere Teil dieses Tempels war aus kalkhaltigen Steinen der unterschiedlichsten Größe

Detailansicht: Tempel zwischen den Vorderfüßen des Sphinx (nach Vyse)

errichtet worden. Zum Teil besitzen sie fein geschliffene Kanten. Sie sind wahrscheinlich wesentlich älter als die Außenwände, wo doch selbst diese genauso alt wie die Pyramiden scheinen. Um auf dieser Seite auf die Grundmauern der Pyramide zu stoßen und um festzustellen, ob es eine direkte Verbindung zum Tempel gegeben hatte, mußte ich das dort angehäufte Baumaterial zerschneiden lassen. Es bestand aus gewaltigen Steinblöcken und Mörtelbrocken der ehemaligen Außenverkleidung, ähnlich wie an der Nordseite. Die Höhe dieses immensen Steinhaufens betrug vierzig Fuß. Endlich gelang es uns, bis auf den Grund vorzustoßen, und ich sah einen flachen, gepflasterten Boden vor mir, der aus dem Felsen herausgeschlagen worden war. Ich ließ alles noch im Wege liegende Gestein in gerader Linie von der Basis der Pyramide zum Tempel hin freilegen und zerteilen: Der Plattenpfad wurde in seiner gesamten Länge sichtbar. Er reichte vom Tempel bis zur Pyramide. Ohne Zögern möchte ich behaupten, daß der gepflasterte Pfad rund um die Pyramide führte. Mir schien, als ob der Sphinx, der Tempel und die Pyramide zur gleichen Zeit erbaut worden seien, da sie sich alle auf einer Linie befanden und die Qualität des Gesteins auf das gleiche Alter schließen ließ. An der Nordseite gingen die Arbeiten auf die Grundmauern zu ebenfalls voran. Eine große Anzahl gewaltiger Steine war weggeschafft worden, und ein Großteil der Pyramidenfassade war freigelegt. Es gab aber immer noch keinen Hinweis darauf, daß sich dort jemals ein Eingang befunden hatte.

Die Araber setzten großes Vertrauen in meine Andeutungen, die zu hellster Begeisterung Anlaß gaben: falls wir einen Eingang in die Pyramide fänden, würde ich sie mit reichlichen Trinkgeldern beschenken. Außerdem kämen dann die Verdienste durch die verstärkte Besucherzahl hinzu. Nach tagelanger Erwartung schwanden ihre Hoffnungen langsam dahin, und da sie schwere Arbeit bei der Zerstückelung der Gesteinsbrocken geleistet hatten und fast alle Spaten zerbrochen waren, begann ihre Arbeitskraft sichtbar zu erlahmen. Ich selbst war nahe daran, mit meinem Projekt, in ein Bauwerk eindringen zu wollen, das sowohl bei meinen Arbeitern als auch bei zivilisierten Leuten als uneinnehmbare Festung galt, der Lächerlichkeit anheimzufallen. Solange ich sie jedoch entlohnte, arbeiteten sie weiter, wenn auch mit vermindertem Elan. Trotz all der Schwierigkeiten und der geringfügigen Chance, einen Eingang in die Pyramide zu finden, haben mich meine Hoffnungen letztendlich nicht getäuscht. Mit fortschreitender Arbeit war immer noch deutlich zu erkennen, daß die Steine an dieser Stelle weniger festgefügt und massiv waren als die an den anderen Seiten. Dieser Umstand gab mir weiterhin Kraft, und ich wollte solange weiterarbeiten, bis ich vom Gegenteil meiner Vermutungen überzeugt würde. Am 18. Januar endlich, nach sechzehn Tagen fruchtloser Mühen, bemerkte ein arabischer Arbeiter eine schmale Spalte zwischen zwei Gesteinsblöcken. Er war begeistert, glaubte er doch, den lang ersehnten Eingang entdeckt zu haben. Die Öffnung war in der Tat sehr klein, aber ich schob einen langen Palmzweig zwei Yards weit in die Ritze hinein. Dieser mögliche Anhaltspunkt beflügelte die Araber aufs neue, und sie machten sich mit frischen Hoffnungen ans Werk. Meinem Zweck war gut gedient, erhielt doch mein Unternehmen neue Schwungkraft. Mir war klar, daß sich der Eingang in die Pyramide nicht zwischen zwei Gesteinsblöcken befinden konnte; aber ich hoffte sehr, daß die schmale Öffnung auf irgendeine Weise auf den richtigen Eingang hinlenken würde. Etwas später bemerkte ich einen Stein, der, obwohl dem Anschein nach fest in der Pyramide verankert, tatsächlich jedoch lose war. Ich ließ ihn noch am selben Tag entfernen und stieß auf die Öffnung, die ins Innere der Pyramide führte! Dieser grob gehauene Eingang war nicht mehr als drei Fuß breit, und er war mit Geröll und Sand angefüllt. Nachdem wir die Schuttmassen beiseite geschafft hatten, kam die ganze Breite des Eingangs zum Vorschein. Ein zweiter und dritter Tag waren notwendig, um die Schuttberge wegzuräumen; aber je weiter wir vordrangen, desto mehr Geröllmassen blockierten den Zutritt. Am vierten Tag stellte ich fest, daß Gesteinsbrocken und Sand von der Decke der Aushöhlung herabstürzten. Schließlich entdeckte ich an der Außenseite der Pyramide einen Gang, der durch eine höher liegende Öffnung zu erreichen war und von dem man offensichtlich annahm, daß er keinerlei Verbindung zum Inneren der Pyramide besaß. Als das ganze Geröll schließlich beiseite geräumt worden war, ließ ich die Arbeiten an dem tiefer liegenden Teil unterhalb meiner Füße weiterführen. Nach zwei weiteren Tagen stießen wir auf eine Öffnung, die wir gründlich ausweiteten. Ich nahm eine Kerze, hielt sie in die Öffnung und sah die Umrisse einer geräumigen Aushöhlung, deren Vorhandensein ich mir nicht zu erklären vermochte. Nachdem Sand und Geröll beiseite geräumt waren, ließ sich ein recht großer Raum erkennen, der anscheinend auf die Mitte der Pyramide zulief. Es handelte sich offensichtlich um einen künstlich hineingetriebenen Gang – mit großem Kraftaufwand in den Felsen gehauen und wahrscheinlich dazu gedacht, auf den Mittelpunkt der Pyramide zu stoßen. Einige der riesigen Gesteinsblöcke waren in der Mitte zerspalten, andere waren in kleine Stücke geteilt worden, und wieder andere drohten jeden Moment mangels Abstützung herabzufallen. Unvorstellbar die Arbeitsleistung, die notwendig gewesen war, um eine derartige Aushöhlung vorzunehmen! Man konnte auch deutlich erkennen, daß die Arbeiten zur Mitte hin weiter fortgeführt worden waren. Der obere Teil war eingestürzt und blockierte die Felsenkammer vollkommen, so daß es uns nicht möglich war, tiefer als einhundert Fuß in das Innere vorzudringen. Auf der Hälfte zwischen dem Eingang in die Passage und ihrem Endpunkt befand sich ein weiterer Gang, der in unregelmäßigem Neigungsgrad vierzig Fuß hinabfiel. Auch dieser Gang stieß auf die Mitte zu, dem

Durchbruch in die zweite Pyramide von Gizeh (nach Belzoni)

gemeinsamen Endpunkt und Ziel. Zu viele Männer an dieser Stelle einzusetzen war gefährlich, denn einige der Steinblöcke, die über unseren Köpfen hingen, konnten sich jeden Moment lösen; zum Teil wurden sie nur an ihren Kanten gestützt, die zwischen anderen Steinen auflagen. Bei der geringsten Berührung drohten sie herunterzufallen und hätten jeden Mann, der sich in der Nähe aufhielt, zermalmt. Ich ließ nur wenige Männer dort arbeiten, mußte aber bald einsehen, daß ein weiteres Vordringen unmöglich war. In dem darunterliegenden Gang entging ein Mann nur knapp dem Tod. Ein sechs mal vier Fuß großer Steinblock löste sich von der Decke während der Araber mit den Ausgrabungen befaßt war. Zum Glück prallte der Gesteinsbrocken auf zwei andere Steine auf, von denen der Mann flankiert war und die ihn an Höhe überragten – er hatte im Sitzen arbeiten müssen. Er war wie in einer Falle eingeschlossen, und nur mit großen Anstrengungen gelang uns schließlich seine Befreiung. Glücklicherweise hatte er nur einige Prellungen am Rücken erlitten. Durch den Fall des ersten Steines lösten sich andere Felsbrocken, und die Passage wurde so gefährlich, daß ich einen Rückzug aus der Pyramide für angebracht hielt. Nicht nur die sich von der Decke lösenden Gesteinblöcke bildeten eine ernsthafte Gefahrenquelle, sondern man mußte auch damit rechnen, daß der Durchgang vollkommen blockiert wurde und wir alle lebendig begraben würden. Meine Erwartungen in Bezug auf diesen Gang waren sowieso nicht groß, da ich von Anfang an daran zweifelte, den richtigen Eingang zur Pyramide gefunden zu haben. Ich ging zwar davon aus, daß mir dieser Gang einen Hinweis würde geben können, aber ich hatte mich getäuscht. Meine Unwissenheit war genauso groß wie vor Beginn der Grabungsarbeiten.

Ich hatte mich schon viele Tage mit der Pyramide befaßt, ohne von den Bewohnern Kairos entdeckt worden zu sein. Sehr viel länger würde ich mein Unternehmen nicht mehr verheimlichen können, da ein ständiger Strom von Franken aus Kairo den Sonntagsspaziergang dazu nutzte, zu den Pyramiden zu pilgern. Und viele Reisende begaben sich nach ihrer Ankunft in der Hauptstadt unverzüglich auf den Weg, um diese Weltwunder in Augenschein zu nehmen. An dem Tag, da ich die Arbeiten an dem oben erwähnten Gang einstellen wollte, erblickte ich am Nachmittag einige Leute auf der Spitze der ersten Pyramide. Es mußten Europäer sein, denn Araber und Türken unterziehen sich niemals der Mühe eines Aufstiegs – es sei denn, um als Begleiter Geld zu verdienen.

Sie sahen meine Männer bei der Arbeit und kamen wohl gleichfalls zu der Schlußfolgerung, daß es sich nur um ein europäisches Unternehmen handeln konnte. Sie feuerten einen Signalschuß aus der Pistole ab, und ich antwortete auf die gleiche Weise. Daraufhin begannen sie mit dem Abstieg. Sie benutzten die Seite der Pyramide, die der unseren am nächsten lag. Bei der Begrüßung stellte sich dann heraus, daß einer der Reisenden der Abbé de Forbin war, der mit seinem Cousin, dem berühmt-berüchtigten Grafen, nach Ägypten angereist war und sich dann von ihm getrennt hatte. Zu seiner Begleitung gehörten der Abt des Klosters Terra Santa, ein Ingenieur namens Costa sowie Mr. Gaspard, der Vizekonsul von Frankreich. Er stellte mich dem Abbé vor. Alle wollten nun den neu entdeckten Gang betreten – der Abbé fand aber mehr Vergnügen an der Tasse Kaffee, die er sich in meinem winzigen Zelt von mir kredenzen ließ. Nach diesem Besuch wußten natürlich alle Franken in Kairo über meine Forschungen Bescheid, und es verging kein Tag, an dem sich nicht einige Besucher hätten blicken lassen.

Ich war fest entschlossen, meine Untersuchungen weiterzuführen, und der kürzlich erlittene Rückschlag machte mich hartnäckiger und halsstarriger als je zuvor. Ich hatte den Arabern einen Ruhetag bewilligt, den ich zu einer neuerlichen Inspektion der Pyramide nutzen wollte. Es geschieht nicht selten, daß ein Mann von einer bestimmten Anschauung derart eingenommen ist, daß er Gefahr läuft, sich darin zu verlieren, falls es ihm nicht rasch gelingt, sich entweder ehrenhaft zurückzuziehen oder das Ziel seiner Wünsche zu erreichen. Ich befand mich in eben dieser Lage. Die Entdeckung des falschen Eingangs wertete ich als Niederlage. Mir war gleich, was man von mir dachte, aber die Tatsache, daß ich mich von den drei Markierungen hatte leiten lassen, die auf die künstlich angelegte Passage hindeuteten, lachte mir wie eine Provokation ins Gesicht, besonders wenn ich den Verlust von Zeit und Arbeit bedachte. Ich ließ mich jedoch nicht zur Verzweiflung treiben. An der ersten Pyramide studierte ich noch einmal die Lage des Eingangs und stellte fest, daß er sich nicht direkt in der Mitte der Wand befand. Der Gang lief in gerader Linie von der Außenseite der Pyramide zur Ostseite der Königskammer, die sich beinahe im Mittelpunkt der Pyramide befand. Notwendigerweise mußte also die Abweichung des Eingangs vom Mittelpunkt der Außenseite im gleichen Verhältnis zu der Distanz zwischen dem Mittelpunkt der Königskammer und deren Ostseite im Inneren der Pyramide stehen.

Mit Hilfe dieser einfachen und klaren Beobachtung kam ich zu folgendem Schluß: Wenn sich überhaupt ausgebaute Kammern im Inneren der zweiten Pyramide befänden, konnte sich der Eingang oder die Passage nicht im Mittelpunkt der Außenwand befinden, also nicht an der Stelle, an der ich habe graben lassen, sondern müßte, ähnlich wie bei der ersten Pyramide, circa dreißig Fuß östlich davon liegen.

Sehr zufrieden mit dieser Kalkulation machte ich mich auf den Rückweg zur zweiten Pyramide, um dort die Geröllmassen zu inspizieren. Wie groß war mein Erstaunen, als ich die gleichen Markierungen, die ich in der Mitte der einen Seite bemerkt hatte, jetzt an einer Stelle vor mir sah, die weniger als dreißig Fuß von meinem Standpunkt entfernt war! Ich war begeistert, und mein pyramidales Gehirn wurde durch neuerliche Hoffnung angeregt. Außerdem stellte ich fest, daß die Steine und Mörtelbrocken an dieser Stelle nicht so festgefügt und kompakt waren wie an der Ostseite – alles Hinweise, die sich schon beim ersten Versuch als wichtige Anhaltspunkte erwiesen hatten. Ganz besondere Bedeutung maß ich einer Beobachtung bei, die die Außenwand nahe der falschen Passage betraf: Die Steine an der Oberfläche der Pyramide waren offensichtlich verschoben worden. Ich prüfte

Querschnitt durch die zweite Pyramide von Gizeh (nach Belzoni)

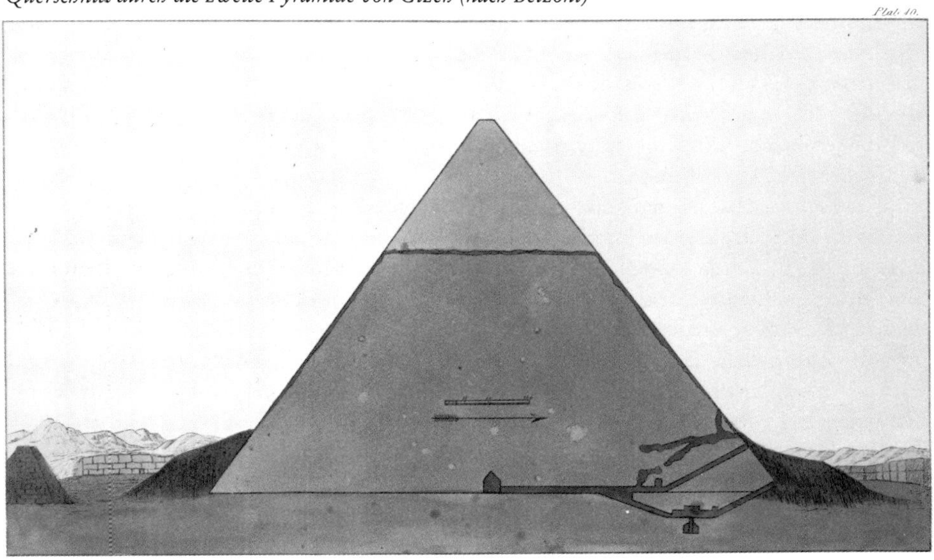

dies nach, indem ich von jener Stelle bis zum Erdboden eine Linie zog. Die Hohlrundung nahm deutlich zu, und zwar an der Stelle, die ich für meinen zweiten Grabungsversuch vorgesehen hatte! Ein jeder Reisende, der zukünftig die Pyramiden besucht, kann sich von der sichtbaren Hohlrundung überhalb des richtigen Eingangs überzeugen. Von ausschlaggebender Bedeutung waren zwei Anhaltspunkte gewesen: zum einen mein alter Leitgedanke aus Theben, die im Vergleich der sie umgebenden Steinmassen weniger kompakten Stellen betreffend und zum anderen die Hohlrundung in der Außenwand über der Lage des vermeintlichen Eingangs. Die erste Pyramide hatte dabei das Kalkulationsbeispiel geliefert.

Am nächsten Tag ließ ich die Arbeiten unverzüglich weiterführen. Die Araber waren darüber sehr erfreut, weniger weil sie den Eingang in die Pyramide zu finden hofften, sondern der Bezahlung wegen, die ihnen weiterhin zustehen würde. Allerdings hegten sie im Gegensatz zu mir keinerlei Erwartungen, und ich hörte sie oftmals hinter vorgehaltener Hand den Ausdruck ›Magnun‹ murmeln – was auf Englisch ganz schlicht ›Verrückter‹ heißt. Ich zeigte ihnen die Stelle, an der sie zu graben anfangen sollten. Meine Berechnungen waren so exakt, daß ich mit nur zwei Fuß Abweichung auf den Eingang in die erste Passage stieß! Mit größter Befriedigung durfte ich feststellen, daß dieser Tag genauso glücklich endete, wie der, an dem ich die mächtige Grabanlage des Psammetich in Theben[112] 111 entdeckt hatte. Bei den Grabungen zeigte sich, daß der Schutt ebenso hart war wie der, mit dem wir im ersten Gang zu kämpfen gehabt hatten. Und die Gesteinsblöcke, die auch hier den Zugang versperrten, wurden immer größer, je weiter wir vordrangen.

Einige Tage nach dem Besuch von Abbé de Forbin überraschte mich die Ankunft eines weiteren europäischen Reisenden. Es war der Chevalier Frediani, der, auf dem Rückweg vom 2. Katarakt, die Pyramiden besichtigen wollte. Ich hatte ihn in Theben kennengelernt und freute mich sehr, ihn zu sehen, da er ein unparteiischer Beobachter zu sein schien. Er billigte mein Unternehmen voll und ganz, und nach zwei Tagen wollte er wieder abreisen. Ich nehme an, daß seine Beurteilung meines Wunschtraumes, die Pyramide zu öffnen, mit der der Araber übereinging, die mich magnun nannten. An dem Tag, da er nach Kairo aufbrechen wollte, stieß ich bei den Ausgrabungen auf einen mächtigen Granitblock, der den gleichen Neigungswinkel besaß wie der Tunnel, der in die erste Pyramide führte. Auch er war auf den Mittelpunkt hin ausgerichtet. Ich bat den Chevalier, noch einen Tag zu bleiben, wobei ich im Geheimen den Gedanken hegte, er möge die erste Person sein, die den Eingang in die Pyramide mit eigenen Augen zu sehen imstande wäre. Er nahm meinen Vorschlag an, und ich war sehr erfreut, einen Landsmann bei mir zu haben. Wie sich herausstellte, war er der Zeuge eines wichtigen Ereignisses. Die Entdeckung des ersten Granitblocks erfolgte am 28. Februar. Am 1. März stießen wir auf drei weitere Granitsteine, die sich, zwei seitliche und einer als obere Querverbindung, ebenfalls zum Mittelpunkt der Pyramide hin neigten. Allem Anschein nach war ich dem Ziel meiner Wünsche nahe. In der Tat hatten wir gegen Mittag des nächsten Tages den richtigen Eingang in die Pyramide

112 Natürlich das Grab Sethos' I., wie sich allerdings erst später herausstellte

gefunden. Die Araber waren begeistert, den Besuchern etwas Neues bieten zu können und damit mehr Bakschisch zu bekommen. Nachdem wir Schutt und Geröll an den drei Steinen beiseite geschafft hatten, sahen wir den Eingang vor uns: Er führte in einen Gang, der vier Fuß hoch und drei Fuß sechs Inches breit war. Er bestand aus großen, behauenen Granitblöcken und lief über einhundertvier Fuß und mit einem Winkel von 26 Grad abwärts ins Innere der Pyramide. Der Gang war durch riesige Steine versperrt, die von der Decke herabgefallen waren. Die am weitesten entfernten Steine waren die gewaltigsten – auf Grund des Neigungswinkels waren alle anderen Steine durch sie zum Halt gekommen.

Es war harte Arbeit, alle Gesteinsbrocken aus dem Gang zu schaffen, der bis zum Eingang in die Grabkammer blockiert war. Wir brauchten den Rest dieses Tages und einen Teil des nächsten dazu. Endlich sahen wir eine Art Fallgatter vor uns. Auf den ersten Blick sah es aus wie ein Riesenstein, der mich anzustarren, *ne plus ultra* zu sagen und allen meinen hochfliegenden Plänen ein Ende zu setzen schien. An den Seiten war er nahtlos in Rillen eingepaßt, und seine oberen Kanten waren genauso behauen wie der Tunnel selbst. Bei näherer Inspizierung jedoch stellte sich heraus, daß das untere Ende des Steines circa acht Inches vom Boden abgehoben war und seine Seiten an den Rillen aufgestützt waren. Der gewaltige Steinblock vor mir war also eine Art Falltür aus Granit, ein Fuß und drei Inches dick.

Am oberen Ende des Steins hatte ich eine winzige Öffnung entdeckt. Ich führte einen langen Strohhalm ein, der sich drei Fuß weit hineinschieben ließ, ohne dabei auf Widerstand zu stoßen! Dahinter mußte sich demnach ein Freiraum befinden, um die Falltür aufzunehmen. Das Anheben derselben war in der Tat keine Kleinigkeit. Der Gang ist nur vier Fuß hoch und drei Fuß sechs Inches breit. Wenn zwei Männer nebeneinander stehen, können sie sich nicht bewegen; wir benötigten aber die Muskelkraft mehrerer Männer, um einen Granitblock von sechs Fuß Höhe und fünf Fuß Breite von der Stelle zu bewegen. Die Hebestangen durften nicht zu lang sein, da wir sonst in dem niedrigen Gang keinen Platz haben würden, um mit ihnen zu hantieren; waren die Hebeeisen aber zu kurz, hätte ich nicht genügend Männer gehabt, um die Falltür anheben lassen zu können. Die einzige Methode, um dieses Problem zu lösen, bestand darin, den Block nach und nach, Stück für Stück, anzuheben. Um den Steinblock zu stützen, legten wir einige Steine in die seitlichen Rillen, während wir gleichzeitig die Hebestangen drehten. Wir vermochten den Granitblock schließlich so weit anzuheben, daß ein Mann hindurchschlüpfen konnte. Ein Araber, der eine Kerze bei sich trug, kroch durch die Öffnung. Als er zurückkam, sagte er, daß der dahinterliegende Raum sehr schön sei. Ich arbeitete solange weiter, bis der Zwischenraum groß genug war, um selbst hindurchkriechen zu können. Nach dreißig Tagen ununterbrochener Arbeit befand ich mich nun zu meiner größten Befriedigung auf dem Weg zur Hauptkammer in einer der zwei größten ägyptischen Pyramiden – zwei Bauten, die von jeher die Bewunderung aller Betrachter hervorgerufen haben. Chevalier Frediani folgte mir, und nachdem wir unter der Falltür hindurchgekrochen waren, betraten wir einen Gang, dessen Höhe und Breite genau dem ersten entsprach. Seine Länge beträgt siebenundzwanzig Fuß und sieben Inches. Am Ende des aus Granit gehauenen Tunnels liegt ein senkrecht

Die große Kammer in der zweiten Pyramide von Gizeh (nach Belzoni)

abfallender, fünfzehn Fuß tiefer Schacht. An jeder Seite des Tunnels führt ein weiterer Gang in den Fels hinein. Der Gang rechter Hand ist dreißig Fuß lang und führt steil nach oben; er stößt auf den unteren Teil der falschen Passage. Der Gang unmittelbar vor uns lief waagerecht auf die Mitte der Pyramide zu. Mit Hilfe eines Seils ließen wir uns den Schacht hinunter. Auf dem Boden desselben bemerkte ich einen weiteren Gang, der in nördliche Richtung ebenfalls in einem Winkel von 28 Grad abwärts führte. Da der Mittelpunkt der Pyramide mein Ziel war, schlug ich diese Richtung ein und stieg einen Gang hinauf, der wieder zu dem waagerechten Gang führte und damit in Richtung Mittelpunkt. Mir fiel auf, daß alle Tunnel hinter der Falltür aus blankem Fels gehauen worden waren. Der auf das Zentrum zulaufende Gang ist fünf Fuß elf Inches hoch und drei Fuß sechs Inches breit.

Weiter ins Innere vordringend, bemerkten wir an den Wänden des Tunnels eigenartige Salpeterkristalle. Es gab da seilförmige Abdrücke; einige Formen erinnerten an das Fell eines Schafes; wieder andere waren lang und gefächert wie ein Endivienblatt. Ich gelangte an die Tür in der Mitte einer großen Kammer. Ich ging bedächtig hin und her, um die Stimmung des Ortes auf mich einwirken zu lassen. Ich glaubte fest, im Zentrum der Pyramide zu sein, die seit unerdenklichen Zeiten den vielen Hunderten von Reisenden aus alter und neuer Zeit Anlaß zu den kühnsten Spekulationen gegeben hatte. Meine einzige Lichtquelle, einige

Wachskerzen, warfen einen nur trüben Schein; die wichtigsten Gegenstände in der Kammer konnte ich jedoch ohne weiteres voneinander unterscheiden. Ich ließ meine Blicke natürlich zuerst in westliche Richtung schweifen – ich wollte den Sarkophag sehen, den ich an der gleichen Stelle wie in der ersten Pyramide vorzufinden erwartete, und ich war sehr enttäuscht, nichts Dergleichen zu erblicken. Die Kammer hatte eine schräge Decke, und viele der Gesteinsblöcke waren aus ihrer ursprünglichen Lage fortbewegt worden; offensichtlich von jemandem, der auf Schatzsuche gewesen war. Als ich näher an die Westseite heranging, bemerkte ich zu meiner großen Freude, daß es doch einen Sarkophag gab: Er war in den Boden eingelassen.

Inzwischen war Chevalier Frediani ebenfalls in die Kammer eingetreten, und gemeinsam sahen wir uns sorgfältig um. Der Raum maß sechsundvierzig Fuß und drei Inches in der Länge, sechzehn Fuß drei Inches in der Breite, und er war dreiundzwanzig Fuß und sechs Inches hoch. Vom Boden bis zur Decke war alles aus behauenen Blöcken kalkhaltigen Gesteins. Das Dach ist aus Kalkstein-Blöcken so zusammengefügt, daß sich ein Gewölbe bildet, dessen Form der der Pyramide entsprach. Der Sarkophag ist acht Fuß lang, drei Fuß sechs Inches breit und zwei Fuß drei Inches tief. Er ist von schweren Granitblöcken umgeben, wahrscheinlich um einen Raub zu erschweren oder zu verhindern. Der Deckel war dergestalt beiseite geschoben worden, daß der Sarkophag halb geöffnet war. Er ist aus feinstem Granit, aber ebenso wie in der ersten Pyramide sind keinerlei Hieroglyphen und Inschriften eingraviert.

Im Innern des Sarges befand sich eine Menge Schutt, und erst am nächsten Tag, als ich nach einer Inschrift suchte, von der ich Erhellende über die Pyramide erhoffte, stieß ich zwischen den Erd- und Steinbrocken im Sarg auf einige Knochen.
Bei der Untersuchung der Wände fanden wir viele Zeichen, die mit Holzkohle gemalt worden waren. Die Zeichen waren uns vollkommen unbekannt, und ihre Umrisse waren kaum sichtbar. Bei der geringsten Berührung verwischten sie zu Staub. Am Ende der westlichen Wandseite fand ich eine arabische Inschrift.

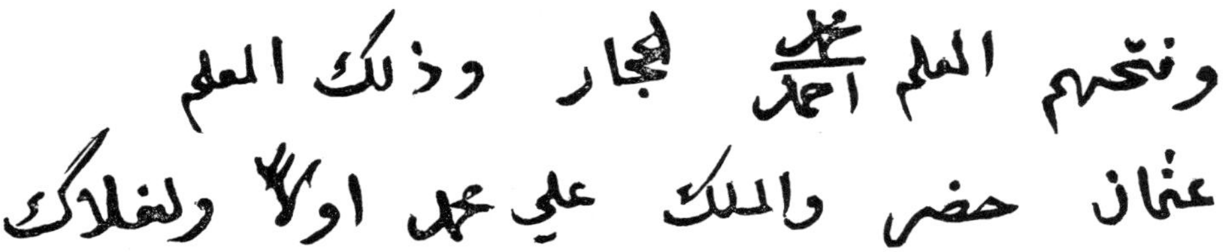

Ich ließ sie kopieren und nach sorgfältigen Vergleichen mit dem Original und verschiedenen Übersetzungen folgt hier nun die korrekteste von Mr. Salame:
»Der Meister Mohammed Ahmed (Steinmetz) hat sie geöffnet; und der Meister Othman war bei der Öffnung anwesend sowie der König Ali Mohammed vom Anfang bis zur Schließung.«

Lassen Sie mich hinzufügen, daß diese Erwähnung der erneuten Schließung mit meinen Nachforschungen übereinstimmt.

An mehreren Wandpartien hatte die Salpetersäure wundervolle Kristallbildungen entstehen lassen – sie waren schöner und kräftiger als die im Gang. Sie waren etwa sechs Inches lang und ähnelten dem schon vordem erwähnten Endivienblatt. Unter einem der beiseite geschobenen Steinblöcke fand ich die Breitseite einer Axt – sie war so verrostet, daß sie ihre Form verloren hatte. In der nördlichen und südlichen Wand der Kammer ist je ein Loch, das in horizontaler Richtung verläuft, wie man es auch in der ersten Pyramide beobachten kann, doch sind sie hier höher angelegt.

Beim Verlassen der Kammer stießen wir auf den tiefer liegenden Gang. Die Steinmassen auf dem Boden des senkrecht abfallenden Schachtes blockierten nahezu den Eingang. Nachdem wir sie weggeschafft hatten, war zu erkennen, daß der Gang nach Norden verlief und ebenfalls einen Neigungswinkel von 26 Grad besaß. Die Länge des Tunnels bis zu dem Punkt, da er auf einen weiteren waagerechten Gang stößt, beträgt achtundvierzig Fuß und sechs Inches. Auf halber Strecke liegt rechter Hand eine Nische. Ihr gegenüber auf der linken Seite zweigt ein anderer Gang ab, der, zweiundzwanzig Fuß lang, ebenfalls in einem Winkel von 26 Grad gegen Westen abwärts lief. Wir stiegen diesen Tunnel hinab und kamen in einen Raum, der neun Fuß neun Inches breit und acht Fuß sechs Inches hoch war. In dieser Kammer lagen viele kleinere Gesteinsblöcke. Die Decke lief spitz zu. Ich möchte noch einmal darauf hinweisen, daß alle Gänge und Kammern hinter der Falltür aus kalkhaltigem Gestein gehauen sind. Wände und Decke dieser Kammer trugen unbekannte Inschriften, wie sie auch in der oberen Kammer zu sehen waren. Es handelt sich möglicherweise um koptische Zeichen. Beim Rückweg in den gradlinigen Gang stießen wir auf Rillen für ein weiteres Fallgatter; der dafür vorgesehene Granitblock jedoch lag umgestürzt zwischen Schutt und Steinhaufen. Dahinter betraten wir einen Gang, der parallel zum letztgenannten lag und siebenundvierzig Fuß sechs Inches lang ist. Wir fanden hier einen gewaltigen Steinblock, der aus dem oberen Teil hergeschafft worden war. Anhand einer neuen Berechnung konnte ich feststellen, daß dieser Gang am Fuß der Pyramide ins Freie führte: Denn als ich auf diesem Steinblock stand, konnte ich andere Steine sehen, die den Gang bis zum Ausgang hin blockierten. Die Pyramide besitzt demgemäß zwei Eingänge.

Nachdem wir alles so genau wie möglich inspiziert hatten, verließen wir die Pyramide mit großer Genugtuung; ich selbst war von dem Ergebnis meiner Arbeit hoch befriedigt. In gut einem Monat und mit weniger als einhundertfünfzig Pfund hatte ich eine Aufgabe gelöst, deren Kosten allgemein mit mehreren tausend Pfund veranschlagt wurden.

Chevalier Frediani kehrte am gleichen Tag nach Kairo zurück, und die Nachricht von der geglückten Öffnung der Pyramide brachte bald darauf Scharen europäischer Besucher. Da ich davon überzeugt war, daß die arabischen Frauen nicht in die Pyramide einbrechen würden, ließ ich den Eingang *pro bono publico* offen; am senkrecht abfallenden Schacht hinter der Falltür errichtete ich zur bequemen Benutzung eine Steinstufe, wobei die Hälfte des Ganges offenblieb, damit man noch zur tiefer gelegenen Kammer gelangen konnte.

Ein junger Mann namens Piero, der im Geschäftshaus Briggs und Walmas in Kairo tätig war, erschien am nächsten Tag zur Besichtigung der Pyramide. Er wühlte den Schutt im

Sarkophag durch und fand ein Stück Knochen. Wir vermuteten, daß es sich um Teile eines menschlichen Skelettes handelte. Wir fanden schließlich noch mehr Knochenteile. Nachdem sie in London untersucht worden waren, stellte sich heraus, daß sie zu einem Stier gehört hatten. Einige Wichtigtuer jedoch, die wahren Fakten der Geschichte einem *bon mot* opfernd, hielten sich für sehr witzig und schrieben die Knochenteile einer Kuh zu – eines bloßen Scherzes wegen. Das sagt genug über deren Geschmack bezüglich der Altertümer aus. Man hat zudem behauptet, daß die großen Sarkophage die Knochen von Stieren enthielten und daß der Sarkophag, den wir in der königlichen Grabanlage in Theben gefunden hatten, nur deshalb so enorme Ausmaße aufweise, weil er nicht für einen menschlichen Körper, sondern für den eines Stieres bestimmt gewesen sei. Ich kann diese Auffassung nicht teilen: Hätte die Person, die eine derartige Meinung vertritt, Gelegenheit gehabt, die Särge und Sarkophage der Ägypter zu betrachten, wäre auch ihr klar geworden, daß die Körper der Toten der oberen Klassen von mehr als einem Sarg umschlossen waren. Daher erscheint mir die Annahme richtig zu sein, daß für die ägyptischen Könige mehr als zwei Särge vorgesehen waren – folglich muß der Sarkophag, der die äußerste Hülle darstellte, groß genug gewesen sein, um alle anderen Särge aufnehmen zu können.

Die Felsen, die die Pyramide an der Nord- und Westseite umgeben, befinden sich meiner Meinung nach auf gleicher Höhe mit dem oberen Teil der Grabkammer, und da der Fels behauen ist, bin ich der Auffassung, daß die Steinblöcke, aus denen die Pyramide errichtet wurde, von diesen Felsen stammen mußten. Die Steine dieser gigantischen Bauten sind daher nicht von der Ostseite des Nils hergeschafft worden, wie dies schon die alten Schriftsteller behaupteten. Ich kann mir nicht vorstellen, daß die Ägypter so einfältig gewesen sind, die Steinblöcke sieben oder acht Meilen weit zu transportieren und dazu noch über den Nil, wenn naheliegende Steinbrüche sogar direkt neben der zu errichtenden Pyramide vorhanden waren. Es ist ganz eindeutig, daß die mächtigen Blöcke aus den die Pyramiden umgebenden Steinbrüchen stammen. Sieht sich ein Reisender die Gegend in einem Umkreis von einer halben Meile an und achtet er besonders auf die Ost- und Südseite, vermag er die ehemaligen Steinbrüche durchaus wahrzunehmen. Er wird zudem feststellen, daß noch genug Gestein vorhanden ist, um weitere Pyramiden zu erbauen. Herodot hat zwar behauptet, daß die Steine zum Bau der Pyramiden aus den Steinbrüchen vom gegenüberliegenden Ufer des Nils stammten; ich meinerseits glaube jedoch, daß er in diesem Punkt falsch informiert war. Es kann auch sein, daß er diese Äußerung ausschließlich auf die Granitblöcke bezog, die von Syene herbeigeschafft worden waren. Bezüglich der Dämme, die zu den Pyramiden hinführen und von denen man annahm, sie seien zum einfacheren Transport der Baumaterialien angelegt worden, bin ich ebenfalls anderer Auffassung: Man hat bei ihrem Bau sicher eher an die Bequemlichkeit der Besucher gedacht, besonders während der Zeit der Überschwemmungen; wären sie ausschließlich zum Transport der Steine angelegt worden, entspräche der Aufwand nahezu dem der Errichtung der Pyramiden.

Über die Pyramiden ist schon soviel gesagt und nachgedacht worden, daß nur noch wenig Neues hinzuzufügen ist. Ihre äußere Erscheinung läßt auf hohes Alter schließen, genauer gesagt scheinen sie früher als alle anderen Bauten Ägyptens errichtet worden zu sein. Es ist eigenartig, daß Homer sie nicht erwähnt. Dieser Umstand ist aber kein Beweis dafür, daß es sie zu seiner Zeit nicht gegeben hat. Im Gegenteil: Sie mögen so bekannt gewesen sein, daß Homer deren Erwähnung für unnötig hielt. Zu Lebzeiten Herodots schien man ebenso wenig von der zweiten Pyramide zu wissen wie wir bis zum Zeitpunkt der letzten Öffnung. Seit der ursprünglichen Versiegelung des Eingangs bis zu Herodots Zeiten hat sich offenbar kaum etwas am äußeren Zustand der Pyramide geändert. Während ich den Eingang unter dem Schutt der Außenverkleidung begraben fand, muß die Schutzmauer zu Herodots Zeiten noch vollkommen in Ordnung gewesen sein. Abgesehen von dieser Tatsache tappen wir heute genauso im Dunkel wie Herodot. Heutzutage wissen wir jedoch, daß die Pyramide von verschiedenen Herrschern Ägyptens geöffnet worden ist. Es gibt Personen, die diesen Umstand gern verschweigen möchten. Ihnen ist es unangenehm, daß ich eine Wandinschrift entdeckt habe, anhand derer eindeutig zu belegen ist, daß die Pyramide vor etwas mehr als tausend Jahren geöffnet worden ist. Ich bitte diesen Personenkreis doch zu bedenken, daß durch mein Unternehmen nicht nur dieser interessante Tatbestand erhellt, sondern auch die Kenntnis über die Bauweise der Pyramide und der Zweck ihrer Errichtung näher bestimmt werden kann.

Genau wie in der ersten Pyramide gibt es in der zweiten Kammern einen Sarkophag (der zweifellos die sterblichen Überreste einer großen Persönlichkeit enthalten hatte). Beide Pyramiden waren daher als Grabanlagen geplant. Ich bin tatsächlich verwundert, daß man deren Zweck jemals in Frage gestellt hat, besonders da doch die erste Pyramide seit langer Zeit geöffnet und damit zugänglich war. Sie enthält eine geräumige Kammer und einen Sarkophag. Die Gänge sind gerade so breit und hoch, daß man einen Sarkophag, aber keinen größeren Gegenstand hindurchschaffen kann. Von innen sind sie dann mit riesigen Granitblöcken verstellt worden, um den Raub der Reliquie zu verhindern. Alle alten Schriftsteller kamen darin überein, daß die Überreste der Brüder Cheops und Chephren, ägyptische Könige, in den gewaltigen Bauten verborgen waren. Sie sind von kleineren Pyramiden und Mausoleen umgeben. Ständig sind hier Mumienschächte gefunden worden – trotz dieser eindeutigen Beweise hat man immer wieder andere Gründe für die Errichtung der Pyramiden finden wollen; und alle Behauptungen waren mehr oder weniger absurd, besonders der Einfall, bei den Pyramiden habe es sich um Getreidespeicher gehandelt.

Einige vertreten die Ansicht, daß die Pyramiden für astronomische Zwecke errichtet worden seien, aber nichts in deren Konstruktion läßt darauf schließen. Andere glauben, sie seien für die Ausübung heiliger Zeremonien der ägyptischen Priester bestimmt gewesen. Kurzum alles, was Widerspruch herausfordert oder eine Neuigkeit bedeutet, wird eifrig aufgegriffen und verbreitet. Hätten die alten Schriftsteller die Ansicht vertreten, die Bauten seien als Schatzkammern geplant gewesen, wären die neuzeitlichen Autoren der Wahrheit möglicherweise näher gekommen, und sie hätten die sichtbaren Merkmale zu deuten gewußt, die realiter bisher zu wenig beachtet worden sind. Man kann nicht bestreiten, und da stimme ich mit den anderen Meinungen überein, daß die Baumassen exakt auf die Himmelsrichtungen ausgerichtet worden sind. Und die Nordseiten der Pyramiden liegen zum Zeitpunkt der

Sonnenwende im Licht. Aber all dies ist kein Beweis für eine astronomische Zweckbestimmung, obwohl die Ägypter Astronomie und religiöse Zeremonien miteinander verbunden hatten, wie aus den zahlreichen Abbildungen von Tierkreisen in Tempeln und Grabanlagen hervorgeht.

Eingang in die erste Pyramide von Gizeh (nach Sandys)

Die Tatsache, daß die Pyramiden sowohl innen als auch außen bar jeglicher Hieroglyphen sind, läßt darauf schließen, daß sie vor der Entwicklung dieser Schrift erbaut worden sind. Es mag auch in diesem Teil des Landes nicht gebräuchlich gewesen sein, Monumente mit Hieroglyphen zu schmükken; denn rund um die Pyramiden gibt es viele, zum Teil sehr prachtvolle Mausoleen ohne jeden Schriftzug. Die Grabanlagen, deren Kammern mit Hieroglyphen bedeckt sind, hat man wahrscheinlich später angelegt. Meiner Meinung nach deuten diese Einzelbeobachtungen darauf hin, daß Hieroglyphen bis lange nach der Vollendung der Pyramiden unbekannt waren. In einem verfallenen Mausoleum, auf der Westseite der ersten Pyramide gelegen, bemerkte ich ein umgestürztes Mauerteil mit kaum sichtbaren Hieroglyphen und Abbildungen. Sie waren in gutem Zustand. Also muß dieser Steinblock aus einem anderen, mit Hieroglyphen verzierten Gebäude stammen. Daraus wiederum geht hervor, daß man die Schrift vor dem Bau der Mausoleen kannte, obwohl diese Gebäude selbst schmucklos sind. Vielleicht haben die Pyramiden-Bauer ähnlich gedacht und gehandelt wie diejenigen, die die Mausoleen errichtet haben. Daher sollte man bezüglich des Alters der Pyramiden von der Tatsache absehen, daß sie keine Ornamente oder Schriftzeichen aufweisen.

Man nimmt an, daß die Pyramiden zur Zeit der Überschwemmung von den Nilfluten umgeben waren und wie Inseln aus dem Wasser ragten. Ich kann dies nicht widerlegen, denn ihr Standort kann durchaus mit einer Insel verglichen werden, die von den Felsen auf der Westseite nur durch einen Sandstreifen getrennt ist, der durch den Wind im Laufe der Jahrhunderte auf natürliche Weise gebildet worden ist. Der Sphinx liefert meiner Meinung nach den besten Beweis dafür: Seine Grundmauern liegen so tief unterhalb der gegenwärtigen Bodenoberfläche, daß, wollte man die die Pyramiden umgebenden Sandmassen auf gleiche Höhe abtragen, der Nil um ihn herumfließen würde – so wie es wahrscheinlich in alter Zeit der Fall gewesen ist.

Nach Beendigung der Arbeiten an der zweiten Pyramide hatte ich nicht übel Lust, einen Blick auf die dritte[113] zu werfen. Ich bemerkte, daß jemand an der Ostseite zu graben versucht hatte. Ich begann an der Nordseite, und nach der Entfernung einer großen Menge Baumaterials stieß ich auf eine beachtliche Anzahl enormer Granitblöcke, die offensichtlich zur Außenverkleidung gehört hatten. Als ich noch tiefer vordrang, wurde sichtbar, daß die Verkleidung in Höhe der Grundmauern noch vorhanden war. Die Beseitigung dieser Steinblöcke hätte unweigerlich zur Freilegung des Einganges geführt – ich hatte aber dafür weder genug Zeit noch Geld.

Nachdem der Konsul, der sich in Theben aufhielt, von der Öffnung der Pyramide gehört hatte, kündigte er mir schriftlich seinen Besuch an. Zur gleichen Zeit waren Lord Belmore und Familie in Kairo eingetroffen. Ich möchte hier nicht unerwähnt lassen, daß seine Lordschaft einen Monat nach meiner Entdeckung der berühmten Grabanlage des Psammetich in Theben ankam und damit der erste britische Reisende war, der die Grabstätte betreten hat. Aus Nubien zurückgekehrt traf er in Kairo einen Monat nach meiner Öffnung der zweiten Pyramide ein; auch in diesem Fall war er der erste britische Besucher. Er hatte sich recht lange in Theben aufgehalten und eine bedeutende Kollektion von Altertümern zusammengetragen; ich halte sie für die größte Sammlung eines Privatreisenden. Dr. Richardson hatte die Gelegenheit genutzt, die Ruinen des alten Theben in Ruhe zu studieren; seinen kenntnisreichen Bemerkungen nach zu urteilen, hat er sich mit vielen, bisher ungeklärten Fragestellungen befaßt. Ich bin ganz sicher, daß seine Beschreibungen äußerst aufschlußreich sein werden.

Lord Belmore und Familie machten sich nach Jerusalem auf, und ich bereitete meine Abreise nach Theben vor. Einige Tage später traf der Konsul ein und nur eine halbe Stunde nach ihm Hauptmann Fitzclarence mit englischen Depeschen aus Indien. Mr. Salt hatte mir freundlicherweise angeboten, für sämtliche bei der Öffnung der Pyramide verursachten Kosten aufzukommen. Dies lehnte ich mit Bestimmtheit ab, denn ich hielt es nicht für fair und richtig, daß er für etwas bezahlen sollte, womit er absolut nichts zu tun gehabt hatte.

Mit Vergnügen begleitete ich den Konsul zu den Pyramiden. Er selbst hat dies in der Beschreibung seiner Reise von Indien über Ägypten nach England dargestellt. Obwohl er während seiner Reise viele Unannehmlichkeiten zu ertragen hatte, schien er nicht im geringsten ermüdet zu sein. Wegen seines nur kurzen Aufenthaltes in Kairo war ich nicht in der Lage, eine ausführliche Darstellung meiner Arbeiten fertigzustellen. Des Nachts schrieb ich einen kurz gefaßten Bericht an die Antiquarian Society in London. Mr. Salt war so gütig, meine Aufzeichnungen mitzunehmen, und er selbst verfaßte einen offiziellen Bericht meiner Unternehmungen in Ägypten und Nubien und schickte ihn an die Regierungsvertreter in England.

Als nächste und wichtigste Tätigkeit wollte ich eine kleine Kunstsammlung für mich selbst zusammenstellen. Außerdem mußten die Grabstätte des Psammetich abgezeichnet und

113 Die Mykerinos-Pyramide

Wachsmodelle aller Figuren, Embleme und Hieroglyphen hergestellt werden. Die Farben sollten mit denen der Originale übereinstimmen, damit ich eine exakte Nachbildung überall in Europa würde aufbauen können. Diesem Projekt widmete ich die ernsthaftesten Überlegungen; nicht nur der Zeitraum der Fertigstellung, sondern auch die Kosten mußten errechnet und festgelegt werden. Ich hielt mich zwar in Kairo auf, suchte aber nicht nach Geldgebern, die meine Pläne hätten finanzieren können. Nach einigen Tagen war ich zu meiner dritten Reise nilaufwärts gerüstet, und nachdem ich alle Angelegenheiten mit dem Konsul geregelt hatte, brach ich zu meiner alten Heimstätte, den Ruinen von Theben, auf.

(Belzoni hatte bisher, außer für den Memnonskopf und die zwei Statuen, die er an den Franzosen verkauft hatte, kein Geld für seine Unternehmen erhalten. Mit Salt wird daher ausgehandelt, daß er bei einem möglichen Verkauf des Alabaster-Sarkophages die Hälfte des Erlöses erhalten soll, sowie ein Entgelt von fünfhundert Pfund, wenn er beim Abtransport der unzähligen noch verbliebenen Kunstschätze mithelfen würde. Zudem hatte der Konsul versprochen, Belzoni bei der Anlage einer eigenen Sammlung behilflich zu sein.

Auf seiner dritten Reise stattet Belzoni dem Defterdar Bei in Assiut einen Besuch ab, um sich dessen Wohlwollen zu sichern und begibt sich weiter nach Theben, um für seine eigene Sammlung zu graben. Alle vielversprechenden Stellen waren aber schon von Drovetti und Salt abgesteckt und in Beschlag genommen worden. Belzoni, der Auseinandersetzungen überdrüssig, zieht sich resigniert zurück, kann aber trotzdem eine wunderbare Statue aus schwarzem Granit, die des Amenophis III., freilegen. Da sich der Fund auf dem ›angestammten Gelände‹ von Salt befindet, tritt Belzoni die Rechte ab. Er reist zu Ricci ins Tal der Könige, der dort schon seit einiger Zeit im Grab Sethos I. zeichnet und Wachsabdrücke herstellt. Belzoni hält sich dort den ganzen Sommer über auf.)

»Die Arbeiten in der Grabanlage machten sehr gute Fortschritte. (Während des Sommers) gelang es mir, zufriedenstellende Abdrücke der wichtigsten Basreliefs herzustellen. Pures Wachs zerfloß allerdings auf Grund der extremen Hitze. Aber eine Mischung aus Wachs, Harz und feinem Staub eignete sich hervorragend. Die größte Schwierigkeit bestand darin, die Abdrücke zu verfertigen, ohne die originalen Farben zu zerstören. Die Zahl der lebensgroßen Figuren belief sich auf einhundertzweiundachtzig; die kleineren Figuren, die zwischen einem und drei Fuß groß waren, zählte ich nicht; es waren aber nicht weniger als achthundert. An Hieroglyphen gab es in dem Grab fast fünfhundert. Ich kopierte sie alle mit größter Vorsicht. Da sie aber in vier verschiedenen Größen vorhanden waren, sah ich mich gezwungen, sie alle viermal abzunehmen – das ergab eine Zahl von nahezu zweitausend Abdrücken. Teilweise kaufte ich das Wachs in den Dörfern der Umgegend; die Mengen, die ich erhalten konnte, waren aber so geringfügig, daß ich um größere Quantitäten nilabwärts senden lassen mußte.«

(Der Franzose Frederic Cailliaud, der im Auftrag von Pascha Mohammed Ali zwei Expeditionen ans Rote Meer unternommen hatte – beim ersten Mal suchte er nach Schwefelminen, bei der zweiten Reise stieß er auf Smaragdvorkommen –, berichtete von einer

Ruinenstadt, die er entdeckt habe. In Kairo vermutete man, daß es sich dabei um die Ruinen der Stadt Berenike handeln müsse, eines einst bedeutenden Handelszentrums. Belzoni läßt sich von einem der Expeditionsmitglieder, einem Syrer, Näheres berichten und beschließt, die Ruinenstadt selbst auszugraben. Mit Beechey, Ricci, dem Syrer und einigen Bediensteten bricht Belzoni ans Rote Meer auf. Sie stellen eine Kamelkarawane zusammen. Ricci erkrankt, muß zurückgebracht werden, so daß sich die Karawane aufteilt. Belzoni und seine Leute erreichen schließlich das Rote Meer, er findet die Smaragdminen und die Arbeitersiedlung und sucht nach den Spuren von Berenike. Die Reise erweist sich als ungeheuer strapaziös – die Lebensmittelvorräte nähern sich dem Ende, das Gebiet, das sie durchqueren, ist nahezu unpassierbar, das Wasser ist sehr knapp. Zudem stellt sich heraus, daß die ›herrlichen Ruinen‹, die Cailliaud beschrieben hatte, nur einige kümmerliche Mauerreste waren. Belzoni sucht weiter, gelangt nach Ras Benas und findet dort unerwartet die Überreste einer Stadt. Belzoni zeichnet dort, stellt Messungen an, legt einen Tempel frei, aber die Wasserknappheit treibt sie zurück. Auf dem Rückweg sichtet er die Spuren einer alten Karawanenstraße und ist sicher, daß ›seine Ruinen‹ tatsächlich die der einstigen Stadt Berenike sein müssen. Cailliaud hatte sich geirrt und Belzoni darf sich zu Recht in dem Gefühl sonnen, nun endlich, nach den Fehlschlägen der letzten Zeit, eine bedeutende Entdeckung gemacht zu haben.

Nach knapp einem Monat erreichen sie wieder die Ufer des Nils.)

◁ *Amenophis III., heute im Britischen Museum*

Dritte Reise

Der Obelisk von Philae

(In Kurna trifft Belzoni mit Henry Salt zusammen. Belzoni macht ihm eindringlich klar, daß es für ihn aussichtslos ist, eine eigene Sammlung zusammenzustellen, solange die Grabungsfelder nicht anders aufgeteilt würden. Sie kommen überein, daß Belzoni beidseitig des Nils an den von den Engländern reservierten Stellen graben kann. Er soll dafür bezahlt werden, und ein Drittel der Funde soll dann ihm gehören.

Drovetti erscheint ebenfalls in Theben. Sein Angebot, den Alabaster-Sarkophag abzukaufen, wird von Salt und Belzoni abgelehnt.)

Zu dem Zeitpunkt bat mich Mr. Bankes, nilaufwärts bis zur Insel Philae zu segeln, um den Obelisken wegzuschaffen, den ich schon vormals im Namen des britischen Konsuls als unser Eigentum deklariert hatte. Der Konsul teilte mir mit, daß er den bewußten Obelisken an Mr. Bankes abgetreten habe, der ihn wiederum auf eigene Kosten nach England schicken wolle. Ich nahm den Auftrag dankbar an, denn ich war sehr erfreut über die Tatsache, daß es mir vergönnt sein würde, ein weiteres Stück Altertum nach England zu befördern und damit einem Gentleman zu Diensten zu sein, den ich sehr schätzte. Zwei Tage vor unserer Abfahrt setzten der Konsul und ich nach Karnak über, um die verschiedenen Stellen zu bezeichnen, die er für sich in Anspruch genommen hatte. Bei unserer Ankunft in Luxor stießen wir auf Mr. Drovetti. Er bot sich an, uns nach Karnak zu begleiten, um als Zeuge bei der Zumessung der verschiedenen Teilstücke anwesend zu sein, die für mich zur Grabung festgelegt werden sollten. Unterwegs erzählte uns Mr. Drovetti eine heitere Geschichte über einen Mann, der genauso wie ich gekleidet sei und sich zwischen den Ruinen der Tempel versteckt halte. Er, Mr. Drovetti, habe Grund zu der Annahme, daß diese Person ihm Unrecht zufügen wolle. Er habe deshalb den Kaimakan mit diesem Umstand vertraut gemacht. Ich bat ihn, mir doch mitzuteilen, welchen Grund dieser Mann haben könnte, mein Äußeres nachzuahmen. Das tue er, um ihn, Mr. Drovetti, zu täuschen, gab er zur Antwort, und wenn der Betrüger sich Böses habe zuschulden kommen lassen, könne er die Leute glauben machen, daß ich selbst es getan hätte. Der Konsul lachte über die Geschichte und fügte hinzu, daß es recht schwierig sei, mich nachzuahmen. Der Sinn und Zweck des Ganzen bestand meiner Meinung nach darin, daß, hätte man nach mir geschossen, wenn ich mich wie gewöhnlich zwischen den Ruinen aufgehalten hätte, jedermann würde sagen können, man habe mich mit der Person verwechselt, die mich in Kleidung und äußerem Erscheinungsbild nachgeahmt hatte. Mr. Drovetti gegenüber brachte ich meine Hoffnung zum Ausdruck, er möge seinen Europäern doch nahelegen, sich zu erkundigen, bevor sie einen Schuß auf die betreffende Person abfeuerten, gleichgültig ob es sich um den echten oder falschen Belzoni handelte. Für mich wäre es wenig angenehm oder befriedigend, wenn der Fehler im nachhinein erst festgestellt würde! Man habe die Person aus Theben entfernen lassen, gab Mr. Drovetti zur Antwort; sie würde sich nicht wieder blicken lassen. Wir gingen zwischen den Ruinen umher, markierten die verschiedenen Stellen, die wir uns schon vor der Ankunft von Mr. Drovettis Agenten ausgesucht hatten. Alles schien problemlos zu verlaufen, und wir gaben der gegenseitigen Hoffnung Ausdruck, daß keine weiteren Differenzen zwischen den Parteien auftauchen mögen. Geneigter Leser – fahren wir fort und urteilen Sie selbst.

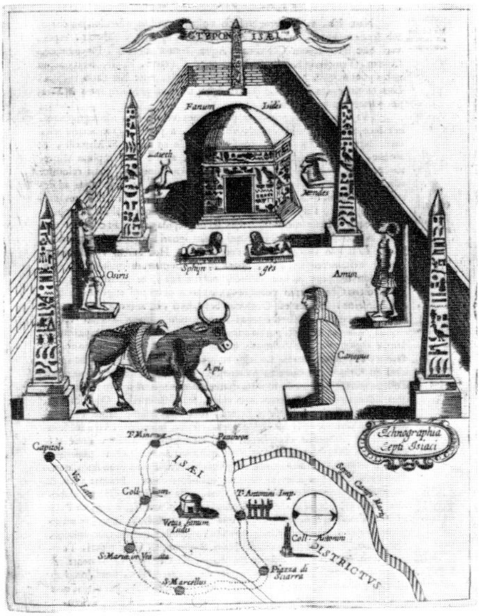

Obelisci Aegyptiaci, aus A. Kirchners Werk über die mystische Bedeutung der Obelisken und Inschriften aus dem Jahr 1666

Es ginge mit meinen Vorstellungen und Wünschen nicht überein, würde ich in meinen Ausführungen Dinge benennen, die der Vermutung Vorschub leisteten, ich sei darauf aus, Enthüllungen um ihrer selbst willen preiszugeben; die Vorfälle waren aber solcher Art, daß ich sie nicht unerwähnt lassen darf – würde ich dem Publikum bestimmte Geschehnisse jener Zeit vorenthalten, könnten die Dinge so dargestellt werden, daß sie nicht mehr der Wahrheit entsprächen und mir zum Nachteil gereichten.

Nachdem ich all die für Ausgrabungen vorgesehenen Landparzellen begutachtet hatte, bat uns Mr. Drovetti mit aller ihm zur Verfügung stehenden Höflichkeit in seine Wohnstatt zwischen den Ruinen von Karnak. Wir wurden mit Sorbet und Limonade sehr fein bewirtet und plauderten über die Reise nach Berenike. Wir kamen dann auf die bevorstehende Fahrt zur Insel Philae zu sprechen. Ich erwähnte beiläufig, daß ich bei dem Transport des Obelisken von der Insel zum Katarakt einige Befürchtungen hegte: Die Jahreszeit sei schon fortgeschritten, und am Katarakt würde der Wasserspiegel wahrscheinlich so niedrig sein, daß ein zum Transport adäquates Schiff möglicherweise auf Grund laufen könnte. Daraufhin sagte Mr. Drovetti, daß ihn die Schurken von Schellal – er meinte damit Assuan – betrogen hätten; sie hätten ihm mehrfach versprochen, den besagten Obelisken für ihn wegzuschaffen. Taten aber seien ihren Versprechungen bisher nicht gefolgt, da sie sicher Geld erpressen wollten. Ich teilte Mr. Drovetti mit, daß jene Leute genau wüßten, daß sie den Obelisken nicht abtransportieren könnten, da er schon während meiner ersten Reise nilaufwärts von mir reklamiert worden sei. Dies sei möglich gewesen, weil ich einen Firman besaß, den Mr. Salt vom Pascha erhalten hatte. Mr. Salt nun bestätigte dies und sagte Mr. Drovetti, daß er den Anspruch auf den genannten Obelisken an Mr. Bankes abgetreten habe, der im Begriff sei, ihn als sein Eigentum nach England befördern zu lassen. Er sei sich unseres Besitzanspruches nicht bewußt gewesen, erwiderte Mr. Drovetti sanft, und er erkundigte sich, ob in dieser Angelegenheit schon Geld involviert sei. Dies konnten wir bestätigen: Wir hätten für einen Wachposten bezahlt, der den Obelisken im Auge behielte, und der Aga von Assuan sei mit dem noch bevorstehenden Abtransport einverstanden. Sie hätten ihn alle betrogen, klagte Mr. Drovetti; seine Agenten hätten schon Geld zahlen müssen, etc. Dessenungeachtet sei die Sache für ihn erledigt: Der Obelisk sei doch schließlich für Mr. Bankes vorgesehen und daher überlasse er ihn jenem gerne. Mr. Salt schien über die Wendung des Gespräches wenig erbaut zu sein. Ich dachte, daß dies ein Geschenk an Mr. Bankes sei, das dem meinen sehr ähnlich war: der Deckel des Sarkophages, der so tief in den Felsen von Kurna verborgen war, daß all ihre Anstrengungen nicht ausgereicht hatten, um ihn zu bergen. Mr. Drovetti erkundigte sich dann nach dem Termin unserer Abreise. Der Konsul erwiderte: »Übermorgen.«

Demgemäß verließen wir Theben am 16. November, um zum 1. Katarakt zu segeln. Wir waren eine große Gruppe: Mr. Bankes, Mr. Salt, Baron Sack, ein preußischer Reisender und renomierter Naturkundler, Mr. Beechey, Mr. Linon, ein Zeichner, Dr. Ricci und ich. Für den Konsul nahmen wir ein geräumiges Schiff, für Mr. Bankes eine Canja, ein kleines Boot für den Baron sowie ein Kanu für die Schafe, Ziegen, das Federvieh, die Gänse, Enten, Tauben, Truthähne und Esel, die sich mit ihren Besitzern gelegentlich dem Triumphzug anschlossen und die Flotte mit einem anhaltenden Konzert begleiteten. Mit Nahrungsmitteln waren wir, glaube ich, gut ausgestattet; die Boote hatten, aus Kairo kommend, große Vorräte eingelagert. Nichtsdestoweniger war das Reisen anstrengend – bar jeglichen Komforts. Bei Tisch hatten wir kein Eis, um uns nach dem heißen Hauptgang erfrischen zu können, und anschließend gab es nur Obst, und uns standen nicht mehr als zwei Sorten Wein zur Verfügung. Kurzum: Unsere Lebensart war auf Grund der Ermüdung und des gefahrvollen Reisens beschwerlich. Wir waren nicht wie die Reisenden, die sich das Beste leisten konnten und dann klagend über das harte Leben nach Hause schrieben. Oh nein! Bald sollten wir diese verweichlichte Form des Reisens von Herzen verachten. Natürlich werden einige Reisende einwenden wollen: »Warum sollte ich in einem fruchtbaren und üppigen Land darben?« Nun, dann sollte der Reisende die Welt aber nicht glauben machen, daß man leide, während man in Wirklichkeit im Überfluß schwelgt wie Sir John Falstaff.

Wir kamen an Eleithyiaspolis[114] vorbei und hielten uns dort knapp zwei Tage auf.

Am 21. besuchten wir Edfu und untersuchten die wirklich großartigen Ruinen aufs sorgfältigste. Es gibt dort eine Überfülle an Objekten: Würde man sich jeden Tag bis zum

114 Griechischer Name für El-Kab (20 km nördlich von Edfu)

Am ersten Katarakt des Nils (nach Norden)

Lebensende dort aufhalten, gäbe es immer noch Neues zu entdecken. Der Ort wurde von Mr. Drovettis Agenten durchforscht; einer von ihnen hatte, unserer Information nach, eine Depesche seines Herrn und Meisters erhalten und sich unverzüglich auf den Weg zur Insel Philae gemacht!

Wir setzten unsere Reise fort, und noch vor Silsila, der Gebirgskette, begegneten wir dem Boot von Mr. Lebulo, dem eben erwähnten Agenten und Landsmann von Mr. Drovetti; wir grüßten ihn, hielten aber nicht an. Über Nacht blieben wir in Silsila und machten uns am nächsten Morgen in den Steinbrüchen und Felsen zu schaffen – nicht auf der Suche nach Rebhühnern sondern nach Gräbern, Altertümern, griechischen Inschriften, Sphingen und jeglicher Art ägyptischer Wunderwerke. Zwischen den Felsen gibt es eine ganze Reihe von Grabstätten, und es ist offensichtlich, daß die berühmten widderköpfigen Sphingen von Karnak aus diesen Steinbrüchen stammen, denn eine ganz ähnliche Skulptur ist in noch unfertigem Zustand und etwas vom Felsen abgerückt zu sehen. Eine zweite ist in Umrissen aus dem Fels herausgehauen. Es gibt eine alte Geschichte, in der behauptet wird, daß diese zwei Berge zusammengekettet worden seien. Ich habe da meine Zweifel, denn hätten die Alten ein Passieren der Schiffe verhindern wollen, wäre Assuan dafür ein viel geeigneterer Ort gewesen, da die Passage von der Insel Elephantine bis zu den Felsen des alten Assuan viel enger ist als die der Bergenge von Silsila. Zudem stellt der Katarakt eine viel bessere Barriere dar als eine Konstruktion von Menschenhand. An der Westseite des besagten Felsens gibt es einen Gesteinsvorsprung, an dem die Kette festgemacht worden sein soll. Ich vermochte dort aber keinerlei Spuren zu entdecken, die darauf hingewiesen hätten, und der Stein selbst schien mir für diese Zwecke ungeeignet zu sein. Ich vermute eher, daß die Bezeichnung

›angekettete Berge‹ von ihrer Lage herrührt: Sie verlaufen kettenförmig von Osten nach Westen und hängen beidseitig über den Nil, so daß sie, vom Katarakt bis zum Delta, die engste Stelle des Flusses bilden. Daher mögen sie von den Alten diesen Namen erhalten haben, denn ich glaube nicht, daß ihre Handelsbeziehungen so blühend waren, daß sie sich gezwungen gesehen hätten, eine eiserne Kette über den Nil zu spannen, um die Boote des Nachts aufzuhalten – zu einer Zeit, da Eisen zu den kostbarsten Materialien gehörte und sicher zu besseren Zwecken verwendet werden konnte.

Am nächsten Tag langten wir in Ombos[115] an, und während sich unsere Reisegesellschaft dort einen Tag länger aufhalten wollte, war mir selbst sehr daran gelegen, rasch nach Assuan weiterzureisen; der eilige Aufbruch von Drovettis Agenten Lebulo ließ mich nichts Gutes ahnen. Ich machte mich demgemäß unverzüglich auf den Weg und benutzte eine Canja, die uns geschickt worden war, um Mr. Salt nach Nubien zu befördern. Ich nahm einen jungen Schotten mit. Er war seinerzeit mit der englischen Invasion nach Ägypten gekommen und stand nach seiner Entlassung aus der Gefangenschaft in den Diensten des Paschas. Er nannte sich Osman. Er war mit Scheich Burckhardt bekannt gewesen, und als Anerkennung für sein ehrenhaftes Verhalten und seine treuen Dienste hatte ihn der Scheich in seinem Testament bedacht. Er war die einzige und letzte Person, die den gerühmten und viel betrauerten Reisenden gesehen und ihm die Augen geschlossen hatte. Wir unterhielten uns sehr viel über ihn.

Bei meiner Ankunft in Assuan bestätigten sich meine Vermutungen. Der besagte Lebulo hatte dem Aga von Assuan und den Bewohnern der Insel Philae vorgeschlagen, den Abtransport des Obelisken durch die englischen Kontrahenten, die sich just auf der Anreise befanden, zu vereiteln. Der Aga hatte eingewandt, daß der Obelisk vor drei Jahren schon von mir in Besitz genommen worden sei und ich zudem einen Wachposten eingestellt und bezahlt hätte. Daraufhin hatte sich Mr. Lebulo zur Insel Philae begeben. Da er auch dort gesagt bekam, daß der Obelisk seit langer Zeit mir gehörte, nahm er eine List zu Hilfe, um die einfältigen Gemüter der Leute zu täuschen: Er gab vor, die Hieroglyphen auf dem Obelisken lesen zu können. Er ›las‹ ihnen vor, daß der Obelisk Mr. Drovettis Vorfahren gehöre und er daher ein Anrecht darauf besitze. Die Leute glaubten ihm, und er gab ihnen eine Reihe nichtiger Geschenke, ging mit ihnen zum Kadi, dem Richter. Sie sollten dort Zeugnis ablegen, daß der Obelisk angestammter Besitz von Mr. Drovetti sei. Der Kadi erhielt ein Geschenk, und er fertigte, sich auf die Aussagen der Einwohner berufend, eine Art Zertifikat aus. Mr. Lebulo ließ eine Nachricht zurück, die einer der Scheichs der Insel bei unserer Ankunft vorlegen sollte. Er reiste dann unverzüglich ab; er mag sich für zu wenig unverschämt gehalten haben, um uns in die Augen zu sehen.

Bei meiner Ankunft in Assuan wurde ich über die Machenschaften des Agenten aufgeklärt, aber ich wies den Aga eindringlich darauf hin, daß ich mit seinem Einverständnis den Obelisken schon während meiner ersten Reise als mein Eigentum deklariert hatte. Das

115 Kom Ombo, 44 km nördlich von Assuan

Blick auf den großen Tempel von Ombos (aus der Description de l'Egypt)

Geld, das ich dem Wächter gezahlt hatte, sei ihm von einem Janitscharen des Paschas, der als Mittler fungierte, übergeben worden. Der Tatbestand könne von jenem bezeugt werden, und er, der Aga, habe mit mir einen Vertrag über dreihundert Piaster abgeschlossen, die beim Abtransport des Obelisken fällig würden. Er bestätigte all dies und sagte, daß die Gegenpartei den Obelisken mehrfach habe wegschaffen wollen. Sie seien aber erfolglos gewesen, und erst vor kurzem hätten sie nochmals einen Versuch unternommen; der Wasserstand am Katarakt sei jedoch so niedrig gewesen, daß sie das Unternehmen hatten abbrechen müssen. Diese letzte Bemerkung machte mir mehr als alles andere zu schaffen, denn der Erfolg meines Unternehmens beruhte ebenfalls auf der Möglichkeit, noch in dieser Saison den Katarakt befahren zu können. Am nächsten Tag kam die restliche Gruppe in Assuan an. Ich begab mich zur Insel Philae, um die Uferböschung in Augenschein zu nehmen. Von dort mußte der Obelisk zum Katarakt geschafft und dann verschifft werden. Auf Philae präsentierte mir ein alter Scheich folgende französische Notiz:

»Der Beauftragte von Mr. Drovetti bittet die europäischen Reisenden zu respektieren, daß der Überbringer dieser Nachricht den Obelisken bewacht, der sich auf der Insel Philae befindet und Mr. Drovetti gehört.

Philae, den 22. September 1818. Lebulo.«

Die Inselbewohner berichteten mir dann von den Maßnahmen, die Mr. Lebulo ergriffen hatte und mit denen er sie von seinem Anspruch auf den Obelisken zu überzeugen suchte. Dem Datum der Notiz nach zu urteilen, war sie erst vor acht Tagen geschrieben worden, und da wir von Theben nach Assuan fünfzehn Tage unterwegs gewesen waren, hatten sie ihre Listen in Muße ausführen können.

Zurück in Assuan machte ich den Konsul und Mr. Bankes mit den Geschehnissen vertraut und schlug ihnen als einzig annehmbare Vorgehensweise ein direktes Gespräch mit dem Aga vor; von ihm selbst wollten wir erfahren, wer als erster den Besitzanspruch auf den Obelisken reklamiert hatte. Man ließ also den Aga an Bord rufen. In Anwesenheit des Konsuls erklärte dieser, daß ich den Anspruch zuerst geltend gemacht hätte. Demgemäß begann ich mit den Arbeiten. Zu dem Zwecke verschaffte ich mir ein Boot, das zufällig in Assuan angelegt hatte. Meine größte Schwierigkeit bestand darin, den Reis dazu zu bringen, das Boot mit dem Obelisken an Bord über den Katarakt zu steuern. Der Wasserstand war sehr niedrig, und was am meisten gegen mein Unternehmen sprach, war die Tatsache, daß unsere gegnerische Partei schon vor zwei Monaten das gleiche mit ihm auszuhandeln versucht hatte, als der Wasserstand noch viel höher war. Damals schon hatte der Kapitän ihnen einen abschlägigen Bescheid erteilt, weil die Wasser des Nils seiner Meinung nach zu niedrig standen. Die Aussicht auf ein schönes Geschenk und die Hälfte des Geldes in seinen Händen jedoch stimmten den Kapitän um, und er versprach, sein Bestes leisten zu wollen. Dem Aga überreichte ich im Namen von Mr. Bankes eine Uhr; sie war einhundertfünfzig Piaster, fünfzehn Dollar, wert. Die Scheiche der Umgebung sollten auf unsere Seite gebracht werden, damit sie Arbeitskräfte zur Verfügung stellten. Wir bewerkstelligten dies, indem wir ihnen natürlich etwas mehr Geld als den anderen Arbeitern zusicherten – falls sie sich zufriedenstellend verhielten. Ich hatte Schwierigkeiten, einige Stöcke oder dünne Stangen in Assuan aufzutreiben, da es dort kein Holz gibt; es sei denn, man läßt es für Reparaturarbeiten an den Booten aus Kairo kommen. Es war auch nicht einfach, den Obelisken von seinem ursprünglichen Standort fortzubewegen; aber einmal auf den Weg gebracht, vermochten wir ihn recht schnell ans Ufer zu transportieren. Der Sockel bereitete mir viel eher Sorgen; auf Grund seiner viereckigen Form war er nahezu vollständig im Sand versunken, und da wir keinerlei Tauwerk, geschweige denn einen Flaschenzug besaßen und mit sehr wenig Holz vorlieb nehmen mußten, nahmen die Arbeiten zwei oder drei Tage länger in Anspruch. Zu dem Zeitpunkt erschien der Aga von Assuan auf der Insel und zeigte uns einen an ihn gerichteten versiegelten Brief von Mr. Drovetti. Darin wurde er aufgefordert, den Transport des Obelisken jeder anderen Personengruppe grundsätzlich zu verbieten. Der Brief wurde von dem Schotten Osman übersetzt, so daß wir keinerlei Zweifel an der Korrektheit der Übersetzung hegten. Der Konsul bat den Aga eindringlich, ein Antwortschreiben an Mr. Drovetti zu schicken, das ihn über den Stand unseres Vorhabens unterrichtete. Dann kamen Mr. Baley, Mr. Godfrey und zwei andere Gentlemen auf ihrem Weg von Griechenland auf der Insel an.

Unsere Gruppe rüstete sich zur Weiterfahrt zum 2. Katarakt. Wir waren bereit, den Obelisken zu verladen. Da geschah etwas, das ausschließlich auf meiner eigenen Nachlässigkeit beruht eine bestimmte Aufgabe Männern zu überlassen, die sich eher durch Worte als durch Taten auszeichneten. Ich war damit beschäftigt, ein Teilstück des Kataraktes zu inspizieren – eine Stelle, zu der das Boot in leerem Zustand hingeschafft und dann beladen werden sollte, um von dort loszusegeln. Währenddessen überließ ich es anderen, eine Art provisorischen Steg aus schweren Steinblöcken zu errichten. Als ich zurückkam, um die Belastbarkeit des Steges zu prüfen, kam er mir stark genug vor, um mindestens das Vierzigfache an Gewicht aushalten zu können als erforderlich war. Als dann der Obelisk sorgsam von der Uferböschung hinuntergeschafft wurde und sein ganzes Gewicht auf dem Steg lastete, vollzogen leider, leider, Steg, Obelisk und einige Männer eine langsame Rutschbewegung und sanken dann majestätisch in die Fluten, uns für ein anderes Mal mehr Glück wünschend. Ich war weniger als drei Yards entfernt, und für einige Minuten, muß ich gestehen, blieb ich steif und wie angewurzelt auf dem Fleck stehen. Mein erster Gedanke galt dem Verlust eines so kostbaren Stückes ägyptischen Altertums; dann führte ich mir die Hochstimmung unserer Gegner vor Augen, und schließlich dachte ich an die schweren Vorwürfe des Clubs der Altertumkenner der ganzen Welt! Es geschieht oft, daß man nach dem Zerbrechen einer Vase, die den Händen entglitten und auf dem Boden zersplittert ist, sich einem natürlichen Impuls zufolge, als erstes die Scherben ansieht: so auch ich. Ich starrte auf das Ende des Damms, das sich verselbständigt hatte und nun im Nil versank und stellte fest, daß die Steine, die das Grundgemäuer an der sich neigenden Böschung bilden sollten, nur auf der Oberfläche auflagen, so daß das Gewicht des Obelisken die Steine in der Tat in den Nil gedrückt hatte. Der Obelisk lugte noch ein wenig aus dem Wasser hervor. Die Arbeiter waren unterschiedlichster Stimmung: Einige machten eine leidvolle Miene – nicht um des Obelisken willen, um den es ihrer Meinung nach nicht schade war, sondern sie trauerten eher den verlorenen Möglichkeiten nach, die sich bei zukünftigen Operationen am Nilkatarakt für sie ergeben hätten. Andere lachten, so glaube ich, über die deutlich sichtbare Enttäuschung, die sich über meine Züge ausbreitete; andere wieder liefen ziellos umher. Ich blieb, am Ufer sitzend, allein zurück, um die kleine Spitze zu betrachten, die aus dem Wasser herausragte, sowie die Wirbel, die um die Stelle strudelten, an der der Obelisk eingesunken war. Der Überraschungseffekt hielt nicht lange an. Ich begann ernsthaft nachzudenken und sah eine Möglichkeit der Rettung vor meinem geistigen Auge. Unglücklicherweise verfügte ich über kein einziges technisches Hilfsmittel, selbst unsere Seile aus Palmenblättern waren halb verrottet, und es gab kaum Holz, das man für unsere Zwecke hätte verwenden können. Der Obelisk bestand aus einem einzigen Granitblock von zweiundzwanzig Fuß Höhe und zwei Fuß Durchmesser am Sockel. Er ist etwa so hoch wie der am St. George's Fields, aber von einer schwereren Gesteinsqualität. Mein Vorteil waren die Leute – ausgezeichnete Schwimmer, die den ganzen Tag ohne Schwierigkeiten im Wasser verbleiben konnten.

Ich beschloß also, den Obelisken zu bergen und stellte fest, daß wir nicht mehr als zwei oder drei Tage dafür aufzuwenden hatten. Ich bestellte alle Männer für den nächsten Morgen und ließ nach Assuan schicken, um Tauwerk oder Seile herbeizuschaffen. Mr. Bankes war zu dem Zeitpunkt nicht anwesend, da er am Nachmittag zur anderen Nilseite übergesetzt hatte. Die Arbeiter jedoch, die sich nach dem unglückseligen Ereignis nach Hause begaben, berichteten ihm davon. Er schien nicht weniger bestürzt als ich.

Bei seiner Ankunft bemerkte er aber nur, daß solche Dinge eben passieren könnten. Ich beruhigte ihn: Der Obelisk sei noch nicht verloren und er würde sich in zwei oder drei Tagen gewiß an Bord befinden. Während der nächsten zwei Tage führten wir folgende Arbeiten durch:

Ich ließ eine gewaltige Menge an Steinen dicht am Wasser aufhäufen. Dann begaben sich mehrere Männer ins Wasser und schleppten die Steine in die Nähe des Obelisken, um einen soliden Unterboden für die Hebestangen zu schaffen. Ich plazierte die Hebestangen unter den Obelisken, eine am Sockel, die andere am Neigungspunkt, so daß sich der Obelisk durch den Druck der Hebestangen um seine Achse würde drehen können. Unter Wasser war es für die Männer nicht möglich, die Hebestangen aus der Hand zu legen – dadurch, daß sie sich auf den äußersten Rand derselben setzten, brachte ihr eigenes Körpergewicht die gewünschte Wirkung hervor. Unter dem Obelisken wurden zwei Taue durchgezogen; eines davon wurde an einer Dattelpalme festgemacht, die an der Uferböschung stand. Die oberhalb liegenden Seilenden wurden von einer ganzen Reihe von Männern gezogen. Die guten Schwimmer und Taucher warteten an den Hebestangen darauf, Steinblöcke unter den Obelisken zu schieben, so daß er während des Aufrichtens nicht wieder in die alte Position zurückkippen konnte. Die Männer zogen die Seile an, die Taucher setzten sich auf die Hebestangen, und der Obelisk richtete sich langsam auf. Als die Hebestangen weggenommen werden konnten, wurde der Obelisk durch die daruntergeschobenen Steine gestützt – und zwar solchermaßen, daß er sich auf Grund seines eigenen Gewichtes bei jeder Vorwärtsbewegung ein wenig drehte. Auf diese Weise erreichte er bald festen Boden; nach zwei Tagen war die Arbeit vollbracht und unsere Gesellschaft reiste zum 2. Katarakt ab. Da ich schon vor dem Transport beschlossen hatte, den Sockel unabhängig vom Obelisken fortzuschaffen – das Boot wäre unter der Last beider Teile zerborsten –, begab ich mich mit dem Sockel zu der steilsten Stelle des Kataraktes, um ihn von dort weiterbefördern zu lassen. Zu dem Zeitpunkt erschien ein Agent von Mr. Drovetti in Assuan. Ihm gelang es, die ganze Stadt in Aufruhr zu versetzen. Er nahm den Aga zur Insel Philae mit, um ihn an Ort und Stelle zu überreden, daß der Obelisk auf seinen Befehl hin dort verbleiben sollte. Ich fragte den Aga nach seiner Meinung in dieser Angelegenheit: Hielt er es für richtig und gerecht, den Obelisken zurückzulassen – zur Verschiffung bereit und zwar für Mr. Drovetti? Mein Lächeln bemerkend, gab er zurück, daß er dazu nichts sagen könne; Mr. Drovetti hätte an den Defterdar Bei in Assiut geschrieben, und der wiederum hätte ihm, dem Aga, angeraten, sich aus dieser Geschichte herauszuhalten und nirgends einzugreifen. Der Agent überschüttete den Aga mit Schmähungen, aber vergeblich, und all seine Versuche vermochten mich nicht von meiner Arbeit abzuhalten. Dann versuchte er, die Scheichs zu überreden, die Männer abzuziehen, indem er ihnen Geld ohne die damit verbundenen Mühen versprach. Diese Vorschläge wurden selbst von den Fellachen als unwürdig abgelehnt. Ich führte meine Unternehmungen weiter und schaffte den Obelisken schließlich an Bord. Dies geschah mit Hilfe einer Brücke aus Palmenstämmen, die vom Boot aus an Land gelegt wurden, und zwar dicht unterhalb des Obelisken. Der Obelisk wurde auf der Brücke gedreht und an Bord gehievt. Als sich der Obelisk in der Mitte vom Deck befand, nahm ich die Palmenstämme fort, und im Anschluß daran fuhren wir zur steilsten Stelle des Kataraktes, um von dort aus am nächsten Morgen über den Katarakt manövrieren zu können.

Den Bootsführer hatte ich auf meiner Seite, und ich bemühte mich darum, daß dies auch so blieb. Er hatte die Hälfte des Geldbetrages erhalten. Er kam nun zu mir, um noch vor der Unternehmung die andere Hälfte entgegenzunehmen. Da ich ihn auf keinen Fall enttäuschen wollte, zahlte ich die restlichen zweihundertfünfzig Dollar unter der Bedingung, daß er nicht wortbrüchig würde. Dies versprach er mir im Beisein zweier Personen. Falls er sein Wort brach, würde ich den Pascha Mohammed Ali in Kairo davon unterrichten. Er war einverstanden, und nachdem er mit den Männern die Vorgehensweise für den morgigen Tag abgesprochen hatte, wandte er sich anderen Angelegenheiten zu. Am selben Abend wanderte ich zwischen den Granitfelsen des Kataraktes umher, die es zu umschiffen galt. Am nächsten Morgen wandte sich meine Aufmerksamkeit einem Gegenstand zu, den zu erwähnen ich schon seit längerem vorhatte. Viele der Felsen weisen Hieroglyphen und eingearbeitete Figuren auf, die offensichtlich ausschließlich von gelehrten Personen ausgeführt worden sind – vielleicht um die Kunst der Bildhauerei an diesen Felsen zu erproben. Ich vermute, daß man auf Grund der verschiedenen Farben des Gesteins eine Berechnung ihres Alters erstellen könnte. Nehmen wir zum Beispiel an, daß die Granitmassen von Natur aus weiß waren – so weiß wie frisch behauen. Als nächstes müßte man die Epoche festlegen, während der die Hieroglyphen eingearbeitet worden sind. Dann müßte es möglich sein, die drei unterschiedlichen Farbabstufungen, die man mit dem Auge wahrnehmen kann, einzuteilen und zuzuordnen. Zum Beispiel: Der Teil des Gesteins, der unberührt geblieben ist, ist dunkelbraun; vielleicht vor dreitausend Jahren gehauenes Gestein ist von hellbrauner Farbe, und später bearbeitetes Gestein wäre dann noch heller. Die Abstufung der verschiedenen Farben im Gestein müßte die Berechnung des Alters ermöglichen, und auf diese Weise könnte man den Zeitpunkt und das Alter der künstlerischen Bearbeitung festlegen.

Ich bitte meinen Leser, mir diese Spekulation nachzusehen, die meines geringfügigen Wissens zufolge nur wenig instruierend sein kann. Da ich diese Idee aber einmal faßte, wollte ich sie der Öffentlichkeit nicht vorenthalten.

Am nächsten Morgen waren wir bereit, die gefahrvolle Unternehmung zu beginnen. Ich habe schon vordem erwähnt, daß dies der größte Wasserfall des Kataraktes ist. Ist der Nil um die Hälfte angestiegen, bildet er eine Wassersäule von etwa dreihundert Yards Länge. Diese Säule fällt in einem Winkel von zwanzig bis fünfundzwanzig Grad in die Tiefe hinab, über Felsbrocken und Steine, die in den verschiedensten Richtungen aus dem Wasser ragen. Das Boot wurde an den Rand des Abgrunds befördert; wir befestigten ein starkes Seil oder vielmehr ein Kabel an einem großen Baumstamm. Das Kabelende wurde durch die Balken des Bootes gezogen, um das nötige Loslassen oder Anziehen zu ermöglichen. An Deck befanden sich nur fünf Personen. Auf den Felsen zu beiden Seiten der Kaskade standen Männer, die die am Boot festgemachten Seile in Händen hielten. Damit sollte das Boot dirigiert und ein Zerschellen an den Felsen verhindert werden. Würde es auch nur geringfügig anstoßen, mußte es – mit einem derartigen Gewicht an Bord und bei der starken Strömung – unweigerlich zerbersten. Das Kabel, das ich mir von einem Handelsschiff in Assuan ausgeliehen hatte, war stark, aber es reichte nicht aus, um das Boot vollständig unter Kontrolle zu halten, falls es gegen einen Felsen geschleudert würde. Es war nur geeignet, die

Der Obelisk von Philae, heute im Park des Kingston Lacy House, Dorset, England

Abfahrtsgeschwindigkeit zu bremsen. Unter diesen Umständen hing alles von der Geschicklichkeit der Männer ab. Ich setzte meine ganze Überzeugungskraft ein. Außerdem versprach ich den wilden Leuten – so werden sie genannt – ein gutes Bakschisch. Sie schienen in dem Moment genauso verantwortungsvoll zu sein wie ein guter Lotse. Der Reis aber, dessen Boot ich angeheuert hatte, war wie von Sinnen; schon im vorab beklagte er den Verlust seines Bootes. Der arme Bursche hatte sich nur deshalb auf dieses kühne Unternehmen eingelassen, weil seine Handelsgeschäfte nicht zufriedenstellend waren: In Assuan hatte er eine ganze Weile verbracht und darauf gewartet, eine Fracht übernehmen zu können; da er Schulden gemacht hatte, konnte er sich nicht fortbewegen, und so war er froh gewesen, auf meinen Vorschlag eingehen zu können. Jetzt aber, die vielfältigen Gefahren vor Augen, weinte er wie ein Kind und bettelte darum, den Vertrag auflösen zu dürfen, damit er sein Boot sicher zurückbekäme. Als er sein Boot an der höchsten Stelle des Kataraktes erblickte, kurz bevor es heruntergesteuert werden sollte, warf er sich mit dem Gesicht auf den Boden und blieb dort unbeweglich liegen. Nachdem ich geprüft hatte, daß alles seine rechte Ordnung hatte, gab ich das Zeichen zum Nachlassen des Kabels. Es war einer der grandiosesten Anblicke, die ich je erleben durfte. Das Boot machte zwölf Meilen Fahrt pro Stunde. Wie vorgesehen, lockerten die Männer an Land die Seile. Nach einhundert Yards bekam das Boot die Wirkung eines Wirbels zu spüren, der, gegen die Felsen brausend, der Geschwindigkeit des Schiffes Einhalt gebot. Die seitwärts plazierten Männer zogen das Boot von dem Felsen weg, und es nahm weiter seinen Kurs mit sich verringerndem Tempo bis es schließlich am Fuß des Kataraktes angelangt war. Ich freute mich nicht wenig, Schiff und Fracht außer Gefahr zu wissen. Die Arbeiter schienen über den glücklichen Ausgang des Unternehmens ebenfalls erfreut und zwar unabhängig von den für sie damit verbundenen Vorteilen und Belohnungen – es ist gewiß selten, daß diese Leute so uneigennützige Gefühle hegen. Wie man sich vorstellen kann, kam der Reis mit strahlender Miene auf mich zu.

Nachdem die Vorkehrungen zur Weiterfahrt getroffen waren ging ich an Bord, und wir bewegten uns im Einklang mit der Strömung weiter. Es gab nur noch zwei oder drei harmlosere Stellen zu überwinden, und Gott sei Dank erreichten wir Assuan ohne Schäden.

Ich möchte darauf aufmerksam machen, daß es sich nicht um die tieferen Stellen des Kataraktes gehandelt hatte, über die kleinere Boote mit wenig Gefahr verbunden auf- oder abwärts geschifft werden konnten.

Unverzüglich nach meiner Ankunft in Assuan traf ich Vorbereitungen zu meiner Weiterreise nach Theben, und nachdem ich den Aga gemäß unseren Abmachungen zufriedengestellt hatte, brach ich auf. Ich verließ das Boot im Verlauf der Reise, da der Wind ungünstig war und ich über Land schneller vorwärts kam. Ich kehrte in meine alte Behausung in den Gräbern von Biban el-Moluk zurück. Dort befand sich auch Mrs. Belzoni, die aus Jerusalem zurückgekehrt war, nachdem ich ihr mitgeteilt hatte, daß ich ihr nicht nach Syrien würde folgen können. Es war Weihnachten und wir verbrachten den festlichen Tag in der Einsamkeit unseres abgeschiedenen Winkels, fern von den Torheiten der Menschen. Nur einige arglose Araber, die die Gräber bewachten, hielten sich in unserer Nähe auf – aber der Frieden sollte nicht lange anhalten. Ich bin gezwungen, nun die Arena zu betreten, in der ich gegen diabolische Kräfte zu kämpfen hatte, und obwohl ich die Öffentlichkeit von gewissen schmutzigen Machenschaften lieber verschont hätte, kann ich nicht umhin, über sie in meinem folgenden Bericht Auskunft zu geben. Die nun folgenden Umstände veranlaßten mich, aus Ägypten abzureisen, und ein jeder, der der Darstellung des unheilvollen Geschehens mit Freundlichkeit und Sympathie folgt, wird mit mir darin übereinstimmen, daß es höchste Zeit für mich war, das Land zu verlassen. Zu jener Zeit geschah es, daß eine bestimmte Person, deren Namen ich aus Wut nicht erwähnen mag – es war weder ein Engländer noch ein Franzose –, nach Oberägypten kam, nicht um sich die Altertümer anzuschauen, sondern um sie, wenn möglich, zu kaufen. Die Person kam aus einer der europäischen Metropolen und ging auch dorthin wieder zurück. Dieser Mann bot an, sich für mich und meine Belange in Europa einzusetzen, falls ich dies wünschte; er war freundlich und aufgeschlossen und meiner Meinung nach auch ehrlich – bis ihm der Teufel des Eigennutzes in die Glieder fuhr. Er selbst litt nicht wenig an seiner Disposition. Ich hatte ihn schon vorher kennengelernt und nahm die Gelegenheit mit Dankbarkeit war: Er kehrte zu eben jenem Ort zurück, da mir eine vertrauenswürdige Person fehlte, um für mich geschäftliche Angelegenheiten zu regeln. Auf seinem Weg nach Europa sollte er vier der löwenköpfigen Sphingen, die zu meinem Gewinnanteil gehörten, in die besagte Hauptstadt mitnehmen. Dort sollte er sie einer hochgestellten Persönlichkeit in meinem Namen zum Geschenk machen. Er willigte mit großer Freundlichkeit ein, diese Dinge für mich zu regeln. Wir hatten vereinbart, daß er von mir eine Vollmacht erhalten sollte, um die genannten Statuen vom britischen Konsul im Empfang nehmen zu können. Sie waren in Rosette eingelagert. Gleichzeitig nun wurde dieser Mann mit den Vertretern meiner gegnerischen Partei bekannt, und da er in der folgenden Schilderung erwähnt werden muß, werde ich ihn schlicht den *Fremden* nennen.

Am Heiligabend legte das Boot mit dem Obelisken in Luxor an, um eine zusätzliche Fracht aufzunehmen und von dort nach Rosette zu segeln.

Man wird sich erinnern, daß ich vor unserer Reise zum Katarakt mit Mr. Salt zusammen die verschiedenen Grabungsstellen zwischen den Ruinen von Karnak abgesteckt hatte. Am

St. Stefanstag begab ich mich dorthin, um die in Übereinstimmung zwischen Mr. Salt und Drovetti festgelegten Grabungsstellen zu untersuchen. In Luxor bestieg ich einen ungewöhnlich hochbeinigen Esel – die einzig annehmbare Art der Fortbewegung auf kurzen Strecken in diesem Land, denn Pferde sind selten, und ein Kamel zu besteigen, macht für eine kurze Strecke zu viele Umstände. Mein griechischer Diener und zwei arabische Treiber folgten mir. Ich war unbewaffnet; mein Diener hatte wie gewöhnlich zwei Pistolen bei sich. Unsere Gegner, angeführt von Mr. Drovetti, waren in Lehmhäusern zwischen den Ruinen von Karnak einquartiert. Das Boot mit dem Obelisken hatte in Luxor angelegt und befand sich – wie sie sich auszudrücken beliebten – für ihren Geschmack etwas zu dicht vor ihrer Nase. Es irritierte sie dermaßen, daß sie gegen den Belzoni Schmähungen und Beschimpfungen ausstießen, um ihren Rachegelüsten Luft zu machen. Vergeltungsmaßnahmen waren nicht ausgeschlossen. Um dies durchzuführen bedurfte es eines Vorwandes, um Meinungsverschiedenheiten gegen mich zu inszenieren. Ihr Plan war gut ausgedacht. Die erste Grabungsstelle, die ich zu inspizieren gedachte, war von den Arbeitern Mr. Drovettis in Beschlag genommen worden; man erwartete als Konsequenz einen heftigen Wortwechsel mit mir, dem der Moment der Rachemaßnahmen folgen sollte. Noch vor meiner Ankunft war ich von einem Araber gewarnt worden, die Stelle zu meiden, an der sich andere Europäer aufhielten. Ich entschloß mich aber, diese Bemerkung zu übergehen, da diese Leute oftmals viel Lärm um Nichts machen. Als ich an der besagten Stelle ankam, bemerkte ich sofort, daß sich auf unserem wohlbekannten, abgesteckten Teilgebiet fremde Männer befanden. Deren Anwesenheit nicht zur Kenntnis nehmend, ging ich an ihnen vorbei. Europäer waren nicht dabei, und als mein Diener zu mir sagte, daß dies unser Gebiet sei, riet ich ihm, sich nicht einzumischen und ging weiter. Das Teilstück lag in der Nähe der kleinen Seen, und die gewissen Herren lebten in der großen Säulenhalle, die mindestens eine gute viertel Meile davon entfernt ist. Wir gingen ungerührt vorbei und begaben uns zur Nordseite der Ruinen, eine viertel Meile von unserem Standort entfernt. Meine Untersuchungen dort nahmen eine Weile in Anspruch, und als wir auf dem Rückweg an der Säulenhalle vorbeikamen, lief ein Araber schreiend auf uns zu. Er war von unserem Opponenten kräftig geschlagen worden, weil er uns mit Treue – soweit es einem solchen Gemüt möglich war – gedient hatte. Dieser Vorfall hätte einen weiteren Grund zu Auseinandersetzungen geboten; ich ließ mich aber nicht dazu hinreißen, sondern setzte ruhig meinen Weg nach Luxor fort. Etwa dreihundert Yards vor der Säulenhalle sah ich, wie eine Gruppe Männer auf uns zulief: Es waren ungefähr dreißig Araber, angeführt von zwei Europäern, den Agenten Mr. Drovettis. Während sie im Laufschritt näherkamen, erkannte ich in einem von ihnen Mr. Lebulo, bei dem zweiten handelte es sich um den Deserteur Rossignano. Beide waren Piemontesen und Landsmänner von Drovetti. Lebulo hielt inne, wandte sich an mich und fragte, wieso ich mich erdreistet hatte, einen Obelisken wegzuschaffen, der mir nicht gehörte. Zudem hätte ich ihm schon soviel angetan, und er würde dafür Sorge tragen, daß dies das letzte Mal gewesen sei. Gleichzeitig griff er mit der einen Hand nach meinem Zaumzeug, mit der anderen packte er meinen Jackenschoß und hinderte mich am Weiterreiten; an seinem Handgelenk baumelte an einer Schnur ein schwerer Stock. Währenddessen hatten einige Araber, von denen zwei in Mr. Drovettis Diensten standen, meinen Diener überwältigt. In demselben Moment kam der Deserteur Rossignano bis auf vier Yards an mich heran und richtete mit der Wut eines ausgemachten Schurken ein doppelläufiges Gewehr gegen meine Brust. Er stieß dabei die wildesten Verwünschungen gegen mich aus, wie sie nur aus dem Mund eines Verbrechers kommen können. Meinem Diener hatte man inzwischen – trotz seiner Versuche, sich zu wehren – die Waffen abgenommen, es waren ihrer zuviele, so daß er sich nicht durchzusetzen vermochte. Die zwei galanten Ritter, ich meine Lebulo und Rossignano, begleitet von zwei arabischen Dienern Mr. Drovettis, stießen weiterhin ihre Verwünschungen gegen mich aus. Und der mutige Rossignano hielt weiterhin das Gewehr auf meine Brust gerichtet und rief, daß es Zeit für mich sei, für alle meine Missetaten zu büßen. Der kühne Lebulo bemerkte mit der Emphase eines aufgebrachten Edelmannes, daß ihm, hätte ich den Obelisken nicht gestohlen, ein Drittel des Gewinns beim Verkauf des Obelisken hätte gehören sollen. Umgeben von einer Bande Schurken, war meine Lage nicht eben angenehm. Wenn ich den Versuch gemacht hätte, vom Esel abzusteigen, hätten mich die Feiglinge zweifelsohne erledigt, wobei sie später gesagt hätten, daß ich der Aggressor gewesen sei und sie sich lediglich hätten verteidigen müssen. Ich hielt es für das Beste, mich auf meinem Esel zu halten und mit Verachtung auf die Schurken herunterzublicken. Einer der Männer aus seiner Gruppe, fuhr Lebulo fort, sei ertrunken als er sich an Bord eines englischen Schiffes befand, und sie hätten keine Abfindung dafür erhalten. Er meinte wohl, daß der arme Kerl in Girga über Bord gegangen war – auf seinem Weg nach Kairo. Ich bat Lebulo, mich vorbeizulassen, und falls ich irgendein Unrecht begangen haben sollte, sei ich bereit, dafür gerade zu stehen. Es war vergeblich; ihr blinder Zorn hatte sie all ihres Verstandes beraubt.

Während dieser Unannehmlichkeiten bemerkte ich eine weitere Gruppe von Arabern, die uns entgegenkamen. Als die Männer sich uns näherten, erkannte ich unter ihnen Mr. Drovetti. Dicht neben ihm einer seiner Diener, der mit Pistolen bewaffnet war. Als Drovetti vor mir stand, verlangte er zu wissen – in einem Ton, der dem seiner Untergebenen an Dreistigkeit durchaus nicht nachstand –, auf Grund welcher Autorität ich seine Leute von der Arbeit abhalte. Ich wisse nicht, was er meine, gab ich ihm zur Antwort; er selbst sei doch für ihr Verhalten verantwortlich, nicht ich. In scharfem Ton befahl er mir abzusteigen. Ich weigerte mich. In dem Moment wurde hinter meinem Rücken ein Schuß abgegeben, ich vermochte jedoch nicht zu sagen, von wem. Ich war entschlossen, mir eher alles bis an die Grenze des Erträglichen gefallen zu lassen, als mich mit solchen Leuten auf Handgreiflichkeiten einzulassen, mit Leuten, die nicht davor zurückschreckten, mich zu mehreren zu überwältigen. Als ich aber den Pistolenschuß hörte, schien mir der Zeitpunkt gekommen, mein Leben so teuer wie möglich zu verkaufen. Ich stieg ab; und der geehrte Mr. Drovetti versicherte mir, daß keine Gefahr für mich bestünde, solange er sich in meiner Nähe aufhalte. Mr. Lebulo, der vordem die Rolle des Schurken gespielt hatte, agierte nun wie ein desinteressierter Gentleman. Währenddessen waren zahlreiche Araber aus Karnak auf dem Schauplatz eingetroffen. Als sie mich dergestalt eingekreist sahen, waren sie – wer hätte das von diesen wilden Arabern vermutet –, der Christlichkeit und Zivilisation zur Ehre gereichend, derart mit Widerwillen gegenüber den Verhaltensweisen der Europäer erfüllt, daß sie für mich Partei ergriffen. Sie umringten Rossignano, dessen Benehmen sie am meisten entsetzte. Welche Vorstellungen müssen sich diese Leute von der Zivilisation und Kultur Europas gemacht haben, wenn sie das Betragen eines solchen Schurken als Maßstab setzen müssen! Man teilte mir mit, daß sich ein fremder Europäer in Mr. Drovettis Unterkunft aufhielt. Ich sandte einen Araber zu ihm, damit er herbeigeholt werde: Ich wollte gern einen Zeugen haben für das, was mir möglicherweise noch bevorstand, obwohl der Tumult inzwischen ein Ende gefunden zu haben schien. Mr. Drovetti, nun sehr milde, bemerkte, daß er seinen Leuten niemals Order gegeben habe, in unserem Teilgebiet zu graben; ich hätte mich direkt an ihn wenden sollen, er hätte die Angelegenheit geregelt. Ich möge aber die Leute zukünftig nicht mehr bei der Arbeit stören. Ich wiederholte, daß ich nicht wisse, was er meine und daß der Zusammenstoß auf einer Kombination mehrerer Fallen beruhte, die seinen Agenten zu verdanken waren. Ein Araber sei zu ihm gekommen, erwiderte er, und habe ihm mitgeteilt, daß ich den Leuten befohlen hätte, die Arbeit niederzulegen. Ich bestand darauf, den Araber holen zu lassen; er war aber nicht auffindbar. Man ließ überall nach ihm suchen, jedoch vergeblich. Einer meiner arabischen Treiber aus Kurna erkannte eben jenen Araber: Er stand die ganze Zeit über dicht neben Mr. Drovetti, der ihn vergeblich hatte rufen lassen und der ihn nicht wiederzuerkennen vorgab, obwohl er ihn einige Minuten zuvor gesehen hatte! Ich starrte in das Antlitz des Mannes und befahl ihm streng, die Order von Mr. Drovetti zu wiederholen. Er gab mir zur Antwort, daß er seinem Herrn nicht gesagt habe, daß ich die Männer gezwungen hätte, die Arbeit zu beenden, sondern daß dies mein Diener getan habe. Ich war vom Gegenteil überzeugt, denn mein Diener hatte sich während der ganzen Wegstrecke unmittelbar neben mir befunden. Ich hielt es für sinnlos, gegen dieses Argument anzugehen: Es wurde nur vorgebracht, um die wahre Ursache ihrer Attacken gegen mich zu vertuschen, den Abtransport des Obelisken nämlich. Ich insistierte darauf, mit Mr. Drovetti zu den Arbeitern zu gehen, damit ich ihm beweisen konnte, daß seine Leute die Streitereien begonnen hatten, indem sie sich in unserem Gebiet zu schaffen gemacht hatten. Er mußte sich widerwillig mit diesem Sachverhalt vertraut machen. Während wir weitergingen, folgte uns Rossignano in einiger Entfernung. Schließlich stieß der Fremde zu uns, und es stellte sich heraus, daß es sich um die gewisse Person handelte, die die vier Statuen für mich nach Europa mitzunehmen sich bereiterklärt hatte. Ich informierte ihn über das Geschehen, aber Mr. Drovetti fiel mir ins Wort und stellte die ganze Sache als einen nichtigen Wortwechsel dar und nicht mehr. Sich an Mr. Drovetti wendend, erwiderte der Fremde nun folgendes: Während er sich in den Unterkünften der Leute aufhielt, habe er gesehen, wie sie sich bewaffnet hätten. Er sei ins Freie gelaufen und habe sich daran erinnert, daß Mr. Drovetti selbst gesagt habe, daß er sie davon abhalten müsse, Unheil anzurichten und daß sie im Unrecht handelten. Darauf gab Mr. Drovetti zurück, daß es ihm leider nicht möglich gewesen sei, sie von ihrem Vorhaben abzubringen, woraufhin der Fremde hinzufügte, er solle sie doch nicht länger in seinen Diensten belassen. Mr. Drovetti lamentierte dann lang und ausführlich über den Verlust des Obelisken. Ich erinnerte ihn daran, daß er gewußt haben mußte, daß der Obelisk uns gehörte, und zwar schon lange bevor seine Agenten die Insel Philae erreichten; er habe zudem Unrecht getan, den Abtransport durch seine Leute verhindern zu lassen. Er schob die Schuld Mr. Bankes zu, der ihn vor seiner Abreise nicht über den Stand der Dinge unterrichtet hätte. Tatsache ist, daß Mr. Bankes es zu Recht nicht für nötig befunden hatte, sich gegenüber Mr. Drovetti unnötig zu verpflichten. Mich an Mr. Drovetti wendend, erklärte ich dann, daß ich zahlreichen Angriffen seiner Leute widerstanden, aber eine derartige Zuspitzung nicht erwartet hätte, und es sei für mich dringend an der Zeit, das Land zu verlassen. So kehrte ich zum Biban el-Moluk zurück und begann unverzüglich mit den Vorbereitungen zur Abreise nach Europa. Ich vermochte nicht länger in einem Land zu bleiben, in dem ich die Zielscheibe von Rachgier geworden war – von Leuten, denen die gemeinsten und niedrigsten Mittel recht waren, um ihre Zwecke durchzusetzen. Ungeachtet der Vorteile, die sich aus der Fortführung meiner Forschungen hätten ergeben können und deren Bedingungen sich durch die neuerlichen Absprachen mit dem Konsul günstiger als je zuvor darstellten, war ich so konsterniert und von Widerwillen erfüllt, daß ich meinen Entschluß in die Tat umzusetzen voll und ganz bereit war.

Ich hatte dem Konsul die Vorfälle schriftlich mitgeteilt und hinzugefügt, daß ich mich zu dem Zeitpunkt, da er den Brief in Händen hielte, auf dem Weg nach Alexandria befinden würde, um die erste sich mir bietende Gelegenheit nach Europa abzureisen, beim Schopfe zu packen. Bezüglich noch ausstehender Forderungen meinerseits hielt ich mich zurück; in einem Land wie diesem konnte ich solche Dinge nicht erwarten, und da das Boot mit dem Obelisken noch in Luxor lag, nahm ich die Gelegenheit wahr, auf demselben nilaufwärts zu segeln.

Alle Wachsabdrücke und Zeichnungen etc. der Grabanlagen waren fertiggestellt, und ich ließ alle für mich selbst zusammengestellten Kunstobjekte an Bord bringen. Dann begann ich mit dem Unternehmen, den Sarkophag aus der Grabanlage zu schaffen. Leider habe ich ein unglückseliges Schicksal bezüglich einiger sich dort befindlicher Kunstgegenstände zu beklagen. Man wird sich erinnern, daß sich der Eingang zu den Gräbern unterhalb eines Sturzbaches befand, der bei Regenfällen in das Tal läuft. Ich hatte einen Kanal angelegt, um dem Lauf der Fluten eine andere Richtung zu geben und um zu verhindern, daß sich die Wasser bei Regenfällen in die Grabstätte ergossen. Als dann der Konsul ankam, unterbrach ich die Arbeiten. Während ich mich in Oberägypten aufhielt, hatte es aber geregnet, und das Flüßchen bahnte sich einen Weg in das Grab. Es waren zwar keine gewaltigen Wassermassen gewesen, aber doch genug, um einige der Figuren zu beschädigen. Das trockene, kalkhaltige Gestein – mehr an Kalk denn an Gestein erinnernd – absorbierte die Feuchtigkeit und zerbarst an einigen Stellen, besonders an den Säulenecken der Türen und Portale. In einem der Räume hatte sich ein Gesteinsbrocken gelöst, der die oberen Teile von drei Figuren zerschlug; in einem anderen Raum war eine Statue, zum Glück ohne großen Schaden anzurichten, zusammengefallen. Obwohl in drei Teile zerbrochen, konnte ich sie vor weiterer Zerstörung bewahren. Ich war nicht wenig bestürzt ob dieser Tatsachen. Im Vergleich zur Größe der Räumlichkeiten hielten sich die damaligen Schäden in Grenzen, aber ich fürchte, daß sich der Zustand im Verlauf der Jahre verschlechtern wird, und ich bin überzeugt davon, daß die Feuchtigkeit während der regnerischen Periode viel Schaden anzurichten vermag.

Nun zu unserer Abreise aus Theben.

Nachdem sich alle Wachsabgüsse an Bord befanden, holte ich den berühmten Sarkophag aus der Grabanlage. Es war nicht leicht zu bewerkstelligen, da er sehr zerbrechlich und fein war – bei der geringsten unvorsichtigen Bewegung hätte er beschädigt werden können. Wir holten ihn jedoch unversehrt aus der Grabanlage. Dann wurde er in einen Kasten gebettet. Das Tal, das wir zu durchqueren hatten, um an den Nil zu gelangen, war über mehr als zwei Meilen hinweg sehr uneben, dann folgte guter, weicher Sandboden mit kleinen Steinchen. Der Sarkophag wurde über die ganze Strecke hinweg auf Rollen bewegt und dann an Bord gehievt. Inzwischen waren Mr. Wright und Mr. Fisher in Theben angekommen, sich auf der Rückreise aus Nubien befindend. Ich hatte das Vergnügen, mit den Herren durch die Ruinenfelder des alten Theben zu wandeln, und ich muß gestehen, daß mich so recht die Trauer überkam bei dem Gedanken, einen Ort zu verlassen, mit dem ich sehr vertraut war, mehr als mit jedem anderen Ort auf der Welt. Ich hatte dort Dinge finden und erledigen können, die mit meinen Interessen aufs harmonischste übereinstimmten. Ich muß sagen, daß mich meine Abreise aus Theben sehr bewegte – ich hegte für diesen Ort Gefühle, wie ich sie sonst nirgendwo auf der Welt empfunden habe. Es war der 27. Januar 1819, als wir diesen wahrlich großartigen Ruinen den Rücken kehrten. Am 18. Februar legten wir in Kairo an.

Hinter Beni Suef sahen wir ein kleines Boot, das vermutlich von Europäern angemietet worden war. Wir kamen näher, und die Leute an Bord riefen zu uns herüber. Wir alle gingen an Land: Es war Mr. Fuller, der nilaufwärts reiste – ein Gentleman bester Schule. Ich hatte das Vergnügen, ihn später in Kairo näher kennenzulernen. Er wurde von einem Mann begleitet, der sich zum Ziel gesetzt hatte, nilaufwärts arabische Bibeln zu verteilen. Es war schade, daß er über Ägypten nicht sonderlich gut informiert war; zum Beispiel gibt es in der Provinz Faijum viele Kopten, die sich glücklich schätzen würden, eine Bibel zu besitzen. An Bord des Schiffes bemerkte ich einen Mann, dessen merkwürdige Erscheinung ich zum Anlaß nahm, mich näher nach ihm zu erkundigen. Ich war freudig überrascht, in ihm Mr. Pierce kennenzulernen, der auf Geheiß von Lord Valentia, dem jetzigen Graf Mountnorris, viele Jahre in Abessinien verbracht hatte. Wir machten uns sogleich bekannt, und ich bedauerte, daß ich nicht die Gelegenheit hatte, mich länger mit ihm zu unterhalten. Seine Antworten auf meine Fragen bezüglich jener fernen Länder überzeugten mich von seiner Kühnheit und seiner Fähigkeit, Mühsal und Gefahren zu ertragen; eine Darstellung seines schwierigen Lebens in Abessinien würde von der Öffentlichkeit gewiß mit großem Interesse aufgenommen werden. In Kairo hielten wir uns nur einige Tage auf und setzten dann unsere Fahrt nach Rosette fort. Dort entluden wir die zahlreichen Kunstgegenstände, den Obelisken, den Sarkophag sowie den Deckel eines anderen Sarkophages: das schönste Stück meiner eigenen Sammlung. Dieser Deckel war einmal bei der gewaltsamen Öffnung des Sarkophages beiseite gestoßen worden, und da er unter einer Masse von Steinen begraben lag, hatte ihn niemand entdeckt. Ich hatte die Steine weggeräumt und stellte bei einer

Die Dahabieh im Schlepptau (nach Manning)

genauen Untersuchung fest, daß die Oberseite sehr schöne, überlebensgroße Hochreliefs aufwies. Nachdem ich den Deckel gewendet hatte, entdeckte ich neben der besagten Figur, die die Mitte des Deckels ausfüllte, beidseitig zwei Tiefreliefs, die ebenfalls gut erhalten waren. Wir verluden unsere Kunstschätze auf ein Boot und reisten nach Alexandria ab, mit dem festen Willen, die erste sich bietende Gelegenheit zur Rückkehr nach Europa zu nutzen. Obwohl ich es sehr bedauerte, ein Land zu verlassen, in dem ich mich noch gerne eine Weile ungestört hätte aufhalten mögen, legten mir die widrigen Umstände eine schnelle Abreise nahe. Aber die Zeit war noch nicht gekommen. In Alexandria lagen für mich Briefe vom Konsul und Mr. Bankes bereit – ihre Antworten auf meine Schreiben aus Biban el-Moluk. Die Briefe waren von einem Araber bis Kairo und von dort weiter nach Alexandria befördert worden. Der Konsul bat mich, solange zu bleiben, bis ich eine bestimmte Depesche aus England erhalten hätte und das schändliche Verhalten jener Herren wiedergutgemacht sei. Letzteres wollte mir gar nicht gefallen; ich wußte genug über Land und Leute, um mir den Ausgang dieser Geschichte vorstellen zu können, und ich kannte den Einfluß ihres Anführers, der mit Sicherheit alles in seiner Macht Stehende tun würde, um jegliche Gerechtigkeit zu unterbinden. Da zudem noch die Pest wütete, war ich diesem Vorschlag nur wenig zugetan. Mr. Lee nun, der Vizekonsul in Alexandria, teilte mir mit, daß er einen Bericht über die Vorfälle in Theben bereits dem französischen Konsul, Mr. Rousell, unterbreitet habe. Zwar war ich froh, daß mein Fall untersucht werden sollte, aber ich hatte keine Hoffnung auf einen gerechten Ausgang – solche Forderungen lassen sich in einem Land wie diesem gegen derartige Leute niemals durchsetzen. Mr. Drovetti war inzwischen ebenfalls in Alexandria eingetroffen und übernahm die Verteidigung seiner Agenten höchstpersönlich; er richtete ein Protestschreiben an Mr. Salt und bezeichnete ihn als seinen Ankläger. Man kam überein, die Angelegenheit bis zur Rückkehr von Mr. Salt ruhen zu lassen, und meine Abreise wurde verschoben.

Der von mir mehrfach erwähnte Fremde hielt sich nun ebenfalls in Alexandria auf. Sein Verhalten bezüglich der Zeugenschaft hatte sich verändert: Eine von Mr. Lebulo verfaßte Aussage, die sich selbstverständlich nicht gegen seine eigene Partei richtete, hatte er unterzeichnet. Als er aufgefordert wurde, seine Aussage zu machen, schien er vergessen zu haben, daß er die Einheimischen sich hatte bewaffnen und auf die Stelle zulaufen sehen, an der ich mich befand. Alle Einzelheiten, die ich zur Verdeutlichung aufführen und wiederholen konnte, waren seinem Gedächtnis entschwunden, und er hatte keine Skrupel, in der Anwesenheit von Mr. Lee, dem Vizekonsul, bekanntzugeben, daß er eine von mir verfaßte Aussage, hätte ich sie eher angefertigt, ebenfalls unterzeichnet hätte. Der Widersprüchlichkeit überführt, kam er in das Büro des Konsuls und verfaßte mit der größten Indifferenz eine neue Aussage, die der von ihm zuvor unterzeichneten widersprach. Er hatte zu Gunsten unserer Gegner behauptet, daß er bei dem Wortwechsel oder Disput, wie sich unsere Opponenten auszudrücken pflegten, zugegen gewesen sei; nun aber erklärte er, Mr. Drovetti und seine Leute hätten ihm nur von dem Vorfall berichtet! Auf solche Weise bereitete er sich auf seine Verteidigung vor – ich will jedoch die Geschichte von dem Fremden zu Ende bringen. Sowie er meinen Gegnern von meinem Vorhaben berichtet hatte, die vormals erwähnten vier Statuen einem europäischen Hof zum Geschenk zu machen, schlossen sie sich sofort zusammen und operierten in größter Verschwiegenheit. Sie verluden einige ihrer eigenen Statuen auf ein nach Europa absegelndes Schiff; eine Kollektion von Kunstgegenständen wurde hastig zusammengestellt, um sie jenem Hof anzubieten, noch bevor ich die Gelegenheit dazu haben würde. Als ich glaubte, meine Statuen würden verladen und wie vereinbart nach Europa geschifft, mußte ich feststellen, daß sich der Fremde mit der Sammlung meiner Konkurrenten davongemacht hatte und mich und meine Statuen zurückließ, wobei ich mich dem unbehaglichen Gefühl überlassen mußte, eines Besseren belehrt worden zu sein.

Mir liegt es fern, jemanden für die Wahrung seiner Interessen zu verurteilen – wenn es auf ehrenwerte Weise geschieht. Aber ich komme nicht umhin anzumerken, daß seine Spekulationen und Geschäfte, die er mit den Besitztümern meiner gegnerischen Partei würde machen können, auf unrechte Weise zustande gekommen sind.

Da bis zur Rückkehr des Konsuls einige Zeit vergehen würde, wußte ich mich für die Zwischenzeit nicht recht zu beschäftigen, und ich dachte daran, Forschungen in Unterägypten durchzuführen: Zweifellos aber würde ich auch dort auf Schwierigkeiten stoßen, denn der gegnerische Herr und Meister befand sich in der Nähe. Müßig mochte ich aber nicht bleiben. Schon seit langem hatte ich den Wunsch, eine kleine Expedition in das westliche Wüstengebiet zu unternehmen. Der Tempel des Jupiter Ammon[116] war immer schon ein Forschungsobjekt vieler Reisender gewesen; die exakte Lage hatte man bisher nicht angeben können, und da das Faijum ein noch wenig erforschtes Gebiet war, gedachte ich dorthin zu reisen – möglicherweise ohne gestört zu werden – und von dort weiter in die westliche Wüstenregion zu ziehen. Ich würde ohne Schwierigkeiten einen Firman erhalten können. Ich zog aber vor, ohne diesen aufzubrechen, da sonst jedermann von meinem Unternehmen gewußt hätte. Von einem in Alexandria ansässigen englischen Geschäftsmann mietete ich ein kleines Haus in Rosette, in der Nähe des britischen Kontors. Dort brachte ich Mrs. Belzoni unter. Ich nahm ein Boot und brach in das Faijum auf.

(Um seinen Tatendrang nicht brachliegen zu lassen, beschließt Belzoni, den berühmten Tempel des Jupiter Ammon zu suchen, der im Westen der Provinz in einem weiten Wüstengebiet liegen soll. Im Ammon Tempel soll Alexander der Große als ›Sohn des Ammon‹ empfangen worden sein, und gemäß den Erzählungen Herodots hatte der Perserkönig Kambyses dort eine ganze Armee verloren. Ab Beni Suef verläßt Belzoni mit seiner Gruppe den Nil; sie ziehen mit Eseln landeinwärts. Auf der Suche nach dem legendären Labyrinth bei Hauwara in der Nähe des alten Arsinoe findet er die Überreste einer alten Stadt. Sie überqueren den Moeris-See, aber auch dort findet Belzoni das Labyrinth nicht, sondern stößt auf eine weitere Ruinenstadt. Er überquert den See noch einmal, kehrt nach Medinet el Faijum zurück, wo das begehrte Rosenwasser hergestellt wird. Er streift in den Ruinen von Arsinoe umher und stellt eine kleine Karawane zusammen, um zur westwärts gelegenen ›Oase des Jupiter Ammon‹, der Oase Bahrija, zu gelangen. Im Gebiet der Oase Bahrija läßt er sich die Ruinen zeigen, stößt auf Grabstätten und bricht mehrere Sarkophage auf. Eine nahe gelegene Quelle bringt er mit dem legendären Sonnenteich des Ammon-Tempels in Verbindung und er glaubte daraufhin, den Tempel entdeckt zu haben. Belzoni irrt sich. Da man ihn daran hindert, weiter westlich bis zu den Ruinen von Siwa zu reisen, verfehlt er den wirklichen Standort des Tempels. Auf dem Rückweg stürzt er schwer, bricht sich mehrere Rippen und muß seine Reise für einige Tage unterbrechen. Als sie schließlich weiterziehen können, verdursten sie beinahe, erreichen aber noch das Nilufer und kehren nach Kairo zurück. Dort wütet wieder die Pest.)

Mr. Salt war aus Unterägypten zurückgekehrt. Die Pest forderte sehr viele Opfer in Kairo; da ich aber geschäftliche Dinge mit dem Konsul zu regeln hatte, begab ich mich des Nachts ins Konsulat. Am 23. war ich wieder in Rosette und hoffte, die Angelegenheit bezüglich der Attacke in Karnak so schnell wie möglich hinter mich zu bringen, um dann nach Europa abreisen zu können. Es kam jedoch ganz anders, und die Intrigen, die um diesen Vorfall gesponnen wurden, entziehen sich jeglicher sachlicher Darstellung. Mr. Drovetti, für seine Helfer und Landsmänner Lebulo und Rossignano Partei ergreifend, behauptete, daß Mr. Salt der Ankläger sei und daß ich in meiner Schilderung, die ich Mr. Salt hatte zukommen

116 Dieser Tempel in der Oase Siwa wurde als Sitz des Orakels betrachtet. Alexander der Große hat ihn 331 v. Chr. besucht

lassen, keinerlei Forderungen gegen ihn erhoben hätte. Damit hatte er in der Tat recht – ich hatte keine Forderungen an ihn gestellt, da ich mir des Ausmaßes an Intrigen und Listen, die folgen würden, durchaus bewußt war. Da nun aber der Fall schon aufgegriffen worden war, machte ich eine formale Aussage gegen Lebulo und Rossignano. Mr. Drovetti, das Wohlwollen des neuen Konsuls Mr. Roussel ausnutzend, fabrizierte mehrere Geschichten, die seiner Phantasie entsprungen waren: Ich hätte vor seiner Behausung gestanden, um seinen Leuten die Arbeit zu verbieten; in Karnak habe es sich um eine Meinungsverschiedenheit gehandelt und nicht um einen geplanten Angriff. Mr. Roussel wollte die Angelegenheit begraben und vergessen. Wir bestanden aber auf einer Klärung und verlangten, daß die beiden Schurken von Theben nach Alexandria gebracht würden. Mr. Drovetti behauptete weiter, er selbst sei von Mr. Salt angeklagt worden; eine Erklärung meinerseits, daß sich meine Aussage nicht gegen ihn, sondern seine beiden Helfer richtete, bot ihm schließlich keine Möglichkeit mehr, seine Agenten zu schonen.

Die Verletzungen, die ich mir bei meinem Sturz vom Esel zugezogen hatte, machten sich auf beunruhigende Weise bemerkbar, so daß ich nahezu einen Monat das Bett hüten mußte. Der französische Konsul reiste nach Frankreich. Der Vizekonsul Mr. Tednat Divan nahm währenddessen seine Aufgaben wahr. Dieser ehrenwerte Herr, der sich um sein Heimatland als Friedensrichter verdient gemacht hatte, lebte schon seit vielen Jahren in Ägypten – in den Tagen der Revolution spielte er eine zwielichtige Rolle. Er war niemals über Kairo hinausgekommen und wünschte, eine Reise nach Theben zu machen. Eine bessere Gelegenheit würde sich ihm niemals bieten: Er sollte als Richter in dem erwähnten Fall vorsitzen. Er schrieb unserem Konsul, daß ich bei zwischenzeitlicher Abwesenheit eintausendzweihundert Dollar als Sicherheit hinterlegen müsse, damit die bei der Klärung des Falles entstehenden Kosten gedeckt wären; er selbst würde sich in Begleitung von Mr. Lowjars, einigen Konsulatsangestellten, Bediensteten und Zeugen mit verschiedenen Booten nach Theben begeben – auf meine Kosten, während ich nur hoffen konnte, aber keineswegs sicher sein durfte, eine Abfindung zu erhalten! Ich war sehr müde und der Querelen überdrüssig, und da ich die Leute und deren Grad an Dreistigkeit kannte, erschien mir das ganze Unterfangen hoffnungslos. Seien Sie versichert, geneigter Leser, daß diese schlichte Darstellung nur eine vage Vorstellung von dem wahren Sachverhalt vermitteln kann; im Moment vermag ich keine detaillierten Erklärungen abzugeben. Es soll aber zumindest der Ausgang geschildert werden.

Die beiden angeklagten Piemontesen Lebulo und Rossignano wurden nach Alexandria zitiert, um bei der richterlichen Untersuchung anwesend zu sein. Sie kamen und waren sich so sicher, aus der Sache unbeschadet hervorzugehen, daß sie nicht nur meine Aussage bestätigten, sondern sich sogar ihrer Taten rühmten! Ihr Beschützer Drovetti wußte genau, wie er sich im Ernstfall zu verhalten hatte. Ich verlangte eine Unterredung mit ihm, um von ihm eine Erklärung für sein Verhalten zu hören. Der Konsul sollte dabei anwesend sein. Ich bemühte mich vergeblich, gab aber nicht nach, und schließlich einigten wir uns auf ein Gespräch, das zwischen uns sowie dem britischen Vizekonsul und dem französischen Konsul stattfinden sollte. Diese Regelung entsprach nicht meinen Vorstellungen – ich hatte gehofft, ihn öffentlich bloßstellen zu können; ihm war aber sehr daran gelegen, eben dies zu vermeiden. Unglücklicherweise stand ich in seiner Schuld: Bei der Einreise nach Ägypten hatte ich während der Pestzeit ein Appartement im französischen Viertel bezogen. Er erwartete nun von mir, daß ich von meinen Prinzipien Abstand nehmen sollte. Als ich im Beisein der Konsuln nach einer Erklärung verlangte, warum er mir derart feindselig gesonnen sei, war er, wie mir schien, für einen Moment unbedacht: Als erstes beklagte er mein Fehlverhalten, also den Abtransport des Obelisken von Philae. Ich hielt es kaum für möglich, daß ein Mann, der einst den Posten eines Konsuls bekleidet hatte, sich so vergessen konnte und offene Boshaftigkeit gegen ein Individuum zum Ausdruck brachte, dessen Verbrechen darin bestand, Erfolge vorweisen zu können. Es muß für einen Mann wie Drovetti, der die Altertümer nur um des Verdienstes willen sammelte und dessen Blick ausschließlich auf das Britische Museum und die französischen Museen gerichtet war, gewiß provozierend gewesen sein, einem Fremden zu begegnen, dem es gelungen war, innerhalb von drei Jahren eine größere und schönere Sammlung anzulegen, als es ihm in einem Zeitraum von fünfzehn Jahren vergönnt war. Und da seine Hoffnungen auf eine erfolgreiche Zusammenarbeit mit dem Britischen Museum zusehends schwanden, vermochte er seine leidenschaftlichen Neidgefühle nicht mehr zu zügeln. Nach endlosen Mühen – es dauerte neun Monate, die zwei Angreifer herbeizuzitieren – beendete der französische Konsul die Angelegenheit mit einigen wenigen Worten: Die angeklagten Personen seien keine französischen Bürger, sondern Piemontesen. Wollten wir Ansprüche stellen, müßten wir uns nach Turin wenden. Das war alles, was getan wurde, um die beschämenden Vorfälle aus der Welt zu schaffen, aber ich hatte ein solches Ende durchaus erwartet. Ich hätte die Geduld meiner Leser nicht derart strapaziert, wenn mich die Racheakte von Mr. Drovetti nicht auch noch in Paris verfolgt hätten. Bei meiner Ankunft dort beschäftigte sich sein Schwiegersohn mit Veröffentlichungen, die auf den Vorurteilen gegen mich basierten. Er überredete nicht nur die Zensoren, sondern machte in einer scheußlichen Manier das Publikum mit den Verleumdungen gegen mich bekannt. Meine Gegendarstellung schickte ich an die verschiedensten Journale in Paris – die Intrigen hatten aber solche Ausmaße angenommen, daß meine Richtigstellungen abgefangen und zu Mr. Drovetti nach Alexandria geschickt wurden. Sie gelangten niemals in die Hände der Herausgeber. Nachdem ich endlich all meine Angelegenheiten in Ägypten geregelt hatte, bestiegen wir Mitte September des Jahres 1819 – Gott sei gedankt – ein Schiff nach Europa. Gegen das Land selbst hegte ich durchaus keine Abneigung – im Gegenteil: ich hatte Grund, dankbar zu sein. Ich beschwere mich auch nicht über die Türken oder Araber im allgemeinen, sondern vielmehr über einige Europäer, die sich dort aufhielten und deren Benehmen und Gesinnung eine Schande für die menschliche Natur darstellten.

Nach einer Abwesenheit von zwanzig Jahren kehrte ich in den Schoß meiner Familie zurück. Von dort aus reiste ich nach England weiter. Nachdem ich mich habe überreden lassen, der Welt eine Darstellung meiner Forschungen und Unternehmungen zu liefern, hoffe ich, daß mir der Leser meine zahlreichen Irrtümer und Fehler, besonders im Gebrauch der englischen Sprache, nachsehen möge.

Die Stadt des Bacchus am Moeris-See (nach Belzoni)

Die Geschichte der Ägyptenreisen seit dem 16. Jahrhundert

von Ingrid Nowel

Phantasie und Mumia

Als Howard Carter im Jahr 1922 das Grab des Tut-ench-Amun im Tal der Könige entdeckte, ging die Nachricht wie ein Lauffeuer um die Welt, und jeder Zeitungsleser konnte den Verlauf der Ausgrabungen minutiös mitverfolgen. Zu diesem Zeitpunkt waren Archäologie und Ägyptologie schon gestandene Wissenschaften mit je eigener Geschichte, Kategorisierungssystemen und einem Wissensfundus, dessen Grundsteine im 19. Jahrhundert im wahrsten Sinne des Wortes ausgegraben worden waren. Heutzutage erscheint es uns als Selbstverständlichkeit, daß die Archäologie von Archäologen, die Ägyptologie von Ägyptologen, Rekonstruktion und Interpretation von Geschichtsabläufen durch Historiker, geographische Untersuchungen von Geographen und sprachgeschichtliche Studien von Philologen oder Linguisten betrieben werden: Der interessierte Laie kann nur noch nachvollziehen und wiedererkennen, was Spezialisten und Fachleute zusammengetragen haben.

Will man den Anfängen und der Entfaltung der Archäologie und Ägyptologie auf die Spur kommen, ihrer eigenen Geschichte nachgehen, tritt man in die Fußstapfen einzelner Personen – sachkundiger Laien, neugieriger Reisenden, Kunstsammler und leidenschaftlich engagierter Gelehrter, die mit ihren Reiseberichten, Vermessungstabellen, akribischen Aufzeichnungen und Erklärungsmodellen das Mosaik der Vergangenheit zusammenzusetzen suchten.

Während des Mittelalters und der frühen Neuzeit waren die Entdeckungsreisen, Kreuzfahrten und Eroberungszüge zwar primär durch handels- und machtpolitische Interessen bestimmt, aber Dokumente, Reiseaufzeichnungen und Fahrtenberichte bezeugen auch die Neugierde auf unbekannte Welten, die Suche nach dem ganz Anderen, die Sehnsucht nach verlorenen Paradiesen. Die Welt des Mittelalters bestand neben Europa nur aus den Kontinenten Afrika und Asien – alles andere war terra incognita. Man stieß in den fremden Kontinenten auf Relikte weit zurückliegender Kulturen, ergötzte sich an den Erzählungen über die glanzvolle Pracht des Orients, an dem Wunderbaren und der grausamen Andersartigkeit.

Während der Renaissance öffneten sich die Tore der Welt, und der Mensch begann, sich zum Maßstab aller Dinge zu setzen. Die »theoretische Neugierde« verpflichtete ihn, die Augen allem Fremden gegenüber zu öffnen, die Geschichte und Kulturen anderer Länder und Völker kennenzulernen. Über Ägypten war wenig und nur Fragmentarisches bekannt,

»Repräsentation des Vater Nil, von Vespasian aus Ägypten mitgebracht und im Vatikan in Rom zu besichtigen« (nach Sandys)

und man verließ sich auf die Aussagen und Schilderungen der antiken Autoren, deren Texte man mit Ehrfurcht und Enthusiasmus studierte. Der griechische Schriftsteller Herodot, als »Vater der Geschichtsschreibung« gepriesen, hatte im 5. Jahrhundert vor Christus Ägypten bereist. In seinen *Histories apodexis*, den *Neuen Büchern der Geschichte*, hatte er Erlebtes mit Fabeln, Mythen und Sagen verquickt, so daß am Wahrheitsgehalt des Geschilderten Zweifel herrschten. Da aber in der Antike schon Gestalten aus der ägyptischen Götterwelt, wie Isis und Osiris, in das griechische Pantheon aufgenommen worden waren und die damals sichtbaren Monumente und Baudenkmäler Ägyptens innerhalb der Grenzen des griechischen Weltreichs lagen, hielt man bis zum Beginn des 19. Jahrhunderts die antiken Aussagen über den Sphinx, die Pyramiden und die Tempelbauten in Karnak und Theben für maßgeblich und korrekt.

Die römischen Autoren Strabo, Diodor und Plinius, die im 1. Jahrhundert vor Christus lebten, lieferten ebenfalls wichtige Informationen über Ägypten und seine Kulturdenkmäler. Ägypten, Kornkammer des römischen Reiches und eine seiner Provinzen, war Teil eines ausgedehnten Handelsnetzes; man reiste oft und gern den Nil aufwärts bis nach Theben und machte an den Pyramidenfeldern halt. Der Sphinx war von Plinius detailliert beschrieben worden, Didor beklagte die geplünderten Grabkammern im Tal der Könige, Strabo berichtete über die Obelisken von Luxor und Karnak und tat damals schon die eigenartige

Legende von dem gespaltetenen Memnoskoloß, der zu bestimmten Stunden des Tages seltsam anrührende Klänge hervorbringen sollte, als Unsinn und »Betrug der Priester« ab.[1]

Die Gelehrten der Renaissance machten sich mit akribischem Fleiß an die Rekonstruktion, Übersetzung und Herausgabe der klassischen Texte. Die *Historien* von Herodot wurden 1474 in lateinischer Sprache veröffentlicht, und im 16. Jahrhundert folgten Übersetzungen ins Deutsche, Italienische, Französische und Englische. Die erste vollständige Ausgabe von Plutarchs *Moralia* erschien im Jahre 1509 und mit ihr die bisher detailliertste Beschreibung der Isis- und Osiris-Legende, die zum Verständnis und zur Wertschätzung ägyptischer Mythologie wesentlich beitrug. Hatten sich während des Spätmittelalters immer wieder Abenteurer und Schatzsucher auf die Suche nach realem Gold begeben, das sie in den Pyramiden vermuteten, machte man seit der Renaissance unzählige Versuche, dem Geheimnis der Pharaonen und der Hieroglyphen auf die Spur zu kommen. Die Bedeutung, die der klassischen ägyptischen Kultur, ihrer Religion, der Philosophie und den Wissenschaften zugestanden wurde, ließ sich aber nie originär und aus erster Hand nachweisen: Künstler, Schriftsteller und Gelehrte waren unermüdlich damit befaßt, die Rätsel der ägyptischen Bilderschrift zu entziffern – erst Champollion gelang dies zu Beginn des 19. Jahrhunderts: Bis zu dem Zeitpunkt hatte man sich ausschließlich mit der symbolischen Bedeutung der Bildelemente beschäftigt und ein mögliches phonetisches System außer acht gelassen.

Das fragmentarische Wissen über ägyptische Mysterien, religiöse Kulte und Weisheiten inspirierte daher zu ungeheuren, elaborierten Spekulationen. Besonders der Isis- und Osiris-Mythos regte zu mystischen Weltkonstrukten an. Zu Beginn des 17. Jahrhunderts veröffentlichte Graf Michael Maier, Hausarzt Kaiser Rudolfs II., sein Werk *Arcana Arcanissima*, das einzelne Bestandteile der ägyptischen Kultur – wie die Hieroglyphen, Obelisken und den Apis-Stier – mit der Esoterik der Alchimie verband und Geheimgesellschaften, wie später den Freimaurern, Nahrung gab.

Großes Interesse erweckten auch die Mumien. Schon die Schriftsteller der Antike, die

Titelseite von Maiers »Arcana Arcanissima« aus dem Jahr 1614

1 Das Phänomen des klingenden Memnonskolosses beschäftigte nahezu alle nachfolgenden Reisenden, u.a. auch Pococke, Bruce und Belzoni

Ägypten bereist hatten, lieferten detaillierte Schilderungen vom Akt der Einbalsamierung der Leichen. Das Wort »Mumie« (arabisch mumija) bedeutet soviel wie Bitumen oder Harz, und »Mumie« war als Allheilmittel seit Jahrhunderten bekannt. Man verwandte es in Europa bei »Abszessen, Knochenbrüchen, Lähmungen, Epilepsie, Blutstürzen, Halsschmerzen, Husten, Herzbeschwerden, Übelkeit, Magenleiden, Leberschäden und Vergiftungen«.[2] Da der Vorrat an mumifizierten Leichen verständlicherweise begrenzt war, wurde es im Laufe der Zeit üblich, die enorme Nachfrage nach einbalsamierten Körpern auf andere Weise zu befriedigen. Die geschäftstüchtigen Ägypter paßten sich der Marktlage mühelos an: Sie plünderten unzählige Gräber und verkauften die Mumien mit fremden Beimischungen, entweder als vollständige Körper oder zerstückelt, zerhackt und pulverisiert in abgewogenen Mengen.

John Sanderson, ein englischer Kaufmann, der der Levante Company angehörte, wußte von sechshundert Pfund mumifiziertem Fleisch zu berichten, das zusammen mit einer vollständigen Mumie nach London verschifft und dort in den Apotheken verkauft worden war. Europäische Händler und Mediziner beteiligten sich ohne Skrupel an diesen düsteren Geschäften, wie dieses Zitat aus dem frühen 17. Jahrhundert bezeugt: »... auch unsere französischen Apotheker, über deren Dreistigkeit und Gewinnsucht man sich nur wundern kann, ließen sich nicht davon abhalten, bei Nacht die Körper von Erhängten zu stehlen. Sie balsamierten sie mit Salz und Gewürzen, trockneten sie im Ofen und verkauften sie anstelle der echten Mumien. So sind wir Ahnungslosen in Europa gezwungen, die verstümmelten und verrotteten Leichenteile des niederen Volkes aus Ägypten zu verspeisen ...«[3]

Obwohl man in Ägypten immer wieder versuchte, dem Wucher mit »Mumie« Einhalt zu gebieten, »da die Christen nicht würdig sind, unsere toten Körper zu verzehren«, und dem Aberglauben der Seefahrer zufolge die Mumienfracht schwere Seestürme verursachte und Unglück über die Schiffe brachte, ließ der Glaube an die wunderbare Heilkraft ägyptischer Mumien erst zu Beginn des 19. Jahrhunderts nach. – Aderlaß, Gin und die einlullende Wirkung des Laudanums, eines flüssigen Opium-Konzentrats, traten an deren Stelle.

Im Jahr 1517 fiel Ägypten unter die Herrschaft des osmanischen Reiches; das Land am Nil wurde zur türkischen Provinz. Die Islamisierung Ägyptens war im Zuge der Glaubenskriege in den ersten Jahrhunderten unserer Zeitrechnung erfolgt, und mit der türkischen Staatsgewalt wurde die Unterdrückung und Verfolgung der Nicht-Mohammedaner durch die Zusicherung der Glaubensfreiheit wesentlich reduziert – das Reisen wurde weniger gefahrvoll. Diplomaten und Kaufleute ließen sich in Aleppo, Smyrna, Syrakus, Konstantinopel und Alexandria nieder; diplomatische Beziehungen und Geschäfte florierten, besonders der Handel mit Gewürzen, Teppichen, Seide, Ölen und natürlich den Mumien.

Mumien. Aus Athanasius Kirchers »Sphinx Mystagoga« aus dem Jahr 1676 ▷

2 Dannenfeldt, Karl: Egypt and Egyptian Antiquities in the Renaissance, in: Studies in the Renaissance, VI (1959), S. 17

3 zit nach: Dannenfeldt, Karl: a.a.O., S. 19

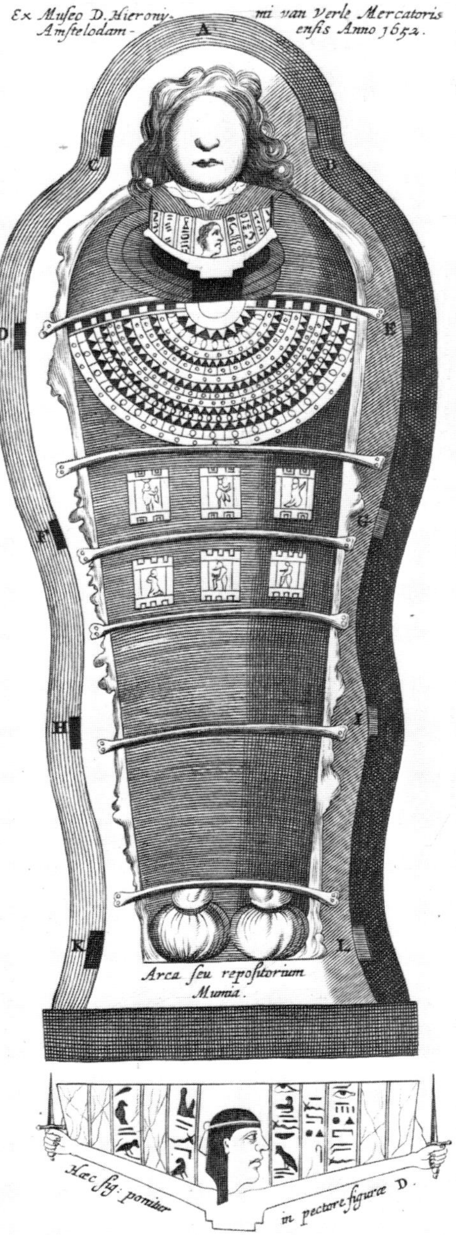
Ex Museo D. Hieronymi van Verle Mercatoris Amstelodamensis Anno 1652.
Arca seu repositorium Mumia.
Hæc fig: ponitur in pectore figuræ D.

Ex Museo Magni Ducis Hetruriæ.

Eine Gruppe Reisender vor den Pyramiden (nach Sandys)

Unter dem Schutz der Levante Company, einem Zusammenschluß englischer Kaufleute, die seit 1581 existierte, und der East India Company, die 1600 ins Leben gerufen wurde, wurden abenteuerliche Unternehmungen und Forschungsreisen großen Stils wie die von Francis Drake oder die Suche Davis' nach der Ostwest-Passage unternommen. Die Etablierung diplomatischer Beziehungen im osmanischen Reich aber förderte nicht nur eine befriedigende Abwicklung der Geschäfte, sondern diente auch dem Zweck, sich des türkischen Wohlwollens und der handfesten Unterstützung bei den Auseinandersetzungen mit den Spaniern zu versichern.

Die Konsulate, Botschaften und Handelskontore boten den Reisenden Sicherheit, Schutz und Vertrautheit. Einige Kaufleute und Reisende faßten ihre Erlebnisse schriftlich zusammen. Diese phantasiebetonten aber unzuverlässigen Schilderungen und die bunte Fabelwelt des Sir John Mandeville, der seinen Reisebericht als Anleitung für die Pilger ins Heilige Land verstanden wissen wollte und dabei Fakten und Erfindungen nach Belieben durcheinanderwirbelte, waren ungeheuer beliebt und wurden lange Zeit für bare Münze genommen.

Die ersten, vorsichtigen Korrekturen an der Welt des phantastischen Orients, sachbezogene Darstellungen und exakte Untersuchungen entstanden im 17. Jahrhundert. So versuchte zum Beispiel der Franzose Claude-Nicolas Fabri de Peiresc das Geheimnis der Hieroglyphen mit Hilfe der koptischen Sprache zu entschlüsseln, er bereitete damit ein weiteres Stadium innerhalb der Erforschung der ägyptischen Kultur vor. Fabri de Peiresc stand mit John Evelyn in regem Briefwechsel. Evelyn zeichnete sich durch Kenntnisreichtum auf naturwissenschaftlichem und technischem Gebiet aus, er war einer der Gründer der Royal Society und entsprach auf Grund seines universalen Wissens, aufklärerischer Impulse und weltmännischer Lebensart dem Idealbild eines höfisch-eleganten Virtuoso. Er besuchte Museen, Galerien und Schlösser und war der erste Reisende, der antike Skulpturen und Statuen um des ästhetischen Genusses willen zurück nach England brachte; durch zahlreiche Publikationen über Architektur und Malerei bereitete er den Trend des 18. Jahrhunderts, Kollektionen und Sammlungen antiker Kunstwerke anzulegen, entscheidend vor.

Der Reisebericht von George Sandys *A Relation Of A Journey Begun An. Dom. 1610* zeichnete sich durch konkrete geographische Angaben aus und berücksichtigte Baudenkmäler, Sitten und Gebräuche. Er galt lange Zeit als sehr zuverlässig und wurde mehrfach aufgelegt.

Der Engländer John Greaves reiste drei Jahre lang, von 1637 bis 1640, durch Ägypten und den Vorderen Orient. Er hatte einen Lehrstuhl für Geometrie in London, später für

Astronomie in Oxford inne. Sein Werk *Pyramidographia*, 1646 erschienen, war eine originäre Forschungsleistung. Er drang in das Innere der Großen Pyramide ein, bestimmte die genauen Maße und fertigte exakte Skizzen und technische Zeichnungen an. Zudem brachte er ein griechisches Manuskript des Ptolemäus mit nach Hause.

Die Querverbindungen und Verknüpfungen zwischen Reisenden, Künstlern und Gelehrten machen die gesellschaftliche Funktion der Reisenden besonders deutlich. Die Bemühungen des Einzelnen dienen alle dem gemeinsamen gesellschaftlichen Ziel, eine Bestandsaufnahme der Welt zusammenzutragen. Ägypten, seine Kultur und Geschichte, ist dabei nur ein Teilbereich dieses Riesenmosaiks, in dem die unterschiedlichsten Interessen Platz fanden, so zum Beispiel die eher wirren Spekulationen des deutschen Jesuiten Athanasius Kircher. Im Gegensatz zu Sandys, der auf Genauigkeit und korrekte Wiedergabe der vorgefundenen Objekte größten Wert legte, lieferte Kircher phantastische Überformungen, künstliche Gegenentwürfe eines mystischen Ägyptens. Bei seinen Versuchen, die Hieroglyphen zu entziffern, suchte er Hilfe bei Peiresc. Er verbrachte den größten Teil seines Lebens in Rom und stieß auf ein koptisch-arabisches Wörterbuch, das Pietro della Valle aus Ägypten mitgebracht hatte. Als *Prodomus Coptus* ließ er es im Jahr 1636 veröffentlichen. Eine ganze Reihe prächtiger Foliobände – *Enigma Aegyptiaca Restituta* (1643), *Oedipus Aegyptiacus* (1652) und *Obelisci Aegyptiaci* (1666), die seine ungezügelte und üppig wuchernde Phantasie widerspiegeln, brachten ihm den kaum verdienten Ruf des besten Ägyptenkenners seiner Zeit ein. Seine Vorliebe für das Obskure und Mystische ließ ihn

Ägyptische Stilelemente in der Dekoration des »Caffè Inglese« (nach Piranesi, 1769)

De
CŒMITERIIS;
ſive
ADYTIS ÆGYPTIORUM
Veterum.
C. Decker, in et fe.

umfangreiche Kunstschätze und Kuriositäten anhäufen. Das »Museo Kircheriano« war die erste große Kollektion ägyptischer Objekte wie Statuen, Inschriften, Reliefs und Schmuckstücke.

Während des gesamten 17. und 18. Jahrhunderts wurden in den Palästen der Fürsten, den Schlössern der europäischen Aristokratie und den Häusern wohlhabender Dilettanten Raritätenkabinette und antiquarische Sammlungen angelegt – man wollte die ungeheure Vielfalt der Erscheinungsformen fremder Kulturen konkret vor Augen haben und dem Kunstgenuß einen perfekten Rahmen setzen. In diesen privaten Kollektionen fand die intellektuelle Auseinandersetzung mit den fremden Völkern und Kulturen ebenso ihren Ausdruck wie in den Bauten, die die Vorliebe für das Exotische widerspiegelten und an der griechisch-römischen Klassik, an China und Ägypten orientiert waren.

Von besonderem kunstgeschichtlichen Reiz sind die architektonischen Entwürfe des großen österreichischen Baumeisters Fischer von Erlach, dessen *Historische Architektur* 1721 in Wien veröffentlicht wurde. Seine visionären Prachtbauten, die gigantischen Entwürfe einer Monumentalarchitektur, die die strenge Geometrie der Pyramiden miteinschloß, übte nicht nur entscheidenden Einfluß auf Piranesi aus, sondern traf die zeitgenössische Vorliebe für das Grandiose und überwältigende »Bau-Erlebnis« mitten ins Herz.

◁ *Von ägyptischer Monumentalbaukunst inspirierte barocke Vision (nach Kircher)*

Die Welt als Enzyklopädie

Das 18. Jahrhundert stand im Zeichen der Aufklärung. Die intellektuelle Autorität Europas gewinnt die Oberhand über den »Rest der Welt«. Die Verpflichtung zur Erkenntnis, der wachsende Anspruch wissenschaftlicher Naturerklärung und -beherrschung führt zu einer systematischen Eroberung der Welt. Die Entfaltung der Wissenschaften zu spezifischen Fachdisziplinen korrespondiert mit der unendlichen Fülle von Erscheinungen, die gesammelt, geordnet und klassifiziert werden müssen, um die inneren Gesetzesmäßigkeiten einer durch göttliche Vernunft geregelten Natur zu enthüllen.

Wissenschaftliche Expeditionen, Ausgrabungen und Forschungsreisen bildeten ein wesentliches Element im Bestreben, durch Daten-, Fakten- und Informationsvermittlung dem universalen Wissensanspruch nachzukommen. Jeder sich als aufgeklärt begreifende Herrscher Europas richtete wissenschaftliche Expeditionen aus, die die Reisenden über Jahre hinweg an die Ränder der bekannten Welt schickten. Und nicht selten entsprach die Höhe der dafür bereitgestellten Gelder dem Grad des erhofften Prestigewerts des gekrönten Patronaten.

Auch der Orient, und damit Ägypten, wurde durch Rekonstruktion kultureller und sprachgeschichtlicher Zusammenhänge und Abläufe dem Beziehungssystem eines hierarchisch strukturierten Aufbaus der Welt einverleibt. Bedingt durch den Machtzuwachs Englands nach den spanischen Erbfolgekriegen wurde in der ersten Hälfte des 18. Jahrhunderts der Mittelmeerraum als Reisegebiet entdeckt, das klassische Ziel der Bildungsreise, Italien, wurde um das Gebiet der Levante, besonders Griechenland, erweitert. Das Interesse an Altertümern nahm zu, Kenntnisreichtum und Sammlertätigkeit standen als gesellschaftliche Pflichten und Gepflogenheiten bei den gebildeten Schichten in hohem Ansehen.

Die in Alexandria oder Kairo akkreditierten Diplomaten waren oft die unermüdlichsten Sammler von Kunstschätzen. Benoit de Maillet, der Anfang des 18. Jahrhunderts französischer Konsul in Kairo war, stellte nicht nur eine umfangreiche Kollektion von Antiquitäten zusammen, sondern entwickelte einen gezielten Plan zur wissenschaftlichen Erforschung Ägyptens, seiner Kultur und Geschichte. Er untersuchte über vierzig Mal das Innere der Großen Pyramide, und seine gesammelten Studien erschienen 1735 unter dem Titel *Description de l'Egypte.* Auch seine Nachfolger im diplomatischen Dienst gingen der reizvollen Beschäftigung des Sammelns nach – zu welchen ausufernden Praktiken die Jagd nach Antiquitäten führen sollte, wird ein Jahrhundert später von Belzoni vor Augen geführt.

Auch der Engländer Richard Pococke (1704–1765), wohlhabend, jung und gebildet, widmet sich der angenehmen und gesellschaftlich gebilligten Aufgabe des Reisens. Im Jahr 1737 bricht er zu einer großen Orientreise auf. Fünf Monate reist er in Ägypten umher; von dort geht es weiter nach Palästina, Syrien, Kleinasien, Zypern, Griechenland und wieder zurück nach Italien.

Die Reiseroute selbst, das Bestreben, Jerusalem mit eigenen Augen zu sehen und sich einen drei Jahre währenden Ausbruch aus der bekannten Lebenssphäre zu gönnen, war typisch für den Lebensrhythmus eines gebildeten, materiell abgesicherten »Gentleman of leisure« seiner Zeit, auch der Wunsch, ein Stückchen des Entdeckten mit nach Hause zu tragen – Pocockes persönliche, unverwechselbare Leistung bestand jedoch darin, daß er tatsächlich von konkret Neuem Nachricht zu geben vermochte. Seine *Description of the East*, die zwischen 1743 und 1745 in zwei Bänden erschien, wurde im Verlauf des 18. Jahrhunderts zum Standardwerk. Pococke, der seine Leser darauf hinwies, daß sie von ihm »keinen ornamentalen Sprachstil« erwarten dürften, hatte in der Tat kaum literarisch Exquisites anzubieten, sondern verfaßte eine nüchterne, schmucklose, aber detaillierte Schilderung seiner Beobachtungen; er bot sachbezogene Fragestellungen und wohlabgewogene Urteile. Seinen Augen entging nichts; er lieferte eine Fülle hervorragender Zeichnungen und Stiche und berichtete mit enzyklopädischer Sorgfalt über Sitten, Gebräuche, Kleidung, Architektur, Klima, Naturgeschichte, über die türkische Regierungsform, die Rechtsprechung, den Handel und natürlich auch über das »Kuriosum« der Mumifizierung. Sein Hauptinteresse galt den ägyptischen Altertümern, er mutmaßte über die Lage versunkener Kulturstädte wie Memphis und entdeckte einige bis dahin nicht bekannte Grabstätten im Tal der Könige. Mit einem Araber als Führer drang er in mehrere Gräber ein und konnte damit die von Strabo überlieferte Zahl von vierzig Grabstätten um vierzehn erweitern.

»Auf dem Fußgestell der unvollkommenen Säule befindet sich ein griechisches Epigramm, und am Knöchel und Schenkel sind etwa acht Fuß hohe griechische und lateinische Inschriften. Einige sind Epigramme zu Ehren des Memnon; andere stellen die Zeugnisse derjenigen dar, die ihren Schall zu hören glaubten, und andere wieder tragen unbekannte Schriftzüge« (nach Pococke)

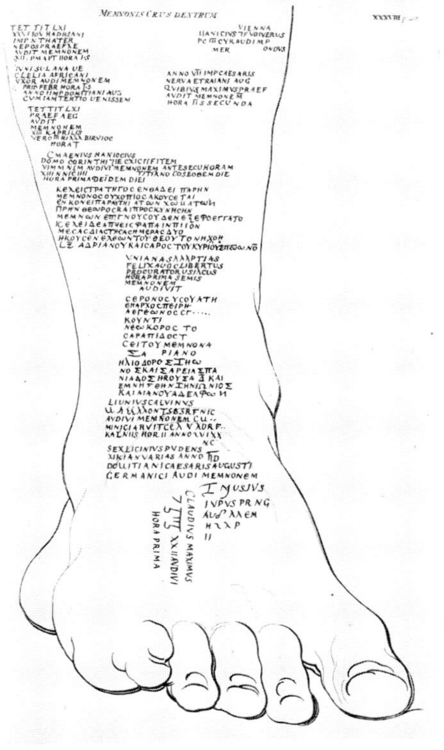

Pococke bezieht sich ständig auf die als höchste Autorität geltenden Autoren der Antike – Herodot, Strabo, Diodor, Pausianus und auch Ptolemäus –, er nimmt, dem Wissens- und Erkenntnisstand seiner Zeit entsprechend, Stellung zu deren Aussagen, die er entweder bekräftigen, durch Einzelheiten ergänzen oder berichtigen kann. Er geht aber auch auf die neueren Arbeiten von Greaves und Maillet ein – die Aufzeichnungen Maillets über die Große Pyramide setzt er als Anhang an den Schluß seiner Reisebeschreibung. Auf diese Weise entsteht ein Verweissystem, ein Netz von Referenzen,

Ansicht von Theben an der westlichen Seite des Nils (nach Pococke)

das der Archäologie mit der Zeit Konturen und eine eigene Geschichtlichkeit verleiht. Er gehörte zu der Gruppe von Reisenden, die durch ihre Arbeit die Kenntnisse über den Orient umfassend erweiterten und die gerade auf Grund ihrer Akkuratesse und des Bestrebens, ordnend, strukturierend und sinngebend zu wirken, ihr Genre, das der sachbezogenen Reiseliteratur, letztlich überflüssig machten: Die nachfolgende Spezialisierung und Verwissenschaftlichung führte auf der einen Seite zur Entstehung fachspezifischer Literatur, auf der anderen Seite zur Publikation von Reiseberichten, in denen das Außen durch die Gefühlswelt des Betrachters gespiegelt wird.

Die Nilbarke Pocockes hat mit Sicherheit das Schiff eines anderen Reisenden gekreuzt: der dänische Kapitän Frederick Norden reiste ebenfalls im Winter des Jahres 1737 durch Ägypten. Norden wies 1741 in einem »offenen Brief« an die Royal Society auf die erlesenen Kunstschätze und Antiquitäten am Nil hin. Er wurde eines der Gründungsmitglieder der *Egyptian Society* in London.

Nordens Werk *Reisen in Ägypten und Nubien* beeindruckte durch die hinreißende Kollektion von Zeichnungen und Stichen, die eine neue Welle der Begeisterung für die ägyptische Kunst auslösten. Wie der Herausgeber der englischen Ausgabe seines Buches betont, sind es »die Ruinen, Monumente, grandiose Bauten, Katarakte und Wüsten, die Schlupfwinkel wilder Tiere und uns fremder Menschen, die Norden unseren Blicken preisgibt – kurzum alles, was unsere Aufmerksamkeit erregen und unsere Imaginationskraft beflügeln könnte. Der Leser scheint den Autor auf seiner Reise zu begleiten, ohne sich den Gefahren und Ermüdungen aussetzen zu müssen.«[4]

Die Illustrationen Nordens beeinflußten den zeitgenössischen Geschmack für das Exotische, Monumentale sehr stark – Obelisken, Sphingen und Pyramiden tauchten als wohlbedachter Blickfang, als konstruierter Überraschungseffekt in englischen Landschaftsgärten auf.

Innerhalb der ästhetischen Diskussion des 18. Jahrhunderts sollte die Frage nach dem höheren Alter und der künstlerischen Vorherrschaft der römischen und griechischen Antike endgültig geklärt werden. Die Ausgrabungen in Herculaneum, die 1738 begannen, die Vermessung der Akropolis und die Erkenntnisse zahlreicher Forschungsreisender trugen dazu bei, die wirren Diskussionen im hartnäckig geführten Streit um den Superioritätsanspruch entscheidend zugunsten der Griechen zu beeinflussen. Comte de Caylus, der ausgedehnte Reisen durch Griechenland, Italien und Kleinasien unternommen hatte, war einer der ersten, der die unterschiedlichen Charakteristika der römischen, griechischen und auch der ägyptischen Kunst hervorzuheben imstande war, deren spezifische Eigenwertigkeit erfaßte und die älteren Formen nicht mehr nur als Zwischenstadium auf dem Weg zu griechischer Perfektion einschätzte. Die Abgrenzungen der unterschiedlichen Kulturformen und ihrer Kunstschätze wurden zwar langsam anerkannt, aber die Vorliebe für das Absolutum der griechischen Kunst machte keineswegs vor den Nachbildungen oder Neuschöpfungen ägyptischer Kunstwerke halt: sie wiesen oftmals eigenartig klassisch-antike Züge auf. Zum Beispiel Pocockes »Zeichenstift entwarf viele ägyptische Tempel, die den griechischen sehr ähnlich waren«[5], und auch Belzonis Skizzen von Ruinen- und Tempelanlagen, die er ein Jahrhundert später entwarf, entbehrten nicht des griechischen Flairs.

Frederick Norden – Frontispiz der »Antiquities of Egypt« von 1792

4 zit. nach: Moorehead, Alan: The Blue Nile, London 1974, S. 20
5 Searight, Sarah: The British in the Middle East, London 1969, S. 168

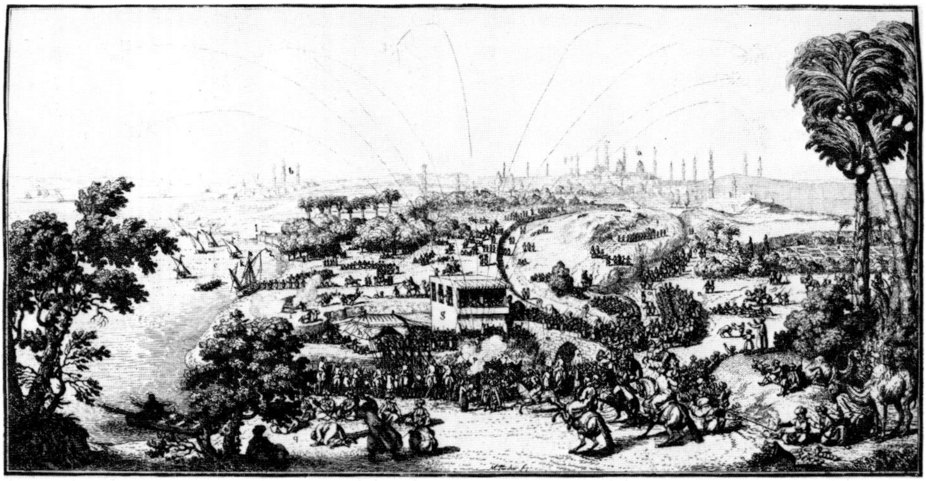

Alljährlich stattfindendes Fest in Kairo, bei dem die gestauten Wasser des Nils in die Hauptstadt geleitet werden (nach Norden)

Für die Geschichte der Archäologie und Ägyptologie sind die Unternehmungen von Greaves, Maillet, Pococke und Norden sicherlich bedeutsamer als die Irrfahrten eines James Bruce, der sich vorgenommen hatte, dem jahrtausendealten Mythos vom geheimnisvollen Ursprung der Nilquellen nachzugehen. Seine Suche führte ihn bis ins Innerste des unerforschten Kontinents Afrika. Der drängende Wunsch, die weißen Flecken auf der Landkarte zu tilgen, trieb die Europäer auch an bisher völlig unbekannte Regionen der Erde und ließ sie die Schutzwälle stürmen, mit denen die legendären, verdeckten Orte in der Geschichte umgeben waren.

Die Person Bruce, sein Lebensweg, seine heftige Kontroversen und Rangeleien auslösende Reisebeschreibung und der – allerdings verspätete – Ruhm, die Exzentrik, die ihm und seiner »unsoliden« Leistung als reisender Forscher angekreidet wurde, bilden ein krasses Gegengewicht zu Pocockes Person und Ruf als seriösem Vermittler seriöser Erkenntnisse.

Im übrigen irrte sich Bruce – er fand die Nilquellen nicht, konnte aber den Verlauf des Blauen Nils bestimmen. Der junge Bruce, reich und geistreich, liebte großzügige Gesellschaft, eine feudale Umgebung und aristokratisches, standesgemäßes Auftreten. Als zukünftiger Erbe großer Ländereien in Schottland widmete er sich den angenehmen Dingen des gepflegten Lebens, er hungerte »nach dem einsamen Vergnügen des Reisens« und vertiefte sich, noch während er in Europa lebte, in arabische Manuskripte. Die astronomischen Instrumente und wissenschaftlichen Gerätschaften, die er mitzuführen gedachte, waren alle sorgsam ausgewählt:

»Während ich mich schon in London mit Instrumenten auszurüsten begonnen hatte, erinnerte ich mich an eines, das, obwohl klein und nicht perfekt durchdacht, auf meinen früheren Reisen viel Spaß und Nutzen gebracht hatte: das Gerät heißt Camera Obscura, dessen Idee auf das Spectacle de la Nature von Abeé Vertot zurückging. Ich ließ die Camera nach meinen eigenen Vorstellungen konstruieren; die Ausführung der Linsen legte ich in die bewährten Hände der Messrs. Nairne und Blunt, mathematische Instrumentenbauer gegenüber der Börse. . . .

Es wurde schließlich ein großes und teures Instrument, aber da es sich durch Scharniere in eine Ober- und Unterhälfte zusammenlegen ließ, war es weder schwer, unhandlich noch sperrig. Der durch die hinzugefügten Teile und Änderungen bedingte Aufpreis war durch die Vorteile, die die Gerätschaft gewährte, mehr als gerechtfertigt. Der Körper bestand aus einem Sechseck, es hatte einen Durchmesser von sechs Fuß und eine konische Spitze. Darin saß der Zeichner wie in einem Sommerhäuschen und konnte unbemerkt seine Skizzen verfertigen.

Mit Hilfe dieses Instruments konnte eine Person mit nur mäßigem Zeichentalent in einer Stunde mehr Arbeiten besseren Geschmacks von verfallener Architektur fertigstellen als es der eifrigste Zeichner ohne fremde Hilfe in sieben Stunden hätte bewerkstelligen können. Denn mit der nötigen Umsicht, Geduld und Aufmerksamkeit wurden nicht nur Höhen- und Tiefenunterschiede in allen Einzelheiten und Proportionen getreu wiedergegeben, sondern auch Licht und Schatten, Erhöhungen und Vertiefungen, Mauervorsprünge, Vignetten oder ornamentales Buschwerk. All dies kommt aufs schönste zum Ausdruck, und man wird auf wunderbare Weise dazu angeleitet, es dort effektvoll einzusetzen, wo es vonnöten ist.

Ein eben größerer und unschätzbarer Vorteil besteht darin, daß alle Landschaften oder Vistas, die den Hintergrund des Bildes kreieren, echt erscheinen und in der Wirklichkeit eines Landes wie Afrika, das pittoreske Szenen in Hülle und Fülle bietet, vor Augen führt, um wieviel wertvoller und grandioser die Natur ist im Vergleich mit selbst dem wärmsten Genius oder der lebhaftesten Einbildungskraft.«[6]

Alan Moorehead ist in seinem Buch *The Blue Nile* der Geschichte der Entdeckung der Nilquellen nachgegangen und hat ein lebhaftes Bild der Persönlichkeit von Bruce und seiner Reise entworfen. In der ersten Phase, entlang der nordafrikanischen Küste, »den Stätten und großartigen Ruinen des Nahen Ostens, zieht er in Byronscher Manier umher – von Räuberbanden, Schiffbrüchen und Mann-zu-Mann-Handgreiflichkeiten bedrängt«.[7] 1768 gelangt er endlich nach Kairo.

Als Derwisch gewandet schlendert er in den Basaren umher, stellt einen Sekretär ein – den Italiener Luigi Balugani – und trifft die Vorbereitungen zur Reise ins »Herz der Finsternis«. Er mietet ein komfortables Schiff, stattet es mit einer kleinen Handbibliothek aus und segelt flußaufwärts. Nonchalant weist er darauf hin, daß er sich bei der Beschreibung der Altertümer am Nil nicht mit dem habe aufhalten wollen, was dem gehobenen Lesepublikum allemal bekannt wäre, er sei eher seinen privaten Neigungen nachgegangen.

6 Bruce, James: Travels to Discover the Source of the Nile, in the years 1768, 1769, 1770, 1771, 1772, and 1773, Edinburgh 1790, S. VIII/IX

7 Moorehead, Alan: The Blue Nile, London 1974, S. 24

Die sitzenden Kolosse »Thaamy und Shamy«[8] in der thebanischen Ebene werden nur knapp erwähnt; längere kunsthistorische Betrachtungen und Erörterungen beziehen sich auf weniger Bekanntes, zum Beispiel reflektiert er kenntnisreich und mit scharfem Blick fürs Detail über die Zusammenhänge zwischen griechischen und ägyptischen Motiven in der Malerei. Interessant ist hier die sich anbahnende Verschiebung des Blickwinkels: Der objektiven Fakten verpflichtete Prozeß der nüchternen Wissensaneignung macht dem Privaten, dem individuellen Zugriff Platz – dort eben, wo inzwischen allgemein Bekanntes keine Suchbewegungen mehr erfordert.

In einer Grabstätte im Tal der Könige fallen Bruce drei gemalte Harfen auf, »die meine größte Aufmerksamkeit und Bewunderung hervorriefen. Sei es die elegante Form dieser Instrumente, die Klarheit, mit der die einzelnen Teile zum Ausdruck kamen, sei es die bedenkenswerte Tatsache, daß die Musik den Höchststand der Virtuosität erreicht haben mußte, wenn ein Künstler ein derart vollkommenes Instrument bauen konnte.

Da die erste Harfe die schönste und am wenigsten beschädigte ihrer Art war, begann ich mich ihr unverzüglich zu widmen und überließ die zweite meinem Gehilfen. Indem ich mit exakter und lockerer Hand skizzierte, hoffte ich allen Gemälden in der Grabstätte gerecht werden zu können, ja möglicherweise meine Studien auch auf andere Grabkammern ausdehnen zu können. In der Folge sah ich mich aber aufs traurigste enttäuscht.

Meine erste Zeichnung bildete einen harfespielenden Mann ab; er stand, und da das Instrument breit und flach auf dem Boden auflag, konnte er die Harfe durch eine geringfügige Armbewegung halten. Sein Kopf ist glatt geschoren, seine Augenbrauen sind schwarz, und er hat weder einen Bart noch einen Moustache. Er trägt ein lose fallendes Gewand mit weiten Ärmeln von der gleichen Art, die heute noch in Nubien getragen wird (es ist aber nicht von blauer Farbe). Unterarme und Hals liegen bloß. Der Stoff scheint aus kräftigem Mousselin oder aus Baumwolle zu sein; es hat schmale, karmesinrote Längsstreifen. Wenn das Material in Ägypten hergestellt worden ist, finden wir hier den Beweis, daß man schon zu jener Zeit verstand, Baumwolle hochrot einzufärben; eine Fertigkeit, die man in England erst seit einigen Jahren beherrscht. Falls das Material aber aus Indien stammt, zeigt das sehr schön die alten Handelsbeziehungen zwischen den beiden Ländern auf und die Einfuhr indischer Waren nach Ägypten.«

Aus dem Vergleich der beiden Harfen zieht Bruce folgenden Schluß: »Meiner Meinung nach werden auf Grund dieser Harfen alle Berichte umgestürzt, die es bisher über den frühesten Zustand der Musik und der Musikinstrumente im Osten gegeben hat; ihre Form, die Ornamente und ihr Umfang liefern einen unumstößlichen Beweis, stärker als tausend griechische Zitationen, daß Geometrie, Zeichnen, Mechanik und Musik die schon größte Perfektion erreicht hatten, als diese Instrumente gebaut wurden und daß die Epoche, der wir die Erfindung dieser Künste zusprechen, als der Zeitraum deren Wiederbelebung angesehen werden muß. Das war auch die Empfindung von Salomon, einem Schriftsteller, der zu der

8 s. S. 76

Harfenspieler (nach Bruce)

Zeit lebte, da diese Harfen gemalt worden waren. ›Gibt es‹ (sagt Salomon), ›irgendetwas, das aussagte: Siehe! Dies ist neu!? Nein, es stammt alles schon aus alter Zeit, die vor uns war.‹«[9]

An der Grenze zum Sudan herrschen kriegsähnliche Zustände und Bruce muß versuchen, auf dem Seeweg über das Rote Meer nach Äthiopien zu gelangen. Den weiteren Verlauf der Reise von Bruce, die Hindernisse und Komplikationen, die lebensgefährlichen Umstände beim schweren Geschäft des Reisens hat Moorehead einmal knapp zusammengefaßt: »Es war in gewisser Weise eine Reise in ein Vakuum, und nicht nur deshalb, weil die Orte, die er aufsuchte, für die zivilisierte Welt bisher buchstäblich nicht existiert hatten, sondern auch in zeitlicher Hinsicht. Circa siebzig Jahre waren vergangen, seit Poncet nach Äthiopien vorgedrungen war, und nach Bruce, der im Jahre 1771 dort ankam, vergingen weitere dreißig Jahre, ehe sich ein anderer Europäer so weit ins Innere Afrikas vorwagte.«[10] Sein Sekretär Balugani stirbt in Gondar, und Bruce, ausgemergelt und krank, beraubt und oftmals knapp dem Tod entronnen, findet sich nach einer letzten, kräftezehrenden Wüstendurchquerung im November 1772 wieder in Assuan ein.

In London entsetzt Bruce mit seinen haarsträubenden Geschichten aus dem Land der Barbaren seine Zuhörer aus den gehobenen Kreisen. Da seine Darstellungen von niemandem überprüft werden können, stößt er bei seinen Zeitgenossen auf Abwehr und Unglauben. Die

9 Bruce, James: a. a. O., S. 127ff.
10 Moorehead, Alan: The Blue Nile, a. a. O., S. 24

Mißachtung seiner bisher so ruhmlosen Forschungsreise läßt ihm keine Ruhe; er hat aber wenig Lust und Neigung, den Verlauf seiner Reise selbst zu Papier zu bringen, und so diktiert er den Bericht einem Sekretär, der für Ausformulierung und Detailarbeiten zuständig ist. Im Jahr 1790 erscheinen die *Travels to discover the Source of the Nile, in the years 1768, 1769, 1770, 1771, 1772 and 1773, by James Bruce of Kinnaird Esq., F.R.S.* Eine Neuauflage von 1805 wurde von Henry Salt herausgegeben und mit einem Vorwort versehen. Die Öffentlichkeit sieht die desillusionierenden Schilderungen einer aller Romantik baren, grausigen Exotik – die Idee der »edlen Wilden« war nirgends wiederzufinden – als übersteigerte Privatphantasien, und antwortet mit Widerwillen, Unlust und Spott. Als die phantastischen Geschichten des Baron Münchhausen neu aufgelegt werden, erhalten sie den Titel: »Gulliver wiederbelebt: Die einzigartigen Reisen, Kampagnien und sportlichen Abenteuer von Baron Munnikhouson, gemeinhin Munchhausen genannt; wie er sie in weinseliger Laune im Freundeskreis berichtete. Oder von den Übeln des Lügens, wenn gründlich enthüllt.« Gewidmet waren sie James Bruce.

Den Berichten von Bruce wurde zwar der Wahrheitsgehalt weitgehend abgesprochen, aber sie gerieten nicht in Vergessenheit. In Frankreich fanden sie lebhaftes Interesse, und einige Jahrzehnte später nimmt der große Reisende und Ägyptenkenner Johann Ludwig Burckhardt Bruce beim Wort und stellt auf seinen Reisen fest, daß dessen Schilderungen dem nüchternen Licht der Realität allesamt standhalten.

Die Systematik erobert Ägypten

Der Eintritt ins 19. Jahrhundert wird durch den Ägyptenfeldzug Napoleons markiert. Er stellt einen entscheidenden, qualitativen Wandel innerhalb der Beziehungen Europas zum Orient dar. Kultur, Kunst und Geschichte Ägyptens hatten vordem durch Expeditionen, Forschungsreisen und die zahlreichen individuellen Reiseberichte zur geistigen Auseinandersetzung angeregt – Ägypten wurde sinnlich und intellektuell erfahrbar gemacht. Die unendliche Fülle von Wissensfragmenten und Materialien wurde den Prämissen der Aufklärung gemäß geordnet, katalogisiert und in ein Referenzsystem eingegliedert, an dessen Vervollkommung die wissensdurstigen Reisenden im gesellschaftlichen Auftrag entscheidend beteiligt waren. Auf Grund der Arbeit der Gelehrten, Reisenden, Forscher und Schriftsteller wurden Sinnzusammenhänge hergestellt – man sah Land und Leute als ein zwar fremdes, aber geordnetes Ganzes, das mit einer Geschichte, einer »Mentalität« und eigenen Verhaltensformen ausgestattet ist. Dieser Prozeß der intellektuellen Aneignung, der Kenntlichmachung von bisher Unkenntlichem, prägte das Bild vom exotischen Nachbarn und bestimmte die Art und Weise des Umgangs, sowohl auf kultureller als auch auf weltanschaulicher und politischer Ebene. Das Gefühl der wachsenden intellektuellen Dominanz und die eurozentrierte Perspektive sind in allen Äußerungen der Reisenden und Forscher des späten 18. Jahrhunderts enthalten und manifestieren sich in einem zivilisatorischen Sendungsbewußtsein, das technischen Fortschritt an die Spitze der Entwicklung der Weltgeschichte setzt. Die »mission civilatrice« steigerte sich im 19. Jahrhundert derart, daß sie zum bestimmenden ideologischen und wirtschaftspolitischen Faktor innerhalb der Beziehungen Europas zum gesamten Orient wurde.

Ägypten, das kleine, islamisch-archaische, unter der Last des »orientalischen Despotismus« leidende Land am Nil wird zum Lieblingsspielzeug der Großmächte. Napoleons Feldzug war der Auftakt und rückte Ägypten – als geopolitisches Juwel – in den Vordergrund der Aufmerksamkeit. Die bitteren Kämpfe zwischen England und Frankreich um die endgültige Vormachtstellung in Asien schien sich zugunsten der Briten entschieden zu haben. Ägypten, nominell noch der Pforte in Konstantinopel unterstellt, war als Brückenkopf, der die Überlandverbindung zwischen Europa, Indien und dem Fernen Osten garantieren sollte, von höchster strategischer Bedeutung. Napoleons Feldzug von 1798 mußte den Engländern durch den Verlust ihrer amerikanischen Kolonien doppelt bedrohlich erscheinen. Die Konstellation auf dem Schachbrett kolonialer Großmachtrangeleien im Nahen Osten wurde stark beeinflußt.

Napoleons Feldzug war die erste großangelegte praktisch-politische Umsetzung all dessen, was der diskursive Fundus der Orientalistik an Wissen akkumuliert hatte. Gemeinsam mit seinem Forschungsstab, den er in Paris zusammenstellte, machte sich Napoleon dieses Wissen zunutze, er bereitete sich auf »Mentalität und Sitten« der Ägypter vor und verwertete die Ergebnisse, die die »Ecole publique« unter der Leitung von Sylvestre de Sacy, dem Vater der Orientalistik, zu Tage gefördert hatte. Zudem hatte er die kostbare Bibliothek

Die Schlacht bei Abukir (nach Denon)

in Mailand konfiszieren lassen: »Im Jahre 1797 wurde die viel gerühmte Mailändische Bibliothek von den Franzosen erbeutet. Als die Bücher in Paris eintrafen, stellte man fest, daß nahezu jeder Band, der sich auf den Orient bezog, Marginalien und Notizen in Bonapartes Handschrift aufwies.«[11]

Napoleon hatte 38000 Soldaten rekrutiert, seine Flotte bestand aus über 300 Schiffen. Die »gelehrte Division der Armee« umfaßte 167 Wissenschaftler und Techniker. Ingenieure, Geologen, Zoologen, Mathematiker, Chemiker, Astronomen, Mineralogen, Archäologen, Arabisten, Zeichner und Philologen reisten mit ihm. Sie führten eine umfangreiche Bibliothek, wissenschaftliche Apparaturen und technische Meßgeräte mit sich. Unter den Ausersehenen befindet sich auch Dominique Vivant Denon (1747–1825), Mitglied der Academie Francaise, hochgeschätzter Zeichner, Maler und Hofgesellschafter. Er ist für die Leute verantwortlich, die mit Papier und Zeichenstift alles Sehenswerte festhalten sollen. Der Feldzug ist zu Beginn von Siegen gekrönt. Nach der Landung in der Bucht von Abukir nahe Alexandria nimmt Napoleon im Juli 1798 Kairo ein. Metaphorik und Sprachduktus des Koran anwendend und zudem auch dessen Botschaft auf sich beziehend, vermag er bei der Besetzung Kairos die »Mentalität« der Ägypter anzusprechen: »Volk von Ägypten! Euch

11 Moorehead, Alan: The Blue Nile, a.a.O., S. 56

mag erzählt worden sein, daß ich gekommen bin, um Eure Religion zu zerstören – glaubt dies nicht. Seid gewiß, daß ich gekommen bin, um Eure Rechte wieder einzusetzen und die Ausbeuter zu bestrafen. Mehr noch als es die Mamluken vermögen, verehre ich Gott, den Propheten und den Koran.«[12]

Während der nächsten drei Jahre versuchte Napoleon, die ägyptische Gesellschaft seinen Vorstellungen gemäß zu »zivilisieren« und wirtschaftlich neu zu strukturieren. Er gründete in Kairo das Institut d'Egypte, und die Mitglieder der »Kommission für Wissenschaft und Kunst« nahmen ihre Arbeit auf. Es wurden Pläne entworfen für die Kolonisierung des Nildeltas – damit einhergehend »ein kompliziertes System öffentlicher Arbeit geschaffen. Kanäle wurden entschlammt, Unrat wurde aus den Straßen abtransportiert, eine Brücke aus Fähren über den Nil geschlagen und Ingenieure setzten die hydraulische Pumpe im großen achteckigen Turm der Zitadelle wieder instand. Man sandte Truppen aus zum Schutz einer Karawane von Mekka-Pilgern, die von Beduinen außerhalb Kairos angegriffen worden war. Mit anderen Worten: es wurde eine Politik der Befriedung betrieben – den Franzosen schwebte insgesamt nicht weniger als die Wiedererweckung Ägyptens vor.«[13] Ein französisches Verwaltungssystem wurde eingesetzt, und man arbeitete an Techniken zur Verbesserung landwirtschaftlicher Erträge. Im Institut d'Egypt hatte sich die kunst- und sprachgeschichtliche Kommission vorgenommen, umfangreiche Studien über alle Altertümer anzufertigen.

Es gelang den Engländern unter Admiral Nelson zwar, die französische Flotte bei Abukir zu vernichten, die französischen Unternehmungen im Landesinneren hielten jedoch an. Im August 1798 marschierte General Desaix mit seinen Truppen nilaufwärts, um die Mamluken, die den Süden des Landes hielten, zu unterwerfen. Denon schloß sich an: »Ich durchreiste ein Land, von dem Europa wenig mehr als den Namen kennt; alles ist daher einer Beschreibung wert. Ich zeichnete Gegenstände aller Art. Wenn mein Eifer alle Mittel, die in meiner Gewalt standen, in Bewegung setzte, so wurden sie ebenso kräftig durch den General en chef unterstützt, den selbst die allerweitumfassendsten Pläne auch nicht des kleinsten Details vergessen ließen. Da er wußte, daß der Zweck meiner Reise die Untersuchung der Denkmäler Oberaegyptens war, so ließ er mich dorthin mit der Division abgehen, die zu ihrer Eroberung bestimmt war. Die Zeichnungen habe ich meistens auf meinem Knie, bald stehend und bald zu Pferde entworfen; nie habe ich eine meinem Wunsche gemäß endigen können, weil ich ein ganzes Jahr hindurch nicht ein einziges Mal einen gehörig zugerichteten Tisch gefunden habe, um auf diesem ein Richtscheit aufstellen zu können.«[14] Die Soldaten legen auf den Tagesmärschen gewaltige Entfernungen zurück, und Denon muß daher in Windeseile zu Papier und Feder greifen, um nicht allein zurückzubleiben. Er ist verzaubert von der Vielfalt der Schätze, die sich hinter jeder Windung des Nils seinen Augen darbieten:

12 F. de Bourienne: Memoirs of Napoleon Bonaparte, London 1904, S. 71

13 Moorehead, Alan: The Blue Nile, a. a. O., S. 104

14 Denon, Vivant: Reisen durch Ober- und Unteraegypten während Bonapartes Feldzügen, Berlin, Hamburg 1803, S. II/III

Südlicher Koloß, Memnonium in Theben (aus der Description de l'Egypt)

Fragmente von Kolossalstatuen in Karnak (aus der Description de l'Egypt) ▷

in Hast und Entzücken bringt er Tempel, Ruinen, Obelisken und Grabstätten zu Papier. Auch die Techniker lassen sich von seiner Begeisterung anstecken und helfen ihm bei den Aufzeichnungen. Tausende von Skizzen und Illustrationen können angefertigt werden.

Der akademischen Vorbereitung der militärischen Eroberung und der administrativen und technischen Besitzergreifung Ägyptens durch die Franzosen folgt eine intellektuelle Nachbereitung, die an Umfang, Informationswert und Qualität im Rahmen der Ägypten-Forschung alles Bisherige in den Schatten stellt. Nach Frankreich zurückgekehrt, veröffentlicht Denon im Jahre 1801 einen Bericht seiner Tätigkeiten. Die *Voyages dans la Basse et la Haute Egypte* wurden sofort in mehrere Sprachen übersetzt und fanden großen Anklang. Sie bildeten aber nur den Auftakt zu dem gigantischen Unternehmen, die gesammelten Skizzen, Zeichnungen und Stiche der Bauwerke und Kunstschätze entlang des Nils der Öffentlichkeit, zum Ruhme Frankreichs und Napoleons, bekannt zu machen. Zwischen 1809 und 1813 erschienen insgesamt vierundzwanzig Bände der *Description de l'Egypte* (herausgegeben von Edmé Jomard). Sie waren gleichsam die Bestandsaufnahme eines Landes durch ein anderes. Die prachtvoll und verschwenderisch ausgestatteten Folianten wurden eine wissenschaftliche und künstlerische Meisterleistung: Die wunderbaren Stiche und Zeichnungen von Denon vermittelten eine derart exakte und lebhafte Vorstellung von Größe, Lage und künstlerischer Gestaltung der Pyramiden, der Tempel und Grabanlagen in Dendera, Luxor, Theben, Karnak bis nach Assuan, der Inseln Elephantine und Philae, daß sie als Sensation empfunden wurden und größte Anerkennung und Bewunderung, für Künstler und Objekte gleichermaßen, hervorriefen. Die Ergebnisse und Materialien, die in der *Description* wie in einem kunsthistorischen Inventarverzeichnis vorgeführt werden, entwerfen ein Tableau ägyptischer Kultur, binden das Land zusammen und bringen ein neues, vervollständigtes Bild Ägyptens hervor, das den Willen und die Ordnungsprinzipien der Gelehrten spiegelt. Das Vorwort der *Description* schließt mit folgenden Worten: »Ägypten war die Bühne für seinen (Napoleons) Ruhm, und sie bewahrt alle Begebenheiten dieser außergewöhnlichen Vorkommnisse vor dem Dunkel der Vergessenheit.«[15]

Nach Napoleons Krönung zum Kaiser Frankreichs wurde Denon zum Generaldirektor aller kaiserlichen Museen ernannt, und er begann, die ägyptischen Sammlungen im Louvre anzulegen. Die *Description* inspirierte zu dem archäologisch-wissenschaftlichen Wettrennen zwischen den Großmächten: nach ihrer Veröffentlichung verstärkte sich die hektische Tätigkeit der Ausgrabungen, und es gehört zur Pflicht eines in Ägypten residierenden Diplomaten, die Kunstschätze am Nil aus dem Dunkel einer obskuren Geschichte ins kosige Licht Pariser und Londoner Salons, Herrenhäuser und Museen befördern zu lassen: Henry Salt und Drovetti, mit denen Belzoni zu tun hatte, bildeten keineswegs eine Ausnahme. In Europa hatte man ägyptische Stilelemente zur Zierde öffentlicher Baukunst entdeckt: »Ägypten evozierte gewaltige Steinmassen und überwältigende Wucht. Die Freimaurerlo-

15 zit. nach: Said, Edward W.: Orientalismus, Berlin 1981, S. 101

Innenansicht des Memnoniums in Theben (aus der Description de l'Egypt)

gen, Friedhöfe, Justizgebäude und Gefängnisse schmückten sich mit Ägyptischem«[16], und der modische Geschmack nahm zuweilen groteske Formen an. So ließ zum Beispiel der Essayist Charles Lamb in der Zeitung *Morning Chronicle* die artige Hausfrau »Priscilla Plainstich« berichten: »Mein ältester Junge reitet auf einer Sphinx anstatt auf einem Schaukelpferd und er besitzt ein Spielzeugboot, das wie ein Krokodil aussieht. Mein Gatte ließ eine Toilette mit Wasserspülung in der Form einer Pyramide einbauen, und seine Hemden sind mit Lotusblumen gezeichnet. Im Schlaf redet er von Ibis, Apis und *Sir* Apis.«[17]

Die siegreich begonnene napoleonische Invasion Ägyptens rieb sich bald an den unvorhergesehenen Tücken des Landes auf. Man war vom Nachschub über dem Seeweg abgeschnitten, die einzelnen Truppenverbände lösten sich auf, die Soldaten hatten mit Hunger, Durst und unheimlichen Krankheiten zu kämpfen. Im August 1799 läßt Napoleon seine Truppen im Stich und verläßt heimlich das Land. Die Armee ergibt sich 1801 den Engländern, und viele ehemalige Soldaten und Offiziere bleiben im Land und treten später in den Dienst des Paschas Mohammed Ali, der sich 1805 zum Herrscher Ägyptens proklamiert und das Land despotisch, aber westlich orientiert beherrscht, wobei er von dem Fachwissen – echt oder vorgetäuscht – der zurückgebliebenen Franzosen nur zu gern Gebrauch macht.

Bei den Kapitulationsverhandlungen drängen die Engländer darauf, daß ihnen das gesamte wissenschaftliche Material und die unschätzbaren Kollektionen, die Napoleon für seine künftigen Museen hatte zusammenraffen lassen, übereignet werden. Für das Britische Museum, das 1756 gegründet worden war, würden die Sammlungen von Kunstgegenständen, Statuen und Altertümern eine einzigartige Wertsteigerung und einen beachtlichen Prestigegewinn bedeuten. Ganz besonders hartnäckig wurde um den sogenannten Stein von Rosette gefeilscht – im Juli 1799 hatte ein französischer Offizier bei Grabungsarbeiten in der Nähe von Rosette eine Tafel aus Basalt gefunden, deren kulturhistorischer Wert sofort erkannt wurde: Auf der Tafel waren untereinander drei verschiedene Schriftbildserien eingemeißelt, einmal in griechischer, dann in demotischer Schrift und zum dritten in Hieroglyphen. Das Griechische konnte man sogleich entziffern, und da man vermutete, daß es sich um jeweils denselben Text handelte, schien man endlich den Schlüssel zu der Entzifferung der geheimnisvollen Hieroglyphen in Händen zu halten.

Das Team der französischen Wissenschaftler weigerte sich aber standhaft, dieser Forderung nachzukommen: Unter keinen Umständen wären sie bereit, sich von ihren Kollektionen zu trennen. Entweder würden sie alle mit nach England gehen oder alle Funde und Sammlungen vernichten. Die sanfte Gewalt tat ihre Wirkung. Die Franzosen brauchten, mit Ausnahme des Rosette-Steins, ihre Schätze nicht preiszugeben. Die Basalttafel allerdings mußte der Siegermacht ausgehändigt werden. Aber auch hier wußten die Wissenschaftler den Engländern ein Schnippchen zu schlagen: Man hatte schon vorher einen Wachsabdruck

16 Pevsner, Nikolas: The Egyptian Revival, in: Studies in Art, Architecture and Design, London 1968, S. 213
17 zit. nach: Searight, Sarah: a. a. O., S. 147

der Tafel anfertigen lassen, der nach Frankreich mitgenommen wurde. Der Rosette-Stein ist noch heute im Britischen Museum aufbewahrt.

Unmittelbar nach dem Fund des Steins gingen in den Studierstuben Europas unzählige Wissenschaftler ans Werk, um das Rätsel der Hieroglyphen zu lösen. Zwischen den Nationen entwickelte sich ein ehrgeiziger Wettlauf. Nachdem es mehrfach erfolglose Versuche, Irrtümer und Irrwege gegeben hatte, fand der englische Arzt Thomas Young zumindest eine überzeugende Teillösung. Im Jahr 1815 veröffentlichte er eine mutmaßliche Übersetzung des demotischen Schriftteils des Rosette-Steins. Er legte ein demotisches Alphabet an, konnte jedoch die Gesamtheit des Schriftbildes nicht vollständig erfassen. Aber ein Anfang war gemacht.

Der Stein von Rosette. Er befindet sich heute im Britischen Museum in London

Inzwischen waren zwei Kartuschen der Inschrift als die Bezeichnungen für Ptolemäus und Kleopatra entziffert worden. Sie fanden sich auch in einem von William John Bankes zusammengestellten Katalog wieder, der die Kartuschen ägyptischer Könige in offensichtlich chronologischer Reihenfolge aufführte. Bankes, ein Freund Byrons und einer der Kuratoren des Britischen Museums, hatte die Inschriften während der Grabungen am Tempel Ramses II. in Abydos aufgespürt. Der Franzose Champollion (1790–1832), der zur gleichen Zeit wie Young an der Entzifferung der Hieroglyphen arbeitete, fand heraus, daß die Hieroglyphen sowohl aus alphabetischen oder phonetischen als auch aus ideographischen Zeichen zusammengesetzt waren, was bisher von niemandem erkannt worden war. In seinem epochemachenden Brief *»Lettre à M. Dacier relative à l'alphabet des hiéroglyphes phonétiques«* vom 22. September 1822 legte er dar, wie er auf Grund der Analyse der Königsnamen ein hieroglyphisches Alphabet zusammenstellte, das sich – wenn auch noch unvollständig – bei der Erklärung von Inschriften, auf denen dieselben Zeichen vorkamen, als richtig erwies. Die zwei Kartuschen von Ptolemäus und Kleopatra hatten den Anstoß gegeben. Das den Hieroglyphen zugrunde liegende System, bisher vollkommen unbekannt, legte Champollion in der *Grammaire égyptienne* vor, die nach seinem Tod in Paris zwischen den Jahren 1836 und 1841 herausgegeben wurde.

Die Wissenschaftsdisziplin der Ägyptologie war damit geboren, der Schlüssel zum Verständnis der jahrtausendealten Kultur der Ägypter gefunden, und mittelbar hat auch Belzoni wesentlich dazu beigetragen, denn sowohl Young als auch Champollion benutzten bei ihren Arbeiten unter anderem auch die Abdrucke der hieroglyphischen und griechischen Inschriften auf dem Obelisken von Philae, den Belzoni so mühevoll aus dem Nil hatte bergen lassen.

Einer der ersten Wissenschaftler, die die Entzifferung der Hieroglyphen ihrer Arbeit zugrunde legen konnten, und damit qualitativ andere Voraussetzungen hatten als die Gelehrten zuvor, war der Engländer John Gardiner Wilkinson (1797–1875), der über zwölf Jahre in Ägypten lebte und ausgedehnte Forschungsreisen unternahm. In Theben gelang es ihm, eine Anzahl von Gräbern öffnen zu lassen. Im Jahr 1834 veröffentlichte er eines der wichtigsten Werke auf dem Gebiet der jungen Wissenschaft: *Topography of Thebes and General Survey of Egypt.* Wilkinson war es auch, der die Texte für Murrays »Reiseführer Ägypten« verfaßte. 1837 folgte dann das erste erschöpfende Werk über die Geschichte und Kunst der altägyptischen Zivilisation mit dem Titel *Manners and Customs of the Ancient Egyptians.*

Das Bild der Europäer von Ägypten wurde gleichsam nahtlos ergänzt von dem Panorama der *Manners and Customs of the Modern Egyptians,* das von Edward William Lane (1801–1876) nach jahrelangen Studien herausgegeben wurde. Lane, der in Kairo als Araber gelebt hatte, arabisch sprach, arabische Kleidung trug und nicht als Europäer erkannt werden wollte, deckte mit seinem Werk eine Vielzahl von Lebensbereichen ab – er behandelt die Religion, das Regierungssystem, häusliches Leben, Aberglauben, Magie, Handwerk, Überlieferungen und Literatur, Begräbnisrituale, selbst Kleidung und Schmuck der Frauen. Dies von ihm geordnete Lebensspektrum, die sorgfältig registrierende Enzyklopädie des modernen Ägypten galt während des gesamten 19. Jahrhunderts als Standardwerk. Es wird auch heute noch als eines der bedeutendsten Zeugnisse der Arabistik im 19. Jahrhundert angesehen. Deutlich wird aber auch, daß die inventarisierte Synthese der gesamten Daseinsweise eines Volkes die Wahrnehmungs- und Darstellungsweise eines Europäers reflektiert, der auf Grund seiner Expertise, seines Wissens und seiner kulturellen Vorgaben das Porträt einer Kultur entwirft, dessen Farbgebung die je eigenen Anschauungen, moralischen Werte, Urteile und Bewußtseinsinhalte zum Ausdruck bringt.

Karl Richard Lepsius, Ägyptologe und erster Direktor des Ägyptischen Museums in Berlin

Im Königreich Preußen war man indes auch nicht untätig. Der junge Richard Lepsius (1810–1884) hatte in Leipzig, Göttingen, Berlin und Paris Philologie und vergleichende Sprachwissenschaften studiert und war mit Arbeiten über die *Paläographie als Mittel der Sprachforschung* und einer Anthologie der *Wichtigsten Urkunden des Ägyptischen Altertums* als äußerst fähiger Wissenschaftler aufgefallen. Durch die Fürsprache von Alexander von Humboldt stellte König Friedrich Wilhelm IV. die finanziellen Mittel für eine Expedition nach Ägypten zur Verfügung. Sie dauerte von 1842 bis Anfang 1846 und wurde von Lepsius geleitet. Er entdeckte dreißig bislang verborgene Pyramiden und einhundertdreißig Mastabas, Schachtgrabkammern aus dem Alten Reich, der Frühen Geschichte der Pharaonen. Die Messungen und Berechnungen, die der Engländer Richard Howard-Vyse zehn Jahre vorher mit viel Spürsinn, einer soliden Kenntnis der Hieroglyphen und einer dem Objekt unangemessenen Menge an Sprengstoff durchgeführt hatte, werden von Lepsius vervollständigt und korrigiert.

Im Tal der Könige läßt Lepsius eine umfassende Bestandsaufnahme der bekannten Grabanlagen erstellen, in Tell el-Amarna, Theben, Philae und Abu Simbel werden die zahllosen Inschriften und Reliefs der Tempelwände durchgepaust und abgezeichnet, und man fertigt Hunderte von Lageplänen, Grundrissen, Querschnitten und Bauzeichnungen an. Mohammed Ali läßt ihnen jede erdenkliche Hilfe zukommen und erlaubt ihnen freizügig, die Funde als Eigentum zu behalten. Lepsius gräbt wundervolle Säulen, Obelisken und Statuen aus – insgesamt sendet er 15000 Objekte nach Berlin, die den Grundstock des Ägyptischen Museums bilden. Nach seiner Rückkehr beginnt die Auswertung. Lepsius erhält den ersten deutschen Lehrstuhl für Ägyptologie in Berlin, wird im Jahr 1850 Mitglied der Akademie der Wissenschaften und beginnt mit dem Aufbau des Ägyptischen Museums, dessen Direktor er wird. Ab 1849 erscheinen zwölf prachtvolle Foliobände, die vom König finanziert werden. Auf 963 Tafeln sind die *Denkmäler aus Ägypten und Äthiopien* verzeichnet. In Umfang und Qualität mit der *Description* von Denon vergleichbar, bildeten die Folianten die Grundlage der ägyptischen Altertums- und Sprachenkunde. Am bedeutendsten erwiesen sich die *Chronologie der Ägypter* und das *Königsbuch der alten Ägypter*, beides Werke, die ein Geschichtskontinuum belegen und eine chronologische Abfolge der ägyptischen Dynastien darstellen. Lepsius war der erste Ägyptologe, der den Prozeßcharakter der ägyptischen Geschichte verdeutlichen und den Verlauf historischer Epochen aufzeigen konnte.

Der Engländer Sir Flinders Petrie (1854–1942) hat die Ägyptologie schließlich aus der Kinderstube geführt und sie zur souveränen, exakten Wissenschaft mit eigenen Referenzsystemen, strenger Methodologie und einwandfreien Belegmaterialien erzogen. Ihm gelingt es, die Feldforschung durch planvolles Vorgehen und systematische Organisation zu einer bewahrenden und deutenden Praxis umzuformen, die die Aufgabe hat, die Hypothesen und Theoriebildung zu bewahrheiten oder zu korrigieren.

Petrie organisiert den Arbeitsrhythmus und den Ablauf der Ausgrabungen völlig neu; er entwickelt Arbeitstechniken, die der Bedeutung der Details angemessen sind – im Gegensatz zu Belzoni und Howard-Vyse zum Beispiel wütet er nicht mit Spitzhacke und Sprengstoff,

Obelisk der Kleopatra »Kleopatras Nadel« an seinem ursprünglichen Standort in Alexandria (nach Forbin)

sondern arbeitet mit feinen Bürsten, Pinzetten und Siebrahmen. Mit einigen Unterbrechungen ist Petrie über vierzig Jahre, bis 1926, in Ägypten tätig. Aus seinem Gesamtwerk, das rund 90 Bände umfaßt, sind für den interessierten Laien zwei Werke hervorzuheben: die *Geschichte Ägyptens,* in der drei Jahrtausende ägyptischer Kultur plastisch vor Augen geführt werden, und *Ten Years Digging in Egypt 1881–92,* ein lebhafter und kurzweiliger Überblick über seine frühen Arbeiten.

Bevor sich Ägyptologie und Archäologie endgültig als Wissenschaftsdisziplinen zu etablieren und eines ihrer Hauptziele – die Bewahrung und sachkundige Erhaltung der Baudenkmäler und Kunstschätze – durchzusetzen vermochten, wurde Ägypten, Steinbruch der europäischen Eitelkeiten, mehr denn je geplündert. Zwischen 1820 und 1850 kamen nicht nur Belzoni, sondern Tausende von Händlern, Sammlern, Touristen und Amateur-Archäologen, um ihrer Sammlerleidenschaft zu frönen oder schnöde Geschäfte zu machen. Papyrus-Rollen, Schmuck, Juwelen, Grabbeigaben, Skarabäen, ganze Wandreliefs, Friese, Säulen und Statuen wurden in Besitz genommen, von ägyptischen Familienklans zum Verkauf angeboten und nach Europa verschifft. Das berühmte Tierkreis-Relief von Dendera, das von General Desaix während des napoleonischen Feldzugs entdeckt worden war, wurde aus einem meterdicken Steingewölbe gemeißelt und herausgesprengt und gelangte auf abenteuerlichen Wegen an den Hof Ludwigs XVIII. Der Preis: 150000 Francs. Der Obelisk von Luxor ziert heute den Place de la Concorde in Paris; die »Nadel der Kleopatra« aus Alexandria wurde unter größten Schwierigkeiten und mit gewaltigen

Transportkosten – 100 000 Pfund – im Jahre 1878 in London aufgestellt. Man stahl Mumien, war in Bestechungsaktionen größten Ausmaßes verstrickt, benutzte Brecheisen und Sprengstoff, zerteilte Tempelanlagen, schlug Reliefs von den Wänden ab, antike Steinquader wurden zum Bau von Manufakturen und Fabrikgebäuden benutzt – und Mohammed Ali ließ alles geschehen. In den Tempeln und Gräbern hausten ägyptische Familien, die ihren Lebensunterhalt mit dunklen Transaktionen bestritten, und auf halb verschütteten Ruinen einstiger Pharaonengröße wurden Hütten und Häuser errichtet, in denen Touristen nächtigten und sich an der »pittoresken, monumentalen Umgebung« ergötzten. Um sich und ihren Unternehmungsgeist zu verewigen, ritzten sie ihre Namen in die brüchigen Steinquader der Altertümer ein.

Auf Grund der eindringlichen Proteste von Champollion und der britischen Regierung, die einen Katalog der Verwüstungen an den Pascha hatte senden lassen, erließ Mohammed Ali schließlich eine Regierungsverordnung, die langfristig gesehen den Beginn einer zweiten Phase der Ägyptologie darstellte, nämlich die Zeugnisse der ägyptischen Vergangenheit den Ägyptern zu belassen. Er verbot jeden Export von Altertümern, erklärte die Zerstörung von Baudenkmälern für strafbar, ernannte Regierungsbeamte, die als Aufseher die verschiedenen Fundorte an den Ufern des Nils patroullieren sollten und stellte den Aufbau eines ägyptischen Museums in Kairo in Aussicht. Parallel zur Ausgrabungstätigkeit und der Jagd nach authentischen Kunstwerken machten sich nun die ersten Ansätze der Jagd nach den Jägern bemerkbar.

Die ersten großen Erfolge in theoretischer und praktischer Hinsicht leistete dabei der Franzose Francois Auguste Mariette (1821–1881). Mariette, der die verschollene legendäre Sphinx-Allee in Memphis freigelegt und den unterirdischen Grabkomplex, das Serapeum, entdeckt hatte, begann mit dem Aufbau eines ägyptischen Museums. Zudem schuf er ein ägyptisches Verwaltungsorgan, das die Kontrolle über sämtliche Altertümer mit der Museumsarbeit verband. Im Jahr 1858 wurde der »Service des Antiquités« – die »nationale Altertümerverwaltung« ins Leben gerufen, die sich die Pflege und Erhaltung aller Denkmäler, Bauwerke und Kunstschätze Ägyptens zum Ziel gesetzt hatte. Mariette erließ eine Bestimmung, daß die Hälfte aller Funde, die bei staatlich genehmigten Ausgrabungen gemacht werden, an das Museum abgeführt werden mußte. Eine ähnliche Regelung gilt auch heute noch.

Als erster Direktor des neuen Museums in Bulak läßt Mariette von Nubien bis zur Mittelmeerküste graben, zeitweilig an 37 Stellen zugleich; alle Fundobjekte sollen im Museum registriert, geordnet und katalogisiert werden – eine gigantische Aufgabe, die mehr als eine Lebenszeit forderte und von seinen Nachfolgern weitergeführt wurde. Mariette hat sich mit leidenschaftlichem Engagement für die Bewahrung der Altertümer an Ort und Stelle eingesetzt und damit einen Prozeß des langsamen Umdenkens eingeleitet. Die dubiosen Geschäfte der Händler, fanatischen Sammler und Kunstfälscher konnte er zwar nicht vollständig unterbinden, aber er machte ihnen das Leben schwer. Und gesellschaftlich wurde es zunehmend inakzeptabler, großformatige und gewichtige »Andenken« nach Hause mitzunehmen.

Im Jahr 1882, ein Jahr nach Mariettes Tod und zur gleichen Zeit, da die Engländer in Ägypten einmarschieren, gründet Petrie zusammen mit Amelia Edwards, die ihr Renommee als erfolgreiche Schriftstellerin ganz in den Dienst der Rettung und Erhaltung der ägyptischen Bauwerke stellte, in London die »Egyptian Exploration Society« – die »Ägyptische Forschungsgesellschaft«. Die Gesellschaft wurde von bedeutenden Geldgebern unterstützt und erfuhr lebhaften Zuspruch durch die Öffentlichkeit, da sich durch die großartigen Funde z. B. von Layard in Mesopotamien, die Entzifferung der Keilschrift, die sorgfältige Arbeit von Lepsius und nicht zuletzt durch Schliemanns Grabungen in Mykenä und Troja ein neues Bewußtsein von der Würde untergegangener Kulturen – und nicht nur der der Römer und Griechen – zu entfalten begann.

Ausflug zu den Pyramiden – im alten Stil (nach Manning)

Träumende Literaten und literarische Träume

In der ersten Hälfte des 19. Jahrhunderts gehörte es bald zum guten Ton, eine Reise in den Orient, den Libanon, nach Ägypten, Syrien oder Palästina zu unternehmen. Engländer, Franzosen, Deutsche und Italiener machten sich auf den Weg, um der Suggestion von lockender Üppigkeit, schillernder Pracht und despotischer Rückständigkeit, die die Vorstellung vom Orient seit jeher bestimmte, nachzugeben. Die Romantik des Fremdartigen, die ungezähmte Naturgewalt leerer Wüstenstriche, das grellbunte Treiben in den Basaren und die gewaltigen Relikte einer vergangenen Welt sollten mit eigenen Augen gesehen werden. Die Reisenden, wohlhabende Männer und Frauen, gebildet, elegant und weltgewandt, ließen sich oftmals mehrere Monate in Ägypten nieder, um dem rauhen Klima und der Salon-Routine der Wintermonate zu entkommen. Man stellte einen Dragoman – den unentbehrlichen Übersetzer – ein, hielt sich Bedienstete, war mit Empfehlungsschreiben ausgestattet, ließ sich vom Konsul und wenn möglich, von Mohammed Ali empfangen, erhielt Firmane, die relativ sicheres Reisen erlaubten, kleidete sich nach Landesart – und trieb kunsthistorische Studien. Griechen, Türken oder Franzosen hatten eine Reihe von Hotels eröffnet, in denen sich Gleichgesinnte trafen. Die Besichtigung der Pyramiden sowie eine gemächliche Schiffsreise über Luxor nach Assuan und Abu Simbel gehörten selbstverständlich dazu. Murrays Reiseführer und die Berichte früherer Reisender waren Pflichtlektüre. Man sammelte Altertümer, malte, zeichnete und notierte Eindrücke. Die Zahl der Reisebeschreibungen wuchs rapide an. Die Daheimgebliebenen konnten die Erfahrungen und Erlebnisse anderer am Kaminfeuer nachvollziehen, ohne sich den mühevollen Genüssen des Reisens zu unterziehen. Der Tod Byrons im Freiheitskampf des griechischen Volkes hatte Bewunderung und eine romantische Begeisterung hervorgerufen, und zahlreiche Schriftsteller begaben sich in den Levante-Raum, um sich von den Geheimnissen und Wundern des Orients inspirieren zu lassen. In den Jahren 1805 und 1806 reiste Chateaubriand nach Nordafrika und Palästina; sein *Itinéraire de Paris à Jérusalem, et de Jérusalem à Paris* erscheint 1811; Lamartine, Nerval und Flaubert entwarfen exquisite Gemälde orientalischen Lebens – ihre Reiseberichte trugen viel dazu bei, das Genre der Orientliteratur zu einem festen Bestandteil des europäischen Bewußtseins zu machen. Victor Hugo bemerkte dazu, daß man im Zeitalter Ludwigs XIV. »Hellenist« gewesen, heute dagegen »Orientalist« geworden sei. Hinter dem Erscheinungsbild orientalischen Lebens werden private Träume und imaginäre Gegenwelten gesucht; nicht mehr die faktische Darstellung steht im Vordergrund des Wahrnehmens und Berichtens, sondern die gefühlsmäßige Reaktion auf die erlebte Fremde. Privatheit und Subjektivität der Betrachtungsweise setzen zu dem Zeitpunkt ein, da die Erforschung, das intellektuelle Durchleuchten der äußeren Gegebenheiten mehr und mehr dem gelehrten Fachmann und den Wissenschaftsdisziplinen überlassen wird.

In England hatte sich schon zu Ende des 18. Jahrhunderts auf Grund des wachsenden Informationsstandes und der Ausdehnung der diplomatischen und handelspolitischen

Eingangsportal zum großen Tempel von Karnak (nach Forbin)

Beziehungen die klassische Bildungsreise um den Bereich der Levante ausgedehnt. Die Briefe Lady Montagues aus der Türkei und die Reisebeschreibung des Earl of Sandwich waren frühe Beispiele individueller Darstellungsweisen privater Erfahrungen, wobei es nicht ausblieb, daß subjektive Urteile und Anschauungen als objektive Wahrheiten begriffen wurden. Im 19. Jahrhundert dann entfaltete sich die Kunst der literarischen Innenreise, bei der das Außen zum Hintergrund, zur Kulisse persönlicher Wünsche, Zielvorstellungen, Träume und Werturteile wird.

Eothen von William Alexander Kinglake (1809–1891), der im Jahr 1834 über die Türkei nach Ägypten und Palästina reiste, war eine der beliebtesten Reisebeschreibungen des 19. Jahrhunderts und gilt heute noch als Klassiker der englischen Reiseliteratur. Kinglake, ein gebildeter, begeisterungsfähiger junger Mann, verfügt über ausreichend Zeit, Geld und Beziehungen, um einige Monate lang auf Reisen gehen zu können. Er repräsentiert den bürgerlichen Bildungsreisenden, der zwar die »Grand Tour« der Aristokratie als Tradition im Rücken hat, dem als Reisenden aber keine gesellschaftliche Funktion mehr zukommt, solange er nicht einen Zipfel vom Unentdeckten heimbringen kann. Der Reiz des Ungeregelten, die Willkürlichkeit der Ereignisse sollen alle Sinne herausfordern, Widerstandskraft, Aufnahmefähigkeit und Flexibilität erproben. Die Entfaltung des Ich verlangt nach einem adäquaten Freiraum, einem Terrain der Üppigkeit, der starken Kontraste, einer ungezügelten Natur, einer herausfordernden Andersartigkeit der Zustände. Bei seinem Leser setzt er die Kenntnis der einschlägigen Kulturdenkmäler schon voraus: »Ich habe mich darum bemüht, auf wertvolle Hinweise aus anderen Büchern zu verzichten; ich kann in schönster Aufrichtigkeit sagen, daß ich in meinem Buch auf Detailangaben über geographische Entdeckungen oder Altertumsforschung, auf solide Erkenntnisse oder religiöses Wissen, auf historische oder gelehrte Illustrationen, auf nützliche Statistiken, politische Anschauungen und moralische Reflexionen vollkommen verzichtet habe.«[18]

In elegantem Plauderton zieht er den Leser gleichsam in den Kreis seiner Freunde hinein; in szenischer Abfolge, bunten Impressionen stellt er den Verlauf seiner Reise dar. Er entwirft ein lebhaftes, farbiges Bild von Land und Leuten, den Listen und Tücken beim Reisen, portraitiert in einem imaginären Gespräch, das er mit dem Pascha und dem Dragoman führt, eine Herrscherfigur, die gefährlich, kindisch und unterlegen erscheint. Kinglakes scharfe Beobachtungsgabe, seine über Empfindungen und Reflexionen vermittelten Aussagen und Charakterisierungen und die humorvoll-satirischen Beschreibungen setzten ein neues Beispiel für das Genre der Reisebeschreibung. Seine Gedanken über Geschichtlichkeit, Kultur und Zivilisation weisen dabei auf einen Themenkomplex hin, der schon von Reisenden des 18. Jahrhunderts aufgegriffen worden war: der melancholische Genuß der Ruinen und halbverfallenen Bauten als Zeichen untergehender oder vergangener Kulturen war besonders durch Comte de Volney angeregt worden und ließ sich in der Verknüpfung von pittoresker Romantik und der Vorliebe für das Grandiose und Monumentale in jeder Reisebeschreibung wiederfinden. Gleichzeitig machen die Empfindungen unendlichen Verlustes, das Bedauern angesichts des Verfalls und der »Degenerierung« einem Gefühl von Ungeduld Platz; die Zerfallserscheinungen des realen Orients werden nüchtern registriert, dem Niedergang hält man einen Zukunftsglauben entgegen, der die Werte des europäischen Weltbildes widerspiegelt: Zivilisation, Kultur und Fortschritt, eine auf Vernunft basierende, hochentwickelte Gesellschaftsordnung, ein verfeinerter Geschmacks- und Verhaltenskodex und grenzenloser Optimismus, im Einklang mit der Gewißheit, der besten aller Welten anzugehören. Beim Anblick des Sphinx verbindet Kinglake die Dimension metaphysischer Beständigkeit mit konkretem Zukunftsdenken: »Dieser esoterische Sphinx hat auf uralte Dynastien äthiopischer und ägyptischer Könige – auf griechische, römische, arabische und osmanische Eroberer herabgeblickt – auf Napoleon, der von einem morgenländischen Empire träumte, auf Schlachtfelder und Seuchen, auf das nicht endenwollende Elend des ägyptischen Volkes – auf neugierige Reisende, gestern Herodot, heute Warburton – all dies und noch mehr hat er betrachtet ... Und wir, wir sterben irgendwann, der Islam wird untergehen, und der Engländer, der die Hand weit nach seinem geliebten Indien ausstreckt, wird die Ufer des Nils mit festem, sicheren Schritt betreten und den Thron der Gläubigen besteigen. Und auch das wird dieser schlaflose Fels

18 Kinglake, Alexander William: Eothen, Leipzig 1846 (Tauchnitz Edition), S. VII

»Das kolossale Antlitz des Sphinx, der sich vor der zweiten Pyramide von Memphis befindet« (nach Norden)

beobachten sowie die Taten dieses neuen, rastlosen Volkes – mit denselben traurigen, ernsten Augen und dem ruhigen, unsterblichen Antlitz.«[19]

In einem grandiosen Bogen schlägt er die Geschichte Ägyptens dem Herrschaftsanspruch europäischer Geschichtsentwicklung zu. Die Vergangenheit nicht nur Ägyptens, sondern des gesamten Vorderen Orients, bildet die unterste Stufe in der Hierarchie der Zivilisationsidee, die in ihrer englischen Ausformung den Höhepunkt weltgeschichtlicher Entwicklung zu bilden scheint. Diese subjektive Repräsentationsform europäischen Kolonialbewußtseins stellt ein charakteristisches Merkmal nahezu aller Reiseberichte des 19. Jahrhunderts über Ägypten bzw. den Orient dar.

Eliot Warburton, der – wie oben angedeutet – neben Herodot von dem Sphinx begutachtet wurde, war ein Freund von Kinglake und hatte sich ebenfalls auf den Weg nach Ägypten gemacht. In seinem 1845 erschienenen Reisebericht *The Crescent and the Cross, or Romance and Realities of Eastern Travel* greift er ebenfalls auf das gängige Thema der »romantischen Agonie« zurück; er sieht es als ein Zeichen weltgeschichtlicher Gerechtigkeit, wenn die Relikte vormaliger Größe und Pracht im fahlen Glanz der untergehenden Sonne wieder zu versinken scheinen. Die Unveränderlichkeit und Statik der ägyptischen Gesellschaft, der Mentalität und des Charakters sind ein immer wiederkehrendes Merkmal, das offensichtlich jedem Reisenden vor Augen tritt und daher auch von jedem als

19 Kinglake, A. W.: a. a. O., S. 237f.

realitätsbestimmender Faktor vermerkt wird. Kinglake durchquert die Wüste, Warburton wagt sich allein bis nach Nubien vor, Flaubert weiß Authentisches über die »unergründliche Weiblichkeit« zu berichten, Robert Curzon beschreibt in *Visits to Monastries in the Levant,* wie er wertvolle Handschriften und Bibeln in den Klöstern Albaniens entdeckt und »sichert«, und Henrietta Lane-Poole wird in die Harems der Sultane vorgelassen – all diese Fragmente des Neuentdeckten fügen sich in das schon vorhandene Orientbild nahtlos ein, entsprechen der vermeintlichen »Wesenheit« des Orients und perpetuieren die zur Wahrheit erhobenen Einschätzungen vorheriger Reisender.

Dem Verfall des Orients mit Fortschritt, Optimismus, Dampfkraft, Technik und christlicher Moral entgegenzuwirken, machten sich die Kolonialmächte in vollem Einklang mit ihren Interessen zur Aufgabe. Aber auch einzelne Reisende vermeinten in der Türkei, in Syrien und Ägypten zivilisatorische Glanzleistungen mit persönlichen Vorteilen verbinden zu können.

Der bekannteste deutsche Orient-Reisende war Hermann Fürst von Pückler-Muskau (1785–1871). Der exzentrische, als störrisch, willensstark und prunksüchtig bekannte Lebemann hatte schon in jungen Jahren ausgedehnte Reisen in die Schweiz, nach Frankreich und Italien unternommen. Nach dem Tod seines Vaters übernahm er die Standesherrschaft in Muskau und begann mit der Gestaltung und Anlage seiner Gärten und Parkanlagen, die so berühmt wurden, daß die preußischen Könige seinen Sachverstand und erlesenen Geschmack priesen und es ihm nachzutun bemüht waren.

Hermann Fürst von Pückler-Muskau

Die Harmonisierung der Natur hatte ihn binnen kurzer Zeit 500000 Goldtaler gekostet. Es schien der Ehe mit der Tochter von Staatskanzler Hardenberg nicht abträglich gewesen zu sein, daß er von 1826 bis 1829 nach England, Irland und Wales reiste, um sich – neben dem Studium der schönsten Park- und Gartenanlagen – dort eine »reiche Surrogat-Frau« zu suchen. Die reiche Erbin blieb zwar aus, aber der literarische Ertrag seiner Erlebnisse und Eindrücke, die tagebuchartigen *Briefe eines Verstorbenen,* im Jahr 1830 anonym veröffentlicht, erregten beträchtliches Aufsehen und verkauften sich noch besser, nachdem seine Autorschaft bekannt geworden war. Alexander von Humboldt und Rahel von Varnhagen äußerten sich lobend über die Briefe, und Goethe zählte sie zu »Deutschlands bedeutenden Werken«. Die Übersetzungen ins Englische und Französische folgten unverzüglich und fanden auch dort weite Verbreitung. Charles Dickens verewigte den galanten Fürsten in der Person des Grafen Smorltork in seinem Roman *Pickwick Papers* von 1837.

Pückler-Muskaus ehrgeizige diplomatische Pläne scheitern; er wird in eine unangenehme Duellgeschichte verwickelt, und der preußischen Langeweile überdrüssig, plant er eine mehrjährige »asiatische Spazierfahrt«, die vom Juni 1834 bis zum Dezember 1839 dauert. Von Paris aus, wo er mit Louis Philippe, Balzac, Rossini und Chauteaubriand zusammentrifft, reist er nach Algerien, das seit 1830 von Frankreich besetzt war; die bürgerkriegsähnlichen Zustände übersieht Pückler-Muskau mit munterer Erbarmungslosigkeit – vor seinem inneren Auge ist Algerien schon Frankreich, und der angrenzende Staat Tunesien erstrahlt als preußische Kolonie in neuer Würde. Die weiteren Stationen seiner Reise sind Malta und Griechenland. Seine Tagebücher und Journale von diesem ersten Teil der mehrjährigen Reise wurden als dickleibige Reiseberichte veröffentlicht; mit deren Untertitel hoffte er an seinen früheren Bucherfolg anzuknüpfen; *Vorletzter Weltgang von Semilasso. Traum und Wachen. Aus den Papieren des Verstorbenen* und *Semilasso in Afrika.* Seine Aufzeichnungen aus Griechenland, die Fiktion und Wirklichkeit miteinander verschmelzen, tragen den Titel *Südöstlicher Bildersaal.*

Im Januar des Jahres 1837 trifft er in Ägypten ein. Ferdinand de Lesseps war französischer Konsul in Alexandria. Er lernt u. a. auch Kapitän Caviglia kennen, mit dem schon Belzoni zusammengetroffen war. Pückler-Muskau wird unverzüglich von Mohammed Ali empfangen. In ihm sieht er den Träger des Lichts, bürge doch dessen eiserne Faust für die technische und zivilisatorische Entwicklung in dem beklagten Land. Beide sind begeistert voneinander – sie wollen sich in Oberägypten treffen, um dort einen Teil der Reise gemeinsam zurückzulegen.

Im ersten Band der Trilogie *Aus Mehemed Ali's Reich. Vom Verfasser der Briefe des Verstorbenen,* erschienen im Jahre 1844, stimmt er eine Lobeshymne auf den »orientalischen Napoleon« an. Diese Reisebeschreibungen, die seine Erlebnisse und Erfahrungen in Ägypten, Nubien und dem Sudan beinhalten, wurden stark rezipiert und gaben auf Grund der Pikanterien, der Kaprizen des Autors und seiner unverhohlenen Parteilichkeit Anlaß zu heftigen Kontroversen. Die Bände entwerfen ein lebhaftes Bild von Gesellschaft, Land und Leuten, von dem Vergnügen und der Mühsal des Reisens. Im zweiten Band schildert er eine gemächliche Schiffsreise auf dem Nil. Mit großem Gefolge hatte er Kairo verlassen, und um die Gleichförmigkeit der Nilfahrt angenehm aufzulockern, kaufte er eine Sklavin. Natürlich machte Pückler-Muskau mit seinem Troß auch an den Pyramiden von Gizeh halt.

»Am Rande der Wüste empfingen uns ein halbes Dutzend Beduinen, die sich uns als Führer aufdrangen, und obgleich wir ihnen versicherten, daß wir nur höchstens zwei von ihnen brauchten, war es doch nicht möglich, ihrer wieder los zu werden. Neugierig suchten meine Augen zuerst den Sphinx auf, den man vor einigen Jahren ganz frei gemacht hatte, der aber jetzt vom Sand schon wieder bis an den Hals verschüttet ist, so daß man nur den Kopf sieht. Von Weitem erkennt man seine Pysiognomie noch ganz gut, von Nahem aber wird er, verstümmelt wie er ist, nur zu einer unförmigen Masse, auf der sich jedoch noch ein großer

Teil der roten Farbe, mit der das Ganze einst angestrichen war, erhalten hat. Er sieht in seinem jetzigen Zustande einem Pilze ähnlicher als einem Kopfe und stimmte meine zu hoch geschraubte Erwartung etwas herab. Auch muß ich aufrichtig bekennen, daß die Pyramiden selbst keinen viel günstigeren Eindruck auf mich machten, und mir von Nahem durchaus nicht mehr so imposant als in der Weite erschienen, – oft das Los des Großen auf der Erde! Wenn man sie besteigt, ändert sich dies jedoch wieder, aber nicht in dem Maße, wie ich es voraussetzte, und wenn ein Vergleich die Sache anschaulicher machen kann, so muß ich sagen, daß das Straßburger Münster z. B. an seinem Fuß, wie auf seiner Spitze mein Gefühl weit mächtiger ergriff.«

»Etwas anders aber verhält es sich mit der zweiten Pyramide, die wir am anderen Morgen bis dicht an die glatte Spitze erkletterten. Diese ist, wenige Fuß ausgenommen, eben so hoch wie die, welche par exellence die große genannt wird, aber von weit geringerem Umfang in ihrer Basis, folglich weit steiler, und ihre Stufen auch weit mehr geschwunden und beschädigt, als bei der großen. Man konnte, oben angelangt, gleich an dem fast gänzlichen Mangel moderner Namensinschriften bemerken, daß hier die Besucher sehr selten sein müssen. Demungeachtet sind Einige selbst über den glatten Teil hinweg bis zur äußersten Spitze gekommen. Dies ist aber nur durch zusammengebundene Leitern und mit vielen Vorbereitungen tunlich. (...) Ich selbst stieg so hoch als es gewöhnlichen Dilettanten, ohne besondere Hilfsmittel der Kunst anzuwenden, gelingen kann, und grub dort auf eine der

Detailpläne zur dritten Pyramide von Sakkara (nach Howard Vyse)

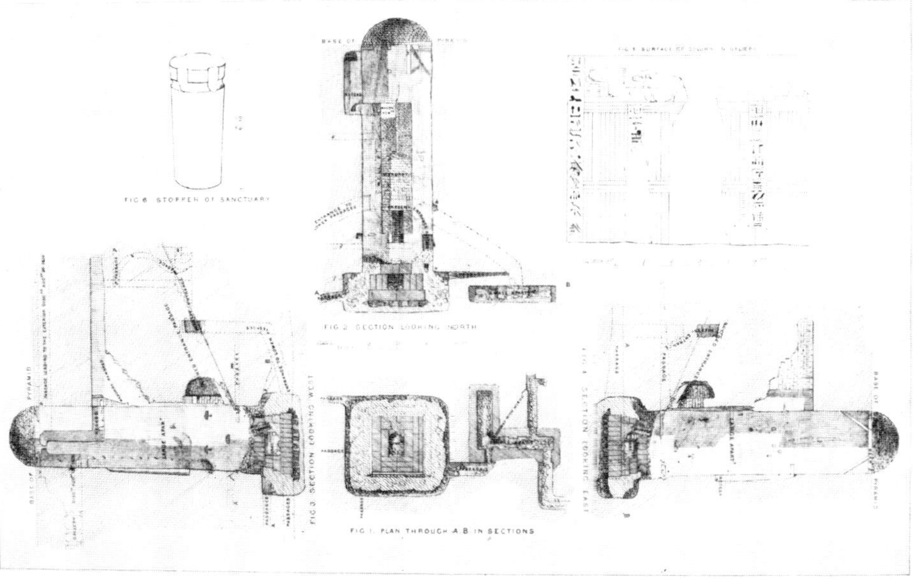

geglätteten Platten den Titel, Vor- und Zunamen meiner guten Julie ein, wie Herr von Chateaubriand auch den seinigen par procuration auf die große Pyramide setzen ließ. Wem aber unter unseren Freunden bekannt ist, welche dezidierte Abneigung gegen alle ›Lokomotive‹, vollends die Ersteigung einer Höhe, ja sogar einer einfachen Treppe, die genannte liebenswürdige Dame von jeher gehabt hat – da sie nur die Bewegungen des Sitzens, Liegens und Spazierenfahrens gewohnt ist –, der wird sich allerdings nicht wenig wundern, sie hier als determinierte Bergsteigerin an einem Orte verzeichnet zu finden, wo nur Adler und Geier zu ruhen pflegen. So habe ich den geheimnisvollen Monumenten noch ein kleines Privaträtsel mehr aufgedrückt.

Das Innere dieser zweiten Pyramide ward von Belzoni geöffnet. Die Gänge sind hier ein wenig bequemer, die Zimmer mehr, und einige auch etwas größer als in der Schwesterpyramide, doch ebenso kahl und zierdelos, ebenso unbegreiflich der Zweck dieses mühsamen Fuchsbaues.«

»Als ich im Begriff war, am Morgen darauf zu Pferde zu steigen, um meine Reise fortzusetzen, ließ mir Oberst Vyse sagen, daß er in diesem Augenblick einen neuen Eingang in die zweite Pyramide entdeckt habe, denn der Unermüdliche operiert auf alle drei zugleich. Ich fand die Sache richtig; da dieser niedrige Eingang aber nur auf einen schon bekannten inneren Gang stößt, so ist wenig damit gewonnen, und ich wünsche von Herzen dem braven Obersten für seinen Fleiß, seine Ausdauer und sein Geld, bald ein glänzenderes Resultat.

Herr Caviglia, der vor einiger Zeit dicht neben den Pyramiden einen seltsamen Bau aneinanderstoßender Gemächer und Gänge aufdeckte, dessen Plan und Zweck zu verstehen bis jetzt noch nicht gelang, versicherte mir in Kairo, ›in Entfernung einiger Stunden in der Wüste Fundamente von Pyramiden gefunden zu haben, deren Granitblöcke größtenteils schon wieder in Staub aufgelöst wären, woraus er schließe, daß, wenn die noch stehenden Pyramiden aus Sandstein 4 oder 5000 Jahre alt seien, jene aus schon wieder pulverisiertem Granit, wenigstens vor zehnmal so langer Zeit erbaut worden sein müßten!‹ Seine kleine Defektion verhinderte mich diesen denkwürdigen ›Granitstaub‹ mit eigenen Augen zu sehen.«[20]

Interessant sind die Querverweise, die, gleichsam ein Netz der Referenzen bildend, die Akkumulation des Wissens in historischer Abfolge lebhaft verdeutlichen. Pückler-Muskau nimmt zum Beispiel Bezug auf Belzoni, Howard Vyse und Kapitän Caviglia, auf den wiederum Belzoni einging. Es wird deutlich, wie selbstverständlich Pückler-Muskau mit den Forschungsergebnissen und Ausgrabungsfunden als Wissensfundus, als grundlegende Informationsquellen für den kunsthistorisch interessierten Reisenden, umgeht. Er äußert sich z. B. über die Arbeiten von Wilkinson, »dessen gründliche und tiefe Forschungen jeder Reisende mit dem größten Dank erkennen muß«. Ihm begegnete er aber dennoch mit

20 Pückler-Muskau, Hermann Fürst von: Aus Mehemed Ali's Reich, Stuttgart 1844, Bd. II, S. 13f., 28f.

Almes Tanz in Beni Suef (nach Forbin)

Skepsis – Ausdruck einer Parteilichkeit, die von der grundsätzlichen Präferenz der Franzosen und der französischen Forschung ausgeht.

Seine Reise führt ihn weiter nach Theben. Er beschreibt das Ramesseum, hält sich im Tal der Könige auf, nimmt Bezug auf den Granit-Sarkophag, »der von Herrn Salt entführt ward«, läßt sich das Innere der Grabanlagen zeigen, reist weiter nach Luxor und Karnak, erörtert ausgiebig und sachkundig die große Leistung Champollions. Er stellt Betrachtungen über die Schönheit oder die abstoßenden Gebräuche der Einheimischen an, weiß die Nillandschaft als malerische Kulisse zu schätzen und entwirft seine Naturbeschreibungen als ästhetisch geordnete Genre-Gemälde. Sein Auge, geschult an den großen italienischen und französischen Landschaftsmalern Poussin, Lorrain und Salvator Rosa verklärt die Naturhaftigkeit zum Kunstschönen. Die ästhetischen Postulate, die während der letzten Jahrzehnte des 18. Jahrhunderts in England dem gesellschaftlich anerkannten Erlebnispotential des reisenden Individuums festgesteckte Grenzen setzten, wurden von Pückler-Muskau übernommen. Auf der Jagd nach geeigneten Perspektiven und »Vistas« sucht er gefühlsbezoge-

Zeitgenössische Karikatur Pückler-Muskaus und seiner abessinischen Sklavin

nes Erleben in einer Landschaft, deren Charakteristiken den Regeln der Malerei entsprechen sollen und so gesehen werden. »Als wir abfuhren, bot sich uns noch ein originelleres Genrebild der Bevölkerung dar. In einem Saki am Ufer hatten sich sechs solcher paradiesischer Gestalten, alle in den ihnen so natürlichen malerischen Stellungen an den Pfosten des Saki gelehnt, von wo sie unser Vorbeifahren betrachteten, und so symmetrisch waren sie im Kreise über einander um das sich drehende Rad en medaillon gruppiert, daß man kein graziöseres lokales Negerkabinettstück hätte ersinnen können. Es fehlte uns nur noch der Maler, um es auf der Leinwand zu verewigen.«[21]

Am 1. Nilkatarakt geraten sie in einen heftigen Sandsturm, müssen einige Tage ausharren, dann geht es über Assuan und Philae weiter nach Abu Simbel. Die Kolossalstatuen des Ramses betrachtend, merkt er mit Mißbilligung an: »Von dem Koloß rechter Hand hat Belzoni das Antlitz abgegipst, und hätte wohl so viel Rücksicht für das Kunstwerk nehmen sollen, um die Spuren dieser Operation wieder abwaschen zu lassen, da die Statue von rotbrauner Steinfarbe durch ihr weiß angetünchtes Gesicht jetzt wie zu einem Clown von ungezogenen Händen verunstaltet erscheint.«[22] Nicht viel besser macht es Pückler-Muskau selbst: Er will sich und der Welt ein Zeichen setzen, in Messaurat bezeugt eine Inschrift seinen Tatendrang: »Im Jahre 1837 unserer christlichen Zeitrechnung hat ein deutscher Reisender, Fürst von Pückler-Muskau, diese Ruinen besucht, gesandt durch seinen spiritus familiaris und mit der Absicht, so weit vorzudringen, als es ihm Vergnügen machen wird.«[23]

Es bereitet ihm Vergnügen, in einer Wüstenkarawane bis nach Dongola zu reiten; er besucht Khartum, die Hauptstadt des Sudan, ersteht weitere Sklaven sowie eine komplette Tiermenagerie. Mit seinem exotischen Troß trifft er gegen Jahresende 1837 wieder in Alexandria ein. Über Palästina, den Libanon und die Türkei zieht er schießlich nach Wien.

21 Pückler-Muskau, H.: a. a. O., Bd. II, S. 276
22 Pückler-Muskau, H.: a. a. O., Bd. II, S. 309
23 Pückler-Muskau, H.: a. a. O., Bd. II, S. 319

Krokodile am Oberen Nil (nach Manning)

Die Rückkehr berichtet in drei Bänden über seine Erfahrungen in den Jahren 1837 bis 1839. Machbuba, seine abessinische Schöne, hatte ihn, als er an der Cholera erkrankt war, aufopfernd gepflegt und ihm damit das Leben gerettet – sie war ihm inzwischen sehr ans Herz gewachsen. In Wien erregte sie, als Mamluke verkleidet, freundliches Aufsehen, in Deutschland brachte man ihr eher spöttische Aufmerksamkeit entgegen. Machbuba verbrachte den Rest ihres kurzen Lebens in Muskau, wo sie einige Monate nach ihrer Ankunft an der Schwindsucht starb. Sie wurde in den Parkanlagen begraben.

Der immensen Verschuldung wegen muß Pückler-Muskau schließlich seinen berühmten Besitz Muskau verkaufen – die Gartenanlagen hatten über eine Million Goldtaler verschlungen. Er erwirbt die kleinere Besitzung Branitz und beginnt wieder mit der Anlage eines Landschaftsgartens. Nach dem Tod seiner Frau lebt er ein Einsiedlerleben in Branitz, unternimmt nur noch kurze Reisen und stirbt schließlich im Jahre 1871.

Ägypten – »Poststation auf dem Weg nach Indien«

Das gesamte 19. Jahrhundert wurde durch die gewaltige koloniale Expansion Englands und Frankreichs bestimmt – von 1815 bis 1914 stieg der europäische Kolonialeinfluß von 35% auf ca. 85% der Erdoberfläche an. Seit dem Verlust der nordamerikanischen Kolonien und dem Sieg über Napoleon in Ägypten hatte sich England die absolute Vormachtstellung zur See erkämpft. Ägypten als geographische Verbindung zwischen Europa und Asien rückte in den Brennpunkt imperialer Interessen.

Als Auswirkung der industriellen Revolution, in deren Verlauf England zur führenden Weltmacht wird, ist besonders die Mechanisierung des Verkehrs und des Nachrichtenwesens von größter Bedeutung. Hatte man bisher sechs lange Monate auf dem Segelschiff ausharren müssen, um von London nach Bombay zu gelangen, schafften die Dampfschiffe dieselbe Strecke in knapp zwei Monaten. In den vierziger Jahren etablierten sich die großen Transatlantik-Dampfschifflinien; im Jahre 1839 wurde die königliche »Post- und Paket-Gesellschaft« gegründet, die mit Hilfe der Dampfkraft ihr Verkehrsnetz bis in die entferntesten Winkel des britischen Empires auszudehnen vermochte. Der »P & O« (Peninsular & Oriental) Gesellschaft, die einen Großteil des Verkehrs nach Indien und in den Fernen Osten abwickelte, folgte 1840 die Cunard-Linie.

Dem englischen Ex-Kapitän Thomas Waghorn gelang eine bahnbrechende Verbesserung des Reiseverkehrs, indem er eine Verkehrsgesellschaft ins Leben rief, die durch eine Überlandverbindung zwischen Mittelmeer und Rotem Meer die Reisestrecke nach Indien und Südostasien erheblich abkürzte. Thackeray sagte nach seiner Ägyptenreise über ihn: »Waghorn eroberte die Pyramiden; er schob ihre unhandlichen Proportionen gleichsam um die Zeitspanne eines Monats näher an England heran und brachte das Land selber mit.«[24] Sein amüsanter Reisebericht *Notes of a Journey from Cornhill to Grand Cairo* erschien im Jahr 1845.

Die Reisenden legten den ersten Streckenabschnitt von London nach Alexandria im Dampfschiff zurück; von Alexandria ging es mit Pferd und Wagen nach Kairo weiter. Dort traf sich die elegante Welt in »Shepheard's Hotel«, wandelte unter Palmenkolonnaden und erfreute sich am tropischen Klima, dem exotischen Ambiente, dem grellen Treiben in den Basaren und Straßen Kairos. Man hatte auch noch genug Zeit, einen Abstecher an die Pyramiden zu machen. Die Ankunft des Dampfschiffes in Suez, mit dem dann der zweite Teil der Reise nach Bombay oder Kalkutta zurückgelegt werden sollte, wurde per Telegraph nach Kairo gemeldet, und eine lange Pferdewagen- und Kamelkarawane setzte sich nach Suez in Bewegung. All das organisierte Thomas Waghorn.

Sein Unternehmen wurde so gerühmt, daß er im Jahre 1839 der offizielle Agent der East India Company in Kairo wurde. 1847 übernahm die »P & O« Waghorns Unternehmen, und

24 zit. nach: Searight, Sarah: a.a.O., S. 120

Die Fellachen werden zwangsweise zum Kanalbau herangezogen (nach Manning)

aus den Geschäftsberichten dieses Jahres geht hervor, daß 3000 Passagiere den Isthmus von Suez überquerten. Die Zahl der Reisenden, die diese Serviceleistungen sehr wohl zu schätzen wußten – man brauchte nicht mehr die Schiffe zu nehmen, die um das Kap der Guten Hoffnung herumsegeln mußten –, nahm jährlich zu, und die Ablösung der Pferdewagen durch die Eisenbahnverbindung von Kairo nach Suez ließ die Reise von London nach Indien zu einer nur noch sechswöchigen Strapaze werden. Ägypten selbst sah man mehr oder weniger als Teil der britischen Kolonien an, da es so handlich auf dem Weg lag. Lord Palmerston nannte es »Raststätte auf dem Weg nach Indien« – England brauchte nichts weiter als ein gut funktionierendes Unternehmen, das, »immer erreichbar und zur Verfügung stehend«, die Reisenden mit »Hammelkoteletts und Post-Stationen« versorgte. Erst die Eröffnung des Suez-Kanals schreckte die Engländer schlagartig aus ihrem wohligen und optimistischen Zukunftsglauben auf. Mit Unbehagen registrierte man, daß sich damit die Franzosen die Vormachtstellung im Nahen Osten gesichert hatten und den Überlandweg nach Indien an dem wichtigen Nadelöhr monopolisierten.

Der Bau des Suez-Kanals war eine technische Meisterleistung, die von dem französischen Ingenieur Ferdinand de Lesseps geplant, organisiert und geleitet wurde. Mit der Überzeugungskraft und Leidenschaft eines Mannes, der sich als einziger für befähigt hielt, die

Welthälften Ost und West miteinander zu verknüpfen, erhielt Lesseps im Jahr 1834 die offizielle Genehmigung der Pforte in Konstantinopel und die ungeteilte Unterstützung des Vizekönigs von Ägypten. Eine französisch-ägyptische Aktiengesellschaft, die »Compagnie Universelle du Canal Maritime de Suez« trug die Finanzierung. 40 Prozent der Aktien werden von Vizekönig Ismail gehalten, die Mehrheit der Aktienanteile, die Verwaltung und das Management des Kanals behält sich Frankreich vor. Sämtliches Baumaterial wurde aus Europa herangeschafft; 25 000 Arbeiter waren mit dem Bau beschäftigt, und es entstand die Stadt Ismailia.

Der Kanalbau verschlang neunzehn Millionen Pfund Sterling. Im Jahr 1869 fand die prunkvolle Eröffnung statt; Kaiserin Eugenie reiste aus Frankreich an; Verdi war vorher beauftragt worden, eine vom Thema her dem großen Ereignis angepaßte Oper zu komponieren. Der Ägyptologe Mariette hatte eine in Altägypten spielende Erzählung geschrieben, die dann die Vorlage zum Libretto der »Aida« lieferte. Da die Oper jedoch nicht rechtzeitig fertig wurde, nahm man mit einer Aufführung des »Rigoletto« vorlieb.

Frankreich war es, das durch die finanzielle und administrative Kontrolle des Suez-Kanals Ägypten an Europa angliederte, es gleichzeitig an sich heranzog und die Distanz zerstörte und damit auch, wie Edward Said formulierte, »die fremde Intimität. Genau wie eine Landbarriere in eine flüssige Ader verwandelt werden konnte, wandelte sich auch der Orient von einer resistenten Festigkeit zu einer unterworfenen, unterwürfigen Partnerschaft.«[25] In wirtschaftlicher Hinsicht hatte sich die Skepsis der Engländer als falsch erwiesen; die »Compagnie Universelle« konnte sich ab 1872 riesiger Profite erfreuen. Zudem mußten die Engländer mit zunehmendem Mißfallen registrieren, daß die »P & O« alle Schiffe umbauen ließ, um den Kanal nutzen zu können, daß ab 1875 schon die Hälfte aller Schiffe nach Indien den Weg über den Suez-Kanal nahm und sie selbst mit schönstem Handelselan ⅗ des gesamten Schiffsverkehrs im Kanal bestritten.

Als Disraeli zum zweiten Mal das Amt des Premierministers in England übernahm, galt ein Großteil seiner außenpolitischen Aufmerksamkeit diesem lästigen Problem. Er fürchtete, daß »die Post-Station auf dem Weg nach Indien«, der größten und ertragreichsten Kolonie Englands, auf französisches Betreiben hin einfach verbarrikadiert werden könnte. Ein Jahr nach seinem Amtsantritt erfuhr Disraeli über geheime diplomatische Kanäle, daß Ägypten vor dem finanziellen Ruin stand: Der Vizekönig hatte sich entschlossen, seine Aktienanteile zu verkaufen und favorisierte England als soliden Geschäftspartner. Disraeli griff unverzüglich zu, er erwarb die 177 646 Aktien des Vizekönigs von Ägypten zum Preis von vier Millionen Pfund Sterling.

War zwar durch den Erwerb der Aktienanteile die Einflußnahme begrenzt, bedeutete das aber im Klartext die allmähliche Übernahme der militärischen Kontrolle über den Suez-Kanal. Er gehörte den Franzosen, wurde von den Franzosen verwaltet, stand aber unter der »Protektion« und dem Schutz der englischen Krone.

25 Said, Edward W.: a. a. O., S. 107

Das Geschäft blühte. Im Jahr 1887 zum Beispiel durchquerten 3137 Schiffe den Suez-Kanal; davon liefen 2330 unter englischer Flagge, die Franzosen folgten mit mageren 185 Schiffen, und insgesamt ließen sich 182998 Reisende, Soldaten eingeschlossen, durch das Nadelöhr nach Asien befördern.

Das bilaterale Finanzierungssystem der Engländer und Franzosen und damit ihre vielfältigen machtpolitischen Interessen, drohten durch die innerarabischen Unruhen und Aufstände von 1879 aus dem delikaten Gleichgewicht gebracht zu werden. Imperiale Interessen standen auf dem Spiel. Um der Gefahr des Bürgerkrieges und einer möglichen Unabhängigkeit Ägyptens vorzugreifen, besetzten die Engländer im Jahr 1882 das Land; zögernd und widerwillig, wie es hieß. Alexandria wurde bombardiert, und die britische Armee besiegte die ägyptische bei Tell el-Kebir 1884 wurde Evelyn Baring, der spätere Lord Cromer, zum Generalkonsul Ägyptens ernannt. Mit christlich strammen Moralvorstellungen und einem fundierten Überlegenheitsgefühl der »orientalischen Rasse« gegenüber, brachte er den ägyptischen Staatshaushalt blitzblank in Ordnung. Alfred Milner, der in seinem Buch *England in Egypt* die Kolonialpolitik des Empires ideologisch absicherte, drückte das so aus: »Auf Grund der Natur unserer Interessen, der Natur unserer Machtposition und gewisser spezieller Qualitäten in unserem Nationalcharakter scheinen wir prädestiniert zu sein, auch diese besondere Aufgabe zu erfüllen.«[26]

Im Jahr 1914 wurde Ägypten nominell zum britischen Protektorat erklärt. Drei Jahre zuvor kam ein junger englischer Archäologe nach Ägypten und arbeitete unter Sir Flinders Petrie: Es war Thomas Edward Lawrence, der später legendäre »Lawrence von Arabien«. Bei seinen Versuchen der kulturellen Grenzüberschreitung verstrickte er sich in unauflösliche Widersprüche und Antagonismen – er war zum einen, wie Hannah Arendt formulierte – »imperialer Agent« der Briten, zum anderen entwickelte sich sein alter ego als Regisseur des arabischen Aufstandes gegen die Türken so weit, daß er sich als Vorkämpfer arabischer Unabhängigkeit begriff. Ob Lawrence' brillante »Guerilla-Kriegsführung« die britische Kampagne gegen die Türken in Palästina tatsächlich entscheidend beeinflußt hat, sei dahingestellt: In seiner Person spiegelt sich allerdings die Auflösung des überkommenen Kolonialbewußtseins wider, das der Vorstellung Platz einzuräumen begann, daß der Orient »in ein aktives Leben zu zwingen« sei und ein »militantes, modernes Leben zu führen habe«.[27]

Im Jahr 1922 dann wird Ägypten ein unabhängiges, konstitutionell regiertes Königreich.

26 zit. nach: Searight, Sarah: a. a. O., S. 100
27 Said, Edward W.: a. a. O., S. 270

Die friedliche Invasion

Waghorns Überlandroute, später die Eisenbahnverbindung von Alexandria nach Kairo, der Suez-Kanal, die Telegraphen und der geregelte Postverkehr, komfortable Hotels und besonders die Einrichtung einer Dampfschiffverbindung den Nil aufwärts bis Assuan und Philae reflektierten und begünstigten die Entwicklung des Tourismus im viktorianischen Zeitalter. Benutzte man die ägyptischen Nilbarken, die Dahabiyas, um den Nil aufwärts zu reisen, konnte die Fahrt bis zum 2. Katarakt – mit unzähligen Unterbrechungen natürlich – drei Monate in Anspruch nehmen; mit dem Dampfer dauerte es nur drei Wochen. Die Unternehmen, die sich auf organisierte Vergnügungs- und Bildungsreisen einzurichten begannen, erlebten ungeahnten Zuspruch. Sie sorgten für alles und bemühten sich, den unterschiedlichsten Bedürfnissen gerecht zu werden: Da gab es christliche Pilger, deren Sehnsucht Jerusalem galt, Amateur-Antiquare, die ihre Sammlung zu vervollständigen trachteten, Missionare, die die Einheimischen christliche Nächstenliebe lehren wollten und Kränkelnde und um ihre Gesundheit Besorgte, die im trockenen Klima Ägyptens zu Kräften kommen wollten. Ägypten zog Mystiker an, schlicht Neugierige und Einzelgänger, die, der Zivilisation, verfeinerten Kultur und rigiden Moralvorstellungen müde, das Authentische und Unverdorbene suchten.

Waghorns Kutschen durchqueren die Wüste (nach Andrassi)

Lucy Duff-Gordon lebte sieben Jahre in Ägypten, um ihre Tuberkulose auszuheilen. Ihr Domizil hatte sie in einem Häuschen auf der Ruine eines Tempels in Luxor aufgeschlagen. Dort empfing sie unzählige Reisende, nahm am Leben der Einheimischen teil, kommentierte und karikierte mit viel Einfühlungsvermögen, einer guten Portion Humor und Scharfzüngigkeit alles Gesehene und Erlebte, die politische Lage, die Situation der Fellachen und die ihr bisweilen absurd erscheinenden Touristenströme, die, Lanes *Sitten und Gebräuche der modernen Ägypter* oder *Murray's Reiseführer* in der Hand, das ihnen vorgeschriebene Kulturpensum mit Geduld, Beharrlichkeit und zaghaftem Enthusiasmus absolvierten. Ihre *Letters from Egypt,* Briefe, die sie Freunden und Verwandten nach England schickte, wurden nach ihrem Tod im Jahr 1865 veröffentlicht und waren sehr erfolgreich. Das Bild von einer romantischen jungen Frau, die ihre tödliche Krankheit zwischen den Tempeln von Luxor zu kurieren suchte, wurde mit Rührung und Bewunderung aufgenommen, und nachdem der Prince of Wales einige Jahre später ebenfalls seiner angegriffenen Gesundheit wegen nach Ägypten reiste, war ein neuer Modetrend geboren.

Thomas Cook, der aus seinem Einmannunternehmen die führende und bedeutendste Reise-Organisation aufbaute und als Pionier des modernen Massentourismus gilt, errichtete sogar ein Hotel bzw. Sanatorium in Luxor. Cook, der »Revolutionär der Touristikbranche«, führte 1869 zum ersten Mal eine Reise für zweiunddreißig Ladies und Gentlemen durch, die über Kairo, den Nil aufwärts und über den Landweg bis nach Jerusalem führte.

Um 1890 hatte sich die Zuverlässigkeit des Cookschen Unternehmens so weit herumgesprochen, daß er bis zu tausend Touristen gleichzeitig versorgen konnte, und nachdem sich Kaiser Wilhelm dieser Organisation anvertraut hatte, galt Cook als der Reisefachmann überhaupt. Sein Geschäft blühte. Er ließ schwimmende Luxushotels bauen: den Höhepunkt des Komforts und der Eleganz stellte ein im Jahre 1890 auf dem Nil eingesetztes Dampfschiff dar, das über elektrisches Licht und täglich erscheinende Zeitungen verfügte; es wurde Porridge zum Frühstück angeboten, es gab Nachmittagstee und Abendkonzerte.

Cooks Reiseführer, der von Wallis Budge, einem außerordentlich engagierten Ägypten-Kenner und Direktor des Britischen Museums, geschrieben wurde, enthielt sorgsam durchdachte Reisegepäck- und Proviantlisten, gab unentbehrliche Ratschläge und wies darauf hin, daß man »Fußschemel, sowie Besen und Schaufel zur Säuberung der Kabine« nicht vergessen möge; er gab Auskunft über Bücher, Hotels, noch wenig bekannte Grabungsorte und riet an, niemals ohne Begleitung an Land zu gehen. In den Dörfern entlang des Nils hatte man sich auf Touristenbesuche eingestellt; überall ließen sich Dolmetscher finden, und dienstbare Geister boten sich an, die Führung zu den Tempeln und Altertümern zu übernehmen. Die englische Schriftstellerin Harriet Martineau z.B. schilderte, wie ein einheimischer Führer ihr den mitgenommenen Schemel auf die Pyramidenstufen setzte, damit sie hochklettern konnte.

Von orientalischer (Ver-)kleidung wurde abgeraten – war sie vordem noch Schutz und Notwendigkeit, galt sie gegen Ende des Jahrhunderts als lächerlich und unpassend. Zudem hatte das wachsende Selbstwertgefühl der Reisenden die »Anpassung« an Landesübliches nicht mehr nötig. Im Gegenteil: die viktorianischen Touristen fühlten sich alle der

Amelia Edwards

zivilisatorischen Mission verpflichtet, und in ihren Augen setzte die bloße Tatsache ihrer Anwesenheit kultur- und menschheitsfördernde Zeichen.

Einer der beliebtesten und erfolgreichsten Reiseberichte über Ägypten, die Gräber, Tempel und Kunstschätze am Nil, stammte von Amelia Edwards (1831–92). Diese formidable Person war einem weiten Leserkreis bekannt – sie war erfolgreiche Autorin mehrerer romantischer und spannender Romane, hatte unzählige Zeitungsartikel, Essays und Aufsätze verfaßt und einige populäre Sachbücher geschrieben, die einen weitgefächerten Themenkreis aus Geschichte und Kunstgeschichte behandelten.

Zwischen 1873 und 1874 unternahm sie eine komfortable Reise durch Syrien und Ägypten. In Kairo stieg auch sie selbstverständlich in »Shepherd's Hotel« ab.

»Selten wird der Reisende einem vielfältigeren Publikum begegnen als im überfüllten Restaurant von Shepherd's Hotel in Kairo während der Hauptreisezeiten. Hier versammeln sich täglich zwei- bis dreihundert Personen unterschiedlichsten Standes, aller Nationalitäten und zu den verschiedensten Zwecken; zur Hälfte sind es Engländer, die sich entweder auf dem Weg nach Indien befinden, oder, von dort kommend, heimwärts reisen; europäische Einwohner Kairos oder Besucher, die hier den Winter verbringen. Die andere Hälfte will – und da kann man ganz sicher sein – nilaufwärts segeln. Diese Gruppe der Nilfahrer ist so bunt zusammengewürfelt – jung und alt, gut und schlecht angezogen, gebildet oder ohne Manieren –, daß sich der Neuankömmling als erstes die Frage stellt, welches die Beweggründe sein mögen, die eine derartige Mischung unterschiedlichsten Geschmackes und Bildung dazu gebracht haben, eine Expedition in Angriff zu nehmen, die sehr mühsam, sehr teuer ist und einem völlig außergewöhnlichen Interessensgebiet Rechnung trägt.

Seine Neugierde ist jedoch schnell zu befriedigen. Schon nach zwei Tagen weiß er jedermanns Namen und kennt alle Hintergründe; er vermag auf Anhieb zwischen einem ›Cook's Touristen‹ und einem unabhängig Reisenden zu unterscheiden. Zudem hat er herausgefunden, daß neun Zehntel aller Personen, denen er im Verlauf der Reise flußaufwärts begegnen wird, Engländer oder Amerikaner sind. Der Rest besteht aus Deutschen und nur einigen wenigen Belgiern und Franzosen. So weit *en bloc;* die Einzelheiten sind noch vielfältiger. Es gibt hier Kranke auf der Suche nach Genesung, Künstler auf der Suche nach Motiven, Sportsbegeisterte, die nach Krokodilen zu jagen sich vorgenommen haben, Staatsmänner auf Urlaub, Sonderkorrespondenten, die auf neuesten Gesellschaftsklatsch aus sind, Sammler, die Mumien und Papyri aufzuspüren hoffen, Wissenschaftler, die nur Wissenschaftliches im Sinn haben und den gewöhnlichen Überschuß an Müßiggängern, die nur der Lust des Reisens frönen oder der Befriedigung einer interesselosen Neugierde.«[28]

Shepherd's Hotel in Kairo um 1860 (nach Mecherau)

Ihre Gruppe, aus sieben Personen bestehend, reist dann in zwei Dahabiyen den Nil aufwärts. Die Fahrt ging von Kairo über Sakkara, Memphis, Assiut, Dendera, Theben, Karnak nach Assuan und die Insel Elephantine. Von Philae weiter über Korosko nach Abu Simbel, wo sie den Spuren Belzonis folgte. Mit der Hilfe Einheimischer kann die Gruppe sogar einen kleinen Tempel freilegen.

Die im Jahre 1877 veröffentliche Reisebeschreibung *A Thousand Miles Up The Nile* ist eine sehr unterhaltsame, sachkundige, elegante und humorvolle Wiedergabe des Reiseablau-

28 Edwards, Amelia: A Thousand Miles Up The Nile, Leipzig 1878 (Tauchnitz Edition), Bd. I, S. 17ff.

Die Reinigung der Kolossalbüste in Abu Simbel (nach Edwards)

fes, der Erlebnisse und Zwischenfälle auf der über eintausend Kilometer langen Nilfahrt. In Abu Simbel halten sie sich länger auf.

»Zu dem Zeitpunkt, da sich die Männer offensichtlich zu langweilen begannen, hatte unser Maler die Idee, sie zur Säuberung des nördlichen Kolosses heranzuziehen, dessen Antlitz durch Gipsabdrücke verunstaltet war. Sie stammten von Mr. Hay, der vor fünfzig Jahren ein großes Modell angefertigt hatte. Dieser glückliche Einfall wurde sogleich in die Tat umgesetzt. Wir konstruierten ein Gerüst aus Sparren und Ruderblättern, und die Männer, entzückt wie Kinder beim Spiel, kletterten auf dem gewaltigen Kopf umher, genauso wie es die Steinmetze zur Zeit Ramses getan haben mochten. Sie brauchten nichts weiter zu tun als kleinere Gipsbrocken, die an der Oberfläche hafteten, zu entfernen und die weißen Stellen mit Kaffee einzufärben. Sie benutzten dazu Schwammstückchen, die am Ende einer Stange festgemacht waren; aber unser Reis Hassan arbeitete als Zeichen seiner Distinktion mit einem alten Malerpinsel, auf den er enorm stolz war.

Sie brauchten drei Tage, um die Säuberung durchzuführen, und wir alle waren betrübt, als sich die Arbeiten ihrem Ende näherten. Zu beobachten, wie Reis Hassan mit Kunstfertigkeit und Geschick eine gewaltige Nase ausbesserte, deren Ausmaße nahezu seiner eigenen Körpergröße entsprachen; zu sehen, wie Riskalli und der Küchenjunge mit Töpfen voll Kaffee umherrannten, der dem Zweck entsprechend ›dick zum Ankleben‹ gebraut war; wie Salame mit gekreuzten Beinen wie ein wohlgefälliger Kobold auf der überhängenden Kante der Kopfbedeckung thronte; wie die übrigen affenähnlich schnatternd und gestikulierend auf dem Gerüst turnten – dieser Anblick bot die komischste Szenerie, die Abu Simbel wohl je gesehen hatte oder sehen wird.«[29]

Zur selben Zeit, da Petrie bahnbrechende Methoden innerhalb der Archäologie und Ägyptologie entwickelte, die zu wissenschaftlichem Arbeitsstil und akribischer Systematik führten, trug Amelia Edwards wesentlich dazu bei, in einer breiten Öffentlichkeit das Bewußtsein für Pflege und Bewahrung der ägyptischen Kunstschätze zu wecken. Mit der

29 Edwards, A.: a. a. O., Bd. II, S. 79 ff.

Gründung der *Egyptian Exploration Society*, die sowohl von Petrie als auch von Edwards vorangetrieben wurde, schufen sich Wissenschaftler und Laie eine gemeinsame Plattform mit dem Ziel der Bewahrung, nicht der Beraubung der Altertümer Ägyptens.

In den Beobachtungen und Kommentaren Amelia Edwards spiegelt sich all das Wissen wider, das bis zum Ende des 19. Jahrhunderts akkumuliert und rezipiert worden war: Stand bei Pococke die nüchterne Faktenakkumulation, das mathematisch genaue Auflisten und die Überprüfung der Aussagen antiker Autoren im Vordergrund, erlaubt sich Bruce mit weltmännischer Geste schon Gedankenspiele und Detailbeobachtungen, deren Auswahl persönlicher Neigung entspricht – besonders dort, wo ein allgemeingültiger Kenntnisstand vorausgesetzt wird. Natürlich ist auch er noch dem aufklärerischen Diktum der geographischen und intellektuellen Aneignung unbekannter Weltausschnitte verpflichtet: Das Ziel seiner Expedition bestätigt dies. Er reist als gebildeter, sachkundiger Dilettant, der sich seiner gesellschaftlichen Funktion immer bewußt bleibt.

Wurde mit dem Feldzug Napoleons der gesamte, bis zu dem Zeitpunkt existierende Wissensfundus der Orientalistik zum ersten Mal psychologisch und ideologisch als Strategie der Herrschaft eingesetzt, begann damit auch die europäische Institutionalisierung und Verwaltung Ägyptens und seiner Kunstschätze am Nil.

Die Person Belzonis markiert dann den endgültigen Wendepunkt: Seine sensationellen Ausgrabungen und Funde brachten die eigentliche Lawine einer systematisierten ägyptischen Altertumswissenschaft ins Rollen. Er, der seine Unternehmungen als Broterwerb, als ökonomische Notwendigkeit zu betrachten gezwungen war und eine widersprüchliche Position zwischen Privatreisendem und offiziell »Angestelltem« einnahm, ist an dem Entstehungsprozeß einer neuen Wissenschaftsdisziplin mittelbar beteiligt gewesen. Im Laufe des 19. Jahrhunderts hat der Fachmann und Wissenschaftler den gebildeten Laien seiner gesellschaftlichen Funktion enthoben – der Dilettant kann nurmehr nachvollziehen und wiedererkennen, was dem allgemeinen Bildungsgut durch die Experten hinzugefügt wurde: Er wird zum Touristen, dem es selten gelingt, ein Stück unentdeckte Welt aufzuspüren.

Dieser Aufspaltungsprozeß, repräsentiert durch Archäologen und Ägyptologen wie Wilkinson, Maspero, Mariette, Petrie und Lepsius einerseits und müßig-elegante Reisende wie Pückler-Muskau, Kinglake und Amelia Edwards andererseits, die dem rapid sich entwickelnden Massentourismus nur noch um eine Nasenlänge voraus waren, ist ein wesentliches Charakteristikum des 19. Jahrhunderts, das den Prozeß der wachsenden Spezialisierung in Wirtschaft, Technik und Naturwissenschaften, nicht zuletzt auch der Bürokratisierung einer »verwalteten Welt« einleitete. Gleichzeitig wurde dem Weg der Archäologie und Ägyptologie damit ein Zeichen der Emanzipation gesetzt, und im Verlauf des 20. Jahrhunderts schließlich führte es dazu, daß die Kunstschätze, Gräber, Tempel und Pyramiden am Nil in ihre eigene Freiheit entlassen wurden.

Bildnachweis

Bildarchiv Preußischer Kulturbesitz, Berlin Abb. S. 248, 257, 262
British Library, London Frontispiz, Abb. S. 16
The British Museum, London Abb. S. 12, 14, 23, 195, 247

Die übrigen Illustrationen wurden folgenden Büchern entnommen:
Atkins, Sarah: Fruits of Enterprise – Exhibited in the Travels of Belzoni in Egypt and Nubia, Interspersed with the Observations of a Mother to her Children, London 1821 Abb. S. 59
Belzoni, Giovanni: Narrative Of The Operations And Recent Discoveries Within The Pyramids, Temples, Tombs and Excavations, In Egypt And Nubia, London 1821 Umschlagabbildungen, alle Farbtafeln und die Abb. auf S. 19, 46, 70, 89, 94, 104/05, 122, 128, 131, 139, 143, 162, 163, 164, 165, 170/71, 182, 184, 187, 218/19
Bruce, James: Travels to Discover the Source of the Nile, in the years 1768, 1769, 1770, 1771, 1772, and 1773, by James Bruce of Kinnaird Esq., F. R. S., Edinburgh 1790 Abb. S. 26, 237 links und rechts
Denon, Vivant: Reisen durch Ober- und Unteraegypten während Bonapartes Feldzügen, Berlin, Hamburg 1803 Abb. S. 214
Edwards, Amelia: A Thousand Miles Up The Nile, London 1877 Abb. S. 98, 272
Edwards, Amelia: Pharaos, Fellahs & Explorers, London 1891 Abb. S. 270
Fagan, Brian F.: Die Schätze des Nil. Räuber, Händler, Archäologen, München 1977 Abb. S. 206
Fischer von Erlach, J. B.: Historische Architektur, o. O. 1721 Abb. S. 134
Forbin, Comte de: Voyage dans le Levant en 1817 et 1818, Paris 1819 Abb. S. 32, 43, 250, 254, 261
Greaves, John: Pyramidographia: or, a description of the pyramids in Egypt, London 1646 Abb. S. 27
Hall, J. J.: The Life and Correspondence of Henry Salt, London 1834 Abb. S. 40 rechts
Jomard, Edmé (Hrsg.): Description de l'Egypte, Paris 1809–13 Abb. S. 49 unten, 61, 74, 201, 242, 243, 245
Kircher, Athanasius: Sphinx Mystagoga, Amsterdam 1676 Abb. S. 225, 228
Kircher, Athanasius: Ad Alexandrum VII, Pont. Max. Obelisci Aegyptiaci, Rom 1666 Abb. S. 197
Kircher, Athanasius: Turris Babel, Amsterdam 1679 Abb. S. 103
Maier, Michael: Arcana Arcanissima, London 1614 Abb. S. 223
Manning, Samuel: Fond of Pharaos, London 1875 Abb. S. 213, 252, 263, 265
Norden, Friderik: The Antiquities of Egypt, London 1792 Abb. S. 29, 36, 37, 91, 199, 233, 234, 256
Piranesi, Giovanni Battista: Diverse maniere d'adornare i Cammini, Rom 1769 Abb. S. 227
Pococke, Richard: Beschreibung des Morgenlandes und einiger anderer Länder, Erlangen 1771–73 Abb. S. 49 oben, 76, 83, 86/87, 175, 231, 232
Sandys, George: Sandys Travailes . . ., London 1652 Abb. S. 192, 222, 226
Santi P. und Hill, R.: The Europeans in the Sudan 1834–1878, Oxford 1980 Abb. S. 118
Searight, Sarah: The British in the Middle East, London 1969 Abb. S. 40 links, 268, 271
Vyse, R. W. Howard: Operations carried on at the Pyramids of Gizeh in 1837, London 1840 Abb. S. 124, 176, 179, 180, 259

Für die Erlaubnis zum Nachdruck des Fotos aus ›Fagan, Schätze des Nil‹ danken wir dem Piper-Verlag, München; die Wiedergabe der Bilder aus ›Searight, The British in the Middle East‹ erfolgt mit freundlicher Genehmigung des Verlages Weidenfeld & Nicolson, London und der Coll. Rodney Searight, London

Auswahlbibliographie

Es gibt eine enorme Fülle an Literatur über ägyptische Kunstschätze und Altertümer, an ägyptologischen und archäologischen Schriften. Ich kann hier nur eine Auswahl vorlegen. Ich beschränke mich dabei auf die meiner Meinung nach wichtigsten und interessantesten Reisebeschreibungen und landeskundlichen Darstellungen bis zum Ausgang des 19. Jahrhunderts, sowie die von mir am häufigsten herangezogene Sekundärliteratur.
Handbücher, Standard- und Nachschlagewerke der Archäologie und Ägyptologie sind nicht angeführt.

Belzoni – Biographien und biographische Schriften

Atkins, Sarah: Fruits of Enterprise, Exhibited in the Travels of Belzoni in Egypt and Nubia; Interspersed with the Oberservations of a Mother to her Children. (London 1821)

Burton, Richard Francis: Giovanni Battista Belzoni. In: Selected Papers on Anthropology, Travel and Exploration, Hrsg. v. N. Penzer, London 1924

Christophe, Louis-A. (Hrsg.): Vorwort in: Giovanni Battista Belzoni. Voyages en Égypte et en Nubie, Paris 1979

Clair, Colin: Strong Man Egyptologist, London 1957

Dannett, John Frederick: The Voyages and Travels of Captain Parry, Franklin, Ross and Mr. Belzoni. Forming an interesting history of the Manners, Customs and Characters of various nations, visited by enterprizing travellers, London 1826

Disher, Maurice W.: Pharao's Fool, London 1957

Mayes, Stanley: The Great Belzoni, London 1959

Reisebeschreibungen und Darstellungen Ägyptens

Athanasi, G. D.: A Brief Account Of The Researches And Discoveries in Upper Egypt, Made Under The Direction Of Henry Salt, London 1836

Bruce, James: Travels to Discover the Source of the Nile, in the years 1768, 1769, 1770, 1771, 1772, and 1773, by James Bruce of Kinnaird Esq., F. R. S., Edinburgh 1790

Browne, William G.: Reisen in Africa, Egypten und Syrien, in den Jahren 1792–1798. Aus dem Engl. übersetzt und mit Anmerkungen versehen von M. C. Sprengel, Berlin, Hamburg 1801

Cailliaud, Frédéric: Voyage à l'Oasis de Thébes, et dans les déserts situées à l'orient et à l'occident de la Thébaide, fait pendant les anées 1815, 1817 et 1818 ... Redigé et publié par M. Jomard, Paris 1821

Caylus, Comte De [i. e. Tubières De Grimoard De Pestels De Levis]: Recueil d'Antiquités Égyptiennes, Étrusques, Greques, Romaines (et Gauloises), Paris 1752–67

Chateaubriand, Francois R.: Itinéraire de Paris à Jerusalem et de Jerusalem à Paris, Paris 1811

Dalton, Richard: A Collection of fifty-two engraved plates from drawings by Richard Dalton of antiquities in Sicily, Greece, Asia Minor and Egypt, London 1751–52

ders.: The explanations of a Series of Prints, relative to the manners, customs etc. of the present inhabitants of Egypt; from drawings made on the spot, A. D. 1749 ..., London 1781

Denon, Vivant: Reisen durch Ober- und Unteraegypten während Bonapartes Feldzügen, Berlin, Hamburg 1803

ders.: Mit Napoleon in Ägypten, 1798–1799, hrsg. von Helmut Arndt, München, Zürich, 1982

Diodor: Geschichts-Bibliothek. Übers. v. A. Wahrmund, Berlin 1866–69

Duff-Gordon, Lucie: Letters from Egypt, London 1865

Edwards, Amelia: A Thousand Miles Up The Nile, London 1877

Flaubert, Gustave: Reisetagebuch aus Ägypten. Nachwort v. W. Koeppen. Hrsg. v. G. Narciss. Übers. v. E. W. Fischer, Frankfurt/Main 1981

Forbin, Comte De: Voyage dans le Levant en 1817 et 1818, Paris 1819

Greaves, John: Pyramidographia: or, a description of the pyramids in Egypt, London 1646
Hamilton, William R.: Aegyptiaca or some account of the Ancient and Modern State of Egypt, as obtained in the years 1801, 1802, London 1809
Herodot: Historien. Übers. v. A. Horneffer, Stuttgart 1971
oder ders.: Geschichten und Geschichte. Übers. v. W. Marg, Zürich, München 1973
Irby, Charles. Mangles, James: Travels in Egypt and Nubia, Syria and Asia Minor: during the years 1817 & 1818, London 1823
Jomard, Edmé (Hrsg.): Description de l'Égypte ou recueil des observations et des recherches qui on été faites en Égypte pendant l'Expédition de l'Armée Francaise, Paris 1809–13
Jollois, Prosper: Journal d'un Ingénieur attaché à l'Expédition d'Égypte, 1798–1802, Paris 1804
Kinglake, Alexander W.: Eothen. Or Traces Of Travel Brought Home From The East, London 1982
Lamartine, Louis A. De: Souvenirs, impressions, pensées et paysages, pendant un voyage en Orient (1832, 33) ou notes d'un voyageur, Paris 1835
Lane, Edward William: Sitten und Gebräuche der Heutigen Egypter, Leipzig 1852
Lane-Poole, Henrietta: The Englishwoman in Egypt. Letters from Cairo, written during a residence there in 1842, 3 and 4, with E. W. Lane, Esq., author of ›The Modern Egyptians‹, London 1844
Lepsius, Richard: Briefe aus Aegypten, Aethiopien und der Halbinsel Sinai, 1842–1845, Berlin 1852. Neudruck: Osnabrück 1975
Maillet, Benoit De: Description dé l'Égypte, Paris 1735
Mandeville, Sir John: Reisebeschreibung. Ins Deutsche übertr. v. M. Velser, Berlin 1974
Montagu, Lady Mary Wortley: Briefe aus dem Orient. Bearb. v. I. Bückler. Nach der Ausgabe von 1784 und in der Übers. v. Prof. Eckert, Frankfurt/Main 1982
Morier, James: Memoir of a Campaign with the Ottoman Army in Egypt ... Containing a description of the Turkish Army; the Journal of its march from Syria to Egypt ..., London 1801
Nerval, Gérard De: Die Frauen von Kairo. Herausg. u. übers. v. H. L. Teweleit, Frankfurt/Main o. J.
Niebuhr, Carsten: Reisebeschreibung nach Arabien und den umliegenden Ländern. Nachdruck d. in Kopenhagen 1774–78 und Hamburg 1857 ersch. Ausgabe. Vorw. zum Nachdruck: Dietmar Henze, Graz 1968
oder ders.: Entdeckungen im Orient. Reise nach Arabien und anderen Ländern 1761–1767. Neu bearbeitet v. R. Grün, Tübingen 1974
Norden, Friderik: Voyage d'Égypte et de Nubie, Copenhague 1755
Petrie, W. M. Flinders: Ten Years Digging In Egypt. 1881–1891, London 1892
Plutarch: Über Gott und Vorsehung, Dämonen und Weissagung. Religionsphilosophische Schriften. Eingel. u. neu übertr. v. K. Ziegler, Zürich, Stuttgart 1952
Pococke, Richard: Beschreibung des Morgenlandes und einiger anderer Länder. Übers. v. F. Breyer, Erlangen 1771–73
Pückler-Muskau, Hermann Fürst von: In Mehemed Ali's Reich, Stuttgart 1844
Salt, Henry. Valencia, Viscount: Voyages and Travels to India, London 1809
ders.: Egypt, a descriptive poem with notes by a traveller, London 1824
Sanderson, John: The Travels of John Sanderson in the Levant. 1584–1602. With his autobiography and selections from his correspondence. Ed. by Sir William Foster, London 1931
Sandwich, Earl Of: A Voyage Performed By The Late Earl Of Sandwich Round The Meditteranean In The Years 1738 And 1739, London 1779
Sandys, George: A Relation Of A Journey Begun An. Dom. 1610, London 1615
ders.: Sandys Travailes ..., London 1652
Schüssler, Karlheinz: Märchen und Erzählungen der Alten Ägypter, Bergisch Gladbach 1980
Strabo: Erdbeschreibung. Übers. u. hersg. v. A. Forbiger, Berlin 1911–14
Thackeray, William M.: Notes of a Journey from Cornhill to Grand Cairo, London 1845
Volney, Constantin Francois De: Reise nach Syrien und Aegypten in den Jahren 1783, 1784, 1785. Übers. v. S. Schocht u. H. E. G. Paulus, Jena 1788–1800

ders.: Die Ruinen; oder Betrachtungen über die Revolutionen der Reiche. Aus dem Franz. u. mit einer Vorrede von Georg Forster, Neuausgabe: Frankfurt/Main 1977
Vyse, Howard: Operations carried on at the Pyramids of Gizeh in 1837, London 1840
Warburton, Eliot: The Crescent and the Cross. Or Romance and Realities of Estern Travel, London 1845
Wilkinson, John Gardiner: Sitten und Gebräuche der Alten Ägypter, Leipzig 1852

Zur Geschichte der Ägyptenreisen

Batten, Charles L.: Pleasurable Instruction. Form and Convention in Eighteenth-Century Travel Literature, Berkeley, University of California Press 1978
Blumenberg, Hans: Der Prozeß der theoretischen Neugierde, Frankfurt/Main 1978
Bourienne, F. De: Memoirs of Napoleon Bonaparte, London 1904
Bratton, Fred G.: History of Egyptian Achaeology, London 1967
Brown, Wallace C.: The Near East as Theme and Background in English Literature, 1775–1825. With special emphasis on the literature of travel, University of Michigan 1934, Diss.
Carrott, Richard: The Egyptian Revival. Its Sources, Monuments and meaning. 1808–1858, Berkeley, University of California Press 1978
Ceram, C. W.: Götter, Gräber und Gelehrte, Reinbeck 1972
Daniel, Norman: Islam and the West. The Making of an Image, Edinburgh 1966
ders.: Islam, Europe and Empire, Edinburgh 1966
Dannenfeldt, Karl: Egypt and Egyptian Antiquities in the Renaissance. In: Studies in the Renaissance. VI, 1959
Didwell, Henry: The Founder Of Modern Egypt. A Study of Muhammad Ali, Cambridge 1931
Deuel, Leo: Das Abenteuer Archäologie. Berühmte Ausgrabungsberichte aus dem Nahen Osten, München 1963
Ehlebracht, Peter: Haltet die Pyramiden fest! 5000 Jahre Grabraub in Ägypten, Düsseldorf 1980
Fagan, Brian: Die Schätze des Nil. Räuber, Händler, Archäologen, München 1977
Fedden, Robin: English Travellers in the Near East, London 1958
Foucault, Michel: Die Ordnung der Dinge. Eine Archäologie der Humanwissenschaften, Frankfurt/Main 1978
Foulston, John: The Public Buildings Erected in the West of England, London 1838
Hall, J. J.: The Life and Correspondence of Henry Salt, London 1834
Hope, Thomas: Household Furniture and Interior Decoration, London 1807
James, T. G. H.: The British Museum and Ancient Egypt, London, British Museum Publications, 1981
Leclerc, Gerard: Anthropologie und Kolonialismus, München 1976
Miller, Norbert: Archäologie des Traums. Versuch über Giovanni Battista Piranesi, München 1978
Moorehead, Alan: The White Nile, London 1973
ders.: The Blue Nile, London 1974
Morris, James: Pax Britannica. The Climax of an Empire, Harmondsworth 1979
Pevsner, Nikolas: The Egyptian Revival. In: Studies in Art, Architecture and Design, London 1968
Ranelagh, E. L.: The Past We Share, London 1979
Reid, James M.: Traveller Extraordinary. The Life of James Bruce of Kinnaird, London 1968
Said, Edward W.: Orientalismus, Berlin 1981
Sim, Katherine: Jean Louis Burckhardt: A Biography, London 1981
Searight, Sarah: The British in the Middle East, London 1969
Soane, John: Designs in Architecture, London 1778
Wheeler, G. und Spon, J.: Italiänische, Dalmatische, Griechische und Orientalische Reise-Beschreibung. etc., o. O. 1690

»Richtig reisen«

Ägypten
Algerische Sahara
Amsterdam
Arabische Halbinsel
Australien
Bahamas
Von Bangkok nach Bali
Belgien mit dem Rad
Berlin
Bornholm
»Richtig wandern«: Bretagne
Budapest
»Richtig wandern«: Burgund
Cuba
Elsaß
Ferner Osten
Finnland
Florida
Frankreich für Feinschmecker
Friaul – Triest – Venetien
Graz und die Steiermark
Griechenland
Delphi, Athen, Nord- und Mittelgriechenland, Inseln
Griechische Inseln
Großbritannien
Hawaii
Holland
Hongkong
Mit Macau und Kanton
Ibiza/Formentera
Indonesien
Irland
Istanbul
Italien
Jamaica
Kairo
Kalifornien
Kanada und Alaska
Ost-Kanada
West-Kanada und Alaska
Kreta
»Richtig wandern«: Kykladen
Lanzarote
London
Los Angeles
Madagaskar
Malediven
»Richtig wandern«: Mallorca
Marokko
Mauritius
Mexiko
Moskau
München
Neapel – Küsten und Inseln
Nepal
Neu-England
Neuseeland
New Orleans
und die Südstaaten Louisiana, Mississippi, Alabama, Tennessee, Georgia
New York
Nord-Indien
Norwegen
Ostafrika
Kenya und Tanzania mit Uganda, Rwanda und Burundi
Paris
Peru und Bolivien
Philippinen
Portugal
Réunion
»Richtig wandern«: Rhodos
Rom
San Francisco
»Richtig wandern«: Schottland
Schweden
Die Schweiz und ihre Städte
Seychellen
Sinai und Rotes Meer
Sizilien
Spanien
Sri Lanka (Ceylon)
Südamerika 2
Argentinien, Chile, Uruguay, Paraguay
»Richtig wandern«: Südtirol
Südwesten · USA
Arizona · New Mexico · Utah · Nevada
Teneriffa
Texas
Thailand
Toscana
»Richtig wandern«: Toscana und Latium
Türkei
Tunesien
Venedig
Wallis
Wien
Zypern